Unwiderstehlich
FLIRTEN

MARIE PAPILLON

Unwiderstehlich
FLIRTEN

Tausendundeine
Liebesstrategie

GONDROM

Lizenzausgabe für Gondrom Verlag GmbH, Bindlach 1997
© by Friendship International Inc.
© der deutschen Ausgabe by Oesch Verlag AG, Zürich
Titel der englischen Originalausgabe:
»A Million and One Love Strategies«
Ins Deutsche übersetzt von Brigitte Peterka
Titelfoto: Tony Stone Bilderwelt, München
Druck und Bindung: Graphischer Großbetrieb Pößneck
ISBN 3-8112-1525-6

Dieses Buch ist den Millionen Menschen auf der ganzen Welt gewidmet, die versuchen, das von ihnen bewunderte Wesen für sich zu gewinnen, sowie allen Verliebten, die ihre Partner mit Aufmerksamkeit und Romantik überschütten wollen, und schließlich allen jenen Menschen, deren Beziehungen aus Liebe und Fürsorge füreinander geboren und mit der Leidenschaft romantischer Sternennächte genährt wurden – und deren Wunsch es ist, diese Gefühle nie versiegen zu lassen. Leben – und lieben – Sie leidenschaftlich!

Anmerkung: Bitte beachten Sie, daß Sie im ganzen Buch jedes »sie« durch ein »er« und umgekehrt jedes »er« durch ein »sie« ersetzen können – diese Strategien haben für beide Geschlechter Gültigkeit!

Inhaltsverzeichnis

Einführung

Manche Leute verstehen es, scheinbar mühelos mit anderen, egal ob Jung oder Alt, eine Unterhaltung anzufangen. Doch die meisten von uns lassen sich schon von dem bloßen Gedanken an ein Gespräch oder eine Verabredung mit Menschen, die sie nicht kennen, einschüchtern und erst recht von der Vorstellung, daß sie dabei einen guten Eindruck machen sollen. Auf eine Party zu gehen, auf der sie niemanden kennen – die reinste Tortur! Aber wenn Sie die gesellschaftlichen Einladungen, die auf Sie zukommen, nicht annehmen: Wie wollen Sie es dann schaffen, sich potentiellen Liebespartnern vorzustellen?

Teil I dieses Buches – Liebesstrategien für die Begegnung mit dem idealen Partner – will Ihnen helfen, sowohl Zufallsbegegnungen als auch sorgfältig geplante gesellschaftliche Zusammenkünfte mit Selbstsicherheit und Selbstvertrauen zu meistern. Sie werden lernen, wie man jemanden ins Gespräch zieht, eine Verabredung arrangiert und am Ball bleibt, um schließlich den ersten Preis zu erringen: die große Liebe Ihres Lebens.

Dieser Teil ist voller Tips für den wichtigen ersten Schritt, um eine Bekanntschaft anzuknüpfen, und für alles weitere, was Sie tun oder sagen können, sobald Sie einmal mit jemandem bekannt geworden sind. Er beinhaltet Informationen, die auf dem letzten Stand sind, gekoppelt mit hochwirksamen Strategien für den Beginn eines Gespräches, sowie Anekdoten aus dem wirklichen Leben, die Ihnen helfen werden, Ihre gesellschaftliche Scheu zu überwinden und sich in eine schillernde Persönlichkeit, die in jeder Gesellschaft zu Hause ist, zu verwandeln.

Welchen Status Ihr gesellschaftliches Leben derzeit auch einnehmen mag, dieser Teil wird Ihnen in jedem Fall von Nutzen sein. Die raffinierten, hochwirksamen Tips werden Ihnen die Augen für viele neue Wege und *Orte* öffnen, um die Bekanntschaft zu machen, von der Sie schon immer geträumt haben!

Sie können mit einer ganzen Menge Leute bekannt werden, aber sind es auch Leute, zu denen Sie sich hingezogen fühlen? Passen sie zu Ihnen und umgekehrt? Haben Ihre Verabredungen Zukunft, oder pflegen Sie sich immer mit den falschen Leuten zu verabreden? Verstehen Sie es, sich mit Leuten so zu unterhalten, daß diese sich für *Sie* zu interessieren beginnen? Teil I birgt einen wahren Schatz an Möglichkeiten und Techniken, um dem richtigen Kandidaten, der richtigen Kandidatin für *Sie* zu begegnen und sich mit ihr oder ihm zu verabreden. Wäre es nicht wunderbar, fähig zu sein, gute Beziehungen einzugehen, die zur idealen Liebe führen könnten?

Flirten ist eine Kunst, die Ihnen helfen wird, mit Menschen Bekanntschaft zu schließen und einen bleibenden Eindruck auf sie zu machen. Teil II dieses Buches – Liebesstrategien für unwiderstehliches Flirten – ist eine Verstärkung der Strategien aus Teil I und zeigt Ihnen verschiedene amüsante Methoden, wie man die Aufmerksamkeit jener »interessanten Person« auf sich ziehen kann. Haben Sie sich schon immer gewünscht, ein Gesellschaftslöwe zu sein, der keine Scheu vor dem Ausgehen und dem Umgang mit anderen Menschen hat? Dieser Teil des Buches wird Ihr Selbstvertrauen und Ihr positives Selbstbild stärken und Ihnen damit helfen, die richtige Person für sich zu gewinnen. Er wird Ihnen zeigen, wie man durch verbale und nonverbale Strategien einen persönlichen Stil beim Flirten entwickelt, der durch die Hervorhebung Ihrer Vorzüge und Talente zu Begegnungen der romantischen Art führen wird. Mit diesem Führer können *Sie* zum *unwiderstehlichen Flirt* werden.

Entdecken Sie die Kunst des Flirtens und alle seine Vorteile, die es in Ihr Leben als Single bringen kann. Dieser Teil liefert Ihnen einzigartige Ratschläge für den Umgang mit gesellschaftlichen Problemen. Aufgrund der beschriebenen Techniken werden Sie den auf Sie zukommenden gesellschaftlichen Ereignissen mit froher Erwartung anstatt mit Vorbehalt entgegensehen.

Die Lektionen aus Teil II werden Ihre etwaigen Bedenken über das Flirten beseitigen. Wußten Sie zum Beispiel, daß Flirten Ihre gesellschaftlichen Talente verbessern wird? – Ihnen helfen wird, in jeder gesellschaftlichen Lage Sie selbst zu sein? – andere Leute aus ihrem Schneckenhaus hervorholen wird? Wissen Sie auch, daß Tanzen eine Form des Flirtens ist?

Flirten hilft Ihnen, mit Leuten in Beziehung zu kommen. Dieser Buchabschnitt lehrt Sie, einen Flirt so zu eröffnen, daß es vor Spannung knistert. Sie werden lernen, wie man »mit Parfum« oder »mit einem Kuß« flirtet und wie man jemand durch die Technik des »Spiegelns« veranlassen kann, mit einem selbst zu flirten. Ihre Strategien, kombiniert mit Ihrem gestärkten Selbstvertrauen, werden Sie zum *Superflirt* machen!

Jemandem den Hof zu machen ist ein köstliches Stadium einer Beziehung. Es ist die Zeit, in der Sie mit dem geliebten Menschen auf der Gefühlsebene eine innige Beziehung eingehen und den Grundstock für ein festes Band legen, das Ihrer beider Leben bereichern wird. Aber das geschieht nicht einfach auf magische Weise, nachdem Sie die richtige Person getroffen haben. Es gibt bestimmte Schlüsselstellen entlang des Weges, an denen sich entscheidet, ob aus zwei Menschen, die sich gegenseitig anziehen, ein Paar werden wird.

Teil III dieses Buches – Liebesstrategien für eine traumhafte Beziehung – bietet Ihnen viele Vorschläge, die Ihnen helfen werden, eine warme, liebevolle und befriedigende Beziehung zu entwickeln. Er lehrt Sie, wie man sich durch Zusammenstellung eines »Selbstportraits« selbst kennenlernt und somit herausfindet, was man in einer Liebesbeziehung dem anderen bieten kann. Ein einsichtsvolles Selbstportrait hilft Ihnen auch bei der Identifizierung des Beziehungstyps, nach dem Sie derzeit Ausschau halten.

Fallen Sie immer wieder auf denselben Frauen- oder Männertyp herein, der sich dann als der falsche für Sie entpuppt? Haben viele Ihrer früheren Bekanntschaften durch einen schmerzhaften Bruch geendet? Dieser Buchteil wird Ihnen zeigen, wie Sie Ihren idealen

Liebespartner identifizieren und zugleich verstehen können, warum Sie früher immer den falschen gewählt haben, und er wird Ihnen helfen, Liebesstrategien für eine starke und dauerhafte Verbindung zu entwickeln.

Selbst wenn Sie Ihre Traumfrau oder Ihren Traummann schon gefunden haben und in einer glücklichen Beziehung leben, wird Ihnen dieser Abschnitt bewußtmachen, was es bedeutet, ein Paar zu sein. Er wird Ihnen zeigen, wie Sie Ihre Liebesbeziehung verbessern und damit sowohl Ihr Leben als auch das Leben Ihres idealen Partners verbessern können.

Erinnern Sie sich an Ihre erste Begegnung? Das Leben schien vor lauter Liebe zu schimmern! Alles erschien Ihnen größer und schöner, das Essen schmeckte Ihnen besser, und von allem, was Sie sahen, schien ein magischer Schein auszugehen. Es war, als ob Sie schweben würden … Müdigkeit oder Langeweile kannten Sie nicht … Sie blickten optimistisch in die Zukunft … Sie fühlten sich großartig und fanden sich sogar schön. Sie hatten das Gefühl, mit dem Universum verbunden zu sein und durch eine neue Dimension zu schweben – durch das Zauberreich der Liebe! In den gemeinsamen Stunden mit Ihrem frisch gebackenen Partner schien die Zeit nicht vorhanden zu sein, und es war Ihnen, als hätten sie einander schon das ganze Leben lang gekannt.

Eine Beziehung wird Sie anfangs durch ihre bloße Neuheit mit Leidenschaft erfüllen. Während Sie Ihrer idealen Partnerin den Hof machten, waren die zusammen verbrachten Stunden voller Romantik. Doch sobald der durch Amors Pfeil verursachte süße Schmerz verschwunden ist, bedarf es neuer Strategien, um das Feuer der romantischen Leidenschaft in Ihrer Beziehung zu erhalten.

Ist romantische Liebe eine Illusion? Teil IV – Liebesstrategien für die Aufrechterhaltung einer romantischen Liebesbeziehung – wird Ihnen zeigen, wie Sie die Leidenschaft der ersten Verliebtheit wieder einfangen und wie der Zauber der Liebe allen gemeinsamen Tagen Glanz verleihen kann. Dieser Teil des Buches lehrt Sie, Ihre Beziehung mit romantischen Augenblicken zu füllen, die Ihnen und Ihrer Liebe Freude, Glück und dauerhafte Leidenschaft bringen werden. Sie sind abgestimmt auf die Bedürfnisse jedes Beziehungstyps und für jedes Budget geeignet. Wahre Geschichten romantischer Großtaten, wie die eines Mannes, der hundert Kilo Blumen vom Flugzeug über dem Haus seiner Liebsten abwerfen ließ, werden in diesem Teil berichtet. Sie werden lernen, Ihrer Partnerin »Liebeswellen« zu senden, ein »romantisches Menü« zuzubereiten und jeden »unangenehmen Weg« in ein »romantisches Intermezzo« zu verwandeln.

Dieser Teil eignet sich als lindernder Balsam für eine schwindende Liebesromanze genauso wie als Inspiration für Ihre beste Beziehung. Romantiker beiderlei Geschlechts werden sich aus dieser Schatztruhe romantischer Strategien Anregungen holen.

Machen Sie sich fertig, das Feuerwerk beginnt – Sie werden durch die Zauberwelten der Liebe reisen, vom Flirt bis zur leidenschaftlichen, romantischen Liebesbeziehung.

TEIL I

Liebesstrategien für die Begegnung mit dem idealen Partner

Entwickeln Sie eine Strategie, die zu Ihnen paßt

Dieser Teil des Buches bietet Ihnen eine große Auswahl an Liebesstrategien für das Kennenlernen von anderen Leuten. Obwohl Sie sich wahrscheinlich von einem Großteil der Tips angesprochen fühlen werden, können auch einige darunter sein, die nicht zu Ihrem Temperament oder Ihrer Persönlichkeit passen. Zum Beispiel gaben zwei von Sissys Freundinnen eine Annonce in der Rubrik »Partnersuche« eines lokalen Blattes auf und waren so erfolgreich, daß Sissy – die ebenfalls den starken Wunsch hatte, eine neue Bekanntschaft zu machen – sich ermutigt fühlte, es ihnen gleichzutun.

In weniger als einer Woche wurde Sissy von 56 Antworten überschwemmt. Sie traute ihren Augen nicht. Unerwarteterweise fühlte sie sich von der Aufgabe überfordert, so viele Briefe von allen Arten von Männern lesen *und* entscheiden zu müssen, welche zu kontaktieren wären. Schließlich zog sie zehn in die engere Wahl – alle ihr natürlich unbekannt. Als sie nun vor dem Problem stand, anzurufen und sich vorzustellen, wurde Sissy so ängstlich und nervös, daß sie das ganze Projekt sausen ließ. Offensichtlich war diese Strategie nichts für sie!

Obwohl Sissy die Absicht hatte, einen Partner zu finden, eignete sich die Methode mit der Zeitungsanzeige nicht für sie. Ihr wäre sicher wohler in ihrer Haut gewesen, wenn sie die Dienste einer Agentur in Anspruch genommen hätte oder wenn ihr zufällig jemand begegnet wäre, sei es bei einer Tanzveranstaltung oder in der Warteschlange im Supermarkt. Natürlich gibt es auch Leute, die vor keiner Extravaganz zurückschrecken, um ihre Verfügbarkeit bekanntzugeben, wie jener Mann, der einen Anschlag auf einer Plakatwand im Stadtzentrum anbringen ließ. Andererseits aber haben viele Leute bereits Schwierigkeiten, wenn sie nur ihre Geschäfts- oder Visitenkarte hinterlegen müßten, weil sie so schüchtern und zurückhaltend sind.

Erkennen Sie, welcher Stil *Ihnen* bei der Partnersuche am meisten liegt, dann können Sie die Strategien, die Ihnen zusagen, auswählen. Strategien, bei denen Sie sich weniger wohl fühlen oder die nicht zu Ihrer Persönlichkeit passen, brauchen Sie nicht anzuwenden. Sie sollten nicht versuchen, eine andere Person zu werden: Bleiben Sie sich selbst treu! Ihre erste Aufgabe ist, eine Methode zu entwickeln, die nur für Sie ist, die Ihnen Selbstsicherheit und ein natürliches Auftreten gibt. Probieren Sie die in diesem Teil des Buches beschriebenen Techniken aus, aber geben Sie ihnen einen persönlichen Anstrich. Ihr Selbstvertrauen wird mit jedem neuen Erfolg zunehmen, und Sie werden bald feststellen, daß Sie sich auf das Kennenlernen neuer Leute freuen – und umgekehrt, daß diese sich über *Ihre* Bekanntschaft freuen!

Vervielfachen Sie Ihre Chance, Ihrer großen Liebe zu begegnen, indem Sie verschiedene Methoden benutzen, um neue Leute zu treffen

Es ist weise, nicht alle Pfeile gleich auf einmal zu verschießen! Warum nicht wie ein Makler vorgehen, wenn Sie auf der Liebesbörse Ihre Interessen vertreten? Stellen Sie eine Mappe mit Ihren Liebesinteressen zusammen, und entwickeln Sie einen dementsprechenden Aktionsplan. Auf diese Weise verteilen Sie Ihre Einsätze und erhöhen Ihre Chancen auf einen großen Gewinn!

Probieren Sie alle diese Strategien aus, um festzustellen, welche Ihnen am meisten liegen. Durch das Experimentieren mit verschiedenen Methoden werden Sie lernen, welche Techniken bei Ihnen funktionieren und sich für verschiedene Situationen eignen. Außerdem werden Sie lernen, einerseits die richtige Strategie zu entwickeln, um Ihr »Ideal« zu finden, während Sie sich andererseits die Tür für andere aufregende Möglichkeiten offenhalten. Sie wollen doch sicher nicht vor anderen Möglichkeiten die Tür zuschlagen! Eine attraktive Möglichkeit kann zu einer noch interessanteren führen … also bleiben Sie offen! Sobald Sie entdeckt haben, welche Techniken für Sie am besten sind, steht faszinierenden Begegnungen mit potentiellen Partnern nichts mehr im Weg.

Eine gute Methode, um eine reiche Auswahl an Leuten zu treffen, ist, verschiedene Orte zum Praktizieren Ihrer vielen Liebesstrategien zu wählen. Anstatt einfach passiv auf die Antworten auf Ihre Annonce zu warten, nutzen Sie die Zeit, indem sie am Arbeitsplatz, auf Cocktailparties, bei Zusammenkünften im privaten Kreis, auf Seminaren und auf Lehrveranstaltungen flirten. Lächeln Sie den Passanten auf der Straße freundlich zu! Durch ein offenes und empfängliches Auftreten erweisen Sie Ihrem Traum von der großen Liebe den besten Dienst.

Entwickeln Sie die Kunst, Bekanntschaften zu machen!

Sie *können* die Kunst, Bekanntschaften zu machen, entwickeln! Arbeiten Sie Schritt für Schritt daran, und Sie werden bald ein Profi sein. Erwarten Sie keine sofortigen Resultate, schließlich wird niemand als Diplomat geboren. In Gesellschaft bedarf es vor allem einer Portion Charme. Wie bei jeder anderen Technik wird Ihre Geschicklichkeit auch hier mit jeder Erfahrung zunehmen.

Wie können Sie Ihr Talent im Umgang mit Menschen entwickeln? Indem Sie sich so oft wie möglich an gesellschaftlichen Aktivitäten beteiligen. In jeder Gesellschaft eine gute Figur zu machen ist eine Kunst wie jede andere. So wie eine gute Singstimme durch entsprechende Schulung erst perfekt wird oder ein angehender Künstler eine Kunstschule besuchen wird, um sich zum Profi ausbilden zu lassen, können Sie Ihr gesellschaftliches Talent am besten durch die Praxis entwickeln, nämlich durch die Pflege ausgedehnter sozialer Kontakte. Ergreifen Sie jede Gelegenheit, mit anderen Menschen bekannt zu werden, beim Schopf, und Sie werden sehen, wie Ihre gesellschaftlichen Fähigkeiten wachsen!

Nicht jeder wird auf Ihre Avancen in der gleichen Weise reagieren. Leute, die aus sich herausgehen können, werden entzückt sein, daß Sie den ersten Schritt auf sie zugemacht haben, während bei scheuen oder zurückhaltenden Leuten es schon vorkommen kann, daß Sie auf Ablehnung stoßen oder daß diese Sie für arrogant halten. Aber im allgemeinen werden sich die Leute freuen, wenn Sie auf sie zugehen. Alles, was Sie tun müssen, ist, sich die Mühe zu machen, auszugehen und sich unter die Leute zu mischen. Ergreifen Sie jede Gelegenheit, um mit Leuten in Kontakt zu kommen – Sie können sogar so weit gehen, »zufällig« mit jemandem, der Ihnen gefällt, zusammenzustoßen. Die hier aufgezählten Strategien werden Ihnen amüsante Anregungen für Kontakte liefern. Experimentieren Sie immer nur mit wenigen Strategien zur selben Zeit, und Sie werden bald eine Meisterin, ein Meister darin sein!

Es gibt weder ein Zaubermittel noch ein narrensicheres Rezept, um den idealen Partner zu finden oder die richtige Antwort von der Person, für die Sie sich so brennend interessieren, zu bekommen. Sie müssen beharrlich sein. Übung macht den Meister. Erproben Sie verschiedene Strategien, und Sie werden sicher Ihr Ziel erreichen. Es ist wichtig, daß Sie jede Hast oder übertriebene Eile beim Anpeilen Ihres Zieles vermeiden. Genießen Sie statt dessen ihre »Arbeit«! Wenn Sie zum Beispiel die Absicht haben zu heiraten, so ist das Schlechteste, was Sie tun können, gleich bei der ersten Begegnung jede Person mit der Bekanntgabe Ihrer Heiratspläne zu verscheuchen. Lassen Sie sich beim Kennenlernen von Leuten immer Zeit … entdecken Sie ihre kleinen Eigenheiten und Vorzüge! So kann sich die Suche nach der großen Liebe Ihres Lebens wie ein wunderschönes Märchen entfalten.

Nehmen Sie Ihr Leben selbst in die Hand!
Natürlich können Sie es dem Schicksal überlassen, Ihre Sehnsucht zu erfüllen, aber Sie können auch selbst nachhelfen. Nehmen Sie auch jede unerwartete Gelegenheit wahr, um Leute kennenzulernen und damit Ihre Chancen, den idealen Partner zu finden, zu erhöhen. Nehmen Sie so viele Einladungen wie möglich an, beson-

ders zu Parties, wo Sie fast niemanden kennen – die beste Gelegenheit, aufregend viele neue Leute zu treffen. Auf der Party nehmen Sie sich Zeit, sich jedem vorzustellen – auf diese Weise können Sie Ihre gesellschaftlichen Talente erproben und eine Menge neuer Freundinnen und Freunde gewinnen.

Achten Sie darauf, wo und wann Veranstaltungen stattfinden, auf denen Sie interessante Leute finden können. Verfolgen Sie sowohl die Ankündigungen im Gesellschaftsteil Ihrer Zeitung als auch im Unterhaltungsteil. Lesen Sie auch die Rundschreiben und Nachrichtenblätter diverser Organisationen sowie jene Flugzettel und Plakate, auf denen kommende gesellschaftliche Ereignisse angekündigt werden. Verlassen Sie sich nicht nur auf eine einzige Methode, um neue Leute kennenzulernen, sondern seien Sie aufgeschlossen und empfänglich für alle Möglichkeiten. Sie können die Richtung Ihres Lebens selbst bestimmen, indem Sie sich der zahlreichen gesellschaftlichen Möglichkeiten bewußt werden und daraus Ihre Wahl treffen.

Wieviel Zeit sind Sie bereit in Ihre Partnersuche zu investieren?

Wieviel Zeit wollen Sie pro Tag … pro Woche … pro Monat … in die Suche nach der Liebe Ihrer Träume investieren? Überlegen Sie: Je mehr Zeit Sie Ihrer Suche widmen, desto besser stehen Ihre Chancen, Ihre ideale Partnerin in kurzer Zeit zu finden. Partnersuche läßt sich mit Arbeitssuche vergleichen. Wie viele Bewerbungen würden Sie jede Woche aussenden? Ihre Partnersuche erfordert genausoviel Zeit und Aufwand – und ist viel vergnüglicher! Stellen Sie einen Zeitplan auf – eine Stunde pro Tag? – zwei Nächte pro Woche? –, und halten Sie daran fest. Wenn es Ihnen wirklich ernst ist, den Mann oder die Frau Ihrer Träume zu finden, sollte Ihnen die alte Ausrede »Ich habe keine Zeit« nie wieder in den Sinn kommen!

Werden Sie ein »gesellschaftlicher Erfolg«!

Wer ist in Gesellschaft erfolgreich? Jemand, der die notwendigen Schritte unternimmt, um Bekanntschaften zu schließen – überall und jederzeit. Jemand, der sich nicht durch konventionelles Denken einengen läßt, wenn sie oder er Leute kennenlernen will. Eine Person, die auf das zauberhafte Wesen zugeht, von dem sie sich angezogen fühlt. Selbstsicher und zuversichtlich wird sich diese Person vorstellen, ein Gespräch anfangen und dann die richtigen Fragen stellen, einerseits um etwas über die Persönlichkeit der oder des anderen zu erfahren, und andererseits um die Unterhaltung hinauszuziehen.

Kurzum, ein »gesellschaftlicher Erfolg« ist eine Person, die den Willen und das Köpfchen hat, Leute des anderen Geschlechts ohne Furcht vor Zurückweisung anzusprechen. Sind Sie in Gesellschaft erfolgreich? Sie werden es sein, nachdem Sie dieses Buch gelesen haben!

Haben Sie Ausreden, weil Sie niemanden kennenlernen? Kommen Ihnen unter den folgenden einige vertraut vor?

Haben Sie sich gefragt, warum Sie noch immer allein sind? Vielleicht sollten Sie einmal einen Blick auf Ihre persönlichen Gründe werfen. Lassen sich diese unter Entschuldigungen, andere Prioritäten oder Ängste einordnen? Prüfen Sie, ob Sie unter den folgenden Kommentaren vertraut klingende finden!

- Ich habe so viel Arbeit, daß ich für Liebe keine Zeit habe; meine Karriere kommt zuerst.
- Ich genieße meinen Lebensstil, meine persönlichen Gewohnheiten und meinen Komfort. Warum sollte ich mir die Mühe machen, neue Leute kennenzulernen? Ich bin gern ein Single!
- Ich finde bei meinen Partnern/Partnerinnen immer etwas, das mich stört.
- Ich bin mir nicht sicher, ob ich mir eine Beziehung wünsche oder nicht. Ich glaube, es hängt von meiner jeweiligen Verfassung ab.

- Ich fürchte mich vor dem Verlust meiner Freiheit, meiner Unabhängigkeit. In einer festen Beziehung würde ich mich wie eine Gefangene fühlen.
- Ich zögere, mich zu binden, für den Fall, daß ich dann jemanden treffe, der mir sogar noch besser gefällt.
- Ich trinke lieber mit meinen Kumpeln ein Bier und schaue beim Sport zu.
- Es ist so schwierig, andere Singles kennenzulernen. Klubs für Singles? Diese Vereine sind für Verlierer.
- Wem können Sie heutzutage vertrauen? So viele Leute sind oberflächlich.
- Es gibt nicht genug alleinstehende Männer.
- Ich habe eine Scheu vor fremden Leuten … ich wurde zu einem zurückhaltenden, ruhigen Menschen erzogen und fühle mich wirklich nicht wohl auf gesellschaftlichen Veranstaltungen, auf denen ich keinen Menschen kenne.

Wenn Sie sich in einer der obigen Aussagen wiedererkennen, könnte es Zeit sein, sich zu überlegen, was Sie tun könnten, um Ihr Leben aufregender und erfüllender werden zu lassen.

Die Lektüre dieses Buches ist ein guter Anfang. Die Ratschläge, die Sie auf diesen Seiten finden, werden Ihnen helfen, das Selbstvertrauen zu entwickeln, das Sie brauchen, um Ihre sozialen Kontakte zu erweitern. Vergessen Sie Ihre Ausflüchte! Die liebenswerte Person, die Sie auf dem Weg zur Arbeit oder im Laden an der Ecke immer wieder sehen, ist vielleicht nur ein Lächeln oder ein freundliches »Hallo« davon entfernt, Ihre Traumliebe zu werden.

Glauben Sie, daß Sie »Wichtigeres« zu tun haben, als Bekanntschaften zu machen?
Manche Singles behaupten, daß sie dringendere und wichtigere Dinge zu tun hätten, als Leute kennenzulernen, um einen geeigneten Liebespartner zu finden. Merken Sie, daß diese »anderen Prioritäten« nur verkappte Entschuldigungen sind?

Andere Leute glauben, daß sie zuerst abnehmen – oder mehr Geld verdienen – oder in eine bessere Wohngegend ziehen – oder eine Beförderung erhalten – oder ein eigenes Geschäft gründen ... oder wer weiß was tun müssen, bevor sie es auch nur wagen können, nach dem/der Richtigen Ausschau zu halten. Ein besonderer sozialer Status, ein neues Auto, ein perfektes Heim oder ein schmuckes Weekendhaus: All das kommt vor einem Rendezvous mit der Liebe ihres Lebens! Sie vergessen, daß der richtige Partner deshalb »ideal« ist, weil er sie so akzeptiert, wie sie sind. Ein märchenhafter Lebensstil ist noch lange keine Garantie für eine Liebe wie im Märchen. Leute mit dieser Einstellung finden immer, daß etwas fehlt ... Das Leben kann es ihnen nie recht machen.

Die Verwirklichung Ihrer Träume und Ziele zu zweit ist befriedigender und macht viel mehr Spaß als allein!

Sie wünschen sich Liebe, aber nicht gleich jetzt? Stellen Sie sich folgende Frage: »Wenn ich die richtige Person kennenlerne, wann werde ich dann zu einer ernsthaften Beziehung bereit sein?« Seien Sie ehrlich mit sich selbst, wenn Sie eine Antwort auswählen!

– In einem Jahr – nach meiner Graduierung.
– In zwei Jahren – nachdem ich mir ein Haus in den Bergen gebaut habe.
– In vier Jahren – wenn meine Kinder groß sind.
– In ein paar Jahren – wenn ich mir die Hörner abgestoßen habe.
– *Niemals!* Ich möchte mir meine Unabhängigkeit bewahren, meine Freiheit und die Möglichkeit, für den Rest meines Lebens meine eigenen Entscheidungen zu treffen!

Sollten Sie feststellen, daß Sie wirklich den Wunsch haben, »Größeres« zu vollbringen, ehe Sie sich auf eine Beziehung einlassen, die möglicherweise zu einer festen Bindung führt, dann lassen Sie sich nicht abhalten, und folgen Sie Ihren Ambitionen. Aber falls Ihr idealer Partner des Weges kommt, kann es durchaus sein, daß Sie Ihre »Entschuldigungen« gegen eine glückliche Liebesbeziehung eintauschen!

Erstellen Sie ein eigenes Budget für das Kennenlernen von Leuten!
Wenn Sie neue Leute kennenlernen wollen, müssen Sie ausgehen! Natürlich möchten Sie attraktiv aussehen, das heißt sich von Ihrer besten Seite zeigen. Mit fettigem Haar und zerrissenem Hemd werden Sie kaum einen vorteilhaften Eindruck machen. Ein Budget wird Ihnen festlegen helfen, wieviel Geld Sie für Kleidung, Schönheitsartikel und was Sie sonst noch brauchen, um sich attraktiv zu fühlen, beiseite legen können. Neben den Ausgaben für gutes Aussehen sollten Sie noch die Ausgaben für Unterhaltungszwecke einplanen: Abendessen in einem netten Restaurant, Bewirtung von Gästen im eigenen Heim, Getränke, Theaterbesuche etc. Wieviel Geld können Sie für diese Aktivitäten erübrigen? Planen Sie sorgfältig: Es ist besser, am Monatsende noch etwas auf der hohen Kante zu haben und immer noch in der Lage zu sein, eine neue Bekanntschaft zu machen, als tief in den roten Zahlen zu stecken!

Halten Sie wirklich an den richtigen Plätzen Ausschau nach neuen Bekanntschaften?
Viele Leute haben die Tendenz, nur solche Orte aufzusuchen, die ihnen vertraut sind und wo sie sich daher wohl fühlen. Männer, zum Beispiel, gehen gerne zu sportlichen oder ähnlichen Veranstaltungen, wo sie unter sich sind und »Männergespräche« führen können, während Frauen nachmittägliche Zusammenkünfte mit anderen Frauen schätzen, gerne zusammen mit einer guten Freundin einen Einkaufsbummel machen oder in einer Frauenrunde den Abend verbringen. Falls Sie jemanden vom anderen Geschlecht kennenlernen wollen, so ist dies kaum der richtige Weg!

Warum besuchen Sie nicht einen Autoreparaturkurs, wenn Sie Männer treffen möchten? Sie werden im Nu von einer Schar

Männer umgeben sein! Nehmen Sie Unterricht in Judo, Kung-Fu oder Karate; seien Sie abenteuerlustig, und betreiben Sie Fallschirmspringen, Fliegen, Wasserskifahren, Tauchen oder Klettern! Umgekehrt, wenn Sie die richtige Frau suchen, warum probieren Sie es dann nicht mit einem Kurs in Kochen, Massage, Blumenstecken, Innendekoration, Nähen oder Aerobic? Sie können ein neues Talent oder eine neue Karriere entdecken – *plus* einer reizenden neuen Bekanntschaft begegnen!

Natürlich werden Sie Ihre Aktivitäten auf Ihre eigenen Interessen abstimmen und nicht einfach irgendeinen Kurs buchen, nur weil Sie hoffen, auf diese Weise jemanden vom anderen Geschlecht kennenzulernen. Erweitern Sie Ihren Horizont, und amüsieren Sie sich dabei: Wenn Sie Spaß haben, wird das den Leuten um Sie herum auffallen, und sie werden daran teilhaben wollen.

Machen Sie den ersten Schritt!
Riskieren Sie etwas! Gehen Sie auf den attraktiven Fremden zu, und beginnen Sie ein Gespräch mit ihm. Die Zeiten haben sich geändert. Die »gesellschaftlichen Sitten« haben einen großen Sprung vorwärts gemacht: Frauen sitzen nicht mehr einfach nur da und warten auf ihren Märchenprinzen … und Männer werden direkter. In den neunziger Jahren ist mehr erlaubt – Sie können ruhig jemanden, den Sie attraktiv finden, ansprechen. Zu scheu? Dann maskieren Sie Ihre Avancen: Fragen Sie nach der Zeit – oder nach Auskunft. Wenn Sie wissen, daß jemand ein Experte für Musikanlagen ist, dann bitten Sie ihn/sie, Ihnen bei der Auswahl einer Anlage zu helfen. Sofortiger Kontakt! *Plus* die Möglichkeit, die Person kennenzulernen, und zwar ohne den Druck einer wirklichen Verabredung!

Wenn Sie diesen ersten Schritt nicht machen, haben Sie vielleicht nie wieder die Chance, die Person, die Sie so attraktiv finden, kennenzulernen, und sie hätte vielleicht Ihre ideale Partnerin sein können. Wer wagt, gewinnt: Riskieren Sie es, Bekanntschaften zu schließen!

Wenn Sie dann mit 85 Jahren auf Ihr Leben zurückblicken, werden Sie froh sein, etwas gewagt zu haben, statt über die versäumten Gelegenheiten zu weinen. Ja, der erste Schritt *ist* ein gigantischer Schritt – doch er kann Ihr Leben verändern! Machen Sie einen tiefen Atemzug, greifen Sie nach den Sternen, und stellen Sie diesen ersten Kontakt her! Egal, ob Sie auf eine negative oder positive Reaktion stoßen, wichtig ist, daß Sie weitermachen, daß Sie »weiterspielen«. Je mehr Kontakte Sie einfädeln, desto mehr Chancen haben Sie, die große Liebe Ihres Lebens zu finden.

Erstellen Sie einen Zeitplan für die Begegnung mit potentiellen Liebespartnern

Nehmen Sie sich vor, während eines Jahres jede Woche eine neue Bekanntschaft zu machen. Wenn Sie diesen Vorsatz einhalten, werden sich Ihre Chancen, den idealen Partner zu finden, mit Sicherheit erhöhen. Es heißt, daß Abwechslung die Würze des Lebens ist: Für Vergleiche ist sie unerläßlich. Versäumen Sie nicht, eine Liste mit fünf bis zehn wesentlichen Kriterien für die Wahl eines Liebespartners aufzustellen, und vergleichen Sie jede Person, die Sie kennenlernen, mit dieser Liste. Denken Sie daran, daß Sie zwar hinsichtlich der erhofften Eigenschaften Kompromisse eingehen können, nicht aber hinsichtlich der wirklich wichtigen Kriterien. Nehmen Sie Ihre fünf Sinne zusammen, und halten Sie die Augen weit offen! Werden Sie ein Liebesdetektiv!

Nehmen Sie zum Beispiel einmal an, Sie hätten vor, sich in etwa sechs Monaten ein neues Auto zu kaufen. Sie beginnen also bereits lange vor dem eigentlichen Kauf, sich zu informieren, indem Sie mehrere Autohändler aufsuchen, um die beste Wahl zu treffen. Sie sehen sich verschiedene Modelle an, studieren ihre technischen Daten und vergleichen die Preise – mit anderen Worten, Sie nehmen sich Zeit, um sich gründlich über die verschiedenen Angebote zu informieren. Natürlich werden Sie bei der Wahl eines Autos nicht nur sein Aussehen, seine phantastischen Radkappen etwa, oder seine weiche Federung berücksichtigen, sondern auch seine Leistung, die Garantiedauer etc. – und die Höhe der Anzahlung!

Es versteht sich wohl von selbst, daß bei der Wahl eines Partners, besonders wenn dieser fürs Leben sein soll, die Zeit eine noch größere Rolle spielt als beim Kauf eines Autos. Nehmen Sie sich also soviel Zeit, wie Sie brauchen – und vielleicht noch ein bißchen mehr!

Ein guter Rat noch zum Schluß: Bringen Sie Ihre Prioritäten in die richtige Reihenfolge! Einen wunderbaren Partner für die Liebe zu haben rangiert doch sicherlich weit vor dem Besitz eines teuren Autos?

Seien Sie »sichtbar«! Wenn Sie die Bekanntschaft der Person Ihrer Träume machen wollen, müssen Sie da draußen in der wirklichen Welt zu sehen und zu hören sein

Gehen Sie aus! Wie in aller Welt wollen Sie neue Leute kennenlernen, wenn Sie die ganze Zeit zu Hause bleiben? Es ist wirklich erstaunlich, wie viele intelligente, charmante Leute Samstag nacht zu Hause bleiben und in Gesellschaft ihres Fernsehers ein Abendessen aus der Tiefkühlbox oder Popcorn verzehren. So etwas wie ein »Radar für Singles« ist noch nicht erfunden worden. Die Leute, die an Ihrem Haus vorbeikommen, können nicht ahnen, daß da drinnen eine alleinstehende Person auf eine Verabredung wartet! Geben Sie sich einen Stoß, und gehen Sie aus: Ihr Videorekorder wird für Sie alles aufzeichnen, was Sie glauben, nicht versäumen zu dürfen. Leute kennenzulernen ist viel aufregender als Fernsehen.

Halten Sie bei der Verrichtung Ihrer täglichen Pflichten die Augen offen!

Sehen Sie sich um, wo immer Sie auch sind! Wenn Sie beim Einkaufen zufällig eine verführerische Person erblicken, tun Sie etwas, um ihre/seine Aufmerksamkeit zu erwecken. Lassen Sie Ihre Pakete fallen, bitten Sie um eine Auskunft, handeln Sie impulsiv und einfallsreich: Werden Sie einfach mit ihr/ihm bekannt! Egal, was Sie zu tun haben, nehmen Sie die Leute um Sie herum wahr. Das Leben ist viel interessanter, wenn Sie sich auf die anderen konzentrieren. Sie werden feststellen, daß alltägliche, wenig bemerkenswerte Orte zum Kennenlernen bemerkenswerter Leute – unter denen auch die/der Richtige für Sie sein kann – ideal sind!

Ändern Sie des öfteren Ihre tägliche Routine! Pflegen Sie immer samstags auf den Markt zu gehen? Probieren Sie einmal Donnerstag abend aus: Sie werden ein Meer von neuen Gesichtern sehen. Ist am Dienstag der Waschsalon an der Reihe? Sonntag könnte sich als günstiger erweisen. Wenn Sie aufgrund Ihres vollen Terminkalenders Schwierigkeiten haben, den Tag zu wechseln, dann könnten Sie bei der Tageszeit Änderungen vornehmen. Gehen Sie am Dienstag um 16 Uhr in die Gymnastik anstatt mittags; Sie werden Teilnehmer sehen, von deren Existenz Sie gar nichts wußten. Suchen Sie Plätze auf, wo Sie so viele neue Leute wie möglich kennenlernen können: die Bushaltestelle, die U-Bahn, den Zeitungsstand!

Machen Sie aus Ihrer »Menschensuche« ein Spiel. Legen Sie von den Liebeskandidaten, die Sie bemerkt haben, eine Liste an. Sie suchen zum Beispiel seit drei Wochen am Freitag um 16 Uhr Ihre Bank auf anstatt an Ihrem gewohnten Donnerstag, Sie haben nämlich diese reizende Blondine um Punkt 16 Uhr hineingehen sehen. Und wer ist dieser gutaussehende Mann, der in der Früh denselben Bus wie Sie nimmt? Halten Sie in Ihrer Liste die Punkte, die Sie anziehen, fest, und setzen Sie dann die Strategien aus diesem Buch ein, um mit den Leuten, auf die Ihre Beschreibung paßt, bekannt zu werden. Sobald der Kontakt hergestellt ist, werden Sie Ihrer Liste intimere Einzelheiten hinzufügen können. Machen Sie den ersten Schritt: Gehen Sie aus, lernen Sie neue Leute kennen, und freuen Sie sich über Ihre Bekanntschaften!

Tragen oder ziehen Sie etwas an, was Gesprächsstoff gibt
Ziehen Sie etwas an, was Sie aus der Menge hervorstechen läßt – ein Hemd oder eine Bluse in leuchtenden Farben, oder tragen Sie ein ungewöhnliches Schmuckstück oder ein provokatives Buch –

wie dieses hier! Es wird sicherlich Aufmerksamkeit erregen, vor allem bei Singles!

Die Idee ist, sich selbst zum Blickpunkt zu machen. Das in Frage kommende Objekt sollte die Neugier wecken und einen Anlaß für ein Gespräch liefern. »Ich sehe, Sie lesen das Buch ›Liebesstrategien‹ ... es soll eine prickelnde Lektüre sein!« Stellen Sie sich vor, was das für eine Diskussion auslösen kann!

Lassen Sie sich etwas einfallen. Tragen Sie ein Amulett um den Hals. Darüber befragt, haben Sie die Gelegenheit, über die Bedeutung von Amuletten zu reden – und vielleicht einen Schritt weiterzugehen und der anderen Person zu erklären, was sie tragen sollte, um so attraktive Leute anzuziehen, wie Sie es eben getan haben.

Eine andere Methode, sich »sichtbar« zu machen, ist zwar etwas komplizierter, aber sie funktioniert ausgezeichnet. Stellen Sie in einem Park ein Fernrohr auf. Wer wird dem Wunsch widerstehen können, auch einen Blick auf das faszinierende »Wer-weiß-Was« zu werfen, um dessentwillen Sie sich offensichtlich so viel Mühe mit der Wahl Ihres Standortes gemacht haben.

Ein Single muß aus der Menge hervorstechen. Lassen Sie Ihre Kreativität spielen: Tragen Sie ausgefallene Muster und gewagte Farben. Männer könnten sich zum Beispiel eine wilde Krawatte mit passenden Hosenträgern leisten. Probieren Sie es mit einem kühn bemalten Tuch, oder ziehen Sie ein lustiges T-Shirt an – die Leute werden sicher stehenbleiben und fragen, wo Sie es gekauft haben. Wenn dies geschieht, fangen Sie eine Unterhaltung an. Bieten Sie ihnen an, ihnen dasselbe Schmuckstück, Tuch usw. zu besorgen: »Mein Freund fertigt Modeschmuck an ... möchten Sie, daß ich Ihnen etwas Ähnliches besorge?« Ergreifen Sie jede Gelegenheit, um mit neuen Leuten in Kontakt zu kommen!

Sie spielen das »Bemerke-mich-Spiel« – warum sitzen Sie also nicht mit einem auffallenden Buch oder Prospekt, der die Blicke auf sich zieht und die Neugier erweckt, in einer Kneipe, einem Café oder sogar in einem Park? Es könnte ein umstrittenes Buch sein oder etwas Aufregendes wie z. B. ein Reiseprospekt für exotische Ferien.

Und was ist natürlicher, als beim Sonnenbaden am Strand ein

Buch zu lesen? Aber seien Sie kein Bücherwurm ... wenn Sie Ihre Nase tief ins Buch vergraben, werden Sie nie jemanden kennenlernen! Legen Sie eine Liebesgeschichte mit einem verführerischen Titelbild neben sich, und lesen Sie von Zeit zu Zeit darin, werfen Sie aber dazwischen schnell ab und zu einen Blick in die Runde, um zu sehen, ob Sie jemand Interessanter beobachtet. Wenn das der Fall ist, schenken Sie ihm/ihr ein sinnliches Lächeln!

Gehen Sie auf Nummer Sicher, daß Ihr »Gesprächsstoff« groß genug ist, um von der interessanten Person auf der anderen Seite des Raumes, die gerade wieder zu Ihnen herübergeschaut hat, bemerkt zu werden.

Originalität ist für Singles eine Notwendigkeit. Locken Sie die Leute mit Ihrer auffallenden Erscheinung, Ihrem ungewöhnlichen Regenschirm oder Ihrer verrückten Uhr an. Beweisen Sie Ihren Einfallsreichtum in Ihrer Kleidung und in Ihrem Benehmen. Gebrauchen Sie Ihre Kreativität, um ein besonderes Image zu entwickeln: Zeigen Sie der Welt, daß Sie einzigartig sind!

Bevor Sie sich auf eine Beziehung einlassen, müssen Sie sicher sein, daß Sie emotional und finanziell unabhängig sind

Stehen Sie auf Ihren eigenen Füßen! Sie suchen einen Partner und nicht eine Mahlzeit oder einen Grund zum Leben. Leben Sie Ihr Leben für sich! Ihr Liebespartner ist der Zuckerguß auf einer gehaltvollen Torte, die durchaus für sich allein bestehen kann. Sie haben Ihr eigenes Leben. Ein liebender Partner ist da, um die Freuden zu teilen und die Sorgen zu erleichtern. Einer unabhängigen, selbständigen Person wird es eher gelingen, eine befriedigende Liebesbeziehung einzugehen – voller Respekt und Glück. Dann werden Sie nicht das Bedürfnis haben, Ihren Partner für die Fehler in Ihrem Leben verantwortlich zu machen – auch nicht für Ihre Erfolge. Was Sie erreichen, wird die Festigkeit Ihrer Beziehung erhöhen und Ihrer beider Leben verschönern.

Eine zuversichtliche, auf sich selbst vertrauende Person ist besser in der Lage, kompromißlos einen passenden Partner zu wählen.

Gott sei Dank leben wir in den neunziger Jahren, in denen der Ausdruck »meine bessere Hälfte« nicht nur veraltet, sondern völlig bedeutungslos geworden ist.

Haben Sie Angst vor einer Abfuhr?

Jeder und jede von uns hat sich irgendwann einmal eine Abfuhr geholt, sei es, daß uns die Spielkameraden nicht mitspielen ließen, daß wir in einer Theateraufführung nicht die Hauptrolle bekamen oder daß wir zu einer speziellen Party nicht eingeladen wurden. Sicher sind Ihnen diese Beispiele vertraut. Werden diese im Moment als sehr schmerzlich empfundenen Erfahrungen durch andere, glücklichere Erlebnisse wieder aufgewogen, so richten sie keinen bleibenden Schaden an. Hat jemand aber allgemein wenig Selbstwertgefühl, so können schon geringfügige Zurücksetzungen der Anlaß für dramatische Selbstvorwürfe sein und Gefühle von Trauer und Zorn auslösen, die im schlimmsten Fall zu Angst vor Ablehnung führen.

Da die Angst, abgewiesen zu werden, auf negativem Denken und schmerzlichen Erfahrungen in der Vergangenheit beruht, kann sie überwunden werden, indem man mental den unlogischen Gedankengang korrigiert, der mit dem folgenden inneren Dialog beginnt: »Ich bin keine begehrenswerte Person und werde daher mein ganzes Leben lang auf Ablehnung stoßen.«

Solche negativen Gedanken führen zu Streß, Seelenqualen und Ängsten, was um so bedauerlicher ist, weil es keine wirkliche Grundlage für diese Negativität gibt.

Nur weil jemand »nein« zu Ihnen gesagt hat, ist das noch lange kein Grund zu glauben, daß der Fehler bei Ihnen liegt. Abgewiesen zu werden heißt doch nicht, daß Sie »Ausschuß« sind. Die Ablehnung hatte vielleicht gar nichts mit Ihrer Person zu tun. Wahrscheinlich beruhte die Weigerung, mit Ihnen auszugehen, einfach darauf, daß er nicht genug Geld hatte. Oder vielleicht hatte sie erst kürzlich mit jemandem gebrochen und war noch nicht bereit, eine neue Beziehung anzufangen. Möglicherweise erfüllten Sie nicht die notwendigen Kriterien, was Sie vorher gar nicht wissen konnten.

Es gibt doch auch ausgesprochen nette Leute, die nicht zu Ihrer Reihe von Kriterien passen und *Sie* daher überhaupt nicht interessieren. Daraus ersehen Sie, daß es viele Gründe gibt, warum jemand »nein« zu Ihnen sagen könnte. Wichtig ist nur, daß Sie nicht das Gefühl haben, sich jedesmal wieder »aufwerten« zu müssen, wenn jemand »nein« sagt. Sich abgewiesen zu fühlen zeigt nicht an, wertlos oder ein gesellschaftlicher Versager zu sein!

Woher kommt dann diese Angst, die Sie erstickt und sich schwer auf Ihren Magen schlägt? Sie entstammt der Furcht vor Ablehnung und Verletzung. Wenn Sie einen Korb erhalten, fühlen Sie sich degradiert und herabgesetzt. Geben Sie diesem Gefühl nach, so erlauben Sie fremden Leuten zu entscheiden, ob Sie ein Gewinner oder ein Verlierer sind. Sagen Sie sich immer wieder, daß dieses Privileg nur Ihnen und sonst niemandem zusteht!

Vergewissern Sie sich, daß Sie diese Gefühle gut in der Hand haben, ehe Sie eine Beziehung eingehen. Sie brauchen absolute Gewißheit darüber, daß Sie sich als eine schätzenswerte Person betrachten, gleichgültig was irgendwer über Sie sagte oder was er Sie fühlen ließ.

Eine »eßbare« Analogie zum besseren Verständnis des Ablehnungsphänomens

Stellen Sie sich vor, Sie wären ein Schokoladekuchen, Teil eines großen Buffets, bei dem eine Reihe von Gerichten zur Auswahl stehen: Salate, Gemüseplatten, Pasteten, Roastbeef, Schinken, Haselnußschnitten, Obsttorte, Früchte und mehr. Die ersten elf Leute nehmen sich große Stücke von der Obsttorte. Übersahen sie den Schokoladekuchen absichtlich, weil sie ihn für nicht gut hielten? Natürlich nicht: Die Obsttortenliebhaber gaben einfach der Obsttorte den Vorzug vor dem Schokoladekuchen!

Das Buffet stellt die Gesellschaft dar. Jede Speise kann mit einer Person verglichen werden. Jede Person hat ihr besonderes Aroma, das dem einen schmeckt, während es die andere kaltläßt.

Die zwölfte Person am Buffet entschied sich für ein riesiges Stück Schokoladekuchen. Geschah dies, weil der Kuchen vorher nicht gut war und sich jetzt plötzlich zu einem Anschlag auf die Geschmacksnerven entwickelt hatte, dem sich niemand entziehen konnte? Nein, er wurde ausgesucht, weil er dem Gaumen der betreffenden Person schmeichelte. So wie sich eine Person gemäß ihrem persönlichen Geschmack für Sie entscheiden wird oder nicht, haben auch Sie Ihre besonderen Vorlieben und Abneigungen. Wenn Sie daher jemand übersieht oder abweist, so hat das absolut nichts mit Ihrem Wert als Person zu tun!

Wenn Sie sich von Ihren Ängsten beherrschen lassen, bereiten Sie den Boden für eine Abfuhr geradezu vor. Glauben Sie nicht, von allen abgewiesen zu werden, bloß weil eine einzige Person Sie nicht beachtet hat. Jene, die nicht zu schätzen wissen, was Sie zu bieten haben, können Ihr Selbstwertgefühl nur dann beeinflussen, *wenn Sie es zulassen.*

Machen Sie bloß nicht den Fehler zu sagen: »Wie kann so eine zauberhafte Person sich von mir angezogen fühlen?« Sie stellen damit die andere Person auf ein Podest und setzen sich selbst herab. Leute, die sich von Ihnen angezogen fühlen, erkennen einen Aspekt Ihrer Persönlichkeit, der sie verzaubert. Ob Sie blond, blauäugig, dunkelhaarig, braunäugig, klein, groß, dick oder dünn sind, ist für eine Kategorisierung nicht ausschlaggebend, denn es ist unmöglich zu definieren, was verschiedene Leute anzieht. Jedem das Seine! Wie sonst wollen Sie sich erklären, daß jemand einer Obsttorte den Vorzug vor einem Schokoladekuchen gibt? Es ist einfach eine Frage des persönlichen Geschmacks!

Grüßen Sie so viele Leute wie möglich!
Wenn Sie an jemandem auf der Straße vorübergehen, lächeln Sie ihm zu, und sagen Sie ein paar Grußworte. Das ist einfach und wird Ihnen helfen, offener und freundlicher im Umgang mit allen Leuten zu sein. Außerdem werden Personen, die Sie regelmäßig sehen, beginnen, Ihnen wohlwollend gesinnt zu sein und schließlich Ihre Freundlichkeit zu erwidern.

Betreten Sie oft einen vollen Lift? Eine wunderbare Gelegenheit, Leute kennenzulernen und Offenheit auszustrahlen! Versuchen Sie, mit melodischer Stimme und einem lächelnden Gesicht »guten Morgen« zu sagen. Sie werden über die Resonanz erstaunt sein – sobald sich die Leute erst einmal vom Schock erholt haben, daß jemand schon so früh am Morgen freundlich zu ihnen ist.

Laut Statistik kreuzt jede Person im Durchschnitt den Weg von hundert anderen Personen pro Tag. Warum sind Sie also noch allein? Weil die meisten Leute in anonymer Weise ihrer Beschäftigung nachgehen – ohne sich um ihre Mitmenschen zu kümmern. Warum machen Sie nicht den ersten Schritt? Grüßen Sie, seien Sie freundlich, erwecken Sie durch Ihre Herzlichkeit die Aufmerksamkeit der anderen!

Wagen Sie es, humorvoll zu sein. Die Leute werden sich an Sie erinnern, wenn Sie sie zum Lachen bringen. Stellen Sie sich die Welt als Ihre Auster vor und ein Lächeln als das Sandkorn, das sich zur Perle entwickeln wird. Lächeln Sie jeden an: Ihr Wohlwollen wird Ihnen in Form von Perlen der Freundschaft zurückgegeben.

Versuchen Sie, sich nicht auf eine Kategorie von Personen zu beschränken – auf eine Altersgruppe oder ein Geschlecht. Nicken und lächeln Sie jedem zu, und sprechen Sie mit allen – selbst mit Großmüttern, denn sie könnten ja eine Enkelin oder einen Enkel haben und Sie mit ihr oder ihm bekannt machen.

Desgleichen sollten Sie Ihre Aufmerksamkeit nicht nur Leuten zuwenden, die nett oder freundlich aussehen; Sie können ein Buch auch nicht allein nach seinem Einband beurteilen! Vielleicht werden Sie freudig überrascht feststellen, daß jemand, den Sie für zerstreut und eigenbrötlerisch gehalten haben, sich nach näherer Bekanntschaft als witzig und geistreich erweist.

Warum sollen Sie alle Leute grüßen? Weil es Ihnen Selbstvertrauen geben wird. Und wenn Sie dann jemanden sehen, der Ihnen wirklich gefällt, werden Sie selbstsicher genug sein, um den ersten Schritt zu machen. Und wer weiß? Er könnte tatsächlich der ideale Mann für Sie sein. Sie können sich mit Ihren Freunden ein Spiel daraus machen: Wer die meisten Leute grüßt, gewinnt – und das nicht nur in einer Hinsicht!

Entwickeln Sie Ihr Konversationstalent, indem Sie mit allen plaudern

Wurden Sie schon einmal mit jemandem bekannt gemacht, der Sie so beeindruckt hat, daß Sie erstarrten, stotterten und Unsinn hervorsprudelten, praktisch gelähmt und sprachlos vor Angst? Das kann uns allen passieren und ist um so mehr ein Grund dafür, mit Leuten jeden Alters und Geschlechts, gleich welchen Aussehens, zu reden. Sich durch Schulung der Konversationstechnik zu einer großartigen Gesellschafterin zu entwickeln ist genauso einfach, wie mit so vielen Leuten wie möglich zu plaudern.

Unbekannte sind nur so lange unbekannt, bis Sie mit ihnen ins Gespräch kommen. Ihre Freunde und Bekannte waren doch alle einmal Unbekannte für Sie, oder etwa nicht? Selbst wenn Sie also manchmal unsicher sind, ob Sie einen Annäherungsversuch wagen sollen – tun Sie es: Vielleicht wird sie Ihre beste Freundin oder, besser noch, Ihre Traumliebe!

Besiegen Sie Ihre Angst: Grüßen Sie jeden, ohne zu denken »Dies könnte meine neue Liebe werden«. Konzentrieren Sie sich auf ein freundliches Image: Lächeln Sie strahlend, und machen Sie den Leuten Komplimente über ihr Aussehen. Oder erkundigen Sie sich, wo sie den besonderen Artikel, den sie möglicherweise bei sich tragen, gefunden haben. Seien Sie einfallsreich und offen zu den Leuten – der Rest wird folgen! Lassen Sie sich Ihre Schüchternheit oder Unsicherheit nicht anmerken: Konzentrieren Sie sich auf eine nette Unterhaltung. Nehmen Sie an, daß die anderen daran interessiert sind zu hören, was Sie zu sagen haben, und ein paar Minuten mit Ihnen zu verbringen.

Stecken Sie die anderen mit Ihrer Begeisterung an, und Sie können ihrer Aufmerksamkeit sicher sein. Projizieren Sie Ihre Begeisterung durch Ihre Worte, Ihre Stimme, Ihre Gesten und Ihre Augen. Auf einer unterbewußten Ebene vermitteln Ihr Ton und Ihre Haltung dem anderen die Botschaft: »Ich bin von Ihnen hingerissen. Ich wollte Sie schon immer kennenlernen, Sie sind genau das, was ich suche!« – alles Gedanken, die Sie zu diesem frühen Zeitpunkt Ihrer Bekanntschaft noch nicht aussprechen können.

Behandeln Sie die Person, mit der Sie sprechen, wie ein seltenes Juwel. Geben Sie ihr das Gefühl, als ob Sie nie zuvor jemanden so behandelt oder mit jemandem so gesprochen hätten wie mit ihr. Versetzen Sie sie durch ein oder zwei Komplimente in eine gute Stimmung. Senden Sie ihr durch Ihre Worte und Gesten »Gefühlswellen«; Wellen voller Wärme, Aufregung oder Geheimnis.

Sprechen Sie so, daß man sich an Sie erinnert. Schwatzen Sie nicht einfach drauflos, nur um des Redens willen. Wählen Sie dramatische Worte und Sätze, verpackt in Ihren eigenen, unnachahmlichen Stil. Lassen Sie jede Konversation durch die Stärke Ihrer Präsenz zu einem bleibenden Eindruck werden. Natürlich gilt es zu beachten, wo Sie diese großartige Unterhaltung führen: Es wäre wenig angebracht, anläßlich einer so ernsten Zusammenkunft wie einer Totenwache lustige Geschichten zu erzählen oder auf einer Hochzeit politische Debatten zu führen!

Seien Sie ein guter Zuhörer. Das beste
Konversationstalent weiß, wann es zuhören muß!
Andererseits ist es nicht weise, stumm zu bleiben und die andere Person ganz allein die Unterhaltung bestreiten zu lassen. Versuchen Sie, ein für beide Teile angenehmes Gleichgewicht herzustellen. Wenn Sie sich auf das, was die andere Person sagt, konzentrieren, werden Sie in der Lage sein, auf eine Weise zu antworten, die die Konversation in Gang hält, und Sie werden außerdem die hinter den Worten und Gesten verborgenen Gefühle und Absichten wahrnehmen.

Sie können andere motivieren, sich zu öffnen und persönlich zu werden, indem Sie es selber tun. Lassen Sie gelegentlich ein paar private Details und Kommentare fallen, so daß sich auch die andere Person veranlaßt sieht, mit ähnlichen Informationen aufzuwarten. Versuchen Sie es mit Sätzen wie: »Hat Ihre Frau auch diesen Film gesehen?« oder »Ich würde gerne Ihre Frau kennenlernen und ihren Standpunkt zu diesem Thema hören!« Wenn Ihr Gesprächspartner nicht verheiratet ist, wird er Sie sicherlich sofort korrigieren! *Voilà!* Sie haben soeben seinen familiären Status herausgefunden, ohne direkt danach zu fragen – war das nicht einfach?

Die Kunst der Konversation kann nur durch Praxis gemeistert werden. Nehmen Sie sich die Zeit, und nützen Sie jede Gelegenheit, um mit allen Leuten, die Sie zum Zuhören veranlassen können, zu reden. In kurzer Zeit werden Sie durch Ihre Konversationskunst die Herzen unzähliger Zuhörer im Sturm erobern.

Erproben Sie Ihren Mut und Ihr Konversationstalent, indem Sie andere Leute zu einer kurzen Unterhaltung auffordern

Fühlen Sie sich von einer ausgedehnten Konversation überfordert? Inszenieren Sie kurze Unterhaltungen: Eine Sache, von der Sie glauben, Sie sei unerfreulich, läßt sich leichter ertragen, wenn Sie wissen, daß sie schnell vorüber sein wird. Wenn Sie der Gedanke an das Kennenlernen neuer Leute nervös macht, dann halten Sie sich vor Augen, daß Sie ja nicht einen ganzen Abend (oder ein ganzes Leben) mit der Person verbringen müssen! Bewahren Sie einen kühlen Kopf, und benehmen Sie sich ungezwungen. Setzen Sie sich ein Zeitlimit, ehe Sie auf jemanden zugehen und sagen: »Wir wurden einander nicht vorgestellt, darf ich zehn Minuten von Ihrer Zeit haben?« Sie haben eben durch die Versicherung, daß Sie seine/ihre Zeit nicht zu lange beanspruchen werden, das Eis gebrochen. Sie selbst fühlen sich jetzt viel besser, und die andere Person weiß, daß Sie sie nicht stundenlang festnageln werden. Diese Taktik sollte Ihnen einen herzlichen Empfang garantieren. Sie brauchen keine Stoppuhr einzustellen, aber nach Ablauf der ungefähren Zeit sollten Sie das Gespräch höflich beenden, indem Sie vielleicht etwas sagen wie: »Es war nett, sich mit Ihnen zu unterhalten ... Wir werden uns sicher später noch sehen!« Wenn die attraktive Unbekannte von Ihnen unbeeindruckt ist, haben Sie mit Würde den Rückzug angetreten; ist sie an Ihnen interessiert, haben Sie sich mit einer geheimnisvollen Aura umgeben.

Susanne ist ein beachtliches Konversationstalent, doch bei einer Party möchte sie so viele Kontakte wie möglich knüpfen. Das bewerkstelligt sie, indem sie sich beiläufig mit folgender Formel vorstellt: »Hallo, ich bin Susanne. Kann ich Sie ein paar Minuten sprechen?« Wenn sie glaubt, daß die Zeit verstrichen ist, bedankt sie sich bei ihrem Gesprächspartner: »Es war nett, mit Ihnen zu plaudern. Vielleicht ergibt sich später noch eine Gelegenheit für ein ausführlicheres Gespräch!« – und schon ist sie unterwegs zum Nächsten. Ein gesellschaftlicher Schmetterling? Vielleicht; jedenfalls beherrscht sie die Technik der kurzen Begegnung!

Lernen Sie die Kunst des »Small talks«

Konversationstalente können über alles und nichts reden. Mit anderen Worten: Sie finden immer etwas zu sagen. Ihre erste Konversation mit einer Unbekannten sollte leichter Art sein: Vergessen Sie philosophische Betrachtungen über den Beginn der Schöpfung oder die metaphysischen Implikationen der Sieben Weltwunder. Themen wie das Wetter sind zwar sicher – aber entsetzlich langweilig. Sprechen Sie über etwas Interessantes, das Sie gelesen haben – vielleicht über einen Tip aus diesem Buch! –, oder erwähnen Sie die letzte Kunstausstellung, was sich in der lokalen Singleszene tut – Dinge von allgemeinem Interesse. Entspannen Sie sich, und zeigen Sie sich von Ihrer interessanten Seite!

Es gibt zumindest einen gemeinsamen Nenner zwischen Ihnen und der Person, der Sie hier zum ersten Mal begegnen – den Ort! Wenn Sie jemanden auf einer Party kennenlernen, können Sie über das Haus, das Essen oder die Nachbarschaft sprechen: »In diesem Teil der Stadt bin ich noch nie gewesen, er ist sehr schön!« Auf der Uni können Sie über die Vorlesungen, die Sie besuchen, sprechen, in der Bibliothek sich über Bücher erkundigen. Jeder Ort liefert eine Vielzahl von Gesprächsthemen. Selbstverständlich können Sie auch über architektonische Details sprechen: »Haben Sie die Holzschnitzarbeiten in diesem Raum bemerkt? Phantastisch!« Mit Small talk können Sie das Eis brechen, und bald werden Sie mitten in einer angeregten Diskussion sein.

Entdecken Sie die Kunst, die richtigen Fragen zu stellen

Genauso wichtig, wie eine Konversation in Gang zu bringen, ist auch die Kunst, sie in Gang zu halten. Eine geeignete Methode hierfür ist das Stellen von Fragen – der *richtigen* Fragen! Fragen, die von der anderen Person mit ganzen Sätzen beantwortet werden müssen und nicht bloß mit »ja« oder »nein«. Anstatt zu fragen: »Haben Sie den Film ›Der Pate‹ gesehen?«, probieren Sie es mit der Frage: »Was halten Sie vom Film ›Der Pate‹?«

Passen Sie bei den Antworten gut auf: Sie werden Ihnen eine Menge über die andere Person verraten. Die richtigen Fragen werden Ihnen helfen, die wahren Gefühle der/des anderen besser zu verstehen. Gute Fragen erfordern eine persönliche Stellungnahme, die den Standpunkt der anderen Person erkennen läßt. Die richtigen Fragen zu stellen ist wie das Lösen eines Rätsels – des Mysteriums einer Persönlichkeit.

Wie man sich jemandem nähert, der sich mit anderen unterhält

Sie haben jemanden erspäht, mit dem Sie sich gerne unterhalten würden, der aber bereits mit anderen tief in ein Gespräch versunken zu sein scheint. Nähern Sie sich der Gruppe, und bleiben Sie etwa einen Meter von ihr entfernt stehen. Blicken Sie denjenigen, mit dem Sie sprechen möchten, unverwandt an. Wenn er Sie bemerkt, lächeln Sie ihm zu, ohne die Konversation zu unterbrechen. Ist er zu vertieft, entfernen Sie sich eine Weile lang und kommen später wieder zurück. Behalten Sie die Gruppe aus der Ferne im Auge. Handelt es sich hingegen nur um eine leichte Konversation allgemeiner Art, dann können Sie eine passende Gelegenheit abwarten, um sich zu beteiligen. Wenden Sie sich gleich von Anfang an der Person zu, die Sie bewundern, und machen Sie dabei von Ihren Augen Gebrauch! Sobald Sie dann mit demjenigen, der Sie verzaubert hat, bekannt geworden sind, können Sie die anderen wieder ins Gespräch einbeziehen; es sei denn, sie hätten inzwischen das Feld geräumt und Sie mit dem charmanten Fremden allein gelassen.

Seien Sie vielseitig: Sammeln Sie triviale Fakten, und informieren Sie sich über die verschiedensten Dinge

Sie können über eine Menge interessanter Fakten reden, wenn Sie über viele verschiedene Dinge ein wenig Bescheid wissen. Schnappen Sie interessante Leckerbissen auf, indem Sie so populäre Magazine wie *Reader's Digest, Stern* oder *Paris Match* lesen. Sie können diese aufsehenerregenden Tatsachen in Ihrer Konversation dazu benutzen, die interessante Person, die Sie soeben kennengelernt haben, zu beeindrucken. Es besteht absolut keine Notwendigkeit, weltbewegende Fakten zu sammeln ... Banalitäten genügen; sie sind großartige Eisbrecher auf einer Party.

Vergessen Sie nicht, sich über die Themen zu informieren, die das Interesse jener Leute bilden, an denen Sie interessiert sind. Besorgen Sie sich eine Zeitschrift über Sport, Autos oder ein Exemplar von *Vogue, Burda* oder *Cosmopolitan*. Stellen Sie sich vor, daß Sie auf einer Party sind und eine Gruppe von Frauen über Mode reden hören ... wenn Sie eben erst eine führende Frauenzeitschrift gelesen haben, wird es für Sie ein leichtes sein, sich an der Diskussion zu beteiligen. Kein Zweifel, daß diese Frauen von Ihnen beeindruckt sein werden.

Über aktuelle Ereignisse auf dem laufenden zu sein ist immer eindrucksvoll. Es bedeutet: »Ich bin jemand, der den Finger am Puls der Zeit hat ... ich bin interessiert und interessant!« Vergessen Sie nicht, den Sportteil der Zeitung zu lesen – finden Sie zumindest heraus, wer letzte Woche im Fußball gewonnen hat! Denken Sie daran, daß die Frau der neunziger Jahre eine andere ist. Sie arbeitet außer Haus und ist an mehr Dingen als an Nähen und Kochen interessiert. Also informieren Sie sich über Umweltfragen, Rechtsfälle, Trends auf dem Aktienmarkt usw. – seien Sie so interessant wie sie!

Seien Sie gut informiert!
Wenn Sie nicht die Zeit haben, die Zeitung von vorne bis hinten durchzulesen, dann prägen Sie sich wenigstens täglich die Schlagzeilen ein. Hören Sie sich die Nachrichten im Radio oder im Fernsehen an. Sie sollten im großen und ganzen darüber Bescheid wissen, was in Ihrer Stadt, in Ihrem Land, in der Welt vorgeht! Es geht einfach darum, nicht als unwissend dazustehen; schließlich wollen Sie doch nicht wie ein Bewohner von einem anderen Stern erscheinen!

Bilden Sie ein Netzwerk von Freunden verschiedenen Alters und Geschlechts
Freunde sind für Sie da, wenn Sie sie brauchen. Sie werden nicht beleidigt sein, wenn Sie sie zum Ausfüllen rendezvousloser Zeiten benutzen: Freunde genießen es, das Vergnügen Ihrer Gesellschaft zu haben. Sie können eine Menge Spaß haben, wenn Sie mit ihnen zusammen ausgehen, was Ihnen außerdem Gelegenheit bietet, sich in freundschaftlich ungezwungener Atmosphäre unter neuen Leuten sehen zu lassen. Je mehr gute Freunde Sie haben, desto mehr Chancen haben Sie, an verschiedenen Aktivitäten teilzunehmen – was wiederum zu weiteren Freunden in Ihrem Netzwerk führt!

Aber wie legt man ein solches Netzwerk an? Machen Sie den Anfang mit Ihren Schulfreunden, Kolleginnen, Vettern, Brüdern, Schwestern ... vergessen Sie nicht die Freunde Ihrer Cousinen, Schwestern, Brüder und Kollegen! Machen Sie es sich zur Gewohnheit, sich Telefonnummer und Adresse von Leuten, die Sie auf Reisen oder im Haus von Freunden kennengelernt haben, aufzuschreiben und zu benutzen, um sie regelmäßig anzurufen oder ihnen zu schreiben oder sie zu besuchen, wenn Sie in ihrer Stadt sind, oder sich um sie zu kümmern, wenn diese Leute in Ihrer Nachbarschaft zu tun haben. Auf diese Weise werden Sie ein solides Fundament aus freundschaftlichen Kontakten aufbauen. Und einer dieser Kontakte wird Sie vielleicht mit Ihrer großen Liebe bekannt machen!

Alltägliche Situationen können Ihnen ebenfalls helfen, neue Leute kennenzulernen. Überlegen Sie, wie oft Sie schon Hilfe oder Rat gebraucht haben und ein Freund Ihnen angeboten hat: »Gib mir deine Telefonnummer, und ich werde dich zurückrufen und dir Namen und Adresse von Leuten nennen, die dir helfen können.«

Ergänzen Sie ständig Ihr Netzwerk aus freundschaftlichen Kontakten. Es ist unvermeidlich, daß Sie manche Leute aus den Augen verlieren. Daher ist es wichtig, fortwährend neue Leute in Ihre Liste aufzunehmen. Dieser Prozeß läßt sich mit einem Sparbuch vergleichen: Tragen Sie regelmäßig neue Adressen und Telefonnummern ein; diese »Einlagen« könnten bald unerwartete »Zinsen« tragen – in Form der oder des *Richtigen* für Sie!

Wenn Sie einen Abend außer Haus verbringen, sollten Sie sich vor allem gut amüsieren
Gehen Sie mit einer positiven Einstellung und mit der festen Absicht aus, sich zu amüsieren. Schreiben Sie den Abend nicht gleich ab, auch wenn Sie vorläufig niemand Attraktiven entdecken: Sie können einfach Spaß daran haben, in der Nähe von anderen Menschen zu sein, statt allein zu Hause zu sitzen. Sicherlich wäre es ein zusätzlicher Bonus, eine neue Bekanntschaft zu machen, doch fühlen Sie sich nicht enttäuscht, wenn dies nicht der Fall ist. Genießen Sie die schöne Zeit, und seien Sie guter Dinge!

Wenn jemand aus Ihrem Bekanntenkreis für Sie ein Rendezvous mit einem »Unbekannten« arrangieren will, so nehmen Sie die Einladung ruhig an, offenen Sinnes – und vor allem mit einer positiven Einstellung! Wenn Sie entschlossen sind, sich gut zu unterhalten, dann werden Sie das auch tun, selbst wenn der Unbekannte nicht das ist, was Sie sich erhofft haben. Freuen Sie sich, daß Sie ein Single und frei sind, das Leben in vollen Zügen zu genießen. Ihre Begeisterung und Ihre Lebenslust werden bewirken, daß man von Ihrer Gesellschaft fasziniert ist, und ehe Sie sich's versehen, werden Sie von potentiellen Liebespartnern umringt sein.

Notieren Sie in einem Taschenkalender die genauen Zeiten, wann Sie mit sich selbst verabredet sind, um Ihren eigenen Interessen nachzugehen

Setzen Sie für Aktivitäten, die Sie gerne allein unternehmen, bestimmte Zeiten fest. Lassen Sie sich nicht unter Druck setzen, jemanden mitzunehmen. Wenn Sie zum Beispiel beschließen, jeden Dienstag und Samstag auszugehen, so halten Sie dies in Ihrem Kalender fest. Machen Sie Pläne für diese Abende, und lassen Sie sich durch nichts dazu bewegen, Ihre Verabredungen mit sich selbst nicht einzuhalten. Wählen Sie einen Kalender, den Sie in Ihre Tasche stecken können, und führen Sie darin über Ihre Aktivitäten genau Buch.

Gehen Sie aus, und unternehmen Sie etwas, was Ihnen Freude macht! Machen Sie gerne einen Spaziergang im Wald, um sich an der Natur zu erfreuen? Oder bummeln Sie lieber durch die Stadt, um sich die Auslagen anzusehen? Sehnen Sie sich nach der Ruhe und Stille beim Fischen? Tun Sie einfach das, was Ihnen gefällt, *und halten Sie an den Zeiten fest*, die Sie für Ihre speziellen Verabredungen mit sich selbst in Ihrem Kalender notiert haben. Genausowenig, wie Sie ein Rendezvous mit einer anderen Person brechen würden, sollten Sie auch keines mit sich selbst brechen.

Auf sich selbst zu schauen ist eine Methode, die Ihr Selbstwertgefühl aufbaut. Es ist wichtig zu erkennen, daß Sie sich zuerst selbst akzeptieren und lieben müssen, ehe Sie jemand anderen lieben können – und umgekehrt. Wenn Sie Ihre eigene Gesellschaft nicht ertragen können, dürfen Sie nicht erwarten, daß andere sie ertragen werden. Außerdem werden Sie, wenn Sie allein etwas unternehmen, was Ihnen Freude macht, so viel Frieden und Glück ausstrahlen, daß sich mit Sicherheit sehr interessante Leute von Ihnen angezogen fühlen werden!

Finden Sie heraus, wo »man« sich trifft und was sonst noch los ist

Es gibt sicherlich wöchentlich oder monatlich erscheinende Publikationen über die kulturellen oder künstlerischen Ereignisse in Ihrer Stadt oder in Ihrer näheren Umgebung. Informieren Sie sich auch über diverse Kurse und Seminare, die Sie besuchen könnten. In den Wochenendausgaben der Tageszeitungen finden Sie ebenfalls Ankündigungen über die meisten Veranstaltungen. Da draußen ist mehr los, als Sie glauben! Studieren Sie die Zeitungen, schneiden Sie die Vorschau für die kommenden Ereignisse aus, und machen Sie diese Informationen an der Tür Ihres Kühlschrankes fest. Ein freier Abend und nichts zu tun? Ziehen Sie Ihren Kühlschrank zu Rate. Suchen Sie eine interessante Veranstaltung aus: Sie werden neuen und interessanten Leuten dort begegnen!

Sind Gaststätten und andere Lokale ein guter Ort, um Bekanntschaften zu machen?

Viele Leute haben Ihren Partner in einer Kneipe kennengelernt, obwohl derartige Lokale allgemein im Ruf stehen, kein Ort zu sein, wo »man« Bekanntschaften schließt. Tatsache ist, daß Sie ja *bloß die eine, für Sie richtige Person* zu treffen brauchen. Wenn Sie sich über die Klientel im allgemeinen den Kopf zerbrechen, werden Sie nie Ihren besonderen Typ ausmachen. Alle Arten von Leuten gehen in Kneipen, einschließlich der respektablen Typen, die Sie gerne kennenlernen wollen!

»Ich trinke nicht, also habe ich in einer Kneipe nichts verloren« ist ein weitverbreiteter Irrtum. Können Sie auf Anhieb den Unterschied zwischen Wasser und Gin erkennen? Wohl kaum! Heute gibt es Lokale verschiedenster Art, von der Stammkneipe gleich um die Ecke bis zum eleganten Pub mit altenglischer Einrichtung. Wahrscheinlich wissen Sie ohnehin Bescheid, welche Lokale in Ihrer Nachbarschaft gerade in sind beziehungsweise ein Treffpunkt gesellschaftlich versierter Leute. *Elegante* Kleidung ist in solchen Lokalen ein ungeschriebenes Gesetz!

Außerdem gibt es Hotelbars, wo die Wahrscheinlichkeit, Leute von auswärts oder Geschäftsreisende zu treffen, groß ist. Aber Vorsicht: Die Anzahl der Verheirateten überwiegt meistens an solchen Orten! Gaststätten auf Bahnhöfen oder in der Nähe öffentlicher Transportsysteme werden häufig von Pendlern frequentiert; desgleichen werden Lokale im Stadtzentrum, wo die meisten Büros zu finden sind, oft zum Tummelplatz der sich nach getaner Arbeit entspannenden Angestellten.

Stammkneipen sind meistens klein, anspruchslos und freundlich. Oft gibt es besondere Stammtische oder -plätze, die für bestimmte Kunden reserviert sind. Die Wahrscheinlichkeit, jemandem aus Ihrer Nachbarschaft zu begegnen, ist hier groß. Das kann sich als günstig erweisen, wenn Sie jemanden, den Sie bisher nur aus der Ferne bewundert haben, näher kennenlernen wollen. Eine Menge verschiedener Leute gehen oft in solchen Lokalen aus und ein, was sie zu einem Ort macht, wo man interessante Bekanntschaften schließen kann.

Dann gibt es noch diese winzigen Gaststuben voller Blumentöpfe und anderem Zierat, von denen sich viele Menschen unterschiedlichster Art angezogen fühlen und die Sie daher nicht auslassen sollten!

Schließlich gibt es noch ausgesprochene »Singles-Lokale«, die sich auf eine »ungebundene, aber nach einer Beziehung Ausschau haltende« Klientel spezialisiert haben. Eine Warnung: Die Konkurrenz an diesen Orten ist im allgemeinen hart, und der Zwang, jemanden – zumindest für diesen einen Abend – zu »finden«, ist überwältigend!

Treffen Sie Ihre Wahl gemäß dem Stand Ihres Selbstvertrauens und gemäß der Art von Publikum, das Sie anzutreffen hoffen. Machen Sie sich einmal den Spaß, und planen Sie einen großen Auftritt; Sie werden sicher etliche Leute mit dieser positiven Haltung beeindrucken!

Alles in allem sind Kneipen kein schlechter Platz, um Leute kennenzulernen: Es hängt nur von Ihrer Perspektive ab. Sie werden in Kneipen genügend Auswahl finden, um aus Ihrer Suche nach einem idealen Gefährten eine pikante Affäre zu machen.

Kneipen bieten eine entspannte Atmosphäre für das Praktizieren Ihrer gesellschaftlichen Talente. Sie brauchen keine harten Getränke zu bestellen; trinken Sie, was Ihnen gefällt, und genießen Sie die Ambience.

Ein Wort der Warnung: Kneipen werden auch von Alkoholikern frequentiert. Wenn Sie Leute kennenlernen, achten Sie darauf, wieviel sie trinken und wie es ihnen bekommt. Sie möchten sich doch sicher nicht mit jemandem einlassen, der ein Alkoholproblem hat.

Spielen Sie einen Tag lang Tourist in Ihrer eigenen Stadt

Im Urlaub sind Sie erpicht darauf, Neues zu entdecken, und haben keine Angst davor, allein loszuziehen. Doch in Ihrer eigenen Stadt gefällt Ihnen diese Idee weniger. Sie zeigen viel mehr Mut – besonders was das Kennenlernen neuer Leute betrifft –, wenn Sie irgendwo auf Urlaub sind als in Ihrer Heimatstadt. Dabei ist es logischerweise viel praktischer, die Bekanntschaft mit jemandem aus der näheren Umgebung zu machen, mit dem Sie sich dann regelmäßig treffen können.

Und was passiert mit sogenannten Urlaubsbekanntschaften? Wenn Sie sich in eine Person verlieben, die in einer weit entfernten Stadt wohnt, müssen Sie eine Beziehung auf Distanz führen. Selbst wenn diese noch so romantisch ist, stellt die Einsamkeit trotz bester Absichten eine große Gefahr dar.

Ein Grund mehr für einen »Urlaubstag« in der eigenen Stadt! Besonders wenn Sie es dann nicht weit haben, um Ihre »Urlaubsbekanntschaft« wiederzusehen!

Gehen Sie allein aus

Wenn Sie zum ersten Mal allein ausgehen, wählen Sie am besten ein Lokal in der Nähe Ihrer Wohnung. Sie brauchen nicht gleich den ganzen Abend dort zu verbringen, aber bleiben Sie eine Weile lang. Besonders die erste halbe Stunde wird Ihnen am schwierigsten vorkommen, und Sie werden sich ohne Zweifel fragen: »Warum bin ich bloß hergekommen?« und ein wenig später: »Ich bin nicht richtig angezogen für dieses Lokal!« Atmen Sie tief durch, und entspannen Sie sich. Versuchen Sie so auszusehen, als ob Sie mit sich und der Welt zufrieden wären. Vielleicht begegnen Sie jemandem, mit dem Sie einen unterhaltsamen Abend verbringen werden – eine neue Bekanntschaft, die Sie unter die Gruppe Ihrer Freunde und Bekannten einreihen können.

Ändern Sie Ihre Ausgehgewohnheiten: Sie müssen nicht immer zusammen mit anderen ausgehen. Besonders Frauen haben die Tendenz, in einer Gruppe oder zusammen mit einer Freundin aus-zugehen. Männer lassen sich aber durch eine Gruppe sich mitein-ander unterhaltender Frauen leicht einschüchtern. Selbst wenn ein Mann sich von einer der Frauen aus der Gruppe angezogen fühlt, wird er es kaum wagen, sie anzusprechen. Wenn Sie weiterhin darauf bestehen, mit Ihren Freundinnen auszugehen, dann ma-chen Sie es sich zur Gewohnheit, sich während des Abends mehr-mals abzusondern. Machen Sie mit Ihren Freundinnen zu einer bestimmten Zeit einen Treffpunkt in den Erfrischungsräumen für Damen aus, um zu entscheiden, ob Sie gemeinsam das Lokal ver-lassen werden oder nicht… vielleicht hatten Sie Glück und fanden jemand Interessanten für einen gemeinsamen Schlummertrunk!

Legen Sie eine Liste der Lokale an, in denen Sie sich wohl fühlen
Allein auszugehen wird Ihnen leichter fallen, wenn Sie die Liste mit Ihren Lieblingslokalen – Restaurants, Pubs, Discos und Klubs – zu Hilfe nehmen. Nach mehrmaligem Besuch dieser Lokale wird das Personal Sie kennen: Der Maître d'hôtel wird Sie begrüßen, die Kellner werden Sie mit Ihrem Namen ansprechen, Sie werden sich in einer vertrauten Atmosphäre fühlen, wo Sie sich entspannen können und es Ihnen leichter fällt, neue Leute kennenzulernen.

Stammgast zu sein hat den besonderen Vorteil, daß das Personal sich nicht scheuen wird, Sie mit anderen Stammgästen bekannt zu machen. Ein weiterer Vorteil könnte sein, daß die attraktive Per-son, die immer Donnerstag abend auftaucht, plötzlich ein Gespräch mit Ihnen beginnt. Sie teilen zumindest ihre Vorliebe für dieses interessante Lokal, um ein wenig Freizeit zu verbringen.

Werden Sie Stammkundin in den Läden in Ihrer Nachbarschaft. Nehmen Sie Ihr Frühstück in dem kleinen Café am Ende der Straße ein. Kaufen Sie Ihre Zeitungen und Zeitschriften jede Woche beim selben Zeitungshändler. Dann wird es nicht lange dauern, und Sie werden ein neues Netzwerk von Leuten haben, die Sie mit einem Lächeln grüßen und nach Ihrem Befinden fragen werden, und ehe Sie sich's versehen, werden sie Ihnen von diesem Neffen oder jener Nichte erzählen, die Sie einfach kennenlernen *müssen*.

Legen Sie eine Liste der Sportarten an, die Sie ausüben oder interessieren

Spielen Sie Tennis? Volleyball? Schwimmen Sie gern? Treten Sie einem Sportklub oder einem Verein bei: Sie werden eine Menge Leute kennenlernen, die Ihre Interessen teilen! Sie könnten sogar eine eigene Gruppe oder Vereinigung unter einem originellen Aufhänger gründen: zum Beispiel einen »Skiklub für Singles« oder ein Radfahrteam »nur für Singles«.

Tragen Sie Ihre Geschäftskarten immer bei sich

Sie haben keine Geschäftskarte? Lassen Sie sich sofort welche drucken! Geschäftskarten sind eine absolute Notwendigkeit – sie sind unabkömmlich bei der Planung der erfolgreichsten Liebesstrategien. Sie können sich auch eine kleine Menge von Geschäftskarten zu einem vernünftigen Preis anfertigen lassen. Mancherorts gibt es sogar Automaten dafür, die das in wenigen Minuten besorgen. Natürlich sind diese Automatenkarten in ihrem Layout begrenzter als Karten, die in einer Druckerei hergestellt werden, aber für eine kleine Anzahl von Geschäfts- oder Visitenkarten ist dieser Weg bequem und preisgünstig.

Sie können sogar ein Geschäft gründen, indem Sie es gegen eine geringe Gebühr bei den lokalen Behörden anmelden, und es sodann auf Ihrer Karte angeben. Warum wählen Sie nicht etwas Interessantes für Singles? Zum Beispiel einen Auftragsdienst für Singles zur Erledigung diverser Wege oder zur Versorgung von Haustieren oder für die Zubereitung von Mahlzeiten – es gibt unendlich viele Möglichkeiten!

Was ist die häufigste Frage, die gestellt wird, wenn Sie eben jemanden kennengelernt haben? Gewöhnlich lautet sie: »Was machen Sie denn beruflich?« Eine perfekte Gelegenheit, um Ihre Karte zu präsentieren! Eindrucksvoll! Egal, ob auf der Karte Ihr eigenes Geschäft angeführt ist oder nicht, die Tatsache, daß Sie eine eigene Geschäftskarte haben, zeugt von Gediegenheit. Eine saubere Geschäftskarte, einem hübschen Etui entnommen, ist viel eleganter, als wenn Sie Ihre Telefonnummer auf eine Serviette kritzeln!

Geschäftskarten sind wie ein Sicherheitsnetz. Sie geben einem Unbekannten Ihre Geschäftsnummer anstelle Ihrer privaten Telefonnummer – was sicher ein guter Schachzug zu diesem Stand des Spiels ist, wo Sie die Person noch nicht wirklich kennen. Zudem haben Sie die Möglichkeit, auf der Rückseite Ihre Privatnummer zu notieren, falls Sie das wünschen – eine Aktion, die deutlich sagt: »Ich bin single! Sie können mich zu Hause anrufen!« Dasselbe gilt natürlich auch für den Fall, daß Sie die andere Person um ihre Geschäftskarte bitten. Sie geben ihr damit klar zu verstehen: »Seien Sie unbesorgt, ich werde mich nicht in Ihr Privatleben einmischen. Ich werde Sie tagsüber bei der Arbeit anrufen und Sie nicht mitten in der Nacht aus dem Schlaf klingeln!«

Überreichen Sie immer Ihre Karte, wenn Sie sich vorstellen! Indem Sie Ihre Karte offerieren und gleichzeitig der anderen Person vorschlagen, Sie anzurufen, zeigen Sie an, daß Sie höflich genug sind, die andere Person entscheiden zu lassen, ob ein weiterer Kontakt erwünscht ist. Die Leute werden *so* fasziniert sein …

Gibt Ihnen jemand seine Karte, so werden Sie vielleicht den Wunsch haben, durch einen Anruf seine Privatnummer zu überprüfen, ehe Sie sich auf mehr einlassen – einfach als eine Vorsichtsmaßnahme. Wenn sich eine Stimme meldet, die Sie nicht kennen, und Sie die Nerven haben weiterzumachen, können Sie zum Beispiel sagen, daß Sie eine Marktforschung durchführen und gerne ein paar Fragen stellen würden. Erfinden Sie irgend etwas, doch finden Sie heraus, ob die Person wirklich single ist!

Machen Sie es sich zur Gewohnheit, Geschäftskarten zu sammeln: Zur Aufbewahrung Ihrer Sammlung gibt es eigens für diesen Zweck angefertigte Alben zu kaufen. Selbst wenn Sie gerade mit jemandem eine feste Beziehung haben, können Sie ruhig die Ihnen angebotenen Geschäftskarten akzeptieren. Wer weiß? Möglicherweise sind Sie in einigen Monaten wieder frei, und dann könnten sich diese kleinen Karten als wahre Freunde erweisen! Eine Geschäftskarte gibt Ihnen die Chance, den Kontakt mit allfälligen Liebeskandidaten wieder zu erneuern! Sammeln Sie weiter!

Auch private Visitenkarten sind von Nutzen

Selbst wenn Sie über eigene Geschäftskarten verfügen, erweist sich ein Satz von privaten Visitenkarten, auf denen Ihr voller Name, Ihre Privatadresse und Ihre private Telefonnummer stehen, oft ebenfalls als nützlich – besonders für jene Gelegenheiten, bei denen Sie dem Empfänger versichern wollen, daß Sie ihn als einen Angehörigen des »inneren Zirkels« Ihres Freundeskreises betrachten.

Visitenkarten können ein persönliches Motto tragen, mit astrologischen Symbolen oder einem hübschen Blumenmotiv geschmückt sein: Es bleibt ganz Ihnen überlassen, welches Image Sie präsentieren wollen.

Ein ehrliches, offenes Image trägt zu Ihrer Glaubwürdigkeit bei – Geheimniskrämerei nicht

Zögern Sie nicht, freiwillig bestimmte Auskünfte über sich zu erteilen. Wenn die andere Person ein wenig über Sie Bescheid weiß, wird sie eher bereit sein, ebenfalls mehr aus sich herauszugehen.

Das heißt nicht, daß Sie sich in schaurigen Einzelheiten über Ihre zum fünften Mal geschiedene Tante Sarah ergehen sollen. Streuen Sie locker einige Bemerkungen ein wie zum Beispiel: »Letztes Jahr bin ich endlich mit meinem Studium fertig gewor-

den, und jetzt arbeite ich bei einem Rechtsanwalt und habe meine
Freude daran!« oder: »Meine vier Brüder haben alle glattes braunes Haar. Ausgerechnet meines ist gekraust!«

Lassen Sie einen Hinweis fallen, daß Sie single sind
Machen Sie im Laufe eines Gesprächs beiläufig die Bemerkung,
daß Sie single sind. Wenn Sie zum Beispiel allein leben, können
Sie sagen:»Ich koche gern, aber wenn ich von der Arbeit heimkomme, habe ich nicht genug Initiative, nur für mich allein etwas
zu kochen.« Oder: »Samstags bereite ich das Essen für die ganze
Woche zu und friere es in *Einzelportionen* ein.« Jetzt weiß sie, daß
es keine andere in Ihrem Leben gibt!

Sie könnten auch einen Hinweis auf die geringe Größe Ihrer
Wohnung einflechten – gerade richtig für eine Person – oder welche Freude es Ihnen gemacht hat, sie nach Ihrem persönlichen
Geschmack einzurichten. Außerdem bezeugt allein die Tatsache,
daß Sie nicht zögerten, Ihre private Telefonnummer anzugeben,
daß Sie ohne jeden Zweifel derzeit mit niemandem Ihr Leben teilen.

**Tragen Sie keine Verwirrung stiftenden Ringe an Ihren
Fingern**
Tragen Sie einen Ring an dem Finger, der anzeigt, daß jemand
verheiratet ist? Oder daß jemand verlobt ist? Seien Sie vorsichtig,
welchen Finger Sie für Ihren Lieblingsring wählen. Sie möchten
doch keine möglichen Interessenten für eine zukünftige Liebesbeziehung entmutigen oder in die Irre führen!

Seien Sie natürlich
Versuchen Sie nicht, die »Superfrau« oder der »Supermann« zu
sein oder den Eindruck zu erwecken, daß Sie alles können. Seien
Sie natürlich: Lassen Sie die anderen sehen, daß Sie ein normales
menschliches Wesen mit allen seinen Stärken und Schwächen

sind, guten und schlechten Eigenschaften – Charakterzüge, die Sie einzigartig und interessant machen! Niemand ist vollkommen! Seien Sie einfach Sie selbst: ein wenig töricht, ein wenig ernst, ein wenig schüchtern – einfach menschlich!

Seien Sie »begehrenswert«

Um anderen das Image einer begehrenswerten Person zu vermitteln, müssen Sie selbst das Gefühl haben, begehrenswert zu sein! Es ist eine geistige Einstellung. Begehrenswert zu sein hat nicht unbedingt etwas mit Sexualität zu tun: Es ist im Grunde ein Gefühl, das Sie von sich selbst haben, ein Gefühl der Zuversicht, daß Sie an sich selbst Gefallen finden und daß Sie deshalb auch anderen gefallen. Sie können dieses Selbstbild untermauern, indem Sie sich mit einfachen Dingen verwöhnen wie zum Beispiel einem entspannenden Schaumbad oder einer Tasse duftenden Tees zur Lektüre Ihres Lieblingsbuches.

Sich mit kleinen Aufmerksamkeiten zu verwöhnen – mit gepflegter Kleidung, einer neuen Frisur oder exquisit duftender Seife – wird Ihr Gefühl für sich selbst wieder erneuern. Regelmäßiges körperliches Training wird Ihren Körper fit, schlank und gesund erhalten. Alle zusammen sowie jede einzelne dieser Aktivitäten werden Ihnen helfen, sich großartig zu fühlen – und somit jemand Großartigen fürs Leben zu verdienen!

Denken Sie immer daran: Sie sind einzigartig, Sie haben Qualitäten, die andere nicht haben – Sie gibt es nur einmal! Wenn Sie fest daran glauben, begehrenswert zu sein, werden Sie Zuversichtlichkeit und Selbstvertrauen ausstrahlen. Wenn Sie etwas Nachhilfe brauchen, dann befestigen Sie überall Zettel mit der Bestätigung: »Ich bin eine wunderbare, liebenswerte Person. Ich verdiene Respekt und Glück.« Kleben Sie diese Affirmationen auf Ihren Badezimmerspiegel, und wiederholen Sie sie jeden Tag beim Zähneputzen. Verteilen Sie derartige Affirmationen im ganzen Haus: beim Telefon, unter Ihrem Kopfkissen, auf dem Kühlschrank! Bevor Sie es selber ahnen, werden Sie sich großartig, unbesiegbar und begehrenswert fühlen!

Machen Sie Dinge, die bewirken, daß Sie sich gut fühlen: Lesen Sie ein schönes Buch, schauen Sie sich Ihren Lieblingsfilm an, gehen Sie in die Sauna, kaufen Sie sich etwas Frivoles! Geben Sie sich das Gefühl, etwas Besonderes zu sein! Doch Achtung: Sie sind menschlich ... erwarten Sie nicht, sich 24 Stunden täglich an 365 Tagen im Jahr begehrenswert fühlen zu können. Nützen Sie die Augenblicke, in denen Sie es können; tun Sie Dinge, die Ihnen helfen, sich als etwas Besonderes zu fühlen, und wiederholen Sie diese öfters. Legen Sie eine Liste mit Ihren Vorzügen an, und lesen Sie sich diese so oft wie möglich vor. Seien Sie nett zu sich – und Sie werden einen Partner anlocken, der nett zu Ihnen ist!

Vermitteln Sie den Eindruck einer glücklichen Person, die gern Spaß hat

Mit wem sind Sie lieber zusammen: mit einem fröhlichen, immer gut gelaunten Menschen oder mit jemandem, der sich ständig über alles in seinem Leben beklagt? Die Wahl dürfte Ihnen nicht schwerfallen! Jeder liebt doch eine amüsante, unterhaltsame und fröhliche Person. Also seien Sie selbst eine! Zeigen Sie Ihren Sinn für Humor – lachen Sie über sich selbst, und die Welt wird mit Ihnen lachen!

Vermitteln Sie das Bild einer ausgeglichenen Persönlichkeit, die ein interessantes Leben führt

Wie können Sie interessant sein, wenn Sie die ganze Zeit zu Hause vor Ihrem Fernseher sitzen? Auf diese Weise lernen Sie niemanden kennen! Sie möchten, daß die Leute Sie für eine interessante, aktive Person halten? Dann müssen Sie eine werden! Gehen Sie zusammen mit Ihren Freunden aus, bemühen Sie sich um soziale Kontakte während der Arbeit und in Ihrer Freizeit. Bleiben Sie auf dem laufenden über das Tagesgeschehen, neue Filme und besondere Ereignisse!

Wenn Sie so tun, als ob Sie mit sich und Ihrem Leben zufrieden wären, werden sich die Leute um Sie scharen. Verhalten Sie sich mutlos und verzagt, wird man Sie ignorieren. Überlegen Sie selbst: Mit welcher Art von Person würden *Sie* Ihre Zeit lieber verbringen?

Lassen Sie den Dingen genügend Zeit für ihre Entwicklung. Wenn Sie versuchen, Geschehnisse zu beschleunigen oder zu erzwingen, werden Sie am Ende das Nachsehen haben. Eine wahre Geschichte, die diese Tatsache erläutert, geht folgendermaßen: Eine Frau, die alt genug war, um es besser zu wissen, platzte bei ihrem ersten Rendezvous mit einem geeigneten jungen Mann damit heraus, daß sie 39 Jahre alt und es ihr größter Wunsch sei, sich bald zu verheiraten. »Ich möchte eine Familie, meine biologische Uhr läuft ab – ich habe keine Zeit zu verlieren! Wenn Sie nicht den Wunsch nach einer Frau und einer Familie haben, dann sollten wir uns gleich adieu sagen!«

Vielleicht wünschte sich ihre neue Bekanntschaft genau dasselbe, aber sicherlich nicht mit ihr! Nicht wenn sie ihm schon beim ersten Rendezvous ein Ultimatum stellte. Die ungeschickte Frau hätte vielleicht all das haben können, was sie so verzweifelt suchte, hätte sie nur ein wenig mehr Geduld gezeigt und ihrer Beziehung Zeit gelassen, sich zu entwickeln.

Eine viel bessere Methode, um eine ernsthafte Beziehung anzufangen, ist, so zu tun, als ob Sie nicht auf der Suche nach der großen Liebe Ihres Lebens wären. Seien Sie gelassen, nicht ängstlich! Leute, die verzweifelt einen Liebespartner suchen, enden meistens in den Händen von jemandem, der sie ausnützt. Also entspannen Sie sich; bewahren Sie Ihren Gleichmut und Ihre Heiterkeit! Sollte sich Ihr Partner für das Wochenende als ein Partner fürs Leben erweisen – ausgezeichnet! Falls nicht, hatten Sie eine schöne Zeit! Das Leben zu genießen heißt schließlich nichts anderes, als jeden glücklichen Augenblick im Leben auszukosten.

Bitten Sie Ihre Freunde und Bekannten, Sie mit einer Person, von der sie glauben, daß Sie gut mit ihr auskommen könnten, bekannt zu machen

Ihre Freunde und Kollegen kennen Sie, sie kennen Ihre Persönlichkeit und sind daher in einer ausgezeichneten Lage, Sie jemand

Passendem vorzustellen. Wahrscheinlich werden Ihre Freunde überrascht sein, wenn sie hören, daß eine so fröhliche und interessante Person wie Sie einen Partner sucht. Lassen Sie sie wissen, daß Sie immer bereit sind, neue Leute kennenzulernen ... daß Sie an sozialen Kontakten interessiert sind. Ohne lästig zu fallen, erinnern Sie sie von Zeit zu Zeit daran; sie könnten gerade jemanden getroffen haben, der absolut passend für Sie wäre – vielleicht einen neuen Kollegen oder einen Freund, der erst kürzlich wieder single geworden ist.

Daniel begegnete der Frau seiner Träume nach einem allein verbrachten Wochenende. Er ging Montag morgen ins Büro und sagte zu seinen Kollegen, die um seinen Schreibtisch herumstanden: »Ich hatte ein großartiges Wochenende. Samstag war ich segeln, am Sonntag sah ich mir diesen phantastischen Film an. Aber ich weiß nicht ... trotzdem hat mir etwas gefehlt. Ich erkannte, daß ich alle diese großartigen Dinge allein erlebte! Es wäre viel schöner gewesen, wenn ich sie mit jemandem hätte teilen können. Weiß irgendwer unter euch eine Zukünftige für mich?« Sie können dasselbe machen wie Daniel: Fragen Sie Freunde, Kollegen, Eltern, Vettern – alle, die Sie kennen –, ob unter ihren Bekannten ein interessanter Single für Sie wäre. Und fragen Sie alle paar Monate wieder nach: Vielleicht wissen sie zwar im Moment niemanden, aber die Umstände ändern sich, und jemand, den sie kennen, kann in der Zwischenzeit geschieden oder verwitwet sein. Oder vielleicht ist er im Haus nebenan eingezogen oder schon wieder allein.

Ihre exzentrische Tante ruft Sie eines Tages an, um Ihnen mitzuteilen, daß sie den perfekten Ehepartner für Sie gefunden hat: Lehnen Sie nicht ab, ergreifen Sie die Gelegenheit! Gehen Sie mit einer positiven Einstellung zu diesem ersten Rendezvous! Erwarten Sie nicht, die Person Ihrer Träume zu treffen: Schließlich könnte es sein, daß Ihre Tante nicht dieselbe Idee von Vollkommenheit hat wie Sie! Erwarten Sie sich gar nichts – gehen Sie einfach nur mit der Absicht aus, sich gut zu unterhalten. Sie wissen nie, was passieren kann!

Setzen Sie für den Finder Ihres Liebespartners einen Geldpreis aus

Diese Idee stammt von einem reichen Amerikaner, der eintausend Dollar dafür aussetzte, daß jemand die zukünftige Frau für ihn fand. Die Rechnung ging auf: Er ist noch immer mit ihr verheiratet! Das ist zwar eine ungeheuerliche Idee, aber sie funktionierte. Warum versuchen Sie nicht, so kreativ zu sein? Wenn Ihr Bankkonto tausend Dollar nicht verkraftet, versuchen Sie es mit einer Belohnung, die Sie sich leisten können. Lassen Sie sich etwas einfallen: ein Essen in einem Gourmettempel, ein Wochenende für zwei in einem romantischen Schloß – mit etwas Glück und den richtigen Kontakten werden auch Sie bald zu zweit im Schloß weilen!

Vielleicht müssen Sie einige Ihrer »nicht wesentlichen Kriterien« für die Wahl eines Liebespartners abändern

Seien Sie nicht so wählerisch! Sie möchten Ihr Leben mit einer wirklichen Person teilen ... nicht mit einem Ausbund an Tugend! Lassen Sie Ihre stereotypen Ideen fallen. Hören Sie auf, jemand Perfekten zu suchen, halten Sie statt dessen Ausschau nach jemand Nettem. Wenn Sie sich über Jahre hinweg immer von demselben Persönlichkeitstyp angezogen fühlten, sich aber aus irgendeinem Grunde keine richtige Beziehung daraus entwickelte, dann ist es wahrscheinlich höchste Zeit, Ihre Erwartungen neu zu überdenken.

Wenn Sie zum Beispiel immer nur Verabredungen mit Geschäftsleuten voller hochfliegender Pläne hatten, die stets damit endeten, daß Sie sich wieder trennten, weil diese viel mehr Zeit für ihre Arbeit als für Sie aufwendeten, dann könnte es Zeit sein, daß Sie sich einem anderen Personentyp zuwenden. Ähnliches gilt für jemanden, der sich nur mit Blondinen verabredet, aber nie eine zufriedenstellende Beziehung zu haben scheint. Er wäre gut beraten, sich nach einer Brünetten oder vielleicht einer Rothaarigen umzusehen. Wie steht es mit dem Tennisfan, für den nur eine Tennisenthusiastin in Frage kommt? Um es auf den Punkt zu bringen: Ob Blondinen, Geschäftsleute oder Tennisspieler, diese Kategorien bilden keine »wesentlichen Kriterien«. Sie lassen sich zwar unter »Vorlieben« einreihen, sollten aber nicht Ihre Wahlmöglichkeiten einschränken.

Die Typisierung Ihres Liebespartners begrenzt die vorhandene Auswahl. Wahren Sie Ihre Perspektive: Schneewittchen und sein Prinz existieren nur im Märchen! Zu erkennen, daß Sie nicht vollkommen, aber gewiß eine vollkommen begehrenswerte Person sind, wird Ihnen helfen, sich ein offenes Gemüt und ein offenes Herz zu bewahren. Dann wird es nicht mehr lange dauern, bis Ihr Märchenpartner in Ihr Leben tritt.

Was hindert Sie am meisten daran, Leute kennenzulernen?
Sind Sie schüchtern? Haben Sie Schwierigkeiten, romantische Blicke auszutauschen? Erstarren Sie, oder benehmen Sie sich bei einem Rendezvous, als ob Sie von einem anderen Stern wären? Haben Sie Angst, ein zweites Rendezvous vorzuschlagen, weil Sie befürchten, abgewiesen zu werden? Fällt es Ihnen schwer, Ihren Beitrag zur Konversation zu leisten? Je eher Sie sich mit Ihren Ängsten befassen, desto eher werden Sie sie los. Nehmen Sie sich Zeit, Ihre gesellschaftlichen Schwachstellen zu orten und daran zu arbeiten. Wenn Sie diese Problemstellen durch eine positive Haltung ersetzen, werden Sie bald zuversichtlich und froh der Begegnung mit neuen Leuten entgegensehen.

Werden Sie Ihre negativen Gedanken, Komplexe und Ängste los
Negativität ist schlecht für Sie und beeinflußt Ihre Beziehungen. Wenn Sie logisch darüber nachdenken, dann existieren Ihre Ängste nur in Ihrem Kopf. Eine negative Einstellung wirkt sich auf Ihren Umgang mit anderen Menschen aus und kann Sie sogar davon abhalten, die ersten Schritte zu unternehmen, um jemanden kennenzulernen, von dem Sie sich angezogen fühlen.

Angst vor Ablehnung, Angst vor Verpflichtung, Angst vor inniger Vertrautheit – diese Ängste sind Hindernisse, die Sie überwinden müssen, ehe Sie eine dauerhafte Beziehung eingehen können! Das Besiegen dieser negativen Ängste wird Sie befreien und für ein erfülltes gesellschaftliches Leben bereit machen – und das wird zu glücklichen Beziehungen führen!

Ein in den Vereinigten Staaten durchgeführtes Experiment bestätigte, wie ein Gemütszustand zu einer schlechten Gewohnheit werden kann, die unser Leben negativ zu beeinflussen vermag. Ein großer Fisch wurde in einem Aquarium ausgesetzt. Für gewöhnlich wurde er mit einem kleinen Fisch gefüttert, doch dann trennten die Wissenschaftler mit Hilfe einer Glasplatte den großen Fisch vom kleinen. Jedesmal, wenn der große Fisch nun versuchte, den kleinen aufzufressen, stieß er mit der Nase an die Glasplatte. Nach einer Weile entfernten die Wissenschaftler wieder die Glasplatte und mußten feststellen, daß der große Fisch sich dem kleinen aus Angst, sich die Nase anzustoßen, nicht mehr zu nähern wagte!

Vielleicht haben auch Sie aufgrund von Erfahrungen in Ihrer Vergangenheit bestimmte Ängste entwickelt. Erinnern Sie sich daran, daß Ihre Ängste und Komplexe nur Illusion sind und es an Ihnen liegt, daran zu glauben oder nicht. Warum ersetzen Sie Ihre negative Einstellung nicht durch eine optimistische? Dann werden ganz von selbst wunderbare Dinge geschehen.

Lassen Sie sich von Abfuhr nicht entmutigen; machen Sie Ihre Vorstellungskraft zu Ihrer größten Verbündeten!
Wenn Sie erst kürzlich eine Reihe von Abfuhren in Kauf nehmen mußten, dann sollten Sie eine Pause einlegen. Lassen Sie sich Zeit, um Ihren Glauben an sich selbst wieder aufzurichten. Und erinnern Sie sich daran, Ablehnung nicht zu persönlich aufzufassen – es kommt sehr häufig vor, daß eine Person aufgrund ihrer eigenen schlechten Erfahrungen abweisend reagiert. Es muß gar nicht sein, daß sie Sie nicht leiden kann, vielleicht sind Sie bloß nicht ihr Typ. Sie können zwar nicht jeder und jedem jederzeit gefallen, sich selbst aber schon!

Um sich wieder aufzurichten, denken Sie an die netten Dinge, die Ihre Freunde über Sie sagen. Kramen Sie in Ihrer Erinnerung alle Komplimente hervor, die Ihnen ein Exverehrer über Ihre Schönheit oder Intelligenz gemacht hat. Wenden Sie sich nur den positiven Aspekten in Ihrem Leben zu – Sie sind in der Wiederaufbauphase! Machen Sie sich selbst eine Freude, kaufen Sie sich die allerfeinsten Bonbons, falls Sie Süßes lieben, kaufen Sie sich den Mantel, den Sie sich schon lange wünschen, leisten Sie sich eine Gesichtsbehandlung, gehen Sie fischen, widmen Sie sich ausgiebig Ihrem Lieblingszeitvertreib!

Ihre Vorstellungskraft ist ein machtvolles Werkzeug. Benutzen Sie sie, um Ihr Leben zu visualisieren, wie Sie es gerne hätten. Setzen Sie sich mindestens einmal am Tag ruhig irgendwo hin, und malen Sie sich Ihr ideales Leben in allen Einzelheiten aus. Möchten Sie gern auf dem Land leben? Stellen Sie sich die Landschaft vor, Ihren Garten, das Haus und sich selbst in dieser Szene! Natürlich werden Sie nicht vergessen, auch Ihren geliebten Partner in diese Übung einzubeziehen.

Halten Sie bewußt an Ihren positiven Gefühlen fest. Weigern Sie sich zu denken, Sie wären nicht gut genug, um einen wertvollen Menschen in Ihrem Leben zu haben. Sagen Sie nie Dinge wie: »Ich kann nicht mit dieser Person sprechen, sie wird mich für langweilig halten.« Unterstellen Sie anderen nie irgendwelche Gedanken, Sie könnten sonst sehr überrascht werden! Bewahren Sie eine positive Perspektive, sagen Sie zu sich selbst: »Ich werde mich aufmachen und mit dieser Person reden; sie wird sich freuen, mich kennenzulernen!« Wenn Sie selbst eine hohe Meinung von sich haben, werden die anderen diese teilen!

Rufen Sie als erste an

Sie haben vor einigen Tagen eine nette Bekanntschaft gemacht und die Telefonnummern ausgetauscht. Plötzlich ist Ihnen nach einem Gespräch mit Ihrem neuen Bekannten zumute ... so rufen Sie ihn doch an! Nichts einfacher als das. Warum wollen Sie darauf warten, daß er Sie anruft? Sie wollen ihm ja keinen Heiratsantrag machen, sondern ihm einfach nur guten Tag sagen oder ihm einen Kinobesuch oder ein Abendessen vorschlagen.

Wenn der Betreffende beschäftigt oder nicht zu Hause ist, brauchen Sie keineswegs nägelbeißend herumzusitzen und auf seinen Rückruf zu warten. Gehen Sie Ihren eigenen Angelegenheiten nach, und verbringen Sie eine schöne Zeit – er wird vermutlich dasselbe machen! Verschwenden Sie nie die kostbare Zeit Ihres Lebens, um auf einen Anruf, auf besseres Wetter oder auf sonst etwas zu warten: Es gibt viele interessante Dinge zu tun und viele, viele aufregende Leute, die darauf warten, Sie kennenzulernen!

Um für alle Anrufe bereit zu sein, brauchen Sie einen Anrufbeantworter
Wollen Sie einen Anruf versäumen, weil Sie nicht zu Hause sind? Die heutige Technologie sorgt für viele Annehmlichkeiten. Ein Anrufbeantworter erweist sich für Singles als besonders nützlich. Es gibt eine große Auswahl an Modellen mit verschiedenen Funktionen. Interessant ist zum Beispiel eine Fernbedienung, mit der Sie von auswärts anrufen und die für Sie gespeicherten Nachrichten abhören können. Wenn Sie allein leben, werden Sie sich vielleicht dieses kleine »Extra« leisten wollen – es sei denn, Sie richten Ihre Katze ab, Ihre Anrufe entgegenzunehmen.

Eine weitere praktische Funktion: Sie können Ihren Anrufbeantworter natürlich auch einschalten, wenn Sie zu Hause sind, dann haben Sie die Möglichkeit, die Anrufe zu sieben.

Es ist wichtig, eine schwungvolle, ungewöhnliche Botschaft auf Ihren Anrufbeantworter zu sprechen und gleichzeitig zu betonen: »Ihre Nachricht ist mir wichtig!« Vielleicht noch wichtiger ist es aber, auf einem fremden Anrufbeantworter eine ansprechende Nachricht zu hinterlassen. Bedenken Sie, daß Ihre Emotionen auf dem Band einer anderen Person aufgezeichnet werden. Ihre Stimme verrät, wie Sie sich in diesem Moment fühlen: Sind Sie traurig, weil niemand zu Hause ist? Sind Sie überrascht? Ihre Stimme wird diese Emotionen preisgeben!

Eine Methode, um einen guten Eindruck zu machen, ist, sich auf das Hinterlassen einer Nachricht vorzubereiten. Überlegen Sie sich, aus welchem Grund Sie anrufen: Um herauszufinden, wie es der Person geht? Wie ihr Tag verlief? Was ihre Arbeit macht? Wollten Sie sich mit ihr verabreden? Sie zu einer Party einladen? Sie um einen Gefallen bitten? Machen Sie sich die Absicht Ihres Anrufes klar, um sie in die richtigen Worte zu kleiden. Aber vergessen Sie nicht, daß Ihre Stimme der Schlüssel ist! Ihre Stimme muß gefaßt klingen, wie der Ablauf einer Melodie, mit dem lebendigen, leidenschaftlichen Timbre einer Geige oder den süßen Tönen einer Harfe!

♥ ♥ ♥

Legen Sie sich immer eine Nachricht für den Anrufbeantworter zurecht, ehe Sie jemanden anrufen

Es gibt heute schon viele Leute, die mit einem Anrufbeantworter ausgestattet sind. Halten Sie daher eine Nachricht bereit, oder legen Sie auf. Was immer Sie auch machen, stottern Sie bloß nicht etwas Unverständliches hervor! Schreiben Sie Ihre Nachricht vorher auf, wenn Sie müssen – und vergessen Sie nicht, Ihren Namen und Ihre Telefonnummer zu hinterlassen. Fügen Sie aus Höflichkeit noch hinzu, zu welcher Zeit Sie am besten zu erreichen sind. Oder behalten Sie die Lage unter Kontrolle, indem Sie eine Botschaft wie die folgende hinterlassen: »Guten Tag, hier spricht Gaby. Ich bin schwer zu erreichen und werde daher morgen abend zwischen sechs und sieben nochmals anrufen.« Eine amüsante Nachricht zu hinterlassen ist immer eine gute Methode, um Aufmerksamkeit zu erregen. Vielleicht sagen Sie: »Hallo, hier ist Robert. Erinnern Sie sich? – Der lange Dünne mit der Pfeife, der Sie auf der Bahnstation fast umstieß? Weil Sie bei dem Zusammenstoß Ihren Apfelsaft verschüttet haben, möchte ich Sie gerne auf ein Glas einladen ... ich verspreche, daß ich vorsichtiger sein werde!«

Seien Sie selbstbewußt und bestimmt: Ein leises Lachen auf einem Anrufbeantworter ist so gewinnend wie ein Lächeln in natura!

Gehen Sie zu Tanzveranstaltungen und anderen Geselligkeiten

Ihr Grund hinzugehen ist derselbe wie der vieler anderer – um Leute kennenzulernen! Schlagen Sie in der Zeitung nach, besonders in der Samstagsausgabe, welche Veranstaltungen für Singles interessant sein könnten. Rufen Sie den Veranstalter an, um sich über das durchschnittliche Alter der Teilnehmer zu erkundigen. Finden Sie heraus, ob das Verhältnis zwischen der Anzahl der Frauen und der Anzahl der Männer – für Sie! – günstig ist. Gibt es ein Empfangskomitee, um die Leute vorzustellen? Ist die Sitzordnung festgelegt?

Auf der Veranstaltung selbst wechseln Sie so oft wie möglich Ihre »Stellung«. Wenn Sie mit einer Schar von Freunden hingehen, dann schlagen Sie nach einiger Zeit eigene Wege ein. Nehmen Sie an verschiedenen Tischen Platz, und lächeln Sie den Leuten, die in Ihre Richtung schauen, freundlich zu. Zeigen Sie, daß Sie erreichbar, verfügbar, keineswegs aber unnahbar sind … Sie wissen nie, wann Amor seinen Bogen spannt!

Frühstücken Sie außer Haus

Das Frühstück ist die wichtigste Mahlzeit des Tages – für Ihre Gesundheit und Ihr Liebesleben! Werfen Sie vor dem Ausgehen einen prüfenden Blick in den Spiegel, um sich zu vergewissern, daß Sie frisch aussehen und daß Ihr Haar und Ihre Kleidung in Ordnung sind. Am Wochenende gehen viele Singles gerne zum Brunch, weil es eine wenig kostspielige Methode ist, Leute kennenzulernen, und eine angenehme Art und Weise, den Tag zu beginnen.

Warum wollen Sie nur die Wochenenden für ein Frühstück außer Haus reservieren? In Ihrer Stadt gibt es sicher Cafés, die unter der Woche ein besonders preisgünstiges Frühstück anbieten. Auch Bäcker servieren oft zu ihren Croissants oder anderen hausgemachten Spezialitäten eine Tasse Kaffee. Wenn Sie unbedingt in der Früh Ihre Zeitung lesen müssen, so spähen Sie gelegentlich über den Rand in die Menge ... vielleicht erblicken Sie jemand Interessanten und bieten ihm ein Croissant an.

Nehmen Sie Kaffee und Nachtisch außer Haus ein

Es gibt so viele kleine Konditoreien, die nicht nur eine reiche Auswahl an exotischen Teesorten, inklusive Kräuter- und Früchtetee, anbieten, sondern auch Kaffeespezialitäten, wie Cappuccino oder Melange, zusammen mit einem Riesensortiment köstlicher Süßspeisen. Der ideale Ort schlechthin, um eine neue Bekanntschaft auf einen Kaffee einzuladen, aber auch um neue Bekanntschaften zu machen, da viele Singles hier gerne nach dem Abendessen einkehren, um ihren vier Wänden zu entrinnen. Eindeutig eine gute Wahl für einen preiswerten Abend in netter Umgebung mit leiser Musik und gedämpfter Beleuchtung: ebenso perfekt für den ersten gemeinsamen Abend! Oder Sie schauen allein vorbei und nehmen etwas Süßes mit!

Kunstgalerien, Bibliotheken, Buchläden, Videotheken und Zeitschriftenhändler eignen sich vorzüglich zum Kennenlernen

Kunstgalerien sind für Singles wie maßgeschneidert, vor allem während einer besonderen Ausstellung. Denken Sie an die vielen Vorteile: Das Konversationsthema ist vorgegeben – Sie können über die Bilder diskutieren, über die Persönlichkeit des Künstlers, über den letzten Klatsch bezüglich seines exotischen Liebeslebens. Und Sie brauchen nicht lange zu bleiben: fünfzehn Minuten, wenn es hoffnungslos langweilig ist – oder wenn nur bärtige, kettenrauchende Avantgardekünstler anwesend sind. Oder zwei Stunden, wenn Sie eine verführerische, sachkundige Expertin kennenlernen – wer weiß? Wenn Sie öffentliche Ausstellungen besuchen, lassen Sie sich in die Adressenkartei aufnehmen, selbst wenn Sie bezweifeln, jemals wiederzukehren. Vielleicht ändern Sie Ihre Meinung ... und Ihre Interessen.

Besuchen Sie Handelsmessen, Konferenzen, Auktionen, Straßenmärkte

Waren Sie schon einmal auf einer Messe? Es scheint fast für jeden Handelszweig eine zu geben. Zu den wichtigsten zählen Messen für Autos, Sportartikel, Computer, Antiquitäten, Möbel – ja selbst für Singles gibt es Messen! Eine Reihe von größeren Städten auf der ganzen Welt veranstaltet Fachmessen und Konferenzen für Singles. Vielleicht findet sogar in Ihrer Stadt bald eine derartige Veranstaltung statt. Sehen Sie in den Zeitungen nach, was die diversen Veranstaltungen betrifft, die Sie interessieren, und stürzen Sie sich ins Vergnügen.

Sie können eine Menge Leute kennenlernen beim Besuch einer Fachmesse, die Sie interessiert. Haben Sie etwas übrig für Computer? Gewöhnlich finden jedes Jahr mehrere Computermessen statt sowie Konferenzen und Seminare über die Anwendung der neuesten Hard- und Software. Sie werden nicht nur alle Arten von neuen Geräten und Ideen antreffen, sondern auch Leute, die Ihr Interesse teilen – vielleicht sogar in der Liebe!

Eine Auktion kann ebenfalls sehr unterhaltsam sein. Viele Leute gehen nur aus diesem Grund hin: Ein Auktionator in voller Aktion ist ein eindrucksvoller Anblick! Die Besucher einer Auktion sind oftmals in gehobener Stimmung und ziemlich empfänglich für die Avancen einer so magnetischen Persönlichkeit wie der Ihren! Wem wird Ihr Herz den Zuschlag erteilen?

Machen Sie einen Spaziergang mit Ihrem Hund! Sie haben keinen? Dann leihen Sie einen aus!

Es ist erstaunlich, wie viele Leute stehenbleiben, um mit einem Hund zu reden. Diese struppigen Geschöpfe sind in der Tat die besten Eisbrecher, die Sie finden können – sofern sie nicht zu angriffslustigen Bestien abgerichtet wurden.

Sie können die Aufmerksamkeit erregende Wirkung Ihres Hundes noch verstärken, indem Sie einen bunten »Verband« um seinen Schwanz wickeln. Stellen Sie sich vor, wie viele Leute Sie mit einem Hund anlocken werden, der fröhlich mit seinem leuchtend orange »bandagierten« Schwanz wedelt.

Mit dieser Strategie hatte Barbara Erfolg. Ein Jahr lang hatte sie sich bemüht, jemand Interessanten kennenzulernen, ehe sie schließlich aufgab. Eines Tages ging sie in den Lebensmittelladen, um Mehl zu kaufen, und ließ ihren Hund draußen warten. Als sie aus dem Geschäft trat, streichelte ein junger Mann ihren Hund und sprach ihm Trost zu. Barbara und Karl – der Hundeverehrer – haben geheiratet und leben glücklich und zufrieden mitsamt dem Hund, der sie zusammengebracht hat.

Wenn Sie keinen Hund haben oder keinen ausleihen können, so wäre es doch einen Versuch wert, eine Katze an einer Leine spazierenzuführen.

Reden Sie mit den Leuten, die einen Spaziergang mit ihrem Hund machen
Sie könnten zum Beispiel folgende Konversation führen: »Ein süßer Hund, wie heißt er denn?« – »Fido.« – »Und wie lautet Fidos Telefonnummer?«

Joggen Sie? Fahren Sie Rad?
Tun Sie es auf stark bevölkerten Wegen!
Wenn Sie Ihren Sport auf stark bevölkerten Wegen ausüben, werden Sie viel mehr Leute kennenlernen … und diese werden wahrscheinlich die gleichen Interessen haben wie Sie!

Sind Sie ein König im Flippern oder bei den Videospielen? Wenn ja, dann zeigen Sie Ihr Können in der Spielhalle. Viele Erwachsene spielen heutzutage solche Spiele. Wenn Sie neu in der Szene sind, dann können Sie den Spitzenspielern interessiert zusehen und auf diese Weise die Bekanntschaft des Champions machen. Vielleicht bitten Sie ihn um Unterricht!

Autosalons sind ein gutes Terrain zum Aufstöbern potentieller Liebespartner

Bei der Wahl des Autosalons richten Sie sich nach dem Typ von Persönlichkeit, den Sie suchen: Ein junger, dynamischer Typ wird wahrscheinlich einen Sportwagen fahren. Haben Sie es auf die höchste Luxusklasse abgesehen, dann suchen Sie einen Mercedes- oder Jaguar-Händler auf. Warum machen Sie nicht eine Probefahrt in Ihrem Traumwagen? Es wäre sogar möglich, daß sich ein zukünftiger Käufer Ihnen anschließt!

Waschen Sie Ihre Wäsche im Waschsalon

Selbst wenn Sie zu Hause eine vollautomatische Waschmaschine haben, bitten Sie nicht mehr Ihre Mutter, Ihre Wäsche zu waschen, sondern gehen Sie in den Waschsalon! Dieser Ort eignet sich wirklich hervorragend zum Kennenlernen von Leuten. Überlegen Sie doch: Die Leute müssen sitzen und warten, bis der Waschzyklus oder der Trockenzyklus zu Ende ist. Was tun sie daher? Sie unterhalten sich miteinander! Sie können auf »hilflos« machen und sich von jemandem beim Sortieren in Bunt- und Weißwäsche helfen lassen. Oder erkundigen Sie sich, welchen Weichmacher Sie benutzen sollen, welches Waschmittel das beste ist oder welche Menge Sie bei weichem Wasser brauchen. Ist es nicht praktisch, eine Reihe von Themen für die Konversation bereits vorgegeben zu haben?!

Umgekehrt können natürlich auch Sie Ihre Hilfe anbieten und die attraktive Person davor bewahren, einen Pullover aus Schurwolle in den Trockner zu werfen. Oder denjenigen, der gerade seine weißen Socken zusammen mit einem roten Hemd in die Waschmaschine stecken will, an seinem Unglück hindern. Stehen Sie mit Rat und eventuell auch mit Tat parat!

In manchen Teilen der Welt avancierten Waschsalons zu beliebten Treffpunkten für Singles. Das geht sogar so weit, daß manche Paare, die einander dort kennenlernten, beschlossen, ihre Hochzeit und den anschließenden Empfang in einem Waschsalon abzuhalten.

Sie brauchen sich keinesfalls auf *einen* Waschsalon zu beschränken. Suchen Sie innerhalb eines Monats mehrere verschiedene auf; Sie werden auf diese Weise mehr neue Leute kennenlernen, saubere Wäsche *und* eine schöne Zeit haben!

Erforschen Sie Seminare und Kurse, die für Paare und Singles in Beziehungen oder für die Entwicklung der Persönlichkeit bestimmt sind

Es gibt alle Arten von Workshops, die für Singles bestimmt sind und ihnen helfen sollen, ihr Schneckenhaus zu verlassen und ihre gesellschaftlichen Talente zu verbessern, um auf diese Weise mehr Glück bei der Partnersuche zu haben. Immer mehr Organisationen bieten diese Art von Erwachsenenbildung an. Manche Kursbezeichnungen klingen ziemlich pikant: »Wie lerne ich einen viel jüngeren Mann kennen« zum Beispiel.

Wählen Sie einen Kurs, von dem Sie glauben, daß er Ihnen helfen wird, Ihre Persönlichkeit zu entwickeln, doch lesen Sie die Kursbeschreibung sorgfältig durch … Kurstitel sind manchmal irreführend. Ziehen Sie über die Kursleiterin Erkundigungen ein, und finden Sie heraus, wie lange es diesen Kurs schon gibt beziehungsweise ob er gut besucht ist. Hohe Teilnehmerzahlen während einer Folge von Semestern sind ein gutes Zeichen.

Selbstverständlich werden Sie vom Besuch dieser Seminare und Kurse auch persönlich profitieren, aber der Hauptgrund für Ihre Teilnahme ist, jemanden kennenzulernen. Und zweitens zu entdecken, was *andere* Singles machen! Sie können nie im vorhinein wissen, was Sie im Laufe dieses Prozesses über andere Singles lernen werden.

Treten Sie einem Wohltätigkeitsverein bei

Natürlich werden Sie einer Organisation beitreten, an die Sie glauben, doch abgesehen davon, ob diese Obdachlose, Kinder oder Spitäler unterstützt, bietet sie Ihnen eine ausgezeichnete Gelegenheit,

Leute kennenzulernen. Viele freiwillige Mitarbeiter sind Singles … sie haben freie Zeit zu vergeben. Durch die Teilnahme an einer karitativen Tätigkeit können Sie anderen und sich selbst helfen. Nehmen Sie diese Möglichkeit zur Verbesserung Ihrer gesellschaftlichen Talente wahr, und lernen Sie respektable, großmütige Leute kennen.

Treten Sie einer politischen Organisation bei
Politische Gruppen weisen immer beträchtliche Mitgliederzahlen auf. Außerdem sponsern sie eine Reihe von Veranstaltungen – Konferenzen, Versammlungen, gesellschaftliche Empfänge, Bälle –, wo Sie viele Singles treffen können. Beweisen Sie Mut, und bewerben Sie sich um einen Platz im Exekutivausschuß … Sie werden den Weg weisen, und die anderen werden folgen.

Treten Sie einer beruflichen Organisation bei
Die meisten Berufs- und Geschäftszweige haben ihre eigenen Vertretungen. Warum treten Sie nicht einer bei, die Ihre Interessen vertritt? Sie werden eine Menge Leute mit der gleichen Ausbildung und denselben Anschauungen wie Sie kennenlernen, da diese Vereinigungen zahlreiche Zusammenkünfte veranstalten. Stellen Sie sich allen Mitgliedern vor, errichten Sie ein Netzwerk, lassen Sie sich in den Exekutivausschuß wählen! Ihre Aufgabe wird Ihr Selbstwertgefühl steigern und Ihnen gleichzeitig ermöglichen, viele neue Leute kennenzulernen.

Wenn Sie ins Museum gehen, vergessen Sie nicht einen Besuch im Museumsshop oder im Restaurant
Es gibt mehr zu tun in einem Museum, als sich die Vitrinen anzuschauen. Was ist mit all den Leuten, die auf einen Kaffee gehen? Warum machen Sie es nicht wie sie? Ein Gespräch ist schnell angefangen. Es gibt so vieles, worüber man reden kann: die Exponate,

die Künstler, die Architektur des Museums! Und vergessen Sie nicht den Museumsshop: All der Kleinkram dort ist ein vorzüglicher Eisbrecher beim Schließen neuer Bekanntschaften!

Nutzen Sie die Pause während einer Aufführung zu Ihrem Vorteil

Wenn Sie ins Theater, in die Oper oder zu einer Show mit Ihrem Lieblingsstar gehen, dann verlassen Sie in der Pause Ihren Sitzplatz, und begeben Sie sich ins Foyer, um etwas zu trinken oder eine Kleinigkeit zu essen. Wenn die Leute um das Buffet versammelt sind, stellen Sie sich dazu und beteiligen sich an der Konversation. Sie wird sich bestimmt um die Aufführungen drehen – vergangene, kommende und die jetzige! Praktizieren Sie Ihre gesellschaftlichen Talente, indem Sie einige Episoden über die Stars auf der Bühne zum besten geben; es könnte damit enden, daß Sie die erheiternden Nachwirkungen der Aufführung mit Ihrem eigenen »Star« teilen.

Der beste Platz auf einer Party ist in der Nähe der Bar oder beim Buffet

Warum? Weil dort die Zirkulation am stärksten ist: Es herrscht ein reges Kommen und Gehen von Leuten, die sich etwas zu trinken oder zu essen holen. Findet die Veranstaltung in einem Hotel statt, so können Sie Ihren Standplatz gelegentlich in die Nähe der Garderobe verlagern, denn auch in diesem Bereich herrscht reger Verkehr: Manche Leute wollen kurz Luft schnappen oder dem Menschengewühl entkommen, oder vielleicht sind sie auf der Suche nach einem potentiellen Liebespartner – möglicherweise lernen Sie einander kennen!

Wenn ein langweiliger Mensch Sie in einer dieser Vorzugslagen in Beschlag nimmt, entfernen Sie sich einfach mit einer höflichen Entschuldigung und finden eine andere verkehrsreiche Lage. Vielleicht schlendern Sie vorher noch ein bißchen herum. Rufen Sie sich Ihren Vorsatz, an diesem Abend so viele Leute wie möglich kennenzulernen, wieder in Erinnerung! Sollte Sie daher jemand, den Sie attraktiv finden, in Beschlag nehmen, lächeln Sie ihm zu und sagen: »Hätten Sie Lust, dieses Gespräch nächsten Dienstag beim Abendessen fortzusetzen?«

Passen Sie gut auf, mit welchem Typ Sie es zu tun haben – insbesondere auf seine Vorlieben –, und benutzen Sie Ihre Vorstellungskraft, um etwas vorzuschlagen, was er mit ziemlicher Sicherheit akzeptieren wird. Einen Tanzwettbewerb? Einen Marathon? Alte Horrorfilme? Durch Ihre Aufmerksamkeit und Freundlichkeit werden Sie das Interesse Ihres neuen Bekannten wecken, und er wird darauf brennen, Sie wiederzusehen!

Mit einer offenen und entgegenkommenden Ausstrahlung werden Sie die Leute anziehen, wo immer Sie auch stehen mögen.

Essen Sie im Speisewagen, wenn Sie per Bahn reisen
Sie könnten natürlich auch ein langweiliges Lunchpaket einpacken und allein essen, doch warum suchen Sie nicht den Speisewagen auf? Dies wird Ihnen die Reise kürzer erscheinen lassen, und Sie werden viel Spaß haben; besonders wenn Sie interessante Leute kennenlernen. Vielleicht reist sogar Ihre zukünftige Liebe mit!

Verlassen Sie in Ihrer Mittagspause immer Ihren Arbeitsplatz
Selbst wenn Sie sich Ihr Mittagessen ins Büro mitbringen, verlassen Sie dennoch immer Ihren Arbeitsplatz. Gehen Sie aus, um einen Kaffee zu trinken oder einfach um etwas frische Luft zu schnappen. Sie werden zumindest andere Gesichter sehen, und Ihr Arbeitstag wird Ihnen nicht so lang vorkommen. Vertreten Sie sich ein wenig die Füße im Park; sehen Sie sich die Leute an. Vielleicht wird jemand auf Sie aufmerksam und stellt sich – welche Überraschung! – Ihnen vor. Damit würde sich das Einlegen einer Pause erst recht bezahlt machen!

Sehen Sie sich in Boutiquen und Kaufhäusern ein wenig um

Wenn Sie ein weibliches Wesen kennenlernen möchten, können Sie es mit einem Besuch in der Parfumabteilung eines großen Kaufhauses probieren. Falls Sie eine attraktive Frau ein Parfum kaufen sehen, könnten Sie sie mit folgenden Worten ansprechen: »Ein exquisites Parfum! Ich bin dabei, ein Geburtstagsgeschenk für meine Schwester auszusuchen. Wie kann ich feststellen, ob ihr das Parfum, das Sie soeben ausprobiert haben, zusagen würde?« Stellen Sie immer nur Fragen, die mit ganzen Sätzen beantwortet werden müssen und nicht bloß mit ja oder nein. Mit dieser einen Frage haben Sie eine neue Bekanntschaft gemacht und ihr gezeigt, daß Sie sich um einen anderen Menschen Gedanken machen; eine großartige Strategie!

Halten Sie nach einem männlichen Wesen Ausschau, dann könnte sich ein Besuch in einem Geschäft für Herrenbekleidung lohnen. Sicher werden Sie jemanden erspähen, der eine Krawatte kauft. Warum bitten Sie ihn nicht einfach um Rat? »Pardon, Sie sehen meinem Bruder ähnlich. Ich habe bemerkt, daß Sie die gleiche Haarfarbe und dieselben Augen haben. Glauben Sie, daß ihm diese Krawatte gut zu Gesicht stehen würde?« Er wird sich natürlich geschmeichelt fühlen, daß Sie ihn um Rat gefragt haben, und jetzt, da Sie einander bereits kennengelernt haben, können Sie sich gleich vorstellen. Vielleicht möchten Sie ihm noch ein Kompliment über seinen guten Geschmack machen – und hinzufügen, daß Sie sein Hemd ebenfalls zu einem Geschenk für Ihren Bruder inspiriert hat!

Der Trick dabei ist, die Konversation auszudehnen. Sobald Sie fröhlich im Plaudern sind, wer weiß, welche Themen dann zur Sprache kommen? Vielleicht finden Sie heraus, daß Sie eine Menge Gemeinsamkeiten haben ... und daß dieser »interessante Käufer« alle Möglichkeiten für einen idealen Liebespartner aufweist. Vielleicht entdecken Sie noch mehr über einander bei einem gemeinsamen Mittagessen?

Bestimmte Fachgeschäfte sind ebenfalls ein guter Ort für die Partnersuche. Auch wenn Sie weder aus einem Computergeschäft noch aus einem Sportgeschäft etwas brauchen, könnten diese einen Besuch wert sein, weil Sie dort einen speziellen Kundenkreis vorfinden.

Vielleicht betreten Sie einen Blumenladen nur dann, wenn Sie Ihrer Mutter zum Geburtstag einen Blumenstrauß kaufen, dabei könnte sich ein solches Geschäft als Fundgrube erweisen, um jemand Besonderen kennenzulernen. Gleichgültig, in welchem Geschäft Sie auch sind, halten Sie die Augen offen. Und wenn Sie jemand Attraktiven erblicken, bitten Sie ihn einfach um Hilfe. Wenn eine der Kundinnen Sie fasziniert, begeben Sie sich unauffällig in ihre Nähe und tun so, als ob Sie an derselben Ware interessiert wären. Fassen Sie sich ein Herz, und fangen Sie eine Konversation an … »Entschuldigen Sie bitte, wissen Sie, ob diese Marke etwas taugt?«

Wenn Sie auf der Suche nach einem bestimmten Artikel sind, können Sie einen anderen Käufer, der sich in derselben Abteilung umsieht, fragen, was er davon hält. Betonen Sie den engen Verwandtschaftsgrad zwischen Ihnen und der Person, für die Sie etwas kaufen wollen: Ihre Mutter, Ihren Bruder, Ihre Schwester – der Befragte wird sich geschmeichelt fühlen, daß Ihnen seine Hilfe wichtig ist. Oft genügt es schon, sich in einem Geschäft nach etwas zu erkundigen – zum Beispiel nach einer Spezialsäge für Ihren Bruder –, daß sich eine Gelegenheit ergibt, eine neue Bekanntschaft zu machen. Sie wissen nie, ob nicht ein attraktiver Unbekannter zufällig Ihre Frage mithören und Ihnen flirtend seine Hilfe anbieten wird. Das Einziehen von Erkundigungen ist die beste Gelegenheit, interessante Leute kennenzulernen. Probieren Sie es gleich bei Ihrem nächsten Einkauf aus!

Ein Gespräch ist der Schlüssel zu einem erinnerungswürdigen ersten Kontakt
Sie können Ihre Werte, Ihre Vorlieben und Ihre Persönlichkeit anderen anhand Ihrer Kommentare vermitteln. Ein Gespräch mit anderen Käufern hilft Ihnen, eine persönliche Beziehung herzustellen. Wenden Sie sich mit einer Frage an einen Mitinteressenten,

und ehe Sie sich's versehen, werden Sie in eine angeregte Diskussion mit einem Unbekannten verwickelt sein. Wenn Sie die gesamte Klientel aller Geschäfte, die Sie aufzusuchen pflegen, in Betracht ziehen, werden Sie nicht umhin können festzustellen, daß Einkaufen eine großartige Gelegenheit ist, um sich nach jemand »Speziellem« umzusehen!

Besuchen Sie Abendkurse

Gibt es einen besseren Weg, um interessante Leute kennenzulernen, als einen Abendkurs an der lokalen Universität zu besuchen? Nicht nur, daß Sie Ihren Bildungshorizont erweitern werden; abgesehen davon bietet sich Ihnen auch die Möglichkeit, mit einer Gruppe von Leuten Bekanntschaft zu schließen, mit denen Sie ein gemeinsames Gesprächsthema verbindet.

Universitäten und Abendschulen werden Ihnen auf Anfrage ihr Vorlesungsverzeichnis oder ihr Kursprogramm zusenden. Beachten Sie bei der Entscheidung für ein bestimmtes Interessensgebiet, über das Sie mehr lernen wollen, auch die Tatsache, ob es jene Art von Leuten anziehen wird, die Sie interessant finden.

Am Ende entschließen Sie sich gar für einen Lehrgang in Navigation oder Maschinenlehre? Oder Sie belegen einen Näh- oder Kochkurs – in diesem Fall können Sie darauf zählen, daß Ihnen gleich mehrere Personen zu Hilfe kommen werden, wenn Sie Schwierigkeiten haben sollten, Eidotter und Eiklar zu trennen.

Warum also nicht den eigenen Bildungs- und Beliebtheitsgrad steigern? Abendkurse bieten Ihnen eine Reihe von gesellschaftlichen Möglichkeiten: die Gelegenheit, während der Pausen oder nach dem Unterricht mit einigen Klassenkameraden – eventuell auch nur mit einem einzigen – einen Imbiß oder eine Erfrischung zu sich zu nehmen. Zudem gibt es Lerngemeinschaften, die Bibliothek, Seminare, Spezialprojekte – und nicht zu vergessen, die Abschlußfeier! Die Hauptsache ist, daß Sie an einem Unterricht teilnehmen, der die Art von Leuten anzieht, die Sie anziehend finden!

Lernen Sie eine Tätigkeit, die traditionellerweise vom anderen Geschlecht ausgeübt wird

Paul beherzigte diesen Rat, als er sich aus rein therapeutischen Gründen entschloß, stricken zu lernen: »Ich war ein nervöser Student, und stricken half mir, mich von meiner früheren ›Therapie‹ – dem ständigen Herumkauen auf meinen Nägeln – zu befreien. Unter den gegebenen Umständen erwartete ich nicht mehr, als auf mildes Interesse zu stoßen. Das war falsch. Kaum ließ ich irgendwo mein Strickzeug auftauchen, war ich auch schon umringt von einer bewundernden Frauenschar. Ich hätte es mit jedem Straßenmusikanten oder Straßenmaler aufnehmen können. Eine Stricknadel in Männerhänden ist, wie ich entdeckte, keineswegs eine bloße Kuriosität, sondern sie wirkt auf Frauen vertrauenerweckend, erregt ihre Bewunderung und ist daher ein vorzügliches Mittel, um ihr Interesse zu gewinnen.

Ich komme aus dem Staunen nicht heraus über den Grad von Bewunderung, den Frauen einem Mann entgegenbringen, der seinen eigenen Pullover strickt. Sobald ich mein Strickzeug herausnehme, schwindet jeder Gedanke wie ›Was tut ein Mann mit einer Strickerei?‹ und macht schrankenloser Bewunderung Platz. Das erreicht manchmal sogar komische Ausmaße, besonders wenn ich ein Wollgeschäft aufsuche, wo männliche Kunden im allgemeinen wie verirrte Kinder behandelt werden, die ihre Mutter suchen. Selbst in dem Wollgeschäft, in dem ich Stammkunde bin, werde ich mit Hilfsbereitschaft überhäuft. Während bereits einige Kundinnen geduldig an der Kasse warten, bemühen sich alle drei Verkäuferinnen um mich. ›Ist er nicht süß‹, höre ich sie beim Hinausgehen sagen, ›er wird einmal einen wunderbaren Ehemann abgeben!‹ Ich finde es himmlisch!«

Treten Sie einem Fitneßklub bei

Bevor Sie einem Fitneßklub beitreten, sehen Sie sich ein wenig um. Achten Sie darauf, welche Art von Leuten dort verkehrt. Gibt es mehr Frauen oder mehr Männer? Sind irgendwelche Berühmtheiten darunter? Sich genau alles anzusehen ist eine ausgezeichnete Methode, Leute kennenzulernen. Während Sie die verschiedenen Einrichtungen prüfen, sprechen Sie mit den Mitgliedern: Erkundigen Sie sich über die Sauberkeit, die Trainer, die gesellschaftlichen Aktivitäten, die Unterrichtsstunden usw. Flirten Sie dabei ein bißchen, und es wird vielleicht eine Verabredung für Sie herausschauen!

Auch wenn der Hauptgrund für den Eintritt in einen Fitneßklub Ihr Wunsch ist, sich körperlich in Form zu halten und/oder zu kommen, dürfen Sie darüber nicht dessen gesellschaftliche Funktion außer acht lassen. Schlendern Sie nach Ihrem Training in die Bar, und fragen Sie den überaus fit aussehenden, an einem Karottensaft nippenden Unbekannten: »Welchen Übungen verdanken *Sie* Ihre tolle Figur?« Vielleicht erhalten Sie umgehend eine persönliche Unterweisung.

Durch den Eintritt in einen Fitneßklub haben Sie nicht nur die Möglichkeit, neue Leute kennenzulernen, sondern können auch etwas für Ihre Gesundheit tun und sich eine Figur holen, die für einen Verkehrsstau sorgt!

Verbringen Sie einen Tag auf einem Tennis- oder Golfplatz
Auf Sportplätzen ist immer etwas los; Sportplätze sind voller dynamischer Singles, die vor Energie und Vitalität überschäumen. Auch wenn Sie selbst keinen Sport betreiben, können Sie hingehen und sich die Aktivitäten und die Leute ansehen! Wer weiß? Vielleicht landet ein charmanter Single mitten in Ihrem Leben!

Gehen Sie zu Hochzeiten, familiären Zusammenkünften, Geburtstags- und anderen Jubiläumsfeiern, Klassentreffen, Kongressen …
Sie wissen nie im voraus, wen Sie dort alles treffen werden! Sämtliche oben angeführten Zusammenkünfte bieten die perfekte Atmosphäre, um eine Reihe von neuen Bekanntschaften zu machen. Für Sie besonders günstig ist der Umstand, daß die Leute in geselliger Stimmung und empfänglich für neue Gesichter sind!

Stefan ist ein Musterbeispiel für diese Strategie. Er wurde zusammen mit seiner Mutter zu einer Hochzeit eingeladen und lernte dort Luisa, die Cousine des Bräutigams, kennen. Es war Liebe auf den ersten Blick! Ein Jahr später waren Luisa und Stefan verheiratet.

Wollen Sie eine Gelegenheit, eine wundervolle Partnerin kennenzulernen, versäumen, bloß weil Sie glauben, es würde ohnehin kein neues Gesicht anwesend sein? Was ist, wenn Sie nicht hingehen, und es *war* jemand dort? Haben Sie eine Einladung erhalten? Machen Sie sich schön, und *gehen Sie hin*!

Nehmen Sie Ihren Arbeitsplatz hinsichtlich potentieller Liebespartner unter die Lupe

Die Zeiten haben sich geändert, und in den neunziger Jahren sind fast ebenso viele Frauen wie Männer berufstätig. Die Arbeitsstätte ist damit zu einem idealen Treffpunkt für Singles geworden. Da die Leute soviel Zeit bei der Arbeit verbringen, ist es gut möglich, daß sie sich in Kollegen verlieben. Nehmen Sie Ihre Arbeitsstätte unter die Lupe! Halten Sie die Augen offen, vielleicht ist auch unter Ihren Kollegen jemand, der Ihr Interesse erweckt.

Was ist mit den anderen Büros in Ihrem Stockwerk? Oder mit der Kantine? Oder mit der charmant klingenden Person, mit der Sie so oft telefonieren? Letztes Jahr gab es einen großen Empfang, zu dem alle Zweigstellen eingeladen waren: Waren Sie dort? Haben Sie sich heuer endlich entschlossen, dem Firmenchor beizutreten? Sind Sie im Freizeitklub Ihrer Firma Mitglied? Haben Sie am letzten Golfturnier der Firmenangestellten teilgenommen? Halten Sie die Augen offen für solche Gelegenheiten! Sie werden interessante Leute kennenlernen, und einer darunter könnte es sein!

Eine »Büroliebe« bietet eine Menge Vorteile

Obwohl eine Büroliebe zum Problem werden kann, wenn die Beziehung scheitert oder die Eifersucht der anderen Kollegen erregt, hat der Umstand, zur gleichen Zeit am selben Ort zu sein, auch seine Vorteile. Hier sind einige davon:

– Was Kleidung und Aussehen betrifft, werden Sie sich für gewöhnlich im Büro von Ihrer besten Seite zeigen.

– Ihre Büroliebe kann am nächsten Tag nicht einfach aus Ihrem Leben verschwinden.

– Sie wissen, ob die Person verheiratet oder single ist, und Sie kennen auch ihre anderen »Referenzen« bezüglich Karriere und Bildungsniveau.

– Sie haben die Möglichkeit, ihr Benehmen zu beobachten, wie sie unter Streß reagiert, wie sie mit den anderen Leuten am Arbeitsplatz auskommt und ob sie im allgemeinen vergnügt und fröhlich ist.

– Sie haben die perfekte Gelegenheit, sich über seine Absichten und Karrieremöglichkeiten ein Bild zu machen und außerdem zu beobachten, ob er pünktlich, ordentlich und verantwortungsbewußt ist.

– Sie haben Zeit, diese Person allmählich immer besser kennenzulernen: an fünf Tagen in der Woche acht Stunden pro Tag. Wenn Sie fähig sind, soviel Nähe zu ertragen, hat Ihre Beziehung eine gute Chance zu überdauern.

Einige Hinweise, wie Sie Ihre Büroliebe und Ihre Karriere im Gleichgewicht halten

Was eine Büroliebe am wenigsten verträgt, sind Klatsch, Kritik, Eifersucht und allgemeine Mißgunst. Sie können diese Fallen vermeiden, indem Sie folgende Hinweise beachten:

– Verrichten Sie Ihre Arbeit weiterhin so professionell wie bisher, damit weder Ihre Kollegen noch Ihre Vorgesetzten einen Grund haben, Ihre Romanze für ein Absinken der Arbeitsleistung verantwortlich zu machen.

– Machen Sie Ihren Mitarbeitern klar, welche Karriereabsichten Sie verfolgen. Lassen Sie sie wissen, daß Sie an Fortbildungskursen oder an einer sonstigen Ihrer Karriere förderlichen Ausbildung teilnehmen.

- Halten Sie daran fest, mit Ihren Kollegen öfters zusammen zum Mittagessen zu gehen als mit Ihrer Liebe.
- Setzen Sie sich nicht nebeneinander, wenn Sie an Seminaren oder Konferenzen teilnehmen.
- Vermeiden Sie Kosenamen, Händchenhalten, den Austausch von Küssen oder anderen Zärtlichkeiten während der Bürostunden.
- Steigen Sie in verschiedenen Hotels ab, oder nehmen Sie Zimmer in verschiedenen Stockwerken, wenn Sie beide gemeinsam eine Geschäftsreise machen.
- Verlassen Sie das Büro am Abend nicht jeden Tag gemeinsam, und kommen Sie in der Früh nicht immer zusammen ins Büro – es sei denn, Sie wären in derselben Fahrgemeinschaft.

Eine Romanze im Büro trägt heute nicht mehr das gleiche Stigma wie in der Vergangenheit. Obwohl viele Unternehmer eine offizielle Politik gegen »Büropärchen« betreiben, gibt es sogar Firmen, die Ehepaare einstellen. Informieren Sie sich daher über die Firmenpolitik, wenn Sie sich mit Heiratsabsichten tragen.

Um das Beste aus den an Ihrem Arbeitsplatz vorhandenen Möglichkeiten zu machen, müssen Sie herausfinden, wer in Ihrer Abteilung und unter den Leuten, mit denen Sie regelmäßig zu tun haben, single ist. Das bringt den zusätzlichen Vorteil mit sich, daß Sie zuerst in Ruhe das Benehmen – die Vorlieben und Abneigungen – eines möglichen Liebespartners studieren können, ehe Sie irgendwelche Annäherungsversuche unternehmen.

Bedenken Sie die Folgen einer Büroliebe
Wie wird Ihre Reaktion nach einem Streit mit der anderen Person sein? Wie steht es mit der Autorität – ist Ihre Liebe auch Ihr Boß? Seien Sie realistisch in bezug auf eine Romanze im Büro: Sie wissen nicht, wo sie hinführen wird. Was dann, wenn Sie miteinander brechen? Wie wollen Sie ihn vergessen, wenn Sie ihn jeden Tag sehen müssen und ständig an Ihren Trennungsschmerz erinnert werden, sobald Sie sein Büro betreten? Ihre Karriere könnte sogar

auf dem Spiel stehen, wenn eine offensichtliche Mißstimmung zwischen Ihnen herrscht.

Bedenken Sie, daß irgendwelche bei der Arbeit auftretenden Probleme auf Ihre Büroliebe zurückgeführt werden könnten. Verbreiten Sie sich daher bei Ihren Kollegen nicht über Ihre Verabredungen, und überschütten Sie einander nicht mit Zärtlichkeiten während der Arbeitsstunden. Halten Sie die romantische Seite Ihrer Beziehung aus dem Büro heraus ... *vernachlässigen Sie niemals Ihre Arbeit!*

Nehmen Sie an, Sie lieben Ihre Arbeit wirklich, und Ihre Karriere kommt endlich in Schuß. Dann betritt ein neuer Mitarbeiter die Szene, und Sie finden ihn sehr anziehend. Die Gefühle beruhen auf Gegenseitigkeit, und Sie gehen zusammen ins Kino und zum Abendessen aus. Am Ende des Abends wird Ihnen klar, daß diese Beziehung nicht das Risiko wert ist, einen Superjob zu verlieren. Wie gehen Sie damit um? Seien Sie am nächsten Tag freundlich, aber vereinbaren Sie keine weiteren Rendezvous mehr.

Besondere Vorsicht ist geboten, wenn Sie sich mit verheirateten Kollegen verabreden ... Ihr guter Ruf könnte dadurch einen nie wieder gutzumachenden Schaden erleiden. Bedenken Sie, daß eine Büroliebe nie wirklich geheim bleibt: Es gibt immer jemand, der »singen« wird. Früher oder später, egal wie vorsichtig Sie auch sind, wird jemand es herausfinden, und alle Arten von Gerüchten werden die Runde in der Firma machen.

Also los, untersuchen Sie Ihre Arbeitsstätte gründlich auf potentielle Liebespartner – aber wappnen Sie sich gegen etwaige Rückschläge!

Was Sie machen können, wenn Ihre »süße Romanze« in die Brüche geht und Sie gezwungen sind, in der gleichen Firma weiterzuarbeiten

In jeder wahren Liebe gibt es Auf und Ab. Was werden Sie tun, wenn diese Turbulenzen mit Ihrer Büroliebe auftreten? Nur keine Panik! Seien Sie höflich, zivilisiert, und bewahren Sie Ihren Sinn für Humor. Zeigen Sie vor allem nicht während der Bürostunden, wie Ihnen zumute ist – selbst wenn Sie beim Anblick Ihrer Exliebe rot sehen! Dies ist weder der Ort noch die Zeit, um eine Szene zu machen. Bewahren Sie Ihre professionelle Haltung. Auf diese Weise distanzieren Sie sich von der ganzen »Affäre« und können zu einem späteren Zeitpunkt, wenn Sie Ihre Emotionen wieder unter Kontrolle haben, entscheiden, ob Sie die Beziehung fortsetzen wollen.

Indem Sie sich kühl und sachlich verhalten, werden auch die höheren Stellen Ihre Fähigkeit, mit Streß umzugehen, bemerken und Ihnen die lang ersehnte Beförderung oder Versetzung gewähren, womit Ihr Problem »Wie kann ich noch länger mit *dieser* Person zusammenarbeiten?« ganz von selbst gelöst wäre.

Was tun, wenn Ihr Vorgesetzter oder Chef Ihnen unwillkommene Avancen macht? Wie man mit sexueller Belästigung am Arbeitsplatz umgeht
In dieser Situation Takt und Feingefühl zu bewahren ist schwierig, wenn Sie im ersten Moment am liebsten lachen oder weinen, davonlaufen oder Ohrfeigen austeilen würden. Indem Sie Ihre ruhige, professionell kühle Haltung wahren, können Sie die Situation nicht nur unter Kontrolle halten, sondern sogar zu Ihrem Vorteil nutzen.

Sie können seine Bitte um ein Rendezvous, ohne sein Ego zu verletzen, durch eine Antwort kontern, die zeigt, daß Sie strebsam und ehrgeizig sind: »Ich habe im Augenblick wirklich keine freie Zeit zur Verfügung, weil ich Abendkurse besuche, um mich beruflich weiterzubilden. Die vielen Hausaufgaben lassen mir keine Zeit für eine Romanze.«

Wenn er weiter darauf beharrt, mit Ihnen auszugehen, beziehen Sie mit einem klaren Nein Stellung. Sagen Sie nichts, das Sie später bereuen könnten – es könnte Ihrer Karriere schaden. Durch eine freundliche, aber bestimmte Absage werden Sie seinen Respekt gewinnen. Und er kann seine Selbstachtung wahren, weil Sie auf seine Gefühle Rücksicht genommen haben, als Sie ihn abwiesen. Achten Sie auf einen rein geschäftlichen Ton, und vermeiden

Sie aus Prinzip jeden privaten Kontakt außerhalb der Geschäftsstunden – selbst wenn es sich nur darum handelt, mit ihm zusammen auf einen Imbiß oder auf einen Drink zu gehen.

Wie Sie jemanden kennenlernen können, der im selben Gebäude arbeitet, über den Sie aber nichts wissen

Sie arbeitet in Ihrem Bürohaus, Sie sehen sie jeden Tag, im Aufzug, auf dem Korridor, aber Sie wissen nicht das Geringste von ihr ... Sie grüßt, wenn Sie sich zufällig begegnen, aber Sie brennen darauf, sie näher kennenzulernen. Wie können Sie das anstellen? Spielen Sie Detektiv! Beobachten Sie, in welchem Stockwerk sie aussteigt. Versuchen Sie herauszufinden, in welchem Büro sie arbeitet ... ob sie single ist oder nicht ... kennen Sie jemanden, der sie kennt? Gehen Sie beim Einholen dieser Informationen diskret vor! Besorgen Sie sich die Telefonnummer der Firma, für die sie arbeitet, rufen Sie an und sagen Sie, Sie hätten mit jemandem gesprochen, an dessen Namen Sie sich nicht erinnern könnten, und beschreiben Sie der Telefonistin ihr Aussehen. Stellen Sie sich vor, wie verwundert Ihre Angebetete sein wird, wenn Sie sie das erste Mal mit ihrem Vornamen ansprechen!

Verzaubern Sie sie mit persönlichen Anspielungen. Sie haben zum Beispiel herausgefunden, daß sie ein Segelboot besitzt, also sagen Sie bei der nächsten Gelegenheit zu ihr: »War das nicht ein prächtiges Segelwetter, Denise, letztes Wochenende?!« Oder stellen Sie ihr eine nautische Frage. Schüren Sie ihre Neugierde ... und ehe Sie sich's versehen, wird sie nach Ihnen fragen!

Wenn Sie Leute kennenlernen wollen, müssen Sie ausgehen – und kreuzen!

Gehen Sie in Klubs: Jazzklubs, Sportklubs, Restaurants – gehen Sie aus dem Haus! Viele Leute bevorzugen Klubs und Restaurants, die über ein Fernsehgerät mit Großbildschirm verfügen, auf denen sie aktuelle Sportereignisse verfolgen können. Beim Besuch solcher Lokalitäten werden Sie sicher Bekanntschaften schließen, doch nehmen Sie sich in acht, während eines Matchs zu versuchen, mit jemandem ins Gespräch zu kommen. Wahre Sportfans werden sicher verärgert reagieren, wenn sie in ihrer Konzentration auf das Match gestört werden. Sehen Sie sich das Match an, und versuchen Sie, soviel wie möglich darüber zu lernen, so daß Sie gelegentlich eine intelligente Bemerkung oder Frage einwerfen können. Warten Sie lieber bis zur Halbzeit oder bis zum Ende des Matchs, ehe Sie versuchen, eine richtige Unterhaltung zu führen.

Veranstalten Sie eine Party mit einem Sportthema
Sich die Sportsendungen im Fernsehen anzuschauen ist sehr populär. Warum nicht eine Party daraus machen? Laden Sie eine Gruppe Singles ein, die sich für Fußball, Tennis – oder was sonst gerade aktuell ist – interessieren, um sich das Match auf *Ihrem* Bildschirm anzusehen. Lassen Sie jeden etwas mitbringen – etwas zum Essen, Säfte, Bier, Wein –, und arrangieren Sie ein rustikales Buffet: Lassen Sie Ihr feines Porzellan und Ihr Silber im Schrank, und verwenden Sie statt dessen Papierteller und Papierservietten. Der Zweck dieser Party ist, sich das Match anzusehen! Die Leute, die Sie eingeladen haben, sind *große* Fans. Wenn das Match vorbei ist, beginnt die Party erst richtig – entweder um den Sieg zu feiern oder um sich über die Niederlage zu trösten.

Ziehen Sie eine »Blind-Date-Party« auf
Das ist eine großartige Partyidee für Singles und der letzte Schrei. Laden Sie eine gleiche Anzahl von Männern und Frauen in Ihre Wohnung zu einem Aperitif am frühen Abend ein. Bei dieser Gelegenheit werden die Paare zusammengestellt, die dann zu einem Abendessen nach ihrer Wahl in trauter Zweisamkeit aufbrechen werden. Sie können entweder die Namen aus einem Hut ziehen lassen, wobei Sie zwei Hüte, für jedes Geschlecht einen, brauchen, oder sie plazieren die Damen und Herren in getrennten Räumen, schließen die Türen und lassen dann jeweils eine Person zuerst aus dem einen und dann aus dem anderen Zimmer treten, so daß sich

auf diese Weise die Paare bilden. Ein großer Spaß! Nach dem Abendessen vereinbaren Sie für alle Paare einen Treffpunkt in einem netten Lokal zwecks Erfahrungsaustausch. Sie werden viel Spaß an diesem Abend haben und viele nette Leute kennenlernen!

Frühes Erscheinen auf einer Cocktailparty sichert Ihnen den Platz Ihrer Wahl – das gilt auch für den Besuch einer Disco

Früh zu erscheinen kann Ihnen helfen, Ihr Lampenfieber vor einer Party zu überwinden … Sie brauchen keine Angst vor dem »großen Auftritt« zu haben, bei dem alle Augen auf Sie gerichtet sind!

Natürlich hat ein spätes Eintreffen auch seine Vorteile. Vielleicht haben Sie den Wunsch, mit Ihrem ausschließlich für diese Gelegenheit ausgewählten Ensemble Aufsehen zu erregen. Da die Party bereits in vollem Gang sein wird, können Sie sich gleich in Szene setzen, anstatt herumzustehen und zu warten, daß etwas passiert.

Sie haben sich für die Party schön gemacht, also lassen Sie sich auch sehen! Wählen Sie einen Platz, wo Sie nicht zu übersehen sind und von dem aus Sie selbst einen guten Überblick über die eintreffenden Gäste haben. Die Hauptsache ist, daß Sie gut sichtbar sind, so daß jemand auf Sie zutreten und ein Gespräch beginnen wird oder ersucht, Ihnen vorgestellt zu werden, oder Sie zum Tanzen auffordert.

Ein Wort zur Warnung: Manche Leute, die unter der Woche in einen Nachtklub oder eine Disco gehen, haben bereits einen Partner und sind nur auf ein Abenteuer für eine Nacht aus; also passen Sie auf, wen Sie sich aussuchen! Natürlich gibt es noch diejenigen, die unter der Woche in die Disco gehen, um die Musik zu genießen … oder zumindest war das ihre Absicht, ehe *Sie* auftauchten und einen unauslöschlichen Eindruck hinterließen.

Fahren Sie allein in Urlaub! Eine organisierte Tour für Singles kann eine großartige Gelegenheit sein, andere »Verfügbare« kennenzulernen

Wählen Sie einen Ferienklub für die Altersgruppe 18–30, der eine Reihe von Freizeitaktivitäten im Programm hat und vorwiegend auf Singles spezialisiert ist. Lernen Sie segeln, während Sie den ersten Flirt bezaubern, holen Sie bei bekannten Schiffahrtslinien Informationen über spezielle »Kreuzfahrten für Singles« ein, buchen Sie einen Aufenthalt in dem exklusiven Berghotel, das vom Jet-set frequentiert wird … Geben Sie eine Reise bloß nicht aus dem Grund auf, weil Sie allein sind, im Gegenteil – sie wird viel interessanter sein! Sie werden leichter Bekanntschaften schließen, weil die Leute annehmen werden, daß Sie frei sind! Sie werden nicht lange allein bleiben! Jemand, der allein reist, ist auch eher bereit, Leute kennenzulernen. Sie haben niemanden bei sich, der Sie zurückhält oder ein finsteres Gesicht macht oder Sie beeinflußt. Wenn Sie unbedingt jemanden mitnehmen wollen, vereinbaren Sie, daß Sie nicht die ganze Zeit zusammen verbringen werden, weil Sie neue Leute kennenlernen möchten. Schlagen Sie ihm einige Aktivitäten vor, die Sie gemeinsam unternehmen werden, und machen Sie im übrigen kein Hehl daraus, daß es für Sie beide wirtschaftlicher ist, gemeinsam zu reisen.

Wenn Sie eine Reise buchen, können Sie Ihrem Reisebüro sagen, daß Sie nur mit einer Person gleichen Alters und Geschlechts, die ungefähr dieselben Interessen und denselben Lebensstil wie Sie hat, das Zimmer teilen wollen. Falls es mit Ihrer Zimmergenossin nicht klappen sollte, haben Sie zumindest Geld für die Unterbringung gespart. Wenn Sie es tatsächlich mit ihr nicht aushalten, können Sie noch immer den Reiseleiter oder den Hoteldirektor bitten, Ihnen ein anderes Zimmer zu beschaffen.

Egal, für welche Urlaubsart Sie sich entscheiden, geben Sie bloß nicht auf, nur weil Sie auf sich allein gestellt sind. Alleinstehende ziehen automatisch andere Leute an, die ebenfalls allein sind!

**Wenn Sie nicht genug Zeit oder Geld
für einen Urlaub haben, können Sie immer noch
ins Wochenende fahren**

Zwei Tage reichen völlig, um jede Menge Leute kennenzulernen. Es hängt nur von Ihrer Einstellung ab. Seien Sie positiv! Selbst wenn Sie *die eine* Bekanntschaft nicht machen, haben Sie auf alle Fälle Gelegenheit, Ihre sozialen Talente zu vervollkommnen und für kurze Zeit einen Tapetenwechsel zu genießen. Machen Sie bei allem mit, was nur geht – Sie sind nicht zum Schlafen, sondern zum Feiern da! Bei den Mahlzeiten setzen Sie sich neben die Person, die Sie am meisten bewundern. Vergessen Sie die Konkurrenz! Nützen Sie jede Gelegenheit, so viel wie möglich über einen eventuellen Partner herauszufinden. Geben Sie allen interessanten Leuten Ihre Telefonnummer – sie werden Sie vielleicht mit anderen interessanten Leuten bekannt machen. Aber wenn Ihnen jemand wirklich gefällt, vergewissern Sie sich, daß er in einer vernünftigen Entfernung lebt – sonst kann es eine sehr einsame Romanze werden.

Ein Wochenende für sich allein, weg von der Arbeit und dem anderen Alltagskram, ist eine Strategie, die sich lohnt. Probieren Sie es einmal aus: Vielleicht kehren Sie schon nächstes Jahr in dasselbe Hotel zurück – um Ihren ersten Jahrestag mit Herrn oder Frau Richtig zu feiern!

Lernen Sie tanzen

Sind Sie gezwungen, Aufforderungen zum Tanzen auf Parties abzulehnen, weil Sie nicht tanzen können? Nehmen Sie Tanzunterricht … lernen Sie Cha-Cha, Rumba, Foxtrott! Es wird sich eine Welt mit neuen Leuten für Sie auftun. Sie werden sich großartig unterhalten und dabei graziös über das Tanzparkett wirbeln, zusammen mit anderen vergnügten Leuten.

Da Sie jetzt wissen, wie man tanzt, können Sie zu einer Tanzveranstaltung gehen und die ganze Nacht durchtanzen! Einige berühmte »Tanzpaläste« sind so groß, daß sie für mehrere tausend Leute Platz haben. Stellen Sie sich vor: Sie werden in einer Nacht

Hunderten von neuen Leuten begegnen! Sicher wird jemand darunter sein, der Sie einfach umwirft!

Geben Sie eine Singlesparty
Die Formel für eine Singlesparty lautet: Aus eins mach zwei! Sie laden keineswegs nur Singles ein: Als »Eintrittskarte« muß jede Person, die Sie einladen, einen Single mitbringen. Der Sinn dieses Spiels ist, Ihr »Singlesdepot« aufzustocken. Sie haben nicht so viele Freunde, die single sind? Verzagen Sie nicht: Laden Sie ein Paar ein unter der Bedingung, daß es zwei unverheiratete, »verfügbare« Leute mitbringt!

Während des Abends müssen alle ihre mitgebrachten Singles jeder und jedem auf der Party vorstellen. Die Atmosphäre wird zumindest ebenso aufgeladen sein wie auf dem Ball im Märchen vom Aschenputtel. Alle werden viel Spaß haben. Eine Singlesparty ist sicherlich eine wunderbare Methode, um die Zukünftige zu treffen. Sie werden mit dieser Art von Party so viel Erfolg haben, daß Sie jeden Monat eine geben werden, es sei denn, Sie lernen gleich auf der ersten Ihren idealen Partner kennen.

Werden Sie zum Unternehmer: Veranstalten Sie eine »Singlesnacht«
Welch ein Spaß! Beweisen Sie Ihren Einfallsreichtum beim Organisieren Ihrer Singlesnacht. Machen Sie auf Flugblättern oder im Gesellschaftsteil des Lokalblattes dafür Werbung. Stellen Sie die Nacht unter ein bestimmtes Thema! Jeder Teilnehmer muß in dem Kostüm erscheinen, das seine Lieblingsfigur aus einem romantischen Film trug. Römische Themen finden immer Anklang, und die Verkleidung ist einfach: eine flatternde Toga oder eine Tunika mit Sandalen. Setzen Sie den Preis für die Eintrittskarten hoch genug an, um die Kosten für das Buffet, die Saalmiete, die Werbung usw. abzudecken. Vielleicht kalkulieren Sie auch einen kleinen Gewinn als Lohn für Ihre Mühe ein und machen daraus ein lukratives Geschäft.

Ihre Ideen können so ausgefallen sein, wie Sie wünschen: Veranstalten Sie eine Nacht im Kasino, eine Wein- und Käseparty, seien Sie leger oder elegant – Ihre Party wird ein Erfolg sein, wenn Sie Spiele zur Förderung der Geselligkeit einplanen. Unter dem provokativen Titel »Was ist die romantischste Tat meines Lebens?« können Sie zum Scherz ein Redeforum veranstalten und jedem eine Gelegenheit geben, sich auszudrücken! Bilden Sie ein Empfangskomitee, das die Leute vorstellt, und geben Sie jeder Person ein Namensschild. Fungieren Sie als Gastgeber bei einem Abendessen mit mehreren Gängen, so müssen Sie dafür Sorge tragen, daß Ihre Gäste mindestens einmal untereinander den Platz tauschen. Bereits unzertrennliche Pärchen dürfen sich natürlich wieder nebeneinander setzen. Legen Sie eine Liste mit den Namen und Telefonnummern der Partyteilnehmer auf, von der sich jede und jeder, die/der mit seinen neuen Freunden in Kontakt bleiben will, ein Exemplar mitnehmen kann.

Derartige Partys für Singles sind sehr beliebt, besonders wenn sie von einer Privatperson und nicht von einer Agentur veranstaltet werden. Weil diese »Singlesnächte« einen hohen Wirkungsgrad aufweisen, was das Kennenlernen von neuen Leuten betrifft, können Sie schon bald eine neue Karriere *plus* ein neues »Depot« an möglichen Partnern haben!

Stellen Sie Ihre Staffelei im Park auf

Sie sitzen im Park vor Ihrer Staffelei und malen ein Stilleben. Passanten scharen sich um Sie, bewundern Ihre Arbeit – eine großartige Methode, um Leute kennenzulernen! Haben Sie nie bemerkt, wie neugierig die Leute sind, wenn sie sich um einen Künstler drängen und fasziniert seine Malerei oder seine Zeichnung betrachten? Es spielt keine Rolle, ob die Künstlerin Wasserfarben, Ölfarben, Kohle oder Ölkreiden verwendet, das Entstehen eines Bildes zieht die Leute an wie die Blumen die Bienen! Ihr Kunstwerk kann denselben Effekt erzielen: Es ist Ihnen gelungen, eine Menge Leute anzulocken, und Sie brauchen nicht einmal etwas über sich zu sagen – Ihr Pinsel spricht für Sie!

Sie wissen nicht, wie man eine Landschaft malt? Kein Problem, abstrakte Kunst kann alles, was Sie wünschen, sein. Experimentieren Sie mit kräftigen Farbblöcken oder minimalistischen Weiß-in-Weiß-Tönen. Malen Sie einfach so ernsthaft wie die Künstler, und Sie werden zu jeder Zeit Leute anlocken.

Vergessen Sie nicht, Ihre gesellschaftlichen Talente spielen zu lassen, um herauszufinden, ob unter Ihren Bewunderern ein Single ist!

Machen Sie von Ihren Talenten und Ihrer beruflichen Erfahrung im Leben Gebrauch, um Leute kennenzulernen

Alle von uns haben spezielle Talente, die wir nützen können, um Leute kennenzulernen. Wenn Sie eine angenehme Telefonstimme haben, können Sie eine geistreiche Nachricht auf dem Anrufbeantworter einer Person, die Sie soeben kennengelernt haben, hinterlassen, und Ihre einschmeichelnde Stimme und Ihre klugen Worte werden sicher Anklang finden. Sind Sie ein beliebter Sprecher? Benutzen Sie Ihr Talent, um in Gesellschaft lustige Geschichten zu erzählen – Sie werden zweifellos in jede Party Leben hineinbringen! Sind Sie ein genialer Werbeleiter? Dann verwenden Sie Ihren Ideenreichtum, um die Aufmerksamkeit der Person, die Sie so fasziniert, zu gewinnen. Wenn Sie irgendein besonderes Talent haben, sollten Sie in Ihrem Liebesleben davon Gebrauch machen.

Es ist wichtig, einem möglichen Liebespartner eine zweite Chance zu geben

Wenn Sie eine Bekanntschaft machen, von der Sie nicht sicher sind, ob sie Ihre »wesentlichen Kriterien« erfüllt, ist es möglich, daß sie/er nervös ist und Ihnen daher einen falschen Eindruck vermittelt. Es ist normal, nervös zu reagieren, wenn man die andere Person wirklich anziehend findet und den sehnlichen Wunsch hat, den bestmöglichen Eindruck zu machen. Unsere Worte und Gefühle kommen dann vielleicht nicht so heraus, wie wir uns das vorstellen. Geben Sie daher Ihrem Verehrer eine zweite Chance!

Eine erste Begegnung ist immer mit einer gewissen Unsicherheit belastet – der Angst vor dem Unbekannten. Diese Angst führt oft zu einem hektischen oder gar dummen Benehmen! Verhielt sich das Objekt Ihres Liebesinteresses womöglich einfältig? Oder kühl und unnahbar? Geben Sie ihm eine Chance, sich zu beruhigen, und versuchen Sie es noch einmal. Sie werden wahrscheinlich ein ganz verändertes Wesen vorfinden – jetzt, wo Sie einander schon ein wenig besser kennen. Wie oft waren Sie nervös und unsicher beim ersten Rendezvous und haben sich gewünscht, eine zweite Chance zu bekommen, um Ihr wahres Gesicht zeigen zu können – eine Chance, die Sie bedauerlicherweise nie erhielten?

Nervosität ist der Grund, daß viele Leute ein Verhalten zeigen, das ihrem wahren Wesen widerspricht. Es kommt öfters vor, als Sie glauben, daß der großsprecherische, allem Anschein nach völlig unsensible Typ bloß seine Emotionen nicht in den Griff bekommen kann. Sollten Sie daher jemandem begegnen, der in rauher Manier gröhlend über Ihre Witze lacht, der sich *und* Sie mit seinem Wein begießt und behauptet, Ihre Augen wären so grün wie seine Bowlingschuhe ... so laufen Sie nicht gleich auf und davon – seine ungeschliffenen Manieren könnten eine nervöse Überreaktion sein, hinter der sich ein Diamant der Liebe verbirgt.

Vergessen Sie nicht, daß wir alle menschlich sind. Vergeben Sie Ihrer Partnerin ihre Albernheit. Versuchen Sie, die Atmosphäre aufzulockern, indem Sie selbst entspannt erscheinen. Sie wird Ihre Haltung zu schätzen wissen und sicherlich belohnen. Eine herzhafte Umarmung wäre vielleicht angebracht!

Es gibt Menschen, die wirklich eine zweite Chance verdienen. Dieser Typ von Person strengt sich zu sehr an, bei der ersten Verabredung einen guten Eindruck zu machen. Das sind zum Beispiel diejenigen, die ohne Unterlaß reden, und zwar mit einer Geschwindigkeit, die sie beim Autofahren den Führerschein kosten würde. Natürlich wäre das Leben ein Märchen, wenn jede beim ersten Rendezvous eine Julia und jeder ein Romeo sein könnte, aber dieses Szenario entspricht leider nicht der Wirklichkeit. Wir können nicht jederzeit auf Knopfdruck romantisch und charmant sein.

Doch manchmal ist es uns egal, wie die andere Person sich benimmt, denn es ist Liebe auf den ersten Blick! Sie lernen jemanden kennen, und – klick! – Ihr intuitives Radar zeigt an, *das ist er!* Folgen Sie ihm!

Schreiben Sie jemanden, der Sie mit einem Klischee anspricht, nicht gleich ab

Ein Fremder tritt auf Sie zu und sagt: »Sie sehen wie eine ›Waage‹ aus … habe ich recht?« oder »Sind wir uns nicht schon einmal irgendwo begegnet?« Diese Klischees mögen zwar Ihren Unmut erwecken, doch Sie sollten dem Unbekannten zumindest anrechnen, daß er den ersten Schritt getan hat! Sein Mangel an Einfallsreichtum kann auf seine Nervosität zurückzuführen sein; vielleicht wirken Sie auf andere einschüchternd, ohne es selbst zu wissen. Oder vielleicht fühlt er sich von seiner fruchtlosen Suche nach Liebe ausgelaugt. Leihen Sie ihm Ihr Ohr, sprechen Sie mit ihm – Sie könnten eine freudige Überraschung erleben!

Verleihen Sie Ihrer Bewunderung Ausdruck

Nichts ist süßer, als ein freundliches Wort zu hören oder ein nettes Kompliment zu bekommen. Wer hat nicht gern Komplimente? Wenn jemand besonders gut aussieht, können Komplimente ihm vielleicht lästig werden, aber für den Rest von uns sind sie erfrischend und jederzeit willkommen. Ein gut gezieltes Kompliment bewirkt, daß sich sein Empfänger begehrenswert fühlt … und das brauchen wir schließlich alle!

Sie können jemandem ein Kompliment machen, indem Sie seine Aufmerksamkeit auf etwas lenken, was Ihnen an seiner Person angenehm auffällt. Sie brauchen keine übertrieben wirkenden Behauptungen aufzustellen wie: »Ihre Augen sind so groß und schön wie zwei tiefe Seen, in deren dunklem Wasser sich die Sterne spiegeln!« Ein einfaches Kompliment ist oft viel schmeichelhafter. Sehen Sie die andere Person genau an, und sagen Sie ihr ganz ehrlich, was Ihnen an ihr gefällt. Ein solches Kompliment wird Ihnen beiden Freude machen!

Natürlich können Sie, wenn Sie jemanden nicht kennen, ihm nur über sein Aussehen ein Kompliment machen

Sie haben soeben jemanden kennengelernt, der sehr gut angezogen ist. Sagen Sie ihm das! Machen Sie ihm dieses Kompliment nicht bloß in Ihrem Kopf, sondern gehen Sie einen Schritt weiter, und sprechen Sie es aus. Über seine Arbeit, seine Kochkünste, seine Singstimme oder seine Lebensphilosophie können Sie ihm keine Komplimente machen, weil Sie ihn nicht gut genug kennen, doch Ihren persönlichen Eindruck von ihm können Sie ihm mitteilen. Wenn dieser zukünftige – hoffen wir es! – Partner schönes Haar hat, warum sagen Sie ihm das nicht? Ein Kompliment kostet keinen Groschen und gibt dem Empfänger das Gefühl, Millionär zu sein. Eine leidenschaftliche Reaktion, wie zum Beispiel ein Kuß, könnte als Dank dabei herausspringen!

Ein Kompliment besagt, daß Sie ein aufmerksamer Beobachter sind und den anderen gerne näher kennenlernen wollen. Überwinden Sie Ihre Schüchternheit, und sparen Sie nicht mit Lobpreisungen! Alle werden Sie für einen einfühlsamen, fürsorglichen Menschen halten, der seinen Mitmenschen liebt und selber liebenswert ist.

Lernen Sie die große Kunst, ein Kompliment entgegenzunehmen

Gehören Sie auch zu den Leuten, die auf Komplimente abweisend reagieren? Kommen Ihnen die folgenden Dialoge irgendwie bekannt vor? »Sie haben eine hübsche Frisur.« »Wie sollte ich? Ich war seit sechs Monaten nicht mehr beim Friseur.« Oder: »Was für ein schickes Kleid!« »Dieses alte Ding? Ich trage es schon seit Jahren!« Nicht nur, daß Sie sich selbst herabsetzen, Sie beleidigen auch die Person, die Ihnen das Kompliment gemacht hat. Versuchen Sie, sich darüber klarzuwerden, daß die andere Person ihr Bestes tut, um freundlich zu Ihnen zu sein – vielleicht, um auf sich selbst aufmerksam zu machen! Eine höfliche, positive Reaktion auf ihre Bemühungen wäre doch nicht zuviel verlangt. »Danke!

Wie nett von Ihnen, daß Sie das bemerkt haben! Die Farbe Ihres Hemdes steht Ihnen übrigens ausgezeichnet!« Seien Sie auf ein breites Lächeln – oder mehr – gefaßt!

Beweisen Sie Anpassungsfähigkeit bei Vorschlägen oder Änderungen in letzter Minute

Er wollte mit Ihnen ins Kino gehen, und jetzt, in letzter Minute, will er Sie statt dessen zu einem Besuch bei seinen Freunden mitnehmen! Verlieren Sie nicht die Fassung! Das Kino läuft Ihnen nicht davon, aber diese einmalige Gelegenheit, seine Freunde kennenzulernen, kommt vielleicht nicht so schnell wieder (und die Möglichkeit, neue Bekanntschaften zu schließen)!

Ändern Sie Ihre Routine

Immer die gleiche Routine? Ändern Sie Ihre Gewohnheiten! Sie werden sehen, wie Ihr Leben sich aus der Langeweile löst und aufregend wird. Machen Sie einen Versuch: Gehen Sie einmal Freitag abends statt Samstag früh einkaufen; es könnten Ihnen einige sehr interessante Leute über den Weg laufen! Warum bleiben Sie jeden Mittwoch zu Hause und sehen sich schon seit zehn Jahren diese langweilige Serie an? Wagen Sie es, eine Folge zu versäumen! Sie könnten an diesem Abend außer Haus einem zukünftigen Liebespartner begegnen! Schließlich können Sie die Sendung ja aufzeichnen und später anschauen – zusammen mit Ihrer großartigen neuen Bekanntschaft!

Oft genügt schon eine geringfügige Veränderung Ihrer Angewohnheiten: Gehen Sie 15 Minuten früher aus dem Haus, um zur Arbeit zu fahren – für den Fall, daß Sie Ihrem idealen Partner begegnen! Nehmen wir an, Sie fahren mit Ihrem Auto und bemerken plötzlich im Rückspiegel eine bildhübsche Person, die das Auto hinter Ihnen lenkt. Bringen Sie Ihr Auto zum Stehen, springen Sie heraus und tun Sie so, als ob Sie eine Panne hätten. Winken Sie Ihrer Traumfrau zu. Jetzt sehen Sie ein, warum es eine gute Idee war, zeitiger als sonst loszufahren!

Gehen Sie zum Mittagessen in ein anderes Lokal. Abwechslung und nochmals Abwechslung – nur so werden Sie neue Gesichter sehen und neue Leute kennenlernen! Wechseln Sie Ihre Geschäfte, und teilen Sie sich die Zeit immer wieder anders ein, so daß Sie zu verschiedenen Zeiten an verschiedenen Orten sind. Ist es nicht erfrischend, so viele neue Gesichter zu sehen und damit neue Nahrung für Ihre Hoffnungen und Träume zu haben, zu deren Verwirklichung Sie bereits eine Menge Strategien kennengelernt haben!?

Sie behaupten, Gefallen an Ihrem täglichen Trott zu finden? Er sei bequem, und alles laufe wie am Schnürchen? Nein, jemand Interessanten hätten Sie in letzter Zeit nicht kennengelernt. Worauf warten Sie noch? Wollen Sie lieber ein bequemes oder ein aufregendes Leben führen? Es schaut fast so aus, als könnte Ihre Lebensqualität einen Anstoß gut vertragen. Fangen Sie mit kleinen Veränderungen Ihrer Routine an: Seien Sie aktiver – gehen Sie zu Fuß zur Arbeit oder zum Einkaufen, anstatt zu fahren. Durch neue Interessen und Erfahrungen werden Sie allmählich eine neue Perspektive für das Leben entwickeln! Und Sie werden Ihre Chancen, die große Liebe Ihres Lebens kennenzulernen, vervielfachen!

Ein gutes Beispiel für jemanden, der starr und steif an seinen Gepflogenheiten festhält, ist der Ehemann in dem Film *Shirley Valentine*. Er bekommt einen Anfall, als Shirley ihm am Dienstag statt des gewohnten Steaks ein Omelett serviert. Die nächste Szene macht er, als eines Tages sein Tee nicht um Punkt sechs Uhr fünfzehn bereitsteht. Shirley weist ihn darauf hin, daß sein Leben vielleicht aufregender werden könnte, wenn er seinen Tee eines Abends um fünf Minuten später trinken würde. Der restliche Film handelt von Veränderungen und deren positiven Folgen. Es ist erstaunlich, wie eine winzige, scheinbar bedeutungslose Veränderung das Leben komplett verjüngen kann. Der französische Autor Pierre Reverdy schreibt dazu: »Wir müssen schon früh damit beginnen, gute Gewohnheiten zu entwickeln; besonders solche, die uns helfen, unsere Angewohnheiten oft zu verändern!« Ändern Sie noch heute etwas in Ihrem Leben!

Tragen Sie lebhafte Farben; solche, die Ihnen stehen und Komplimente einbringen

Farbenfreudige Kleidung erweckt Aufmerksamkeit, und bestimmte Farben stimulieren bestimmte Reaktionen. Purpur ist zum Beispiel *die* kraftvollste Farbe überhaupt. Sie symbolisiert Herrschaft – eindeutig die Farbe, die Sie tragen sollten, wenn Sie ein starkes Image vermitteln wollen.

Rot ist aufregend! Festlich! Es weckt glückliche Gefühle! Rot zaubert auf die Gesichter der Leute ein Lächeln. Rot am Arbeitsplatz stimuliert die Kreativität und weckt die Sinne. Weil Rot eine positive Wirkung auf Appetit hat, wird es gerne in Gaststätten und Restaurants verwendet. Denken Sie in *Rot,* wenn Sie die Leute mit Ihrer lebhaften Erscheinung anziehen wollen. Seien Sie begehrenswert, seien Sie die Dame (oder der Herr) in *Rot!*

Psychiater haben festgestellt, daß Hellblau eine beruhigende Wirkung hat, so wie der blaue Himmel oder das Meer. Aus diesem Grund schlagen es viele Innenarchitekten als Farbe für das Schlafzimmer vor. Sie können Ihrem Boudoir durch rote Satinkissen immer noch einen appetitanregenden Touch geben!

Es ist wichtig, daß Sie Farben tragen, die Ihnen schmeicheln. Warum lassen Sie nicht Ihre Farben von einer Spezialistin bestimmen? In einer Farbanalyse oder Imageberatung können Sie feststellen lassen, welche »Jahreszeit« Ihrem Typ entspricht. Wenn Ihr Teint rosa/bläulich ist, sind Sie wahrscheinlich ein »Sommer-« oder ein »Wintertyp«. Ein goldener Hautton kann entweder »Frühling« oder »Herbst« sein. Ihr Farb-/Imageberater kann Ihre »Jahreszeit« genau bestimmen und eine Palette von Farben empfehlen, die zu Ihrem Teint passen, und Ihnen außerdem Vorschläge für einen Kleidungsstil machen, der die Vorzüge Ihrer Figur hervorstreicht. Wenn Sie ihren bzw. seinen Rat befolgen, werden die von Ihnen ausgewählten Farben und Schnitte Ihren Typ auf das vorteilhafteste zur Geltung bringen.

Farben machen gute Laune. Wenn Sie eines Morgens aufwachen und sich etwas lustlos fühlen, ziehen Sie am besten etwas Rotes an, um sich und alle, die Sie sehen, zu stimulieren! Oder tragen Sie ein grünes Hemd, das den Glanz eines prächtigen Frühlingstages spiegelt. An grauen oder regnerischen Tagen sind neutrale Farben wie Beige oder Grau zu vermeiden; diese Farben werden einen solchen Tag nicht aufhellen. Zeigen Sie Wagemut und Kühnheit bei der Wahl der Farben für Ihre Garderobe. Ihre Energie und Vitalität wird alle, die Sie sehen, überraschen und entzücken. Machen Sie Eindruck – in Farbe!

Liebe und Tabak vertragen sich schlecht gemäß den heutigen Gesellschaftsnormen

Heiratsagenturen berichten, daß immer mehr Leute auf einem Nichtraucher als Partner bestehen. Das bedeutet, daß die Anzahl der Partner für Raucher im gleichen Verhältnis abnimmt, wie sie für Nichtraucher zunimmt. Die letzten Umfragen haben ergeben, daß heute viel weniger Leute rauchen als noch vor zehn Jahren. Sie können dieses Phänomen im Anzeigenteil Ihrer Tageszeitung selber feststellen, indem Sie zählen, wie viele Annoncen sich an Nichtraucher richten.

Eine von einer renommierten Heiratsagentur aus Boston durchgeführte Umfrage zeigte, daß 89 Prozent ihrer Kunden Nichtraucher bevorzugten und daß 47,9 Prozent davon sich kategorisch weigerten, einen Raucher kennenzulernen. Raucher wurden sogar als weniger begehrenswert eingestuft als Leute mit Übergewicht oder von sehr geringer Körpergröße.

Sie müssen sich vorstellen, wie unerträglich es für einen Nichtraucher ist, mit einem Raucher zusammenzusein – und für einen Exraucher um so mehr! Also tun Sie sich selbst einen Gefallen: *Hören Sie auf zu rauchen!* Nicht nur, daß Sie Geld sparen werden, auch Ihre Gesundheit wird sich bessern! Und Sie werden Ihr »Depot« an potentiellen Partnern aufstocken. Rauchfreier Atem ist viel einladender als tabakverseuchter. Warum eine knospende Romanze in Rauch aufgehen lassen?

Geben Sie eine Annonce auf: Es ist zumindest einmal in Ihrem Leben einen Versuch wert

Wählen Sie eine Zeitung, die von Leuten wie Ihnen gelesen wird. Es ist wichtig, eine sehr spezifische Anzeige zu schreiben. Warum wollen Sie Geld sparen und nur eine kurze Annonce abfassen, die weder Sie noch die Person, die Sie kennenlernen wollen, ausreichend beschreibt? In einem Fall wie diesem kann sich Wortreichtum als gewinnbringende Strategie erweisen. Es ist besser, 30 Briefe von Leuten, die Ihren Kriterien entsprechen, zu erhalten, als 100, die diesen nicht einmal nahekommen. Natürlich sollten Sie auch angeben, welche Art von Beziehung Sie suchen: ein Abenteuer? Eine flüchtige Romanze? Eine solide Beziehung mit möglicher späterer Eheschließung und Kindern? Präzisieren Sie Ihre Wünsche!

Laut Statistik erhalten Frauen weniger Antwortbriefe als Männer – besonders ab der Altersgruppe über 40. Keine Frau sollte sich daher zurückgesetzt fühlen, wenn sie nur 25 Antworten erhält, während ein Freund, der ebenfalls eine Anzeige aufgab, an die 100 Zuschriften bekommt.

Über eine Zeitungsannonce einen Partner zu suchen ist besonders für jene Leute hilfreich, die sich über irgendeinen Aspekt ihrer Erscheinung Gedanken machen. Es ist eine großartige Methode, den Streß einer persönlichen Begegnung zu vermeiden. Geben Sie eine klare Beschreibung über sich ab, jedoch ohne sich unnötig herabzusetzen. Sie werden vielleicht weniger Antworten erhalten, aber zumindest werden Sie wissen, daß Ihre Korrespondenten auf Sie ansprechen und daß Sie akzeptabel für sie klingen.

Übertreiben Sie nie bei der Beschreibung Ihres Aussehens. Früher oder später werden Sie Ihren zukünftigen Verehrern persönlich gegenüberstehen; es ist daher weise, von Anfang an ehrlich zu sein.

Bereiten Sie sich darauf vor, Briefe und Telefonanrufe zu beantworten

Viele Leute planen nicht genügend Zeit ein und sind dann zwischen ihrem Wunsch, neue Leute kennenzulernen, und ihrem Mangel an Zeit, sich den auf ihre Annonce eingehenden Antworten gebührend widmen zu können, hin- und hergerissen. Einerseits ein erfreuliches Dilemma, das Ihnen andererseits aber eine Menge unwillkommenen Streß bescheren kann.

Rufen Sie alle, die Ihnen auf Ihre Anzeige geschrieben haben, an, und bringen Sie sie zum Reden. Je länger Sie mit ihnen telefonieren, desto mehr werden Sie darüber erfahren, mit welcher Art von Person Sie es zu tun haben. Außerdem wird es Ihre Fähigkeit schärfen, unter den Bewerbern eine Auslese zu treffen. Halten Sie sich vor Augen, daß viele Leute ihre Pluspunkte und sogar ihren Lebensstil übertreiben, wenn sie auf eine Annonce antworten. Trachten Sie daher danach, so viel wie möglich über sie in Erfahrung zu bringen. Seien Sie über die Anzahl der Telefonate, die Sie wahrscheinlich führen müssen, ehe Sie auf einen »Möglichen« stoßen werden, nicht überrascht. Laut Statistik muß erst ein Minimum von 8 bis 10 Zuschriften beantwortet werden, ehe Sie damit rechnen können, auf einen Kandidaten mit Liebespotential zu treffen. Bleiben Sie am Telefon! Der nächste könnte bereits *der Gesuchte* sein!

Sie haben schon Dutzende von Heiratsannoncen gesehen: Warum antworten Sie nicht auf eine? Es kostet Sie nur das Briefpapier und die Marke

Sie haben sich entschlossen zu antworten, nun gilt es, originell und kreativ zu sein, denn die Konkurrenz ist groß! Gehen Sie bei der Beantwortung einer Anzeige aus der Rubrik »Persönliches« genauso vor wie bei der Bewerbung um eine ausgeschriebene Stelle. Teilen Sie der Person mit, warum Sie Ihre Annonce ausgesucht haben. Verschwenden Sie nicht Ihre Zeit, Anzeigen zu beantworten, aus denen hervorgeht, daß Sie nicht in Betracht kommen. Wenn zum Beispiel in einer Annonce ausdrücklich ein Nichtraucher verlangt wird, und Sie haben zwar alle anderen Qualitäten, sind aber Raucher, so wäre es vergebliche Liebesmüh, darauf zu antworten. Regel Nummer eins: Erkennen Sie einen aussichtslosen Fall! Warum sollte unter Dutzenden von Antworten ein Raucher einigen durchaus passablen Nichtrauchern vorgezogen werden? Wenden Sie sich lieber anderen Annoncen zu, die in dieser Hinsicht weniger präzise sind.

Steigern Sie Ihre Chancen bei der Partnersuche: Schneiden Sie eine Reihe von Anzeigen aus, die Sie interessieren, und entwickeln Sie eine Art Ablagesystem, damit Sie schnell auf die richtige Anzeige Bezug nehmen können, wenn jemand Sie auf Ihren Anruf hin zurückrufen sollte. Auf diese Weise vermeiden Sie peinliche Verwechslungen. Wenn Sie unsicher sind, mit wem Sie es zu tun haben, dann bitten Sie den Anrufer, eine Stelle aus seinem Text vorzulesen oder seine Referenznummer anzugeben.

Senden Sie nie einen fotokopierten Schemabrief, wenn Sie auf ein Inserat antworten. Zwei Brüder, Peter und Norbert, waren entsetzt, als sich herausstellte, daß die Hälfte der Antworten auf ihre in einem zeitlichen Abstand von einigen Monaten plazierten Inserate genau dieselben waren – Schemabriefe! Es ist wohl unnötig zu erwähnen, daß Peter und Norbert sie wegwarfen!

Haben Sie einige Bögen wirklich schönes Briefpapier? Nehmen Sie das beste, das Sie haben, wenn Sie auf eine Annonce antworten. Sie wollen doch sicher angenehm auffallen. Welchen Brief würden Sie zuerst lesen? Einen Brief auf einem Blatt aus einem Notizblock oder einen Brief, der auf teurem Briefpapier geschrieben ist? Eine lustige Karte ist ebenfalls eine gute Methode, um auf sich aufmerksam zu machen. Kurz, prägnant, mit den wichtigsten Fakten, danke! Ein neun Seiten langer Brief? Da wird dem Empfänger die Lust auf einen Anruf vergehen. Wird im Inserat ein Foto verlangt, so senden Sie ein schmeichelhaftes (und bitte scharfes)! Großartige Landschaft als Hintergrund? Ein Schloß in Spanien? Schreiben Sie in Ihrem Brief ein paar Zeilen über das Foto: »Hier bin ich an der französischen Riviera. Mit Ihnen zusammen wäre es sicher noch schöner gewesen!« Das sollte den Empfänger genügend motivieren, um Sie anzurufen.

Schreiben Sie Ihren Brief mit der Hand: Es wäre vielleicht klug, vorher Ihre Handschrift ein wenig aufzupolieren. Computer oder Schreibmaschine sind nur für Geschäftsbriefe zulässig! Sie wollen doch einen Eindruck machen, einen persönlichen! Ihr erster Kontakt mit dieser unbekannten Person wird Ihr Brief sein – verfassen Sie ihn so, daß er Anklang findet!

Lassen Sie sich nicht entmutigen, wenn Ihre Antwortschreiben ohne Reaktion bleiben

Eine junge Amerikanerin hielt bis zum sechsundneunzigsten Versuch durch – dem einzigen, auf den sie endlich eine Antwort erhielt. Heute ist sie mit jenem Mann verheiratet, dessen Annonce die sechsundneunzigste war, auf die sie geschrieben hatte. Sie verfassen gerade Antwortschreiben Nummer neununddreißig? Machen Sie weiter! Auch Sie können glücklich werden.

Seien Sie ehrlich, wenn Sie eine Annonce beantworten, schließlich gehen Sie doch von derselben Voraussetzung aus, was den Verfasser der Anzeige betrifft. Hat der Prozeß erst einmal das Telefonstadium erreicht, so versuchen Sie, noch bevor Sie sich mit der anderen Person treffen, so viel wie möglich über sie herauszufinden. Mit einer direkten Frage, wie zum Beispiel: »Was sind Ihre Fehler?«, werden Sie wahrscheinlich wenig Erfolg haben, aber sie wird einige zugeben, wenn Sie die richtige Strategie anwenden.

Erfinden Sie eine Freundin, die über eine Annonce eine Bekanntschaft machte und enttäuscht wurde, weil sich diese bei jedem Rendezvous über alles beklagte. Dann fragen Sie den anderen, was er gerne bei einem Rendezvous unternimmt – und *hören gut zu!* Sie werden eine Menge über seine Pluspunkte hören, also stellen Sie seine Ehrlichkeit auf die Probe. Bitten Sie ihn, Ihnen sein Aussehen zu beschreiben. Stellen Sie ihm Fragen über seine früheren Beziehungen: »Wie lange dauerten sie?«

Es ist wichtig, daß Sie, noch bevor Sie sich mit jemandem verabreden, zur Sache kommen. Elisabeths Erfahrung bestätigt diesen Punkt. Sie telefonierte mehrmals mit einem Beantworter ihrer Annonce und fand schließlich heraus, daß besagter Anton sich erst vor drei Wochen von seiner Frau getrennt hatte – nach achtzehnjähriger Ehe! – und nicht geschieden war. Elisabeth brach den Kontakt sofort ab, ohne ihn persönlich kennengelernt zu haben. Sie wollte seine seelische Lage nicht ausnützen.

Es ist wichtig zu wissen, was Sie sich von einer Beziehung erwarten, ehe Sie auf eine Annonce antworten
Aus Ihrer Antwort sollte hervorgehen, was *Sie* sich wünschen. Wenn Sie sich selbst beschreiben – Ihre Vorlieben, Ihre Wünsche –, dürfen Sie nicht halbherzig irgend etwas zu Papier bringen, *drücken Sie sich aus!* Haben Sie einen ausgesprochenen Sinn für Humor? Lassen Sie ihn mit ein paar Zeilen durchblitzen, zum Beispiel: »Als ich Ihre Anzeige las, dachte ich bei mir selbst: ›Das klingt nach einer netten Frau … einer, wie sie sich meine Mutter immer gewünscht hat!‹ Aber ich fragte mich, ob Sie einen Perfektionisten wie mich gerne haben würden, der von einer Romanze so viel versteht wie ein Floh und ein Bündel von Gewohnheiten mitbringt: kann bei Gehämmer nicht schlafen, läßt bei der Zahnpastatube nie den Schraubverschluß offen, braucht vor dem Aufwachen einen Kaffee!« Ein derartiger Brief würde sicherlich Aufmerksamkeit hervorrufen – und ein Lachen. Wenn Sie jemanden zum Lachen bringen, haben Sie einen Freund gewonnen!

Sie brauchen sich nicht unbedingt gleich nach der ersten Unterhaltung am Telefon mit dem anderen zu verabreden. Wenn Ihnen unbehaglich zumute ist oder Sie das Gefühl haben, über die Person nicht genug zu wissen, sagen Sie ihr ruhig, daß dies eine neue Erfahrung für Sie ist und daß Sie in ein paar Tagen zurückrufen werden … nachdem Sie Gelegenheit hatten, sich die Dinge nochmals zu überlegen. Niemand zwingt Sie, die Person zu sehen, wenn Ihre Intuition nein sagt! Sie sind noch immer frei und können tun und lassen, was Ihnen gefällt! Es ist wahr, daß Sie den anderen oft erst dann richtig einschätzen können, nachdem Sie ihn persönlich kennengelernt haben. Karoline fand das heraus, als sie 46 Antwortschreiben auf ihre Annonce erhielt. Sie faßte den Entschluß, sich die Zeit zu nehmen, alle diese Leute zu treffen, da sich diese auch die Zeit genommen hatten, ihr zu schreiben. Sie legte die Reihenfolge der Verabredungen nach ihrer Vorliebe für die Briefe der Aspiranten fest. Von den Briefeschreibern Nummer 1 bis 45 war sie nicht sonderlich beeindruckt, doch Nummer 46, der nur drei Zeilen geschrieben hatte, war der Richtige für sie! Sieben Jahre sind sie jetzt verheiratet – und alles läuft bestens!

Ist die Liebe Ihres Lebens im Anzeigenteil einer Zeitung verborgen? Sollten Sie lieber selber eine Annonce aufgeben? Warum nicht? Zumindest werden Sie sich beim Lesen all dieser Briefe amüsieren!

Probieren Sie eine Vermählungsagentur aus

Ehe Sie nein sagen, denken Sie daran, daß die Inanspruchnahme eines Partnervermittlungsinstitutes keineswegs ein Akt der Verzweiflung ist. Es ist eine konstruktive Methode, um Leute kennenzulernen. Eine Vermittlungsagentur kann Sie bei der Suche nach interessanten, für Sie in Frage kommenden Partnern sehr gut unterstützen. Durchschnittlich die Hälfte der Leute, die Sie durch eine gute Heiratsagentur kennenlernen werden, wird sich im allgemeinen als interessant erweisen – eine viel bessere Quote als bei den Personenanzeigen, wo sich meistens nur einer von acht Kandidaten als möglicher Treffer erweist. Die meisten Leute, die mit einer Heiratsagentur einen Vertrag abschließen, haben die feste Absicht, ihren idealen Partner für eine bedeutungsvolle Beziehung kennenzulernen. Die Dienste eines solchen Instituts sind teuer, daher ist es den Leuten, die es in Anspruch nehmen, ein ernstes Anliegen, einen Partner zu finden, denn sie wollen weder ihre Zeit noch ihr Geld verschwenden.

Wie findet man eine gute Heiratsagentur?

Prüfen Sie die Agentur auf Herz und Nieren, bevor Sie etwas unterschreiben. Holen Sie Auskünfte bei einer lokalen Konsumentenberatung ein; schließlich wollen Sie sich nicht auf eine dubiose Affäre einlassen. Wenn Sie bei einer Agentur anrufen, erkundigen

Sie sich, wie lange sie schon besteht und wie viele Mitglieder sie hat. Sie sollten nur Agenturen in Betracht ziehen, die 500 oder mehr Mitglieder haben, und zwar in *Ihrer* Stadt und nicht im ganzen Land!

Gibt es noch woanders Zweigstellen? Verfügt sie über mehr als ein Büro in Ihrer Stadt? Wird Ihnen für die Dauer Ihres Vertrages nur *ein* Berater zugeteilt werden? Und wie sieht es mit diesem Vertrag aus? Was ist, wenn Sie selbst die große Liebe Ihres Lebens finden – zwei Wochen nachdem Sie sich bei der Agentur angemeldet haben? Bekommen Sie einen Teil des Geldes zurück? Was ist, wenn Sie einen Jahresvertrag abgeschlossen haben und nach sechs Monaten jemanden kennenlernen? Erhalten Sie für die restlichen sechs Monate eine Vergütung?

Was sieht der Vertrag für den Fall vor, daß die Agentur keinen Partner für Sie findet? Gibt es eine Stornierungsklausel? Wie sieht es mit den von der Agentur durchgeführten Veranstaltungen aus? Gibt es Informationsabende? Mit welcher Wartezeit müssen Sie bis zum ersten Rendezvous rechnen? Wie lang sind die Wartezeiten zwischen den Verabredungen?

Ein sehr wichtiger Faktor: Wie schaut das Verhältnis zwischen Männern und Frauen in der für Sie interessanten Altersgruppe aus? Wenn sie Ihnen als Mann sagen, daß sie mehr Frauen als Männer in der Kartei hätten, und einer Freundin von Ihnen wird gesagt, sie hätten mehr Männer als Frauen, dann ist etwas faul an der Sache!

Ein renommiertes Partnervermittlungsinstitut kostet im allgemeinen etwas mehr, aber Sie können sich von seinem Ansehen überzeugen, indem Sie in Erfahrung bringen, wie lange es schon besteht. Darüber hinaus erkundigen Sie sich, ob Sie das Privileg haben werden, sich die Interview-Videos der Ihnen zugedachten Partner anzusehen. Dieser Service kann für gewöhnlich durch die Entrichtung einer Zusatzgebühr in Anspruch genommen werden, aber diese Ausgabe lohnt sich! Schließlich könnten Sie, wenn Ihnen der Sinn nach einem Rendezvous mit einem Unbekannten stünde, auch Ihre Tante Mathilde bitten, Sie mit dem Neffen ihres Bridgepartners bekannt zu machen.

Videos können irreführend sein: Der Durchschnittsmensch ist weder ein Bühnen- noch ein Filmstar und reagiert vielleicht nervös oder steif auf die Befragung. Immerhin kann Ihnen ein Video einen Eindruck vom Aussehen einer Person vermitteln, und das ist zumindest schon ein Anhaltspunkt.

Stellen Sie Vergleiche zwischen verschiedenen Partnervermittlungsagenturen an

Gehen Sie bei der Wahl einer Eheagentur genauso wie bei einem größeren Einkauf vor: Stellen Sie Vergleiche an! Es gibt viele dubiose Agenturen, die gemeinhin als »Kopfjäger« bezeichnet werden.

Seien Sie auf der Hut! Heiratsagenturen sind auf Ihr Geld aus! Ist die von Ihnen in Erwägung gezogene Agentur bereit, Ihnen ihre Tarife am Telefon durchzugeben? Das sollte sie. Prüfen Sie nach, ob die Tarife für Männer und Frauen gleich hoch sind – oft sind sie es nicht! Agenturen, die ihren Beratern eine Provision zahlen, sind riskant – sie mögen zwar mehr Verabredungen für Sie vereinbaren, aber mit Leuten, die für Sie nicht die Spur interessant sind.

Eine weitere Frage, die noch zu klären wäre, betrifft die Altersgruppen, mit denen die Agentur vorwiegend zu tun hat, und die Preise, die sich nach der jeweiligen Alterskategorie richten. Es ist leider ein trauriger Faktor im Leben, daß das Alter einen Unterschied macht: Je älter wir werden, desto mehr alleinstehende Frauen gibt es im Verhältnis zu den alleinstehenden Männern. Manchmal offerieren die Agenturen »spezielle Angebote«. In diesem Fall überzeugen Sie sich, wie hoch der Rabatt tatsächlich ist, den Sie bekommen.

Machen Sie einen Versuch, wenn Sie ein gut organisiertes renommiertes Partnervermittlungsinstitut aufgespürt haben! Sie haben zwei gefunden? Verdoppeln Sie Ihre Chancen, indem Sie beide unter Vertrag nehmen. Sie könnten eine ähnliche Erfahrung wie Doris machen. Sie verliebte sich in das Agenturvideo von Markus, und eine Verabredung wurde vereinbart. Ihre Romanze dauerte drei Jahre, mündete in eine Heirat, und nun leben sie glücklich und zufrieden!

Sind Sie mit jemandem, den Sie nicht kennen, zum ersten Mal verabredet? Bereiten Sie sich gut vor: Achten Sie auf Ihr Aussehen, und befolgen Sie bestimmte Grundregeln
Vereinbaren Sie Ihr Rendezvous per Telefon, und beachten Sie dabei die folgenden Punkte:

- Wählen Sie einen öffentlichen Treffpunkt – einen, der beliebt ist: Da Sie sich im Grund genommen mit einem Unbekannten treffen, ist eine gewisse Vorsicht notwendig!

- Seien Sie in puncto Transportmittel unabhängig von der anderen Person. Was ist, wenn Sie sie überhaupt nicht leiden können? Sie würden sicher nicht wollen, von ihr nach Hause gebracht zu werden. Sie vergewissern sich besser von vornherein, daß auch sie über eine eigene Transportmöglichkeit verfügt, damit Sie nicht gezwungen sind, sie nach Hause zu fahren.

- Vereinbaren Sie zuerst einmal ein kurzes Treffen! Verabreden Sie sich zum Cocktail oder zum Tee oder Kaffee zwischen 17 und 19 Uhr. Bei kurzen Verabredungen in zwangloser Atmosphäre ist einerseits die Wahrscheinlichkeit für einen Erfolg größer, während sich andererseits die Zeitverschwendung in Grenzen hält, falls sich herausstellen sollte, daß Sie beide wirklich nicht zusammenpassen. Für den Fall aber, daß sich die andere Person als Traumfrau erweist, können Sie ja immer noch Kaffee oder Tee nachbestellen – *und* ein weiteres Rendezvous planen.

- Wie wollen Sie einander erkennen? Natürlich können Sie beschreiben, was Sie tragen werden, aber was ist, wenn Sie sich in letzter Minute entschließen, doch etwas anderes anzuziehen? Warum schlagen Sie nicht etwas Ungewöhnliches oder Amüsantes vor? Zum Beispiel, daß jeder von Ihnen etwas Exotisches trägt – eine Orchidee vielleicht? Einfach etwas, was nicht jeder tragen würde. Eine Zeitung wäre nicht auffällig genug, aber ein kleines Tier aus Keramik oder aus Karton ausgeschnitten schon. Ein Tiger wäre doch originell!

– Versuchen Sie, sich *nicht* vorzustellen, wie der andere aussehen wird; Sie könnten enttäuscht werden. Lassen Sie sich nichts anmerken, wenn er Ihnen nicht gefällt. Treten Sie nicht vor Schreck zurück, und setzen Sie auch keine entsetzte Miene auf. Bleiben Sie gelassen – Sie sind ja nicht lange mit ihm zusammen. Begrüßen Sie ihn lächelnd; vielleicht ist er ein großartiger Gesellschafter, und Sie vergessen während Ihrer Unterhaltung vollkommen, daß er Ihnen auf den ersten Blick nicht gefallen hat.

– Es ist nicht zu leugnen, daß der erste Eindruck, den andere von uns bekommen, auf unserer Erscheinung beruht. Geben Sie sich daher besonders viel Mühe, gut auszusehen. Tragen Sie etwas, das Ihnen schmeichelt … *nicht* Ihre ausgewaschenen, zerrissenen Jeans und ein fleckiges T-Shirt! Die Kleider mögen nicht den Mann – oder die Frau – ausmachen, aber sie tragen sicherlich dazu bei, aus dem ersten Eindruck einen guten zu machen. Eine Vorsichtsmaßnahme, besonders für Frauen: Lassen Sie immer einen Ihrer Freunde wissen, wo dieses erste Rendezvous stattfindet, besonders wenn es sich um eine Bekanntschaft aufgrund einer Zeitungsannonce handelt. Teilen Sie dem Freund mit, wann Sie voraussichtlich wieder zu Hause sein werden, so daß im Falle eines Problems zumindest eine Person über Ihren Verbleib Bescheid weiß.

Einfallsreiche Vorschläge für »Maxi-Spaß« beim »Mini-Rendezvous«

Wenn Sie auf der Suche nach einem Einfall für ein erstes Rendezvous sind, das ungewöhnlich, aber nicht teuer und nicht zu lang sein soll, dann könnten die folgenden Vorschläge für ein »Mini-Rendezvous« das richtige für Sie sein. Zumindest werden Sie nicht stundenlang an einen sterbenslangweiligen Typ gefesselt sein: Ihre Erfahrung wird sich auf ein »Mini-Desaster« beschränken!

- Sie Glückspilz! Es gibt ein Straßenfest in Ihrer Nachbarschaft. Eine Gelegenheit für Sie beide, sich die Leute anzusehen und die verschiedenen exotischen Spezialitäten zu kosten, während Sie umherschlendern und miteinander bekannt werden. Gesprächsstoff gibt es genug, aber keinen Zwang, den anderen, koste es, was es wolle, zu unterhalten.
- Kaufen Sie zwei Wegwerfkameras, und schlagen Sie vor, daß Sie beide einen Nachmittag lang zu Spitzenfotografen werden. Machen Sie Schnappschüsse von den exotischen Vögeln oder den Affen im Zoo. Ein Besuch im botanischen Garten bietet ebenfalls Gelegenheit, schöne Fotos zu schießen, und die Luft ist erfüllt vom Duft tropischer Pflanzen: eine reizvolle Einstimmung auf einen langen Abend – falls es zwischen Ihnen funkt!
- Erinnerungen an Ihre Kindheit? Rollschuhfahren! Keine gute Idee, wenn Sie noch nie auf Rollschuhen gestanden sind, aber eine gute Wahl, wenn Sie zu den Schüchternen gehören: Die Musik und der Lärm machen eine Konversation schwierig, lächeln Sie Ihrer Begleiterin dafür ständig zu, wenn Sie ihr irgendwelche Figuren zeigen. Anschließend, wenn alles gutgeht, können Sie sie noch zu einem doppelten Bananensplit im Eissalon nebenan einladen.
- Verbinden Sie körperliche Bewegung, Naturleben und Kameradschaftlichkeit, indem Sie eine Fahrradtour oder einen Spaziergang entlang einer landschaftlich interessanten und gut frequentierten Route vorschlagen. Nehmen Sie Obst oder Getränke zur Erfrischung mit, um zu zeigen, wie fürsorglich Sie sind.
- Gibt es eine Sonderausstellung in einer lokalen Kunstgalerie? Das könnte ein guter Anlaß zu einer gemeinsamen Besichtigung sein, wenn Sie beide den Künstler oder den Stil der Bilder mögen. Finden Sie heraus, ob in einer Buchhandlung ein Autorenabend mit anschließender Autogrammstunde stattfindet. Oder vielleicht gibt es im Filmklub einen Vortrag über das Filmen? Sich in der Öffentlichkeit unter anderen Leuten aufzuhalten ist der Schlüssel, um ein erstes Zusammentreffen so angenehm wie möglich zu gestalten.
- Nehmen Sie an einer Besichtigungstour mit dem Bus oder zu

Fuß in Ihrer Stadt teil. Die meisten Städte haben Sehenswürdigkeiten, die von der ansässigen Bevölkerung oft kaum gewürdigt werden. Arrangieren Sie ein Treffen bei einer solchen Touristenattraktion, und entdecken Sie ihre einzigartige Geschichte – und natürlich auch die von Ihnen beiden. Ein kleiner Imbiß in einem Café wäre eine nette Erholungspause und eine Gelegenheit, weitere gemeinsame Interessen zu erforschen.

- Im Frühling oder Sommer können Sie vielleicht Freude daran haben, bei einer Kräuterwanderung mitzumachen. Der Sonnenschein und die frische Luft werden Ihnen guttun, selbst wenn sich Ihre Bekanntschaft als wenig faszinierend erweist.

- Es gibt »Mini-Kreuzfahrten« nur für einen halben Tag oder einen Abend, die Anklang bei abenteuerlustigen Typen finden. Oder nehmen Sie einen Tag lang an einer archäologischen Ausgrabung teil oder an einem Ausritt zu einem interessanten Ort.

- Der Herbst ist eine gute Zeit für einen Waldspaziergang, um die herbstliche Laubfärbung zu bewundern. Sammeln Sie Zweige und Blätter für ein schönes Herbstgesteck, um Ihre Kunstfertigkeit zu zeigen. Besuchen Sie anschließend einen Bauernmarkt oder eines der Erntedankfeste, die häufig zu dieser Jahreszeit stattfinden.

- Wenn Sie beide Tennis, Federball oder Squash spielen, können Sie ihn zu einem Match auffordern. Sorgen Sie für Getränke und einen kleinen Imbiß – die andere Person wird Ihr »sportliches« Verhalten zu schätzen wissen.

Beteiligen Sie sich an religiösen Aktivitäten und Zeremonien

Alle Religionen haben Feste, feierliche Umzüge sowie andere regelmäßige Zusammenkünfte für ihre Anhänger. Manche Glaubensgemeinschaften organisieren sogar spezielle Veranstaltungen für ihre Singles. Welchem Glauben Sie auch angehören mögen, Sie können sicher sein, Freunde zu finden und Leute zu treffen, die Ihre religiöse Überzeugung teilen, wenn Sie eine Funktion in Ihrer Glaubensgemeinde übernehmen. Die potentiellen Liebespartner, die Sie dabei möglicherweise kennenlernen, werden Ihre Traditionen und Gebetsformen verstehen und respektieren sowie die Gebote und Verbote einhalten, die Ihnen Ihr gemeinsamer Glaube auferlegt. Ihr Glaube, Ihre Religion und Ihre Gebetsstätte können Ihnen ein wunderbares Gefühl der Zugehörigkeit und des Selbstwerts vermitteln. Wenn die Liebe Ihres Lebens Ihr religiöses Bekenntnis teilt, so ergibt das eine gute Basis für eine starke, dauerhafte Beziehung.

Treten Sie in einen Chor oder eine Amateurtanzgruppe ein
Singen Sie gern? Spielen Sie ein Musikinstrument? Tanzen Sie gern? Dann treten Sie in einen Chor ein, oder spielen Sie in einer Band oder in einem Quartett! Eine Folkloretanzgruppe macht eine Menge Spaß – erfordert aber auch harte Arbeit! Das beste daran ist, daß Sie Gelegenheit haben, mehr über eine spezifische Kultur zu erfahren und Leute kennenzulernen, denen Sie in Ihren eigenen sozialen Kreisen nie begegnen würden. Ein großes Plus ist, daß manche dieser Gruppen semiprofessionell sind und die ganze Welt bereisen. Welche Gelegenheit, noch mehr Leute kennenzulernen!

Sind Sie zu schön?
Manche Leute sind derart schüchtern und gehemmt, daß sie Schwierigkeiten haben, mit irgendwem, der sehr gut aussieht, ein Gespräch anzufangen. Ein Beispiel: Drei junge Männer gingen in einem Park spazieren und bemerkten eine äußerst attraktive junge Frau, die allein auf einer Bank saß. Sie begannen untereinander über sie zu reden und Vermutungen anzustellen: Vielleicht war sie ein Model oder ein TV-Star ... sie war tatsächlich umwerfend schön! Doch keiner von ihnen wagte einen Annäherungsversuch. Ihre Schönheit schüchterte sie ein.

Haben Sie dieses Problem? Und es ist ein Problem, gleichgültig was andere darüber denken mögen. Sie sehen gut aus und sind dennoch viel allein? Dann müssen Sie die Initiative ergreifen – wenn die Leute nicht zu Ihnen kommen, müssen Sie auf sie zugehen. Zeigen Sie ihnen, daß Sie ein menschliches Wesen aus Fleisch und Blut sind und mit denselben Ängsten und Hoffnungen leben wie sie. Lächeln Sie, und seien Sie freundlich, machen Sie Smalltalk. Die Leute werden sich bald entspannt fühlen und sich mit Ihnen zu unterhalten beginnen, so wie sie es mit einem alten Freund tun würden.

Sie haben mehrere Beziehungen hinter sich, doch jetzt wollen Sie eine Zeitlang für sich sein. Sie können sich entspannt zurücklehnen und sagen: »Hurra! Im Augenblick bin ich single und genieße es!«

Was für ein großartiges Gefühl! Jetzt haben Sie Zeit, all diese Dinge zu tun, die Sie immer aufgeschoben haben: einen ganzen Tag in Ihrem Lieblingsschönheitssalon verbringen und sich verwöhnen lassen – einschließlich Maniküre, Pediküre, Körper- und Gesichtspackung; Dinge kaufen oder ansehen gehen, die *nur Ihnen* gefallen; endlich die Bücher lesen, die sich auf Ihrem Couchtisch stapeln; alte Freundschaften aufwärmen. Dies ist eine Zeit zum Entspannen, damit Sie wieder mit sich und Ihren wirklichen Wünschen in Einklang kommen.

Allein zu sein kann viel Spaß machen! Feiern Sie eine Party mit sich selbst. Genießen und benützen Sie Ihre freie Zeit, um alle negativen Erinnerungen an vergangene Beziehungen loszuwerden. Es ist eine Zeit nur für Sie, ein Wiederaufladen Ihrer körperlichen, seelischen und geistigen Batterien. Und es ist natürlich eine vorzügliche Zeit zum Planen Ihrer nächsten romantischen Strategien.

Oh, oh! Jemand läutet an Ihrer Tür!

Lernen Sie aus Ihren Fehlern! Sie können Ihnen helfen, bei der Wahl Ihrer Partner anders als bisher vorzugehen – und zu lernen, den gleichen Fehler nicht mehr zu wiederholen

Es ist eine Tatsache, daß wir mehr aus unseren Fehlern als aus unseren Erfolgen lernen. Haben Sie eine Beziehung verpatzt? Betrachten Sie die ganze Episode als lehrreiche Erfahrung! Nehmen Sie die Affäre zum Anlaß, um über Ihr Verhalten bei der Wahl Ihrer Partner nachzudenken. Achten Sie wirklich darauf, ob Sie zueinander passen, wenn Sie einen Partner wählen? Schließlich sind ähnliche Ziele der wichtigste Faktor in einer Beziehung auf lange Zeit.

Und wie steht es mit den Gefühlen? Haben die von Ihnen gewählten Partner Ihre Gefühle genauso respektiert wie Sie die ihren? Vielleicht ist es Zeit, daß Sie Ihre Perspektive wechseln, daß Sie es mit einem anderen Personentyp versuchen. Nehmen Sie sich wirklich die Zeit, Ihren Partner zu analysieren, ehe Sie sich in eine Beziehung stürzen? Überdenken Sie Ihre Strategien, damit Sie nicht wieder dieselben Fehler machen.

Auf wahre Freunde können Sie sich verlassen, wenn Sie niedergeschlagen sind. Wahre Freunde sind genauso in schlechten Zeiten wie in guten Zeiten für Sie da. Sie sehen Sie in einem anderen Licht und beurteilen Sie wahrscheinlich weniger hart als Sie sich selbst.

Jeder hat Schwachstellen und wird von Zeit zu Zeit von Gefühlen der Unsicherheit heimgesucht. In solchen Zeiten ist ein mitfühlender Freund von unschätzbarem Wert. Freunde helfen Ihnen, sich der Notwendigkeit zu stellen, die Dinge, die Sie verändern können, zu verändern, und jene Facetten Ihres Lebens zu akzeptieren, an denen sich nicht rütteln läßt. Die Unterstützung Ihrer Freunde kann Sie davor bewahren, ständig dieselben Fehler zu wiederholen, während Sie auf dem Weg zu neuen und befriedigenderen Begegnungen der liebenden Art sind.

Ausdauer: Um eine Perle zu finden, müssen Sie viele Austern öffnen

Ausdauer ist der Schlüssel! Selbst wenn Ihnen Ihre Suche manchmal so erscheint, als ob Sie nach einem Goldkörnchen in einem Sandhaufen suchen würden – Sie werden den richtigen Liebespartner finden, wenn Sie ausdauernd sind. Wie viele Leute muß ein Vertreter besuchen, ehe er etwas verkauft? Sieben, zehn? Wie oft schießt ein Sportler daneben, ehe ein Ball ins Tor geht? Sie können nicht jedesmal gewinnen – nicht im Verkauf, nicht im Sport und nicht in der Liebe! Suchen Sie weiter, und glauben Sie weiter fest daran: Unter all den Singles in der Welt ist sicher die richtige Perle für Sie!

TEIL II

Liebesstrategien für unwiderstehliches Flirten

Die Strategien

Was ist Flirten?

Flirten ist ein spielerischer Austausch von Blicken, Körpersprache und versteckten Andeutungen, der mehr oder weniger sexy sein kann, bei dem aber nie eine gewisse Unschuld fehlen darf. Jede, die einmal einer anderen Person über den Rand ihres erhobenen Glases hinweg tief in die Augen geblickt, einladend zugelächelt oder verschwörerisch zugeblinzelt hat, hat sich den Freuden des Flirtens verschrieben. Dieses Spiel – denn ein Spiel ist es – hat viele Nuancen und ist gerade deshalb so ungemein reizvoll.

Durch Flirten zeigen wir dem anderen, daß uns etwas an ihm liegt, daß er uns gefällt, doch auf eine unverbindliche Art und Weise – es sei denn, er erwidert unsere Ouvertüre! In diesem Fall wird das Flirten fortgesetzt, und zwar wie eine aufsteigende Spirale von sublimen Körperbewegungen, begleitet von einem zweideutigen Wortspiel – was schließlich zu einem elektrischen Körperkontakt führen kann: einem gestohlenen Kuß, einer flüchtigen Zärtlichkeit oder wer weiß was noch?

Beim Flirten gibt es verbale und nonverbale Techniken

Wenn Sie etwas Nettes oder Doppelsinniges in Ihre Unterhaltung einfließen lassen, verwenden Sie verbale Techniken, um dem anderen Ihre feine Botschaft »Ich finde dich sehr attraktiv« zu vermitteln.

Ein Zwinkern, eine bestimmte Haltung, eine provokative Geste, ein Augenaufschlag – all dies sind Beispiele für nonverbale Techniken, die den anderen wissen lassen, daß er interessant für Sie ist. Das Repertoire erfolgreichen Flirtens sollte beide Annäherungsstrategien umfassen.

Flirten Sie, bevor, während und nachdem Sie die Liebe Ihres Lebens kennengelernt haben – natürlich mit ihr!

Das Flirten dient nicht nur dem Anbahnen einer Beziehung, sondern ist auch ein Weg, diese lebendig und interessant zu erhalten. Wenn Sie bereits einen Partner haben, heißt das nicht, daß die Tage des Flirtens nun vorbei sind. Sie müssen mit Ihrer Liebe weiterflirten, denn andere Leute werden das auch machen! Was sich liebt, das neckt sich! Das Flirten wird Ihre Liebe und Ihre Gefühle füreinander wachhalten. Sobald Sie jedoch die große Liebe Ihres Lebens gefunden haben, sollten Sie stark verführerisches Flirten für Ihren Partner aufsparen und Ihr sonstiges Flirten auf ein leichtes, amüsantes Geplänkel beschränken.

Flirten ist ein reizvolles, unbeschwertes Spiel

Flirten ist ein Spiel, ein Austausch, ein scherzhaftes »Ich fordere dich heraus«. Es gibt keine festen Regeln beim Flirten – Sie können sich so dramatisch, bezaubernd, teuflisch, geziert, erfinderisch oder ausgefallen geben, wie Sie sich trauen. Flirten ist ein emsiger Zeitvertreib, der dazu bestimmt ist, eine Reaktion hervorzurufen: Wahre Liebe zu finden ist ein Bonus! Viel Glück beim Flirten!

♥ ♥ ♥

Manche Behauptungen über das Flirten gehören ins Reich der Fabel

Wenn Sie Ihrem Benehmen und Denken nach konservativ sind, werden Sie wahrscheinlich einige Einwände gegen das Flirten haben. Ihrer Meinung nach ist Flirten mit Unbekannten zu gefährlich. Das könnte nur dann der Fall sein, wenn Sie es über ein einfaches Spiel hinausgehen lassen. Flirten ist eine spielerische Methode, um jemand Neuen kennenzulernen, ein Weg, um einem

Fremden mitzuteilen, daß Sie ihn interessant finden. Das Flirten selbst ist nicht der gefährliche Teil, vorausgesetzt, Sie sind mit der unbekannten Person nicht allein, sondern in der Öffentlichkeit. Den Gefahrengrad können Sie anhand der Reaktion bestimmen, die Sie erhalten. Aggressives, draufgängerisches Verhalten hat hier nichts zu suchen. Was Sie tun, *nachdem* Sie bemerkt worden sind, liegt bei Ihnen.

Einige der häufigsten Fragen über das Flirten sind die folgenden:

– *Wie kann ich wissen, ob die Person, mit der ich flirte, verfügbar ist?*
Das können Sie anfangs nicht mit Bestimmtheit wissen. Wenn die Person keinen Ehering trägt und Ihnen niemand sagt, daß sie single ist, läßt sich ihr Status auf den ersten Blick nicht feststellen. Bei einer positiven Reaktion auf Ihr Flirten können Sie im Laufe der Unterhaltung eine Bemerkung einstreuen, zum Beispiel:»Sind Sie mit Ihrer Gattin/Ihrem Gatten hier?«, »Warten Sie auf Ihre Freundin/Ihren Freund?« oder »Ihre Gattin/Ihr Gatte ist eine glückliche Frau/ein glücklicher Mann.«

– *Ich werde in Verlegenheit geraten, wenn der andere merkt, daß ich flirte!*
Warum? Sie tun ja nichts Falsches. Im Gegenteil, Sie strecken ihm in scherzender, spielerischer Manier wie ein unschuldiges Kind Ihre Hand entgegen. Die andere Person wird wahrscheinlich eher erfreut als verärgert reagieren. Flirten gehört, wie schon erwähnt, zu den wichtigsten sozialen Tugenden!

– *Fremde, mit denen ich flirte, werden denken, daß ich leicht zu haben bin, und versuchen, dies auszunützen.*
Flirten mag ein Spiel sein, aber Sie sind erwachsen. Niemand kann Sie ausnützen, außer Sie lassen dies selbst zu.

– *Ziemt es sich, bei einer geschäftlichen Verabredung zu flirten?*
Wenn die Stimmung für einen zwischenmenschlichen Aus-

tausch reif ist, gibt es sicher nichts dagegen einzuwenden, solange es auf geschmackvolle und taktvolle Art geschieht. Wenn jedoch von Firmenseite her ein ausdrückliches Verbot gegen jede Art von Annäherung innerhalb der Belegschaft besteht, so ist es wahrscheinlich sicherer, wenn Sie sich das Flirten für die Stunden *nach* dem Büro aufheben.

– *Flirten ist für die Jungen – ich bin zu alt zum Flirten!*
Unsinn! Flirten macht allen Spaß. Es ist nie zu spät, einen interessanten Partner zu finden. Wenn Sie eine Bekanntschaft machen wollen, dann flirten Sie einfach darauf los … es wirkt verjüngend!

– *Es gibt keinen geziemenden Ort zum Flirten.*
Kein Ort ist richtig oder falsch zum Flirten – außer vielleicht während einer Totenwache oder auf der Intensivstation. Es geht einfach nur darum, durch das Flirten auf sich aufmerksam zu machen, damit die attraktive Person auch von Ihnen Notiz nimmt!

– *Einen Partner mit ernsten Absichten werde ich durch das Flirten nicht finden.*
Warum nicht? Flirten ist einfach eine Methode, die Aufmerksamkeit eines anderen auf sich zu lenken. Wenn Sie ihn dann ganz für sich allein haben, können Sie immer noch feststellen, ob er es ernst meint.

– *Zum Flirten braucht man eine große Portion Charisma, Extrovertiertheit und Mut.*
Nicht wirklich! Sie brauchen nur die feste Absicht zu haben, Leute kennenzulernen, einen festen Glauben an sich selbst und dieses Selbstvertrauen durchscheinen zu lassen!

Flirten Sie, um einen möglichen Liebespartner anzulocken
Ein Flirt zeigt Ihr Interesse, eine Person, die Sie anzieht, näher kennenzulernen. Sobald Sie ihre Aufmerksamkeit errungen ha-

ben, öffnet sich Ihnen ein weites Feld reizvoller Möglichkeiten, um vertrauter miteinander zu werden.

Denken Sie aber stets daran, daß Flirten ein »Geschenk« ohne Hintergedanken sein soll – eine interessante Art zu sagen: »Es wäre nett, Sie näher kennenzulernen!« Sie können nicht erwarten, daß die oder der andere sich sofort zu irgend etwas Ernstem verpflichtet fühlt.

Flirten ist eine direkte Schmeichelei: Sie haben die andere Person zum Gegenstand Ihres Interesses *erwählt,* weil diese auf Sie anziehend wirkt. Die folgende Anekdote ist ein nettes Beispiel dafür:

Zwei Liebende schlenderten Arm in Arm die Straße hinunter, als er bemerkte: »Ich habe dich mein ganzes Leben lang geliebt.«

Sie entgegnete: »Aber du kennst mich doch erst seit gestern.«

»Ja, aber mein Leben hat gestern erst *begonnen!*« lautete die galante Erwiderung!

Flirten ist eine aufregende Methode, um potentielle Liebespartner anzusprechen

Flirten führt schnell zu einem Grad beiderseitigen Verstehens. Es grenzt fast schon an Verliebtheit, ohne aber wirklich ernsthafte Ansprüche zu erheben. Selbst bei einem vergeblichen Flirtversuch können beide Teilnehmer ganz schön außer Atem geraten. Nehmen Sie an, Sie sitzen an einem Tisch in einem Straßencafé. Sie bemerken eine atemberaubende Schönheit am Nebentisch, die jedoch völlig in ihre Zeitung vergraben ist. Wie gewinnen Sie ihre Aufmerksamkeit? Flirten Sie einmal anders als sonst: Werfen Sie ein kleines Stück Zucker gegen ihre Zeitung. Wenn sie aufblickt, sagen Sie einfach etwas Nettes, wie zum Beispiel: »Süßes der Süßen!« Ein solcher Anfang könnte zu einer Menge Süßholzgeraspel führen. Flirten ist wirklich eine aufregende Art, eine Bekanntschaft zu machen. Seien Sie abenteuerfreudig!

Praktizieren Sie Ihre Flirttechniken

»Übung macht den Meister« heißt es in einem alten Sprichwort, und was das Flirten anbelangt, trifft dies auch wirklich zu. Wenn Sie die Kunst des Flirtens meistern wollen, beginnen Sie mit Ihnen bekannten Leuten zu flirten, wie zum Beispiel Ihren Kollegen, Vettern und Kusinen, Freunden und Bekannten. Bringen Sie Ihre Flirtkünste auf Hochglanz, indem Sie mit guten Freunden proben, damit diese Ihre Fehler korrigieren und Ihnen Vorschläge machen können. Solche »Probeläufe« werden Ihr Selbstbewußtsein aufbauen, so daß Sie, wenn Sie schließlich vor der Frau oder dem Mann Ihres Lebens stehen, über einen gewandten, eleganten und überaus wirksamen Stil verfügen. Eins, zwei drei ... *flirten* Sie!

Die Kunst des Flirtens kennt keine Altersgrenze

Es gibt eine hübsche Geschichte von einer 73 Jahre alten Frau, die auf einen Mann, der auf einer Bank im Park saß, zutrat und sagte: »Sir, Sie erinnern mich stark an meinen dritten Gatten!« Der Mann antwortete: »Wirklich? Wie viele Gatten hatten Sie denn?« Mit einem schelmischen Lächeln sagte sie: »Zwei!« Flirten ist für jedes Alter und für jede Jahreszeit gültig.

Selbstbewußtsein ist der Schlüssel zu erfolgreichem Flirten

Flirten erfordert Selbstbewußtsein. Es ist kein Geheimnis, daß alle, die gut Flirten können, ein selbstsicheres Auftreten haben, das ihre Fähigkeit spiegelt, jede Art von Situation zu meistern. Wie entwickelt man ein solches Selbstbewußtsein? Indem man sich völlig einverstanden fühlt mit dem, wer und was man ist! Um selbstbewußt zu sein, müssen Sie weder umwerfend gut aussehen noch außerordentlich gescheit sein; es bedeutet, daß Sie über körperliche Unvollkommenheiten wie eine große Nase oder mißgestaltete Ohren hinwegsehen können. Sie haben die Möglichkeit, Ihren Grad an Selbstbewußtsein hochzuhalten, indem Sie Ihr Selbstwertgefühl nähren.

Jeden Morgen, wenn Sie aufwachen, sagen Sie zu sich selbst, daß Sie eine außergewöhnliche Person sind, daß Sie die Fähigkeit haben, erfolgreich zu sein, daß Sie Ihre Ziele erreichen *können*.

Schreiben Sie alle Worte, die Sie beflügeln, nieder, und lesen Sie die Sätze mehrmals am Tag durch. Wiederholen Sie diese Programmierungen für Ihr Selbstbewußtsein jeden Tag mehrere Male. Fühlen Sie die Kraft in jedem Wort! Bald werden Sie so viel Selbstbewußtsein haben, wie Sie brauchen, um auf professionelle Weise zu flirten!

Seien Sie selbstbewußt: Versichern Sie sich immer wieder, daß Sie alles haben, was sich ein idealer Partner nur wünschen könnte

Ihr idealer Partner ist so schön, daß Sie Angst haben, einen Annäherungsversuch zu wagen. Sie glauben, daß Ihre physische Erscheinung seiner Zuneigung nicht wert sei? Es ist Zeit, daß Sie ihre Pluspunkte in Betracht ziehen: Ihre großen dunklen Augen und langen Wimpern, Ihre Fähigkeit, die Leute zum Lächeln zu bringen…: Zählen Sie alles zusammen. Stellen Sie sich vor, daß Sie alles das sind, was Sie glauben, daß Ihr idealer Partner in einer Gefährtin sucht, daß Sie füreinander gemacht wurden. Setzen Sie das Selbstbewußtsein ein, das Sie aufgebaut haben. Seien Sie positiv: Sie sind tatsächlich die ideale Partnerin für den einen, den Sie bewundern.

Wenn Sie die vollkommene Person, die Ihr Herz mit einem einzigen Blick zum Schmelzen bringt, auf sich zukommen sehen, erstarren Sie nicht zur Salzsäule! Dies ist der Moment, auf den Sie gewartet haben. Nehmen Sie die Herausforderung an: Lächeln und flirten Sie sich den Weg in ihr bzw. sein Herz!

Weitere Methoden, um sich einen hohen Grad an Selbstbewußtsein zu bewahren

Um Ihr Selbstbewußtsein zu untermauern, bringen Sie im ganzen Haus positive Affirmationen an: auf dem Kühlschrank, auf Ihren Spiegeln, unter Ihrem Kopfkissen. Räumen Sie der Karte, die Ihre beste Freundin Ihnen letzte Woche geschrieben hat, einen bevorzugten Platz ein: der Karte, mit der sie ihren Dank ausdrückte, weil Sie so nett und freundlich sind und immer zuerst an die anderen denken. Suchen Sie andere schmeichelhafte Bemerkungen von Ihren Freunden zusammen, und bewahren Sie diese in einer eigenen Schachtel auf, um sie von Zeit zu Zeit durchlesen zu können. Diese schriftlichen Kommentare beleuchten Ihre Fähigkeiten und Talente und sind eine gute Gedächtnisstütze dafür, welchen Wert Sie in den Augen der anderen einnehmen. Legen Sie eine Liste Ihrer Fähigkeiten an, und lesen Sie diese täglich durch. Denken Sie von sich selbst als von einer großartigen, *selbstbewußten* Person. Andere Leute tun es auch!

Wie Sie der Person, die Sie bewundern, das Gefühl geben können, das faszinierendste Wesen auf Erden zu sein

Überschütten Sie Ihre Liebe mit Aufmerksamkeit. Stellen Sie ihr eine Menge Fragen, und hören Sie ihr gut zu, um sie wissen zu lassen, daß ihre Antworten Ihnen wichtig sind. Blicken Sie ihr liebevoll in die Augen, als ob Sie von ihrer Gegenwart verzaubert wären. Geben Sie ihr in Wort und Tat zu verstehen, daß Sie in diesem Augenblick mit niemandem auf der ganzen Welt tauschen möchten.

Schmeicheleien sind süße Musik für das Ohr

Sie haben sicher schon von dem Ausspruch gehört, daß die beste Methode, die volle Aufmerksamkeit seiner Zuhörer zu gewinnen, darin besteht, ihnen zu schmeicheln. Also sagen Sie Ihrem Partner, daß er der wunderbarste Mensch auf der ganzen Welt ist – und warten Sie ab, was passiert! Sagen Sie ihm, daß er die ausdruckvollsten Augen hat, die Sie je gesehen haben, oder daß sein Lächeln Ihr Leben erhellt oder daß er in seinem neuen Anzug so großartig aussieht, daß Sie eine Gänsehaut bekommen.

Jeder hat es gern, wenn man positiv über ihn spricht: Ihre Liebste bildet da keine Ausnahme! Nehmen Sie sich fest vor, ihr täglich ein Kompliment zu machen: über ihre Erscheinung, Persönlichkeit, ihre Talente oder Leistungen. Sagen Sie ihr etwas, das sie aufheitert und ihr das Gefühl gibt, wichtig zu sein.

Seien Sie erreichbar und sichtbar

Wenn Sie bei einer gesellschaftlichen Veranstaltung oder in einem Klub zum Tanzen aufgefordert werden, sagen Sie ja, selbst wenn Ihnen Ihr Tanzpartner nicht besonders gefällt. Sie wollen ja auf der Tanzfläche sein, damit Sie für andere Leute, die besser zu Ihnen passen, gut sichtbar sind. Wenn Sie zu viele Aufforderungen ablehnen, werden andere es vielleicht gar nicht mehr wagen, Sie um einen Tanz zu bitten, oder Sie für unnahbar oder arrogant halten. Anstatt sich zu weigern, mit einer Person, die Ihnen nicht sympathisch ist, zu tanzen, sagen Sie zu ihr: »Einverstanden, aber nur für einen Tanz!« Wenn der Tanz zu Ende ist, bedanken Sie sich höflich und kehren zu Ihrem Tisch oder zur Gruppe Ihrer Freunde zurück.

Machen Sie bei jedem Spaß begeistert mit, wenn Sie in Gesellschaft sind – das ist schließlich der Sinn der Sache. Zeigen Sie allen – selbst jenen Leuten, die Sie wenig attraktiv finden –, daß Sie fröhlich und offen sind und sich gern unterhalten.

Geben Sie beim Flirten acht, daß Sie keine Töne anschlagen, die falsch verstanden werden könnten

Flirten ist eine subtile Kunst. Man sollte daher nie obszöne Töne anschlagen oder in ein offensives sexuelles Verhalten übergehen. Eine Warnung: Die Frau von heute ist nicht nur finanziell und emotional unabhängig, sie erwartet auch – und das zu Recht! –, respektvoll behandelt zu werden. Der weise Mann wird durch romantisches Flirten und nicht durch grobe Annäherungsversuche am Ende den Sieg davontragen. Gedankenloses Benehmen wird auf die Person, die Sie zu gewinnen versuchen, abstoßend wirken und sie abschrecken.

Das folgende Beispiel zeigt einen Flirtversuch mit einer völlig unangebrachten Bemerkung. Eine Frau kaufte eine Zeitschrift beim Zeitungsstand, als ein Mann, den sie flüchtig kannte, auf sie zutrat und sie ansprach: »Hallo, Nancy! Du siehst großartig aus. Hübsche Schuhe hast du an! Möchtest du sie nicht eines Nachts unter meinem Bett parken?« Es ist wohl unnötig zu erwähnen, daß Nancy auf dem Absatz kehrtmachte und, ohne etwas auf die taktlose Bemerkung zu erwidern, wegging.

**Erwähnen Sie im Gespräch mit einem möglichen
Liebespartner so bald wie möglich Ihre persönlichen
»Referenzen«, um ihm Vertrauen einzuflößen**
Lassen Sie die Person Ihres Interesses wissen, daß Sie Wurzeln haben. Reden Sie über Ihre Familie oder über Ihre Arbeitskollegen. Erwähnen Sie Klubs oder Organisationen, denen Sie angehören. Erzählen Sie ihr, weshalb Sie beigetreten sind – ein guter Anfang für eine Konversation. Auf diese Weise wird Ihr möglicher Liebespartner sich schnell ein Bild davon machen können, mit wem er es zu tun hat, was Ihre Interessen sind und woher Sie kommen.

Flirten erregt Aufmerksamkeit – im positiven Sinn
Jemand, der zu flirten versteht, gilt als selbstbewußter, immer zu einem Spaß aufgelegter Mensch, der mit einem leidenschaftlichen Naturell ausgestattet ist und andere mit seiner Lebensfreude und seinem Humor mitreißt. Solche Menschen sind geistreich und haben einen großen Sinn für Humor, der überall gute Laune verbreitet. Möchten Sie nicht auch zu dieser Art von Menschen zählen?

Flirten Sie zurück, wenn jemand mit Ihnen flirtet

Wenn jemand auf Sie zukommt und sagt: »Kennen wir uns nicht von irgendwoher?«, und Sie würden die andere Person selbst gern kennenlernen, dann flirten Sie zurück: »Ganz bestimmt nicht – *Sie* hätte ich sicher nicht vergessen!« Da sich die andere Person jetzt unvergeßlich vorkommt, dürfte einer wunderbaren Unterhaltung nichts mehr im Weg stehen. Flirten Sie mit allen, die mit Ihnen flirten!

Was ist, wenn Sie jemand Interessanten sehen? Wie können Sie ihn dazu bringen, mit Ihnen zu flirten? Machen Sie sich einfach die örtlichen Gegebenheiten zunutze. Angenommen, es passiert im Supermarkt, daß Sie Ihren Traummann erblicken. Schnell! Versuchen Sie, sich in der Warteschlange bei der Kasse hinter ihm einzureihen. Fragen Sie ihn, wo er einen bestimmten Artikel aus seinem Einkaufswagen gefunden hat, oder sagen Sie etwas wie: »Diese Trauben sehen gut aus. Ich muß sie glatt übersehen haben. Wissen Sie, aus welchem Land sie kommen?« Bewahren Sie Augenkontakt, während Sie fortfahren, sich mit ihm zu unterhalten, lächeln Sie aufreizend, und warten Sie ab, was geschieht!

Flirttechniken sind wie Diamanten im Rohzustand: Beide brauchen Schliff, damit ihre wahre Schönheit und ihr Wert zum Vorschein kommen

Ein Diamant wird wertvoller, wenn er geschliffen und poliert ist. Ihre Persönlichkeit offenbart ihre interessantesten Facetten in vergleichbarer Weise. Je mehr Sie an Ihrem Image und Ihren Flirttechniken feilen, desto bemerkenswerter werden Sie anderen Leuten erscheinen. Inzwischen haben Sie sicher erkannt, daß Ihre Persönlichkeit wichtiger ist als Ihr Äußeres. Bauen Sie Ihr Selbstbewußtsein weiter auf, und perfektionieren Sie Ihre gesellschaftlichen Talente und Flirttechniken, und Sie werden begehrenswerte Leute anziehen. Machen Sie noch heute den ersten Schritt zu einem aufregenderen Leben – gehen Sie aus, und flirten Sie!

Schüchtern oder zurückhaltend zu erscheinen könnte einen falschen Eindruck erwecken

Wie ist Ihr erster Eindruck von Leuten, die schüchtern oder zurückhaltend sind? Halten Sie diese Leute für Snobs oder einfach für nicht an Ihnen interessiert? Stellen Sie dann bei näherer Bekanntschaft oft fest, daß sie bloß von Natur aus scheu oder gehemmt, aber im Grunde sehr nette Leute sind? Leute, die wegen ihrer Schüchternheit als »Gesellschaftsmuffel« erscheinen, werden häufig mißverstanden und falsch beurteilt. Es ist aber ein Fehler, eine Person zu ignorieren, weil sie gleichgültig wirkt: Sie ist möglicherweise nur zu scheu, um soziale Reaktionen zu zeigen. Locken Sie sie aus ihrem Schneckenhaus heraus, indem Sie eine leichte, nicht bedrohliche Konversation mit ihr führen – selbst wenn Sie den Großteil der Unterhaltung allein bestreiten müssen. Immerhin besteht die Möglichkeit, daß sich die Schüchternheit schließlich doch verflüchtigt und sie sogar mit *Ihnen* zu flirten beginnt.

In umgekehrter Weise, falls Sie selber schüchtern sind, wäre es Zeit, daß Sie sich einen Ruck geben und auf jemanden zugehen, der es Ihnen angetan hat. Sie müssen nicht unbedingt das erste Wort sagen, schenken Sie ihr ein strahlendes Lächeln oder einen feurigen Blick. Nach diesem ersten Schritt wird es Ihnen nicht schwerfallen, ein Gespräch zu beginnen. Vergessen Sie sich selbst, und konzentrieren Sie sich nur darauf, Dinge zu sagen, die dem anderen Freude machen. Die Welt ist voller interessanter Leute, die nur auf Ihr Lächeln warten!

Fühlen Sie sich unsicher in bezug auf Ihre Flirttechniken? Lernen ist leicht!

Beobachten Sie die anderen! Sicher kennen Sie Leute, die viel ausgehen und gern flirten. Ob es sich dabei um Familienangehörige, Kollegen oder Freunde handelt, ist gleichgültig: Sehen Sie ihnen beim Flirten zu! Achten Sie auf die kokette Art, in der sie sich an andere Leute heranmachen. Merken Sie, wie selbstbewußt ihr Auftreten ist? Gehen Sie bei Ihren Studien über das Flirten einen

Schritt weiter, und schauen Sie sich alte Filme an, in denen große verführerische Persönlichkeiten wie Clark Gable oder Marilyn Monroe mitwirken. Studieren Sie alle Arten von Flirttechniken im Fernsehen, in Filmen und in Liebesromanen.

Der nächste Schritt ist, diese Techniken abzuwandeln, ohne sich selbst in jemanden zu verwandeln, der Sie gar nicht sind; passen Sie einfach nur diese Techniken Ihrer Persönlichkeit an. Sie können zum Beispiel den so sexy wirkenden Gang der Monroe ausprobieren oder versuchen, den durchbohrenden Blick des alten Stummfilmstars Rudolph Valentino nachzuahmen. Er war berühmt für die Art und Weise, wie er seine Filmpartnerinnen seelenvoll anschmachtete. Setzen Sie sich vor einen Spiegel, und probieren Sie verschiedene verführerische »Blicke« aus. Auch Sie können unwiderstehlich sein!

Schauspielunterricht kann bei der Verbesserung Ihrer Flirttechniken eine Hilfe sein

Laut Shakespeare ist die ganze Welt eine Bühne, und wir sind alle Schauspieler. So ähnlich wie das Schauspiel ist auch das Flirten eine Methode, um Leute, die wir auf uns aufmerksam machen wollen, zu unterhalten. Sie suchen sich selbst die Rolle aus, die Sie in Gesellschaft spielen wollen, indem Sie sich so darstellen, wie Sie von den anderen gesehen werden möchten. Die Reaktion der anderen hängt von Ihrer Darstellung als »Star« ab. Schauspielunterricht kann Ihnen helfen, genügend Selbstbewußtsein zu erwerben, um die Rolle spielen zu können, die Sie projizieren wollen. Ein solcher Unterricht wird nicht nur Ihrer Persönlichkeit zugute kommen, sondern Ihnen auch Gelegenheit geben, im täglichen Leben Ihre Schauspielkünste zu praktizieren. Die Welt ist eine Bühne – werden Sie ein Star im *Flirten*!

Lassen Sie die Leute wissen, daß Sie zu haben sind

Als Single können Sie tun und lassen, was Ihnen beliebt und wann es Ihnen beliebt, und viele verschiedene Typen von Personen kennenlernen. Egal, in welcher Situation Sie gerade sind, ob in Gesellschaft, Beruf oder Familie: Lassen Sie die Leute wissen, daß Sie Interesse haben, andere Singles kennenzulernen. Spitzen Sie bei jeder Gelegenheit die Ohren, ob jemand etwas über Singles erwähnt. Wenn Sie Ihre Freunde von einem interessanten Single sprechen hören, sagen Sie ihnen, daß Sie Interesse hätten, diese Person kennenzulernen. Finden Sie durch Ihre Freunde so viel wie möglich über sie heraus, und lassen Sie sich deren Telefonnummer geben. Sie können nie wissen, ob es sich bei dieser Person nicht um den Mann handelt, von dem Sie schon immer geträumt haben.

Seien Sie ein glücklicher Single!

Zeigen Sie jedem, daß Sie ein erfülltes, positives, glückliches Leben als Single führen. Sprechen Sie begeistert über Ihre Freunde, und erwähnen Sie, daß Sie viele interessante Leute kennen, Ihre Familie schätzen und Ihre Arbeit lieben. Beschreiben Sie Ihr Leben als reich und erfüllend. Vermeiden Sie Bemerkungen wie »Ich bin es müde, allein zu sein« oder »Ich glaube nicht, daß ich dieses Jahr auf Urlaub fahren werde – allein macht es mir doch kein Spaß!«

Die Leute werden Sie meiden, wenn Sie sich ständig beklagen, daß Sie allein sind und jemanden brauchen, um Ihr Leben lebenswert zu machen. Lassen Sie statt dessen Ihre Unabhängigkeit als verlockend erscheinen. Zeigen Sie, daß Sie das Leben genießen – so sehr, daß das Leben jedes anderen zusammen mit *Ihnen* aufregender werden würde. Sehr bald werden sich bei Ihnen Interessenten melden, die dieses großartige Leben, das Sie führen, mit Ihnen teilen werden wollen.

Genießen Sie Ihr Leben als Single – es wird vielleicht nicht lange dauern

Sie sind also im Moment single! Genießen Sie jede Minute dieser Periode Ihres Lebens. Nutzen Sie diese kostbare Zeit, um Ihren intellektuellen, spirituellen und emotionalen Horizont zu erweitern und eine ausgefüllte Person zu werden, die sich ihrer Fähigkeit bewußt ist, ihr Schicksal verändern zu können.

Unter den Myriaden Möglichkeiten, die sich Ihnen bieten, könnten die folgenden Aktivitäten in Ihre Pläne passen, Ihre Zeit als Single zu genießen und zu nutzen.

– Verbringen Sie eine fabelhafte Woche in einem Kurort, und kehren Sie voller Elan zurück, sich weiter gesund zu ernähren und Ihr ungesundes Verlangen nach zu vielen Süßigkeiten, Alkohol und Zigaretten loszuwerden.

– Vereinbaren Sie einen Termin bei einer Farbberaterin, um zu erfahren, welche Farben Sie für Ihre Garderobe wählen sollen, die Ihren persönlichen Farbtyp unterstreichen. Finden Sie auch gleich heraus, welcher Stil Ihnen am besten paßt.

– Von den großen Kosmetikfirmen werden in Kaufhäusern oft Werbewochen veranstaltet, die mit Gratisangeboten für die Kunden verbunden sind, wie zum Beispiel einer kostenlosen Analyse Ihrer Gesichtshaut mit anschließendem Make-up. Auf diese Weise können Sie erfahren, welches Make-up zu Ihrem Haut- und Farbtyp paßt. Ein »New Look« wird Ihr Stimmungsbarometer steigen lassen.

– Zur Unterstützung Ihrer neuen Diät gönnen Sie sich eine Shiatsu-Massage und erlernen gleich einige der Techniken, um sie an Ihrer zukünftigen Liebe praktizieren zu können – insbesondere Shiatsu für das Gesicht!

– Entwickeln Sie Ihr Selbstbewußtsein durch den Besuch von Spezialkursen für Selbstbehauptung, positives Denken, Motivation oder freie Rede.

– Erweitern Sie Ihren Horizont durch das Studium der großen Weltreligionen wie Hinduismus, Buddhismus, Christentum, Islam, Judentum.

- Nehmen Sie Unterricht in Tai Chi oder Bauchtanz. Gut für die Figur und als Streßausgleich!
- Jetzt haben Sie Zeit, um Ihre Finanzen und Ihr Ablagesystem zu Hause in Ordnung zu bringen. Vergewissern Sie sich, ob Sie die richtigen Versicherungen abgeschlossen haben. Denken Sie an eine Zusatzpension, damit Sie Ihre Ferien später einmal in vollen Zügen genießen können. Vielleicht stellen Sie einen Finanzplan auf, der Ihnen ermöglicht, eine eigene Bleibe zu erwerben oder sich an Anlagenkapital zu beteiligen.
- Erlernen Sie eine neue Fertigkeit wie Desktop publishing. Dadurch könnten sich Ihnen vollkommen neue Karrieremöglichkeiten eröffnen.
- Studieren Sie eine Fremdsprache. Wenn Sie bereits Fremdsprachenkenntnisse besitzen, wäre es vielleicht interessant für Sie, jemanden zu finden – einen potentiellen idealen Partner eventuell –, der gewillt ist, Ihnen Privatunterrricht zu erteilen oder die Konversation in dieser Sprache mit Ihnen zu pflegen.
- Sind Sie ein Abenteurer? Warum machen Sie nicht einen Versuch mit Drachenfliegen, Sporttauchen, Zirkusakrobatik – oder sonst irgend etwas, was Ihr Leben mit Farbe, Aufregung und Begeisterung erfüllen wird?
- Vertiefen Sie Ihre Menschenkenntnis durch das Studium der Körpersprache, des Handlesens, der Astrologie oder chinesischen Reflexologie. Ein Händedruck kann Ihnen eine Menge offenbaren – wenn Sie die Zeichen richtig zu deuten verstehen.
- Lesen Sie Lebenshilfebücher, und probieren Sie einige von den Techniken aus, die Ihnen gefallen. Der Sinn ist, Ihr Selbstbewußtsein zu entwickeln und Ihr Selbstwertgefühl zu steigern.
- Jetzt ist die richtige Zeit, um ein Tagebuch zu führen, Gedichte zu schreiben, einen Roman oder eine Autobiographie zu beginnen. Sie werden überrascht sein, wieviel Ihnen durch das Schreiben über Ihre tiefsten Gefühle klar wird.

Diese »Singleperiode« in Ihrem Leben ist eine Zeit, in der Sie sich selbst wirklich kennenlernen können: Ihre Träume, Ihre Hoffnungen und Ihre Ambitionen. Es ist eine Zeit, in der Sie alle die Dinge tun können, die *Ihnen* Freude machen, und nicht nur jene Dinge, die ein bestimmtes »Image« vermitteln sollen, das andere von Ihnen erwarten. Nutzen Sie diese Zeit, um Ihr eigener bester Freund zu werden. Indem Sie einfach Sie selbst sind, werden Sie jene Leute anziehen, die Sie schätzen und lieben, so wie Sie sind – eine einzigartige, wunderbare Persönlichkeit!

Sind Sie in den Künsten bewandert? Stellen Sie Ihre Talente in den Dienst Ihrer Flirttechniken!

Flirten sollte eine Erweiterung Ihrer Persönlichkeit und Ihre Techniken einzig und allein die Ihren sein. Indem Sie von Ihren besonderen Talenten beim Flirten Gebrauch machen, lassen Sie andere an Ihrer inneren Natur teilhaben. Sind Sie eine Komödiantin? Ein romantischer Sänger? Eine Schubladendichterin? Geben Sie dem von Ihnen bewunderten Wesen eine Chance, *Ihre* Talentiertheit kennenzulernen.

Reden Sie nicht bloß über Ihre Fähigkeiten, wenden Sie diese an, um das Ziel Ihrer Liebesinteressen zu beeindrucken und ihm oder ihr zu schmeicheln. Durchbrechen Sie die tägliche Routine, indem Sie Ihre Talente einsetzen und zeigen, wie einfallsreich, amüsant, aufmerksam und sensitiv Sie sind. Ihr Stil beim Flirten sollte so reizvoll sein wie Sie selbst – sensationell!

Wenn Sie eine Künstlerin sind, brechen Sie das Eis, indem Sie dem einen, den Sie bewundern, eine Zeichnung senden, die Ihre Gefühle illustriert. Jeder sagt Ihnen, wie gut Sie schreiben können? – Verfassen Sie eine Botschaft, die nur für ihn bestimmt ist. Eindrucksvoll! Wenn Sie Gitarre oder ein anderes Musikinstrument spielen, können Sie Ihrer Angebeteten ein Ständchen bringen. Seien Sie kreativ, und beweisen Sie Ihre Einzigartigkeit!

Tun Sie Dinge, die das positive Bild, das Sie von sich haben, spiegeln

Treten Sie einer Organisation bei, die Ihnen das Gefühl gibt, anderen eine wertvolle Hilfe zu sein. Nehmen Sie eine ehrenamtliche Tätigkeit in einem Krankenhaus, in einem Pflegeheim oder in einem Waisenhaus an. Beteiligen Sie sich an karitativen Veranstaltungen, entweder als Sponsor oder durch Ihre Mitarbeit bei den Vorbereitungen. Nicht nur daß solche Veranstaltungen nützlich sind; sie werden auch Ihre gesellschaftlichen Talente und Ihr Selbstbewußtsein fördern und Ihnen helfen, andere Leute kennenzulernen.

An Aktivitäten teilzunehmen, die Ihnen das Gefühl geben, für andere etwas Wichtiges geleistet zu haben, wird nicht nur Ihr einfühlsames Wesen enthüllen, sondern Ihnen auch helfen, mehr Toleranz und Respekt für sich selbst aufzubringen.

Seien Sie freundlich zu sich selbst: Das wird Ihnen helfen, Ihren eigenen Wert zu erkennen

Verwöhnen Sie sich mit kleinen Aufmerksamkeiten. Tragen Sie Kleider, in denen Sie gut angezogen sind und sich wohl fühlen, weil sie Ihr Aussehen auf das vorteilhafteste unterstreichen. Selbstverständlich auch dann, wenn Sie zu Hause bleiben, damit Sie im Falle eines Falles immer bereit sind: Vielleicht läutet Ihre zukünftige Liebe an Ihrer Tür, weil sie sich ihr Studium als Fahrradbote verdient oder sich als ihr Nachbar etwas Kaffee ausborgen will. Was würden Sie in einem solchen Fall empfinden, wenn Sie der Liebe Ihres Lebens gegenüberstünden und Ihr Aussehen zu wünschen übrigließe?

Lernen Sie sich selbst zu verhätscheln. Machen Sie sich eine Gesichtspackung, eine Spezialmaniküre oder Pediküre: irgend etwas, womit Sie sich selbst ein Geschenk machen. Gehen Sie gern fischen? Warum nicht? Etwas »nur für sich« zu tun spiegelt die Wichtigkeit, die Sie sich selbst beimessen, und verstärkt Ihr Selbstbild. Die Leute werden merken, daß Sie sich selber schätzen, und sich von Ihnen angezogen fühlen.

Ehrlichkeit, sowohl sich selbst als auch anderen gegenüber, spiegelt ebenfalls ein positives Selbstbild. Eine ehrenwerte Person hebt sich wohltuend von der Menge ab.

Kleider machen Leute: Machen Sie aus jedem Tag eine besondere Gelegenheit

Haben Sie auch den Schrank voller Kleider für besondere Gelegenheiten? Das Problem ist, daß solche Anlässe nur einige Male im Jahr vorkommen. Warum ziehen Sie nicht einfach *heute* eines dieser todschicken Outfits an? Worauf warten Sie denn – auf den Tag des Jüngsten Gerichts? Sie wissen, daß Sie in Ihren besten Kleidern wirklich gut aussehen, und da es beim Flirten darum geht, durch die Projektion eines reizvollen Images Aufsehen zu erregen, wäre es doch logisch, öfters etwas Schmeichelhaftes anzuziehen. Wer weiß? Vielleicht *schaffen* Sie eine besondere Gelegenheit, gerade weil Sie Ihr schönstes Kleid tragen – wie zum Beispiel eine Einladung zum Abendessen in ein elegantes Restaurant.

»Kleider machen Leute« hat auch etwas mit der Pflege derselben zu tun

Die Voraussetzung für ein gepflegtes Aussehen ist Sauberkeit in körperlichen Belangen und bei der Kleidung. Selbstverständlich heißt das auch, daß kein Knopf fehlen darf und daß alle Kleidungsstücke zusammenpassen müssen. Untersuchen Sie Ihre Garderobe auf eventuelle Schadstellen oder Löcher im Gewebe oder aufgegangene Nähte. Schuhe können einem ebenfalls viel erzählen; seien Sie daher darauf bedacht, daß Ihre Schuhe oder Stiefel immer gut geputzt sind. Wie sehen die Absätze aus? Achten Sie auf passende Accessoires. Wählen Sie Schmuck, der dem Anlaß und Ihrem Kleidungsstil entspricht. Es ist eine Frage der Etikette und ein Zeichen von Eleganz, nicht mehr als einen Ring an jeder Hand zu tragen. Ein Ring an jedem Finger gibt Ihren Händen ein überladenes Aussehen. Wenn Sie mehrere Ringe von unterschiedlichem Wert tragen, ist der kostbarste schwer zu erkennen, wenn er von anderen, weniger wertvollen umgeben ist. Außerdem können viele Ringe leicht Verwirrung stiften, wenn jemand schnell einen Blick auf Ihre Hand wirft, um festzustellen, ob Sie verheiratet sind. Ein einziger Ring ist dramatisch und elegant – und er läßt viel Platz für zukünftige romantische Symbole.

Gepflegtheit bildet die Grundlage für ein erfolgreiches Aussehen

Ein gepflegtes Aussehen ist ein Zeichen für Selbstachtung und Respekt vor der eigenen Gesundheit und Person. Hände sind ein Blickfang; achten Sie daher auf saubere und gut manikürte Nägel. Verwenden Sie eine fetthaltige, leicht parfümierte Creme, um die Nagelhaut und Ihre Hände geschmeidig zu erhalten, damit sie sich angenehm anfühlen. Hände schütteln zu müssen, die rauh und rissig sind, vermittelt einen sehr schlechten Eindruck!

Mundpflege ist aus recht offensichtlichen Gründen ebenfalls sehr wichtig. Ihre Zähne und Ihr Atem haben großen Einfluß darauf, wie andere Ihnen gegenüber reagieren. Der tägliche Umgang und die Gespräche mit den anderen machen es unmöglich, den Zustand unserer Zähne zu verbergen. *Regelmäßiges* Zähneputzen und die Verwendung von Zahnseide sind daher ein Muß! Es gibt kleine Zahnbürsten und Zahnpastatuben zu kaufen, die Sie immer bei sich tragen können, damit Sie sich nach dem Mittagessen oder vor einer wichtigen Verabredung die Zähne putzen können. Suchen Sie in regelmäßigen Abständen Ihren Zahnarzt auf, um Zähne und Mund in ausgezeichnetem Zustand zu erhalten.

Ihr Haar sollte immer glänzen und sich weich anfühlen

Ihr Haar spiegelt Ihre Einstellung zur Körperpflege. Fettiges oder stumpfes Haar sagt aus, daß Ihnen nicht sehr viel an Ihnen liegt, wie kann Ihnen dann etwas an jemand anderem liegen? Probieren Sie verschiedene Shampoos und Pflegespülungen aus, bis Sie die richtige Kombination für Ihr Haar finden, die ihm strahlenden Glanz verleiht. Ihr Haar sollte sich weich anfühlen, nicht klebrig oder steif vor lauter Haarspray und Gel, was anderen die Botschaft übermittelt: »Hände weg! Nicht berühren!« Doch selbst die besten Produkte können gegen eine falsche Ernährung nichts ausrichten. Ihr Haar und Ihre Haut reflektieren Ihre Lebensgewohnheiten. Eine ausgewogene Ernährung und genügend Schlaf sind eine wesentliche Voraussetzung für Ihre Gesamterscheinung.

Gehen Sie mindestens einmal im Monat zum Friseur, wenn Sie es sich leisten können. Ihr bärtigen Männer: Pflegt euren Bart, um ihn weich und verführerisch zu machen; eure Liebe wird das sicherlich zu schätzen wissen!

Für ein gepflegtes Aussehen ist jedes Detail wichtig

Exotische Vögel beeindrucken durch ihr prächtiges Federkleid. Der Pfau schlägt ein Rad, um das Weibchen anzulocken, genauso wie Sie Ihre Frisur ordnen oder Ihre Kleider glattstreichen. Jedes Detail ist wichtig, denn der erste Eindruck hängt von Ihrem Aussehen ab und ist unwiderruflich.

Erwerben Sie für den täglichen Gebrauch Dinge, die Ihre Einzigartigkeit spiegeln: Eine hübsche Füllfeder macht einen guten Eindruck, wenn Sie ein Dokument unterzeichnen oder sich die Telefonnummer eines interessanten Menschen notieren. Elegant ist auch eine Aktenmappe oder ein Notizbuch mit Ihren Initialen.

Wenn Sie ein Parfum benutzen, wählen Sie eines, das Ihre Persönlichkeit ausdrückt: exotische Düfte für extravagante Charaktere oder ein Bouquet von Zitrusfrüchten für sportliche Typen. Ihr Duft gehört zu Ihrer persönlichen Note und kann zu einem Bestandteil Ihrer gesamten Umgebung werden, wenn Sie das Eau de Cologne in Ihrem Heim und in Ihrem Auto versprühen. Das echte Parfum verwenden Sie tagsüber nur sparsam. Um abends jemanden zu verzaubern, können Sie noch einen Tropfen hinzufügen. Eine weise Frau – oder ein weiser Mann – geht mit Düften sehr behutsam um, denn sie will ihren Charme betonen, ohne aufdringlich zu wirken.

**Welche Kleider Sie wählen und wie Sie diese tragen, hat
großen Einfluß auf Ihre Attraktivität**

Sich so zu kleiden, daß man Erfolg hat, ist eine Kunst. Charlotte
lernte dies durch einen Zufall. Nichts lief in ihrem Leben so, wie
es sollte, und sie beschloß daher, sich einen Nachmittag frei zu
nehmen, einen Einkaufsbummel zu machen und anschließend ins
Kino zu gehen, um sich ein wenig aufzuheitern. Sie zog ein rotes
Kleid an, das nach der letzten Mode speziell für Sie angefertigt
worden war und in dem sie großartig aussah. Sie ließ sich beim
Friseur eine neue Frisur machen und ging dann noch schnell auf
einen Imbiß in das Café neben dem Kino. Sie sah tadellos aus mit
ihrem modisch frisierten Haar, dem maßgeschneiderten roten
Kleid und den hohen Absätzen. Sie war mit sich selbst zufrieden,
und das zeigte sich in ihrem Gesicht und in ihrer Haltung. Ein
gutaussehender Mann am Nebentisch lächelte ihr mehrere Male
zu, dann lud er sie auf einen Kaffee ein. Schließlich zahlte er ihr
Abendessen. Unnötig zu sagen, daß Charlotte auf den Film verzichtete – mit ihrem Verehrer unterhielt sie sich angeregt, bis das
Restaurant schloß. Später verbrachten die beiden frisch Verliebten
eine zauberhafte Stunde in einem eleganten Nachtklub bei einem
Glas Champagner. Ihre Beziehung dauert seit dieser ersten Begegnung an – jenem Tag, an dem Charlotte sich entschloß, etwas mehr
für ihr Aussehen zu tun. Charlottes besseres Aussehen wirkte sich
positiv auf ihre Erscheinung und ihre Einstellung zum Leben aus,
so daß ein interessanter Mann sie attraktiv fand. Sie können dasselbe tun. Probieren Sie eine neue Frisur aus, ein hübsches Kostüm
oder einen eleganten Hut, der Ihnen gut steht. Gehen Sie unter
Leute, um gesehen zu werden – in ein Café, ein Restaurant, einen
Klub. Sie werden sicher bemerkt und bewundert werden – und wer
weiß was noch?

Augenkontakt zu wahren ist das A und O beim Flirten

Von den Augen heißt es, sie seien die Fenster der Seele, und es ist
interessant zu wissen, daß sich die Pupillen sofort vergrößern,
wenn wir uns von jemandem angezogen fühlen, und somit anzei-

gen, daß wir diese Person insgeheim begehren. So subtil dieses Signal auch sein mag, es wird von der Person, auf die wir es abgesehen haben, registriert. Zeigen Sie daher der gutaussehenden Unbekannten Ihre Absichten, blicken Sie ihr tief in die Augen – Sie könnten vom Resultat angenehm überrascht sein!

Üben Sie sich, Augenkontakt zu wahren, ohne zu blinzeln. So unbedeutend es erscheinen mag, aber häufiges Blinzeln signalisiert Schüchternheit, Nervosität oder einen Mangel an Selbstbewußtsein; alles Eigenschaften, die Sie sicher nicht zu zeigen wünschen. Eine gute Übung ist das Hineinschauen in eine Kerzenflamme, ohne zu blinzeln. Üben Sie vor dem Spiegel, und halten Sie Ihrem eigenen Blick so lange wie möglich stand. Sie können auch gute Freunde bitten, mit Ihnen zu üben.

Die folgende Geschichte von einem jungen Paar zeigt, wie weit man mit Augenkontakt kommen kann. In einem Café in Paris saßen zwei einander fremde Personen an getrennten Tischen, Zigaretten rauchend und einander unverwandt ansehend. Als die junge Frau ihre Zigarette fertig geraucht hatte, nahm sie aus einem silbernen Etui eine neue heraus, schrieb ihren Namen und ihre Telefonnummer darauf und plazierte sie beim Hinausgehen im Aschenbecher des jungen Mannes, ohne ein einziges Wort zu sagen. Neugierig und bezaubert von dieser Verführerin, rief der junge Mann sie noch am selben Abend an. Der Rest ist Geschichte. Sie können sehr geheimnisvoll sein, wenn Sie nur Ihre Augen benutzen!

Lassen Sie Ihren Blick verweilen
Ob Sie eine Unterhaltung führen oder nur »mit den Augen reden«: Lassen Sie Ihren Blick etwas länger auf der anderen Person ruhen, um ihr zu zeigen, daß Sie es ernst meinen. Denken Sie daran, daß Ihr Blick sagt: »Ich bin interessiert!« Verlängerter Augenkontakt schafft eine faszinierende Atmosphäre, während er gleichzeitig andeutet, daß Sie an einer Fortsetzung interessiert sind und die Lage unter Kontrolle haben.

♥ ♥ ♥

Vermeiden Sie es, den Blick abzuwenden, wenn Sie mit jemandem reden

Sich mit Leuten zu unterhalten, die ständig ihre Blicke in die Runde schweifen lassen, ist unangenehm und beleidigend. Man beginnt sich zu fragen, wen sie ansehen, und wird dadurch abgelenkt. Natürlich kann die Ursache dafür in ihrer Schüchternheit liegen, doch es ist trotzdem ein schlechtes Benehmen, das den Eindruck vermittelt, sie wären an dem, was Sie zu sagen haben, nicht interessiert. Man möchte sie schütteln und ihnen sagen: »Ich spreche mit Ihnen!«

Machen Sie es sich zum Grundsatz, wenn Sie jemanden kennenlernen, Augenkontakt herzustellen und der oder des andern Augenbewegungen zu beobachten. Auf diese Weise werden Sie sich ein gutes Bild über die Person machen können. Wenn sie zum Beispiel ständig ihre Blicke im Raum umherschweifen läßt, um festzustellen, wer kommt und geht, haben Sie es wahrscheinlich mit einem Schwerenöter zu tun. Die Augen verraten alles: Blicken Sie ihm in die Augen, und lesen Sie darin wie in einem Buch.

Wenn Sie anderen Leuten zuzwinkern, kann das folgenschwer sein

Zwinkern ist ein amüsanter Zeitvertreib. Es ist ohne Zweifel eine spaßige Art zu flirten. Es deutet einerseits ein geheimes, scherzhaftes Einverständnis an und setzt andererseits voraus, daß Sie abenteuerlustig sind. Zwinkern Sie versuchsweise jemandem zu – die Reaktion wird für Sie beide stimulierend sein!

Machen Sie doch beim Flirten von Ihrer Brille Gebrauch

Sie können Ihre Sonnenbrille – oder Ihre reguläre Brille – als ein Werkzeug zum Flirten benutzen. Nehmen Sie die Gläser einen Moment ab – damit der andere Ihre schönen Augen besser sehen kann! Lassen Sie die Brille auf die Nasenspitze gleiten – blicken

Sie verführerisch darüber hinweg, einen oder zwei Augenblicke lang, ehe Sie die Brille wieder zurechtrücken oder sie ganz abnehmen, um sich an ihr zu schaffen zu machen, während Sie der anderen Person tief in die Augen blicken.

Sie können mit allem möglichen provokativ herumspielen
Nicht nur Brillen lassen sich zum Provozieren der Aufmerksamkeit verwenden! Sie können alles mögliche benutzen. Wenn Sie in einem Restaurant sind, können Sie zum Beispiel Ihr Glas heben und der Person, die es Ihnen angetan hat, spielerisch zutrinken.

Auch Schlüssel eignen sich gut, weil sie ein wenig Lärm machen. Oder spielen Sie die Geheimnisvolle – benutzen Sie eine Zeitung, um jemand Interessanten zu fixieren. Lassen Sie nur Ihre Augen über den Rand der Zeitung blicken ... eine ziemlich verführerische Art, Aufmerksamkeit zu erregen! Passen Sie auf, daß Sie die richtige Person anvisieren, damit sie weiß, daß sie im Mittelpunkt Ihres Interesses steht. Den Achtjährigen am Nebentisch wollen Sie doch bestimmt nicht bezirzen.

Unternehmen Sie drei bis fünf Flirtversuche pro Tag
Sie können nicht erwarten, daß jeder Flirtversuch erfolgreich ist. Manche werden von Erfolg gekrönt sein, während Sie bei anderen einfach abblitzen werden. Lassen Sie sich durch erfolglose Versuche nicht entmutigen – legen Sie mehr Gewicht auf Ihre Erfolge. Wenn Sie drei Erfolge pro Tag verbuchen können, sind Sie gut.

Jeder Flirtversuch, der in irgendeiner Weise Beachtung findet, ist erfolgreich. Natürlich hängt der Grad des Erfolges von der Art der Reaktion auf den Flirtversuch ab. Wenn Sie jemanden zum Lächeln oder Lachen bringen, können Sie sich als Gewinnerin bei diesem Spiel betrachten.

Seien Sie dynamisch und zu jedem Spaß aufgelegt: Zeigen Sie der Welt, daß Sie das Leben lieben

Ihr Verhalten bestimmt die Art und Weise, wie andere Leute auf Sie reagieren. Möchten Sie nicht lieber eine magnetische, attraktive Persönlichkeit sein, die andere zum Lachen bringen kann, als ein fader Typ, der in der Menge untergeht? Clowns sind beliebt. Die Leute fühlen sich zu einem glücklichen, vergnügten Menschen hingezogen. Seien Sie ausgelassen – bringen Sie die anderen zum Lachen. Die Leute werden sich um Sie scharen, weil es Spaß macht, mit Ihnen zusammenzusein. Bezaubern Sie die Leute durch Ihr Charisma. Die Leute werden reagieren – und Sie könnten dadurch die Liebe Ihres Lebens kennenlernen.

Das Lachen ist selten geworden in unserer hektischen Welt. Wenn Sie fröhlich und gut gelaunt durchs Leben gehen, wird Freundschaft Ihr Lohn sein. Ein Lachen vermag jeden Tag aufzuhellen und den täglichen Streß zu erleichtern. Bringen Sie die Leute zum Lachen, damit sie ihre Sorgen und Unsicherheit vergessen. Lachen ist ansteckend, so sehr, daß Sie im Nu von lachenden Gesichtern umringt sein werden. Jeder, der Sie hört, wird sich auf ein Wiedersehen freuen und glauben, daß ein Leben mit Ihnen zusammen ein ewiges Fest sein müßte. Flirten ist Spaß! Wenn Sie einen bleibenden Eindruck hinterlassen wollen, dann machen Sie den Leuten Ihr Lachen zum Geschenk.

Ein Lächeln ist tausend Worte wert

So wie ein Lachen ansteckend ist, wirkt ein Lächeln magnetisch. Wenn Sie jemanden anlächeln, vermitteln Sie das Bild einer einfühlsamen, zarten, empfänglichen, offenen, süßen, höflichen und sanften Person. Unbekannte anzulächeln kann diese in der Tat verblüffen, doch meistens werden sie zurücklächeln. Lächeln ruft automatisch eine Reaktion hervor. Ein Lächeln ist eine Geste der Höflichkeit, des Friedens und der Freundschaft zwischen zwei Menschen. *Lächeln* Sie – es wird Ihrem Herzen einen Dienst erweisen!

Sie kennen sicher Leute, die zwar nicht besonders attraktiv aussehen, doch wenn sie lächeln, können sie einen Raum aufhellen und andere in ihren Bann ziehen. Auch Sie können Wärme ausstrahlen – Sie brauchen bloß zu lächeln!

Senden Sie einer Person, die Sie auf sich aufmerksam machen wollen, die aber nicht reagiert, eine mentale Botschaft

Mit etwas Geduld können Sie lernen, unterbewußte Botschaften auszusenden. Eine junge Frau sitzt zum Beispiel im Bus hinter einem Mann, den sie sehr attraktiv findet. Leider dreht sich dieser Mann nicht um. Sie beschließt, ihm eine mentale Botschaft zu senden. Um zu testen, wie empfänglich er ist, beginnt sie sich auf seinen Hinterkopf zu konzentrieren, während sie sich am Ohr kratzt. Wenige Augenblicke später kratzt sich der Mann am Ohr. Während sie sich weiterhin konzentriert, wickelt sich die junge Frau eine Haarsträhne um den Finger. Wenig später berührt der Mann sein Haar. Erfreut über diesen guten Empfang, macht die junge Frau den Versuch, eine stumme Botschaft zu senden, in der sie den Mann bittet, sich umzudrehen und sie anzusehen. Es funktioniert! Sie lächelt über das ganze Gesicht, als sie ihn sagen hört: »Hallo, darf ich mich vorstellen …!«

Sie können das Aussenden mentaler Botschaften auf dieselbe Weise praktizieren. Es ist ein lustiger Zeitvertreib, wenn Sie ein öffentliches Vekehrsmittel oder einen Aufzug benutzen. Ihre Fähigkeiten werden sich durch häufige Praxis verbessern. Anfangs können Sie versuchen, ähnliche mentale Botschaften wie die oben beschriebenen in einer Gruppe von Freunden auszusenden. Es ist sicherlich einen Versuch wert.

Flirten verbessert Ihre gesellschaftlichen Talente

Flirten ist eine Methode, um eine soziale Bindung herzustellen. Betrachten Sie Flirten als ein grundlegendes soziales Talent – wie das Grüßen oder das freundliche Lächeln, das Sie aufsetzen, wenn

Sie jemanden gern kennenlernen möchten. Der einzige Unterschied liegt in einer gewissen *Übertreibung*. Jemanden besonders enthusiastisch zu begrüßen oder verführerisch anzulächeln, so daß das ganze Gesicht vor Freude strahlt, ist bereits echtes Flirten.

Um Fertigkeit im Flirten zu erlangen, ist Übung erforderlich – hört sich das nicht nach Spaß an? Bedenken Sie, um wieviel entspannter Sie sich fühlen werden, wenn Sie das Kennenlernen von Leuten einfach als Übung im Flirten betrachten.

Verwenden Sie Ihre Flirtkünste, um einen hinreißenden ersten Eindruck zu machen. Stellen Sie sich die Szene bildlich vor: Sie befinden sich auf einer Party, und auf der anderen Seite des Raumes steht die bezauberndste Person, die Sie je gesehen haben – Ihr bloßer Anblick verursacht Ihnen bereits eine Gänsehaut! Warum erwecken Sie nicht ihre Aufmerksamkeit durch ein verführerisches Lächeln, wenn sie das nächste Mal in Ihre Richtung schaut? Bahnen Sie sich, falls nötig, einen Weg durch die Menge, um etwas näher an sie heranzukommen – damit sie Sie besser sehen kann. Der nächste Schritt ist schon ein wenig kühner: Streifen Sie beim Vorbeigehen ihren Arm! Drehen Sie sich um, und sagen Sie schmelzend »Pardon!« zu ihr! Das wird sie neugierig machen.

Flirten ist eine Hilfe, um Leute noch vor jeder Art von Bindung näher kennenzulernen

Flirten ist eine gesellschaftliche Fertigkeit, die andere sich in Ihrer Gesellschaft wohl fühlen läßt. Mittels Augenkontakt und Körpersprache verleihen Sie Ihrer Freundlichkeit Ausdruck – als ob ein Kind sich mit einem anderen Kind unterhalten würde. Das Kind in Ihnen wendet sich an das Kind in der anderen Person. Die Person, die Sie attraktiv finden, wird ihrerseits Sie als freundlich betrachten.

Flirten zeigt, daß Sie nicht verklemmt, sondern offen und frei von sozialen Hemmungen sind. Durch ein offenes Gespräch und ein freundliches Lächeln, begleitet von einer entspannten Körperhaltung und einem vergnügten Ausdruck, wirken Sie nicht bedrohlich. Durch Ihr Verhalten wird sich die andere Person ermutigt fühlen, bei Ihrem Flirten spielerisch mitzumachen.

Wie jemand auf Ihr Flirten reagiert, sagt bereits eine Menge über ihn aus. Wenn er sich gleichgültig und kalt verhält, macht es wahrscheinlich wenig Spaß, mit ihm zusammenzusein, und Sie können sich einfach lächelnd jemand anderem zuwenden, der mehr Empfangsbereitschaft zeigt. Zeigt er hingegen eine Überreaktion und fällt buchstäblich über Sie her, so schalten Sie schnell den Strom ab! Gewöhnlich werden Sie aber einen sehr angenehmen – ja stimulierenden – Austausch von Komplimenten erleben, wenn Sie einem anderen Ihr ernsthaftes Interesse zu erkennen geben und ihm sagen, wie sehr Sie sich über die Bekanntschaft freuen.

Erwidern Sie spontan jedes Kompliment

Fühlen Sie jedesmal, wenn Ihnen jemand ein Kompliment macht, den Hang, sich selbst herabzusetzen und die Wirkung zu ruinieren? Wenn zum Beispiel jemand zu Ihnen sagt: »Ihr Haar sieht gut aus«, geben Sie ihm dann zur Antwort: »Unmöglich, ich müßte schon dringend zum Friseur!« Wenn diese Bemerkung von Ihnen sein könnte, so versuchen Sie, mit dieser Gewohnheit zu brechen und auf ein Kompliment mit einem Lächeln und einem »Dankeschön« zu reagieren. Geben Sie das Kompliment zurück, indem Sie noch hinzufügen: »Sie verstehen es wirklich, immer etwas Nettes zu sagen!« oder »Wie elegant Sie immer angezogen sind!«

Flirten wird Ihnen helfen, sich leichter ausdrücken zu können

Flirten ist eine natürliche Erweiterung Ihrer Persönlichkeit. Jeder von uns ist zum Flirten geboren. Haben Sie schon einmal Babycharme am Werk gesehen? Wer kann einem Lächeln, einer Umarmung oder einem Kuß eines Kleinkindes widerstehen? Selbst fürchterlich steif und reserviert aussehende Erwachsene bekommen plötzlich eine honigsüße Stimme und Lachfalten im ganzen Gesicht, wenn sie versuchen, ein Baby zum Lächeln zu bringen oder ihm ein Glucksen zu entlocken. Jedes Flirten hat denselben

Zweck: andere zu einer Reaktion zu ermutigen. Seien Sie spontan und impulsiv. Spielen Sie auf einer Party eine nette Melodie auf dem Klavier – vorausgesetzt, es ist eines vorhanden und Sie sind ein begabter Klavierspieler. Widmen Sie das Stück der verführerischen Dame im roten Kleid, die Sie noch nicht kennengelernt haben, oder dem gut aussehenden Herrn im dunkelblauen Anzug. Sie oder er wird es sich nicht nehmen lassen, nach einer solchen brillanten Darbietung ans Klavier zu kommen.

Beschäftigen Sie sich nicht andauernd mit dem Gedanken, wie Sie aussehen oder wie die andere Person reagieren wird. Spielen Sie mit Ihren Mitmenschen … Bald werden alle beim Flirten mitmachen und viel Spaß haben!

Versetzen Sie sich in Flirtstimmung

Stellen Sie sich vor, Sie seien ein Showstar und heute nacht sei die Galapremiere. Wenn sich Ihr Magen vor einer Party oder einer Veranstaltung zusammenkrampft, visualisieren Sie sich selbst beim Flirten – das wird Ihnen helfen, Ihr Lampenfieber zu überwinden. Es ist normal, nervös zu sein. Selbst Bühnenveteranen sind aufgeregt vor einer Aufführung. »Das gehört dazu!« sagen sie. Der Trick ist, nicht in Panik zu geraten. Schließen Sie die Augen, und stellen Sie sich vor, wie Sie unbekümmert und vergnügt mit jedem flirten – ein schillernder Partyschmetterling!

Während Sie sich für einen Anlaß oder eine Party bereit machen, sehen Sie sich vor Ihrem geistigen Auge als Mittelpunkt der Party. Proben Sie, falls nötig, vor dem Spiegel! Spielen Sie schwungvolle, leicht romantische Musik, um sich in Flirtstimmung zu bringen. Wenn Sie schließlich fertig zum Ausgehen sind, werden Sie in der Stimmung sein, eine großartige Darbietung zu liefern.

Seien Sie mit sich selbst in Einklang

Nur wenn Sie mit sich selbst auf gutem Fuß stehen, können Sie dieses Gefühl anderen vermitteln, und diese werden sich ebenfalls in Ihrer Gegenwart wohl fühlen und in Ihrer Nähe bleiben wollen. Um von anderen Leuten gemocht zu werden, müssen Sie sich zuerst selber mögen. Glauben Sie wirklich, jemand Lohnender könnte sich zu Ihnen hingezogen fühlen, wenn Sie selber eine schlechte Meinung von sich haben?

Um erfolgreich flirten zu können, müssen Sie in guter Laune und zum Scherzen aufgelegt sein. Schon einmal zu flirten versucht, wenn den ganzen Tag über alles schiefgelaufen ist? Ziemlich unwahrscheinlich! Flirten setzt ein unbekümmertes, spielerisches Verhalten voraus – wenn Sie in zugeknöpfter Stimmung sind, ist Ihnen sicherlich nicht nach Spielen zumute.

Flirten sollte Ihnen Freude bereiten. Es ist eine großartige Methode, um Ihre Selbstachtung und den Glauben an die eigene Attraktivität zu fördern. Mit Ihrem Selbstbild auf gutem Fuße zu stehen heißt, den Anteil der positiven Reaktionen, die Sie von anderen erhalten, zu erhöhen. Außerdem werden Sie dadurch selbst zum Ziel eines Flirtversuches werden.

Flirten Sie mit den Augen

Mae West wurde von den Filmzaren Hollywoods aufgrund der einmaligen Art, wie sie von ihren Augen Gebrauch machte, wenn sie mit Männern sprach, entdeckt. Sie sah jedem Mann einige Sekunden lang direkt in die Augen, ohne mit einer Wimper zu zukken, senkte für einen Moment scheu den Blick, um ihn dann noch einmal voller Leidenschaft anzuschauen. Die Stummfilme aus den Anfangszeiten des Kinos spiegeln die vielen Möglichkeiten des Flirtens ... Mae Wests Flirtkünste bedurften keiner verbalen Verstärkung.

Die Sprache der Augen ist das stärkste Ausdrucksmittel beim Flirten, das jede Botschaft in wirkungsvoller Weise transportieren kann. Ziehen Sie bei Ihrer nächsten Begegnung romantischer Art eine »Mae-West-Show« ab, und Sie werden dies selbst feststellen können.

Beobachten Sie beim Flirten den Ausdruck in den Augen der anderen. Er sagt Ihnen, ob sie interessiert, scheu, verlegen oder was

auch immer sind! Sehen Sie sich die alten Stummfilmstars an –
Theda Bara zum Beispiel –, die buchstäblich »mit den Augen zu
sprechen« hatten. Diese Schauspieler waren Meister der »Augen-
sprache«. Versuchen Sie, ihre Bewegungen nachzuahmen. Praktizieren Sie vor einem Spiegel. Probieren Sie es an Ihren Freunden
(oder an Ihrer Katze) aus. Erhalten Sie die richtigen Reaktionen?

Augen sind die Fenster der Seele, also verkünden Sie der Welt
Ihre Absichten: Flirten Sie mit den Augen!

Passen Sie gut auf, wenn Ihr Verehrer mit Ihnen redet
Endlich reden Sie beide miteinander! Drücken Sie Ihr Interesse
durch ihre Körperhaltung, die leichte Neigung Ihres Kopfes und
die weit geöffneten Augen aus. Blicken Sie Ihren Verehrer unverwandt an, als ob Sie von seinen Worten hypnotisiert würden. Geben Sie ihm durch Ihre Konzentration zu verstehen: »Ich glaube,
du bist für mich die wunderbarste Person der Welt.« Was auch
zutrifft, denn für Sie kommt niemand im ganzen Universum dieser Person gleich. Zeigen Sie ihr, wie wichtig sie für Sie ist, indem
Sie ihr die volle Aufmerksamkeit widmen. Außerdem werden Sie
durch gutes Zuhören schnell ihre Vorlieben und Abneigungen erkennen – was Ihre gegenwärtige und zukünftige Beziehung viel
glatter und erfreulicher für Sie beide machen wird!

Flirten und lauschen Sie mit dem ganzen Körper
Ein Kopfnicken zeigt, daß Sie aufmerksam zuhören. Es ist auch ein
Mittel, um auf passive Weise zu flirten. Sie brauchen nicht zu
sprechen, und Sie benutzen eine subtile Körpersprache, die klar
zum Ausdruck bringt: »Ich bin an dir interessiert, ich möchte dich
besser kennenlernen.« Sich leicht nach vorne zu neigen, wenn jemand mit Ihnen redet, zeigt ebenfalls an, daß Sie von einer Person
eingenommen sind, ohne tatsächlich in ihren Raum einzudringen.
Es ist eine sehr höfliche Art des Flirtens. Sie besagt: »Was Sie zu
sagen haben, interessiert mich«, ohne in irgendeiner Weise einen
Druck auf die Sprechende auszuüben.

Sie können Körpersprache auch dazu benutzen, um jemanden zu taxieren. Mustern Sie ihn prüfend von Kopf bis Fuß. Seien Sie wie ein Computer, und werten Sie die Daten aus, die Sie aus der Beobachtung der Augen, des Gesichtsausdrucks, der Veränderungen in der Körperhaltung, des Händedrucks und der Stimme erhalten.

Gesten der Offenheit sind zum Beispiel ein offenes Sakko, geöffnete Arme, eine aufrechte Haltung, freimütiges Lachen, aber auch das Knabbern von Salzgebäck oder das Nippen an einem Getränk während einer Unterhaltung. Es bedeutet, daß sich die andere Person wohl fühlt und an Ihnen interessiert ist. Wenn Leute ein romantisches Interesse an Ihnen haben, neigen sie dazu, öfter und schneller zu blinzeln und unbewußt Ihre Körpersprache nachzuahmen.

Körpersprache ist auch ein gutes Mittel, um Leuten zu verstehen zu geben, daß Sie *nicht* an ihnen interessiert sind. Sie können jemanden abblitzen lassen, indem Sie Ihren Körper abwenden und ihm »die kalte Schulter zeigen«. Wenn Sie darauf achten, wie jemand auf Ihre Avancen reagiert, brauchen Sie Ihre Zeit nicht an eine Person zu verschwenden, die kein Interesse für Sie hat. Eine Person, die Ihnen die kalte Schulter zeigt und einen Schmollmund zieht, versucht Ihnen zu sagen, daß Sie für sie nicht der Richtige sind. Körpersprache tritt an die Stelle der schwierigen Aufgabe, diese Gefühle zu verbalisieren.

Das Studium der Körpersprache ist eine Wissenschaft. Es gibt viele Bücher über dieses Thema. Sie können sich einige Werke in der öffentlichen Bibliothek ausleihen – es wird Ihr »soziales Gespür« schärfen, denn wenn Sie die Sprache beherrschen, können Sie mit den Leuten kommunizieren. Lernen Sie universales Flirten – sprechen Sie mit Ihrem Körper!

Beim Flirten brauchen Sie Fingerspitzengefühl

Sie erspähen auf einer überfüllten Party einen gutaussehenden Fremden. Das letzte, was Sie tun sollten, ist, auf ihn zuzustürzen, um ihm Ihre Bewunderung und unsterbliche Liebe zu erklären. Sie würden ihn damit schnell in die Flucht schlagen. Mit Fingerspitzengefühl können Sie eher Erfolg haben. Sagen Sie in etwa: »Ich konnte Sie einfach nicht übersehen, und da Sie einen freundlichen Eindruck machten, dachte ich mir, ich könnnte einen Versuch wagen und eine Weile mit Ihnen plaudern.« Ein solcher Flirtversuch wird sicher auf eine positive Reaktion stoßen!

Flirten Sie, sooft sich eine Gelegenheit bietet

Flirten Sie mit jedem, selbst mit Leuten, die altersmäßig nicht für Sie in Frage kommen. Ergreifen Sie jede Gelegenheit, um Ihre Flirttechniken zu praktizieren, selbst wenn Sie wissen, daß kein Rendezvous dabei herausschauen wird. Flirten Sie mit dem Kellner, der Ihnen das Frühstück serviert. Flirten Sie mit dem Tankstellenwärter. Flirten Sie mit dem Bankbeamten. Flirten Sie mit Kollegen. Üben Sie selbst mit Haustieren. Flirten Sie von früh bis spät! Nur durch Übung wird Ihre Technik vollkommen. Machen Sie es sich zur Gewohnheit, mit jedem zu flirten, mit dem Sie zu tun haben, und Sie werden bald ein Meister im Flirten sein. Wenn Sie schließlich der Liebe aus Ihren Träumen begegnen, wird es für Sie ein leichtes sein, *flirtend* ihr Herz zu erobern.

Jemand fasziniert Sie, und Sie würden gern mit ihm ins Gespräch kommen – also fangen Sie eines an!

Ergreifen Sie die Initiative, und fangen Sie ein Gespräch an. Sie brauchen nicht zu brillieren, sprechen Sie einfach mit Begeisterung. Tun Sie so, als ob Sie ein Politiker wären und für eine Wahl auf Stimmenfang gingen! Die Leute sprechen auf Politiker nur deshalb an, weil diese sich für sie zu interessieren scheinen und nicht weil ihre Reden so gut sind.

Machen Sie nur positive Bemerkungen. Seien Sie nicht ironisch oder sarkastisch: Das schreckt die Leute ab. Die Leute wollen sich in Gesellschaft unterhalten. Wenn Sie glauben, durch Miesmacherei ihre Aufmerksamkeit zu gewinnen, befinden Sie sich im Irrtum. Versuchen Sie, über alles und jeden etwas Freundliches zu sagen. Selbst wenn Sie das Essen oder den Punsch nicht mögen, tun Sie so, als ob das Gegenteil der Fall wäre. Vielleicht beginnen Sie dann sogar, sich tatsächlich zu amüsieren.

Ein weiteres Tabu ist, endlos über sich selbst zu sprechen. Die Leute sind egozentrisch, konzentrieren Sie sich daher auf Ihren Gesprächspartner, und er wird sich wichtig vorkommen. Ihm Ihre volle Aufmerksamkeit zu schenken ist eine Art zu flirten – aber nur Sie wissen das!

Drücken Sie den »Startknopf«! Bringen Sie sich mit positiven Gedanken auf Touren, und flirten Sie sich in eine wundervolle Zeit hinein!

♥ ♥ ♥

Benutzen Sie ein Spielzeug oder einen ausgefallenen Gegenstand zum Flirten: Flirten Sie ohne Worte

Singles müssen Wege finden, um aufzufallen und bemerkt zu werden – besonders von anderen Singles. Sie können fast jedes Objekt zur Unterstützung beim Flirten benutzen. Ein Partygeschenk oder Spiel kann ein Eisbrecher sein.

Halten Sie bei Ihrem nächsten Einkaufsbummel Ausschau nach einem amüsanten Gag, der Sie in den Mittelpunkt rücken wird, wenn Sie an einer Party oder Gesellschaft teilnehmen.

Neuheiten eignen sich vorzüglich zur Unterstützung Ihrer gesellschaftlichen Talente. Sie geben Ihnen die Möglichkeit, mit Leuten auf eine unbedrohliche und scherzhafte Art Bekanntschaft zu schließen – was die Hauptsache beim Flirten ist. Die Leute sprechen auf ausgefallene oder einzigartige Dinge gut an, weil sie auf diese Weise keine Mühe haben, mit Ihnen ins Gespräch zu kommen. Lustige oder seltsame Kinkerlitzchen verleiten natürlich zu der Frage: »Wie interessant! Wo haben Sie das gefunden?« Wie durch Zauber sind dann ihre Hemmungen verflogen, weil Sie dafür gesorgt haben, daß die anderen sich wohl fühlen. Gleich einem Zauberer haben Sie eine Illusion geschaffen, die sie ablenkt, anstatt sie direkt mit einer Aufforderung zur Unterhaltung zu konfrontieren. Flirten sollte als eine vergnügliche Form der Kommunikation verstanden werden. Warum benutzen Sie nicht einen Scherzartikel, um Stimmung zum Flirten zu machen? Ein Versuch wird Ihnen beweisen, wie begeistert die Leute reagieren.

Haben Sie die Flirtmöglichkeiten erwogen, die sich durch die Verwendung von aufziehbarem Spielzeug ergeben? Sie können es überall einsetzen: auf Partys, in Kneipen, in Restaurants usw. Ziehen Sie den Miniaturbehelf auf, und lassen Sie ihn ein interessantes Ziel ansteuern. Nun kann der Spaß beginnen!

Etwas an oder bei sich zu tragen, was für Gesprächsstoff sorgt, erleichtert ebenfalls das Flirten. Es liefert den anderen einen Anlaß, um ein Gespräch mit Ihnen anzuknüpfen. Es macht die Leute auf Sie aufmerksam und bildet sozusagen eine stumme Flirttechnik. Die anderen Leute werden von selbst auf Sie zukommen. Stacheln Sie also ihre Neugierde an: Bringen Sie eine große Brosche an Ihrer Jacke oder Ihrer Handtasche an. Tragen Sie eine extravagante Krawattennadel oder eine exzentrische Fliege. Auch andere Schmuckstücke sind ein guter Blickfang – besonders lange, baumelnde Ohrgehänge oder überdimensionale Armreifen. Ein dramatisches Aussehen verleiht Ihnen ein Turban aus üppig gemustertem Material in leuchtenden Farbtönen, aber auch aus Gold- oder Silberlamé oder mit Ziermünzen behängt. Winden Sie sich einen mit Fransen geschmückten Schal um die Taille, oder tragen Sie einen Gürtel, der mit Schellen versehen ist, die Alarm schlagen: Achtung, flirten ist angesagt!

Exotische Schnitte und Farben sind heutzutage keine Seltenheit, Sie brauchen daher etwas wirklich Außergewöhnliches, um die Aufmerksamkeit auf sich zu ziehen. Für zwanglose Anlässe sind T-Shirts ein Hit, besonders mit einem persönlichen Aufdruck, wie zum Beispiel einer Karikatur von Ihnen, unter der die Erklärung steht: »Fritz bei der Arbeit« oder: »Sarah so wie immer«. Der Entwurf bleibt Ihnen überlassen! T-Shirts eignen sich auch als Werbeträger für Ihr Geschäft. Mit einem einprägsamen Slogan wie »Come & Swing«, gefolgt von einer Telefonnummer, könnten Sie genausogut für Tanzstunden wie für Jazzunterricht oder Gartenfeste werben.

Befestigen Sie am Revers Ihres Mantels ein großes Abzeichen mit einer Proklamation wie zum Beispiel »Rettet die Wale« oder

»Rettet den Regenwald« oder »Stopp der Umweltverschmutzung« oder »Stoppt den Verkehr« oder was Ihnen sonst noch am Herzen liegt – ein Gleichgesinnter könnte sich davon angesprochen fühlen. Trauen Sie sich, einen Sticker zu tragen, dessen Botschaft zum Flirten herausfordert, wie »Am Mittwoch zu niesen heißt, einen Unbekannten zu küssen!« Sie werden um so mehr Spaß haben, wenn Sie diesen Sticker am Mittwoch tragen.

Flirten mit Parfum
Machen Sie sich mit Düften vertraut. Lassen Sie sich in Ihrer Parfümerie oder in der Parfumabteilung eines großen Kaufhauses Proben von den am meisten verlangten Parfums geben. Nun können Sie zu Hause ein gründliches Duftstudium durchführen. Schnuppern Sie an jeder Marke, um sich den Geruch einzuprägen. Studieren Sie nur zwei oder drei Parfums während einer Sitzung, da Sie ansonsten die Düfte verwechseln werden. Es geht darum, daß Sie eine Parfumexpertin werden.

Sobald Sie zu einer Fachfrau in Parfumfragen geworden sind, können Sie sich jene Leute zum Ziel nehmen, die Parfums verwenden, deren Duftnote Ihnen vertraut ist. »Oh, Sie verwenden einen meiner Lieblingsdüfte.« Mit diesem ungewöhnlichen Flirtversuch werden Sie sicher Eindruck machen!

Flirten Sie mit Hilfe von sportlicher Ausrüstung
Sportliche Ausrüstung scheint Männer aus der Reserve zu locken; verstecken Sie Ihr Fahrrad daher nicht, sondern plazieren Sie es so, daß es alle bewundern können.

Martha fand ihren Kavalier mit Hilfe der Wasserflasche, die sich an ihrem Fahrrad befestigen läßt. Eines Tages hielt sie bei einem Straßencafé an, um sich ihre Flasche füllen zu lassen. Sie beschloß, gleich etwas zu trinken, ehe sie ihre 30-km-Tour fortsetzte. Martha genoß die Sonne und ihren Orangensaft. Als sie aus ihrem verträumten Zustand wieder erwachte, bemerkte sie, daß der Mann am Nebentisch von ihr fasziniert war. Sie warf ihm einige verführerische Blicke zu. Ihre Botschaft kam gut an. James gab ihrem Zauber nach, ging zu ihrem Tisch hin und fing eine Unterhaltung an ... über Fahrräder! Es stellte sich heraus, daß er ebenfalls ein begeisterter Radfahrer war. Martha und James sind seit acht Monaten zusammen und unternehmen jeden Sonntag eine Radtour; nur daß James jetzt den Wasservorrat mit sich führt.

Warum verbergen Sie Ihre Footballausrüstung, wenn Sie nach Ihrem wöchentlichen Training noch auf ein Bier gehen? Die Damenwelt liebt athletische Typen, Sie sollten daher Ihre sportliche Seite herausstreichen: Sie ist ein Zeichen von Männlichkeit. Außerdem betreiben nur gesundheitsbewußte Leute Sport, die körperlich fit sind. Wenn Sie ein athletischer Typ sind, egal ob männlich oder weiblich, können Sie Ihre Sportlichkeit beim Flirten einsetzen, um Ihre Erfolgsquote zu erhöhen.

Flirten Sie mit einem Kuß

Oder sprechen Sie zumindest über Küsse! Niemand erwartet von Ihnen, daß Sie auf einen Unbekannten zustürzen und ihn küssen, aber über das Küssen zu diskutieren ist eine amüsante Methode, um Aufmerksamkeit zu erregen und jemanden in ein Gespräch zu verwickeln.

Stellen Sie die Weichen für einen Flirt mit Aussprüchen über das Küssen. Machen Sie ein Spiel daraus, oder machen Sie es zu Ihrer persönlichen Flirtmethode. Sie können zum Beispiel sagen: »Wußten Sie, daß jemand, der in Frankreich in der zweiten Hälfte des achtzehnten Jahrhunderts ›die Jungfer küssen‹ mußte, wenig Grund zur Freude hatte, weil damit gemeint war, den Kopf zu verlieren – aber auf der Guillotine?« oder: »Wußten Sie, daß im Englischen ›eine Kuh küssen‹ bedeutet, die Wahrheit nachzuprüfen?«

Seien Sie ruhig ein bißchen mutiger, und werfen Sie jemandem, der Ihr Interesse erregt, aber durch eine Menge Leute von Ihnen getrennt ist, eine Kußhand zu. Da ist doch wirklich nichts dabei. Jetzt haben Sie wenigstens einen Grund, zu der süßen Person hinzugehen und ihr zu versichern, daß dies eine altehrwürdige Geste sei, die bis auf 3000 Jahre vor Christus zurückgehe und großen

Respekt bezeuge. Ein solcher Flirtversuch wird sicher durch einen Kuß belohnt werden – mindestens!

Katharina fand den Mann, der allein am Nebentisch saß, unwiderstehlich. Sie wünschte sich verzweifelt, seine Bekanntschaft zu machen, und beschloß daher, ihm ein »Lipp-o-gramm« zu senden. Sie versah ihre Serviette mit einem »Kuß« und schrieb: »Sie bringen mich zum Flirten … Ich mußte Ihnen einfach einen Lippengruß senden!« Den Nachtisch nahm das Paar gemeinsam ein.

Tanzen ist eine Art des Flirtens

Zu diesem Schluß kam ein amerikanischer Psychologe, der in Lokalen für Singles Frauen beim Flirten studierte. Gehen Sie einfach auf die Tanzfläche, um sich zur Musik zu bewegen, oder wippen Sie im Takt, während Sie an Ihrem Getränk nippen, das wird Sie in Schwung bringen.

Warten Sie nicht, bis Sie jemand zum Tanzen auffordert – suchen Sie zusammen mit Ihren Freunden die Tanzfläche auf. Sie können von dort aus viel besser flirten. Peilen Sie »Ihren« Mann an, nehmen Sie eine Position ein, wo er Sie bemerken muß, zeigen Sie ihm Ihre Bewegungen, und werfen Sie ihm verführerische Blicke zu, während Sie tanzen. Da – er steuert bereits auf Sie zu!

Frauen müssen flirten

Flirten ist ein angeborener Liebesruf. Männer warten oft auf ein Signal von seiten der Frau, ehe sie etwas unternehmen; besonders gegenüber den emanzipierten Frauen der neunziger Jahre sind sie eher zurückhaltend. Wenn eine Frau zu flirten beginnt, kommt das einer Botschaft gleich, die sein Zögern zur Tat werden läßt. Also gehen Sie aus, und flirten Sie! Setzen Sie Ihre eigene Flirttechnik ein – ein subtiles Lächeln, einen schelmischen Blick, ein charmantes Lachen –, oder streichen Sie sich kokett das Haar aus dem Gesicht!

Spiegeln: eine interessante und erfolgreiche Art zu flirten
Es scheint eine Tatsache zu sein, daß man sich von Leuten, die einem ähnlich sind, angezogen fühlt. Sie werden selbst merken, wie viele Dinge Sie mit Ihren Freunden gemeinsam haben. Vielleicht üben Sie den gleichen Beruf aus oder stammen aus ähnlichen Familien oder Verhältnissen … Es ist ganz natürlich, sich zu Vertrautem hingezogen zu fühlen!

Eine Möglichkeit, einer Person näherzukommen, besteht darin, so wie sie zu werden. Ahmen Sie ihr Verhalten nach – die Art, wie sie steht oder sitzt, ihre Miene, wie sie ihr Glas hält, den Ton ihrer Stimme. Diese Art von physischer Spiegelung ist eine starke Flirttechnik. In gewisser Hinsicht ist sie indirekt, denn gut ausgeführt – mit subtilen, natürlichen Bewegungen – wirkt das Spiegeln, als ob die andere Person der Initiator sei und Sie ihr folgen würden. Die von Ihnen gespiegelte Person wird sich magnetisch von Ihnen angezogen fühlen und glauben, sie sei die Jägerin.

Ein praktisches Beispiel für das Spiegeln
Der Junggeselle, von dem Ihnen die Gastgeberin gesagt hat, er käme für Sie in Frage, steht beim Buffet und hält in der linken Hand ein Glas, aus dem er gelegentlich einen Schluck nimmt. Sein linker Fuß ist spielerisch über das rechte Standbein gekreuzt. Begeben Sie sich ans Buffet, kosten Sie zur Ablenkung von den Hors d'œuvres, und nehmen Sie dann dieselbe Haltung wie Ihr Auserkorener ein. Beobachten Sie ihn genau, und machen Sie seine Bewegungen nach – das ist alles, Sie brauchen kein Wort zu sagen oder sich vorzustellen. Spiegeln Sie einfach jede seiner Gesten, es sei denn, er niest in die Bowle, schneuzt sich geräuschvoll oder küßt die Gastgeberin voller Leidenschaft – in diesem Fall sollten Sie sich besser nach einem anderen Kandidaten zum Nachahmen umsehen.

Versuchen Sie, sich so unauffällig wie möglich zu bewegen, wenn Sie die Spiegeltechnik anwenden: Vermeiden Sie mechanische Bewegungen. Üben Sie, falls notwendig, mit Ihren Freunden, oder machen Sie die Bewegungen Ihrer Katze nach – das ist eine gute Übung!

Genaues Spiegeln ist wie Radar: Es sagt uns, daß sich etwas Vertrautes nähert. Wahrscheinlich wurden Sie viele Male gespiegelt, ohne daß Sie es je bemerkt haben. Beobachten Sie das Verkaufspersonal, wenn Sie das nächste Mal in einem Kleidergeschäft sind; gut geschulte Verkäuferinnen spiegeln die Haltung und die Bewegungen ihrer Kunden und verkaufen ihnen schließlich Kleider, die sie wahrscheinlich gar nicht brauchen.

Um jemanden zu spiegeln, müssen Sie nicht besonders mutig sein: Es geht stumm und unauffällig vor sich. Sie brauchen nur Einfühlungsvermögen und eine gute Bobachtungsgabe. Diese Art des Flirtens eignet sich vorzüglich für scheue, reservierte Leute.

»Aber wie kann das Imitieren der Haltung eines anderen Menschen auf diesen anziehend wirken?« werden Sie skeptisch fragen. Nachahmung ist die direkteste Form der Schmeichelei: Wenn Sie sich so benehmen wie jene, die Sie bewundern, sagen Sie damit aus, daß Sie mit ihnen und ihrer Art einverstanden sind und Gefallen an ihr finden. Spiegeln ist eine interpersonale Technik, die ohne Worte bezaubert: Es ist eine Einladung für den anderen, mit Ihnen zu flirten.

♥ ♥ ♥

Flirten baut das Selbstbewußtsein auf

Sie müssen an sich selbst glauben, um ein Mensch zu sein, der gerne ausgeht und Spaß hat. Sie können noch so gebildet und voller Wissen sein: Wenn Sie nicht in der Lage sind, Ihre Persönlichkeit zu projizieren, wird niemand von Ihnen Notiz nehmen.

Selbst die simpelsten Formen des Flirtens – wie jemandem zuzuzwinkern oder ihn zu spiegeln oder mit den Augen zu fixieren – können Ihr Selbstbewußtsein aufbauen. Sie werden sich wie ein Sieger fühlen, als ob Sie die Welt erobert hätten, wenn jemand reagiert, und sei es nur mit einem einfachen Lächeln. Je mehr Sie flirten, desto kühner werden Sie werden. Ehe Sie es selber merken, werden Sie mit allen Arten von Flirttechniken experimentieren und selbstbewußter werden in bezug auf Ihre Fertigkeit. Und Sie werden sich in der Gesellschaft anderer Leute wohl fühlen. Ihr Selbstbild wird sich erweitern. Sie werden auf die verschiedensten Leute viel offener reagieren; eine neue Welt wird sich für *Sie* auftun, für eine selbstbewußte Person, die sich selber schätzt.

Flirten fördert Ihre Ausdrucksfähigkeit, und das Nette dabei ist, daß Sie gar keine großen Anstrengungen unternehmen müssen, um zu flirten. Machen Sie einfach einem Kollegen ein Kompliment – Sie werden sehen, wie gut das tut. Sagen Sie der Telefonistin, wie freundlich sie war. Halten Sie mit einem Kellner oder mit einem Bankbeamten zehn Sekunden lang Augenkontakt! Steigern Sie Ihr Selbstbewußtsein, und Sie sind auf dem besten Weg, im Flirten ein Profi zu werden!

Rücken Sie näher, wenn jemand mit Ihnen spricht

Wenn sich bei einer Unterhaltung herausstellt, daß Ihnen Ihr Gesprächspartner sympathisch ist, können Sie einen strategischen Zug tun: Rücken Sie näher an ihn heran! Aber auf subtile Weise! Wenn Sie stehen, machen Sie unmerklich einen kleinen Schritt auf ihn zu. Wenn Sie beide sitzen, können Sie mit ihrem Sessel etwas näher rutschen. Außerdem können Sie sich in jedem Fall leicht vorbeugen. Den Abstand zwischen Ihnen zu verkleinern heißt, eine größere Vertrautheit zwischen Ihnen zu schaffen.

Die physische Distanz zwischen zwei Menschen ist sehr bedeutsam. Sie setzt vom ersten Kontakt an klare Grenzen. Wegrücken ist immer ein offensichtliches Signal, daß Sie nicht zu haben sind. Näherrücken ist ein deutliches Zeichen, daß Sie interessiert sind und den anderen gerne besser kennenlernen möchten. Nähe signalisiert Anziehung. Ihre Körpersprache sagt: »Du gefällst mir!« Ein verringerter Abstand erlaubt Ihnen außerdem, die Person wie unbeabsichtigt zu berühren oder zu streifen, was noch mehr Innigkeit schafft, ohne das Gefühl der Sicherheit zu verletzen. Trauen Sie sich, in konventionellen Situationen enge Begegnungen herbeizuführen!

Eine zarte Berührung am Arm oder an der Schulter kann im Laufe eines Gesprächs sehr wirkungsvoll sein

Loten Sie die Möglichkeiten einer Annäherung aus, indem Sie die andere Person zart am Arm berühren. Wenn Ihr möglicher Liebespartner nicht wegrückt, können Sie fortfahren, seinen Arm zu streicheln und Ihre Finger langsam hinunterwandern zu lassen, bis Ihre Hand schließlich sanft auf seiner ruht. Wenn diese Zärtlichkeiten ein plötzliches Zurückzucken oder eine versteifte Haltung auslösen, halten Sie sofort inne, selbst wenn die Reaktion möglicherweise nur auf Überraschung zurückzuführen ist. Zu diesem Zeitpunkt möchten Sie sicher nicht das Risiko eingehen, jemand Begehrenswerten zu verletzen. Setzen Sie die Konversation lächelnd fort, und bewahren Sie Augenkontakt. Natürlich besteht auch die Möglichkeit einer positiven Reaktion auf Ihre unschuldige Geste, woraus Sie schließen können, daß ein weiterer Kontakt erwünscht wäre.

Lenken Sie die Aufmerksamkeit einer Unbekannten durch »zufälliges« Streifen auf sich

Stellen Sie einen Anfangskontakt her, indem Sie jemanden »zufällig« berühren – das funktioniert gut in einem Gedränge wie zum Beispiel in einem Aufzug oder auf einer Cocktailparty. Diese »zufällige« Begegnung schafft Gelegenheit, ein Gespräch zu beginnen. Ein »Oh, entschuldigen Sie – es tut mir leid – bitte verzeihen Sie mir meine Ungeschicklichkeit!«, begleitet von entsprechender Körpersprache – einem scheuen Lächeln, einem Augenaufschlag –, wird meistens zu einem Gespräch führen und im Anschluß daran zu einem gegenseitigen Kennenlernen.

Sehr bewährt hat sich auch der folgende Satz: »Oh, es tut mir furchtbar leid! Ich bin heute schon so viel herumgerannt, daß ich anscheinend nicht mehr rechtzeitig zurückschalten kann.« Vielleicht macht Ihnen die attraktive Unbekannte den Vorschlag, mit ihr zusammen eine Tee- oder Kaffeepause einzulegen.

Obwohl viele Kulturen in der Berührung ein sexuelles Verhalten sehen, gehört sie in den normalen Bereich menschlicher Sinneserfahrungen. Überlegen Sie, wie viele Leute eine Menge Geld für Massagen, Gesichtsbehandlungen und Entspannungstherapien ausgeben, die sicherlich nicht sexueller Natur sind. Die Hand eines anderen Menschen sanft zu umfassen oder ihm das Haar aus der Stirn zu streichen ist einfach eine liebevolle, freundschaftliche Geste und kein sexueller Antrag.

Ihre Haltung sollte Selbstbewußtsein ausdrücken

Überprüfen Sie Ihre Haltung im Spiegel. Sind Ihre Schultern gerade und leicht zurückgezogen? Tragen Sie den Kopf hoch, als ob Sie an einem unsichtbaren Faden nach oben gezogen würden? Versuchen Sie, dasselbe Selbstbewußtsein auch beim Gehen auszustrahlen. Üben Sie, auf eine würdevolle und selbstsichere Art zu gehen, die zeigt, daß Sie genau wissen, welchen Weg Sie durchs Leben nehmen. Die Leute fühlen sich von einer Person angezogen, die von einer positiven Aura umgeben ist: Sie werden andere ermutigen, mit Ihnen zu »gehen«, wenn Sie auf die Körpersprache achten, die Ihre Haltung verbreitet. Sie möchten doch sicher anderen die Botschaft übermitteln: »Ich bin eine bemerkenswerte Person, deren Bekanntschaft zu machen sich lohnt!«

Mit Anstand und Würde werden Sie die schlimmsten Situationen meistern

Ob Sie sitzen oder stehen – bewahren Sie Haltung. Zusätzlich zu einer guten Haltung – Kopf hoch und Schultern zurück – sind lästige Angewohnheiten zu vermeiden, wie etwa das Schwingen oder Schütteln des gekreuzten Beines oder das Scharren mit den Füßen. Studieren Sie elegante Bewegungen ein. Stellen Sie sich vor, Sie wären ein Model oder jemand, den Sie bewundern, deren Anmut und Eleganz ein natürlicher Ausdruck ihres Charakters sind. Lernen Sie, Dinge mit Grazie aufzuheben oder zu handhaben. Sehen Sie sich im Fernsehen Kostümfilme an, und achten Sie auf die Bewegungen und den Gesichtsausdruck der Schauspieler. Natürlich geht es nicht darum, pompös zu erscheinen oder das allzu offenkundige Flirten nachzuahmen, aber durch das Ausprobieren dieser übertriebenen Formen werden Sie Ihre eigene Mischung von Eleganz und Haltung finden – mit einer Prise Flirt als Würze!

Verschränkte Arme sind tabu
Pflegen Sie die Arme bei jeder Gelegenheit zu verschränken? Brechen Sie so schnell wie möglich mit dieser unattraktiven Gewohnheit! Verschränkte Arme vermitteln den Eindruck, daß man es mit einem nüchternen Menschen zu tun hat, der nicht gewillt ist, seine Existenz mit jemandem zu teilen. Verschränkte Arme sind wie ein Verkehrsschild, das ein »Fahrverbot« anzeigt – eindeutig ein negatives Signal. Und sicher nicht die Art von Image, die Sie vermitteln wollen, wenn Sie versuchen, jemand ganz Speziellen auf sich aufmerksam zu machen.

Stecken Sie eine Hand in die Hosentasche, oder postieren Sie die Hand auf der Hüfte oder auf einer Armlehne, um mit dieser schlechten Angewohnheit zu brechen. Halten Sie einen Gegenstand, falls nötig, wie zum Beispiel eine Füllfeder – irgend etwas, um Ihre Arme nicht zu verschränken. Die mit der Abgewöhnung dieser Haltung verbundenen bewußten Anstrengungen werden Ihnen helfen, offener zu werden und das viel begehrenswertere Bild einer interessanten und aufgeschlossenen Person zu vermitteln. Der große Vorteil, den Ihnen das Aufgeben der verschränkten Arme bringt, liegt natürlich darin, daß Sie einen Arm frei haben, um sich bei der nächstbesten Person unterzuhaken.

Haben Sie einen nervösen Tick? Suchen Sie professionelle Hilfe auf!
Nervöse Ticks, wie zum Beispiel unfreiwillige Augen-, Gesichts-, Hand- oder Fußbewegungen, sind peinlich und abstoßend. Leute mit einem nervösen Tick werden von den anderen gemieden, weil sie die Botschaft verbreiten: »Ich habe Probleme.« Niemand möch-

te sich mit einer Person einlassen, die von Problemen überfordert ist. Ticks wirken nicht nur irritierend und ablenkend, sie sind alles, was die anderen sehen. Sie überschatten die Talente eines Menschen, ja seine ganze Persönlichkeit.

Einen nervösen Tick zu haben ist kein Grund zur Verzweiflung! Entspannungs- und Konzentrationsübungen sowie Selbsthypnosetechniken können Ihnen helfen, Ihre nervösen Reaktionen stark zu reduzieren und sogar auszuschalten. Manche Ticks gehören in den Bereich der Medizin und erfordern ärztliche Behandlung. Scheuen Sie sich nicht, kompetente Hilfe in Anspruch zu nehmen, um dieses lästige Problem loszuwerden. Durch die richtige Behandlung werden Sie sich viel besser fühlen und viel mehr Freude mit sich haben.

Ein fester Händedruck hinterläßt einen positiven Eindruck
Haben Sie schon einmal jemandem die Hand gegeben, dessen Händedruck feucht oder schwächlich war? Es hat doch sicher einen schlechten Eindruck bei Ihnen hinterlassen? Weil ein Händedruck oft den ersten und daher überaus wichtigen Kontakt darstellt, werden Sie gewiß einen guten Eindruck machen wollen. Außerdem ist ein Händedruck nicht nur eine Form der Begrüßung, sondern auch ein Symbol, daß Sie sich in ehrenwerter Manier betragen werden – wenn Sie eine gesellschaftliche oder geschäftliche Abmachung eingehen. Außerdem deutet ein fester Händedruck auf innere Charakterstärke hin – und das ist sicherlich eine Eigenschaft, die Sie vermitteln wollen.

Selbst der stärkste Händedruck kann jedoch in seiner Wirkung beeinträchtigt werden, wenn die Hand eiskalt ist. Halten Sie Ihre Hände warm, wenn Sie wissen, daß Sie neue Leute treffen und wahrscheinlich Hände schütteln werden. Falls Sie unter kalten Fingern leiden, reiben Sie Ihre Hände aneinander, um die Zirkulation anzuregen.

Beginnen Sie in den Handflächen zu schwitzen, wenn gesellschaftliche Anforderungen auf Sie zukommen? Ein feuchter Händedruck ist nicht sehr angenehm und hinterläßt gewiß keinen guten Eindruck. Das Einmassieren von ein paar Tropfen kampferhaltigem Alkohol in beide Handflächen hilft, die Hände trocken zu halten, weil es die Zirkulation anregt.

Das westliche Ritual des Händedrucks ist mit einem weiteren wichtigen Aspekt verbunden: dem direkten Blick in die Augen der anderen Person. Noch ein Wort zu den Klugen: Dosieren Sie die Stärke Ihres Händedrucks, besonders wenn Sie jemandem die Hand schütteln, der Ringe trägt. Ein knochenzermalmender Händedruck, bei dem sich die Ringe tief ins Fleisch graben, wird unvergeßlich bleiben – und man wird Sie meiden!

Ihre Körpersprache spricht Bände
Es gibt eine Reihe von kleinen Gesten, die Sie zur Anbahnung von sozialem Kontakt verwenden können. Ein Beispiel: Schütteln Sie Ihre Uhr, um sie dann ans Ohr zu halten, als ob sie nicht gehen würde. Erkundigen Sie sich bei einer Person in Ihrer Nähe höflich nach der Uhrzeit. *Voilà!* Kontakt!

Nehmen Sie an, Sie bemerken einen gut aussehenden, liebenswürdigen Mann, dessen Bekanntschaft Sie gerne machen würden. Sie kommen gerade vom Einkaufen und haben die Arme voller Pakete. Was für eine Gelegenheit! Tun Sie so, als ob Ihre Pakete schwer wären, lassen Sie eventuell eines fallen … oder bitten Sie den attraktiven Unbekannten um Hilfe. Wer könnte sich weigern, Ihnen zur Hilfe zu kommen?

In einem anderen Szenario stellen Sie sich vor, daß Sie gerade Ihren Mantel aus der Garderobe eines Restaurants holen und bemerken, daß ein Mann, der ebenfalls nicht in Begleitung ist, dasselbe tut. Ziehen Sie seine Aufmerksamkeit auf sich, indem Sie mit Ihrem Mantel kämpfen. Vergewissern Sie sich, daß er Sie dabei sieht. In neun von zehn Fällen wird er Ihnen zur Hilfe eilen. Pakken Sie sofort die Gelegenheit beim Schopf, und verwickeln Sie ihn in ein Gespräch, wobei Sie ihm überschwenglich für seine Fürsorglichkeit danken können. Vergessen Sie nicht, sich vorzustellen! Vielleicht bietet er Ihnen an, Sie im Taxi mitzunehmen – oder noch besser, Sie zu Fuß oder in seinem Wagen nach Hause zu bringen.

Sitzt im Bus oder Zug jemand Interessanter hinter Ihnen? Der Trick mit der Uhr wird es Ihnen verraten!

Stellen Sie sich vor, Sie sitzen in einem Bus, und die Leute vor Ihnen sind völlig uninteressant. Anstatt sich unverblümt umzudrehen und die anderen Passagiere zu mustern, können Sie den »Uhrentrick« anwenden. Täuschen Sie vor, daß Ihre Uhr nicht geht, indem Sie vorsichtig auf das Glas klopfen und sie dann ans Ohr halten. Mit dem Handgelenk am Ohr drehen Sie den Kopf zur Seite und neigen ihn leicht zurück. Auf diese Weise können Sie einen Blick auf die Leute hinter ihnen erhaschen, ohne neugierig zu erscheinen. Wer weiß? Vielleicht macht sich sogar jemand erbötig, Ihnen die genaue Zeit mitzuteilen. Natürlich könnten Sie auch mit Hilfe des Spiegels in Ihrer Puderdose feststellen, wer hinter Ihnen sitzt.

Lassen Sie der attraktiven Person, die Sie in einer Kneipe oder einem Restaurant bemerkt haben, einen Drink, begleitet von einer kurzen Botschaft, servieren

Sie gewahren einige Tische weiter eine äußerst anziehende Person, mit der Sie unbedingt ins Gespräch kommen wollen. Lassen Sie ihr durch den Kellner einen Drink zusammen mit Ihren Grüßen und Ihrer Visitenkarte überbringen, auf deren Rückseite Sie eine kurze Botschaft geschrieben haben. Achten Sie auf ihre Reaktion. Wenn sie Ihnen zulächelt, lächeln Sie zurück und halten einige Sekunden lang ihre Aufmerksamkeit fest. Nicken und prosten Sie ihr stumm zu, indem Sie Ihr Glas in ihrer Richtung erheben. Reagiert sie positiv, können Sie den nächsten Schritt unternehmen. Wenn eine Frau einem Mann einen Drink servieren läßt, kann er sich mit der Übersendung einer Blume revanchieren.

Benutzen Sie Ihre Geschäftskarte, um jemandem aufs Geratewohl eine Nachricht zu hinterlassen

Nehmen Sie an, Sie sind in der U-Bahn – oder in einer Bus- oder Bahnstation – und bemerken einen gutaussehenden, schlafenden Mann. Schreiben Sie eine kurze Nachricht auf die Rückseite Ihrer Geschäftskarte, und stecken Sie diese zwischen seine Finger. Alles weitere in diesem Märchen hängt davon ab, was Sie schreiben. Vielleicht entscheiden Sie sich für ein nettes Kompliment wie: »Sie sind so anbetungswürdig wie mein Teddybär!«, oder Sie trauen sich, eine poetische Botschaft mit suggestivem Inhalt zu hinterlassen: »Ich wünsche mir, eine Träne zu sein, geboren in deinem Auge, liebkosend über deine Wange fließend, um auf deinen Lippen zu sterben.« Ja, es ist ein gewagtes Unternehmen, eine solche Botschaft zu hinterlassen, aber Sie könnten freudig überrascht werden, wenn das Telefon klingelt und sich Ihr Teddybär meldet – wach und munter und begierig, Sie zu treffen.

Und nun ein anderes Szenario! Während Sie auf Ihren Geschäftsflug warten, sehen Sie das schönste Geschöpf, das Ihnen je untergekommen ist. Warum senden Sie ihr nicht Ihre Geschäftskarte? Schreiben Sie in etwa folgendes darauf: »Ich würde bis ans Ende der Welt fliegen, um Sie kennenzulernen!« Sie kommen nur selten auf einen Flughafen? Kein Problem: Passen Sie die Nachricht dem Szenario an. Wenn Sie in einem Restaurant sind, könnten Sie es mit folgenden Zeilen probieren: »Das Abendessen ist köstlich, aber Ihr Aussehen übertrifft alles! Möchten Sie mir zum Nachtisch Gesellschaft leisten?« Bereiten Sie sich darauf vor, zum Kaffee Gesellschaft zu bekommen … und wer weiß, wofür noch?

Falls Sie Lippenstift verwenden, können Sie Ihre Karte oder eine Papierserviette mit Ihrem Lippenabdruck versehen und folgende Botschaft hinzufügen: »Jedesmal, wenn ich Sie ansehe, stiehlt sich ein frohes Lächeln auf meine Lippen!« Wenn Sie Ihr Glück beim Flirten versuchen, werden Sie noch oft lächeln.

Ein freundlicher Gruß kann oft überraschende Folgen haben

Grüßen kann Wunder bewirken! Jemand, der Ihnen nicht vorgestellt wurde, hat vielleicht den Wunsch, mit Ihnen zu reden, getraut sich aber nicht. Ein Lächeln und ein freundlicher Gruß von Ihrer Seite kann oft alles sein, was er braucht, um mit Ihnen zu sprechen. Ein einfacher Gruß *kann* zu einem Gespräch – und mehr – führen. Wagen Sie den Versuch!

Entwickeln Sie eine sexy klingende, tiefe Stimme

Wenn Sie langsam und in leisem Ton sprechen, hören die Leute aufmerksamer zu. Warum? Weil sie aufpassen müssen, um jedes Wort zu verstehen. Diese Tatsache können Sie sich zunutze machen. Denken Sie daran, daß der Ton in der Liebe und Romanze weich und sinnlich ist. Jeder, der seine laute, unangenehme Stimme endlos lang erdröhnen läßt, kann sicher sein, daß ihm die Leute aus dem Weg gehen werden. Entwickeln Sie eine liebenswerte Stimme, und Sie werden mit liebenswerten Begegnungen belohnt werden.

Nehmen Sie Ihre Stimme auf Band auf, so daß Sie Ihre normale Stimmlage hören können. Die meisten Leute sind sehr überrascht, wenn sie hören, wie sie für die Ohren der anderen klingen. Um das Sprechen in einer wohltönenden Stimmlage zu üben, wiederholen Sie denselben Satz mit verschieden hoher Stimme. Damit Ihnen die Übung Spaß macht, wählen Sie am besten einen freundlichen Satz wie zum Beispiel: »Hallo, wie geht es Ihnen? Mein Name ist ..., und ich habe mir schon *sehr* lange gewünscht, Sie kennenzulernen!« Versuchen Sie, jemanden zu imitieren, dessen Stimme Sie bewundern. Es gibt eine Reihe von Büchern über Stimmverbesserung*, und Sie können natürlich auch Stimmunterricht nehmen oder einen Stimmtherapeuten konsultieren. Ihre Stimme ist

---

* Joan Kenley: Stimme und Erfolg, Oesch Verlag, Zürich

ein wichtiger Faktor, ein integraler Teil von *Ihnen* und ein mächtiger Verbündeter in Ihren Flirtbemühungen.

Geben Sie Ihren Komplimenten einen persönlichen Anstrich

Jeder Mensch hat etwas, worüber man ihm ein Kompliment machen kann. Selbst wenn Sie jemanden nicht kennen, läßt sich leicht etwas finden, was an seiner Erscheinung angenehm ins Auge sticht: Haar, Augen, Haut, Zähne, Lächeln, Gesamterscheinung oder Kleidung. Alles, was Ihnen als ungewöhnlich oder besonders hübsch auffällt, können Sie für ein Kompliment benutzen. Wenn ein freundlicher Gedanke ausgesprochen wird, wirkt er doppelt so gewinnend. Macht Ihnen das nicht Mut, sich nicht bloß etwas Nettes zu denken, sondern es auch zu *sagen*?!

Sie brauchen Ihre Komplimente aber nicht auf die äußere Erscheinung zu beschränken. Vielleicht finden Sie zum Beispiel, daß jemand, mit dem Sie geschäftlich zu tun haben, eine angenehme Stimme hat. Sagen Sie beim nächsten Anruf einfach zu ihm: »Sie haben eine sehr schöne Telefonstimme.« Sie können auch noch einen Schritt weiter gehen und sagen: »Ich würde Ihre Stimme gerne einmal in natura hören!« Das sollte eigentlich zu einer weiteren Unterhaltung ermutigen.

Komplimente machen können Sie jeder und jedem, zu jeder Zeit und an jedem Ort – in der Warteschlange, bei der Bushaltestelle, im Lift. Zerbrechen Sie sich ein wenig den Kopf, wenn Sie Komplimente austeilen – geben Sie ihnen einen persönlichen Bezug. Sagen Sie nicht einfach: »Sie haben eine hübsche Krawatte«, denn diese Bemerkung streicht die Krawatte hervor. Besser wäre: »Diese Krawatte steht Ihnen wirklich gut, denn sie bringt die goldenen Flecken in Ihren Augen zur Geltung.« Diese Art von Kompliment ruft mit Sicherheit eine Erwiderung hervor. Wenn der Unbekannte scheu errötet oder lächelt, bietet sich Ihnen die Gelegenheit, etwas persönlicher zu werden: »Was für ein strahlendes Lächeln!« ... und vielleicht bahnt sich auf beiden Seiten eine Konversation an – oder mehr!

Machen Sie immer persönliche Komplimente. Sagen Sie Ihrer Gastgeberin, daß Sie eine großartige Köchin ist, und geben Sie keinen so unpersönlichen Kommentar ab wie: »Das Essen war ausgezeichnet, danke.« Diese Bemerkung hebt das Essen hervor und nicht die Gastgeberin. Alles, was sie darauf sagen kann, ist: »Das freut mich«, wogegen sie auf das erste Kompliment erwidern könnte: »Danke, ich koche sehr gern«, was eine gute Einleitung für eine weitere Unterhaltung in dieser Richtung bildet.

Verwechseln Sie ein Kompliment nicht mit einer Schmeichelei. Ein Kompliment ist ein authentischer Kommentar über etwas, woran Sie glauben. Eine Schmeichelei ist eine Übertreibung, die nicht ganz stimmt. Wenn Sie zum Beispiel zu einem Mann sagen, er sei ein besserer Tänzer als John Travolta, so wird er das wahrscheinlich als maßlose Übertreibung ansehen und nicht als ein persönliches Kompliment. Einer Frau zu sagen, daß sie schöner sei als Miss Universum, wird Ihnen nicht ihre Zuneigung einbringen, wogegen die Versicherung, daß das Zusammensein mit ihr ein wunderbares Erlebnis sei, von Erfolg gekrönt sein dürfte.

Ein Kompliment kann einfach sein oder komplex wie ein schön komponiertes Gedicht. Das Ziel ist, dem Empfänger eine Freude zu machen – und ihn gleichzeitig ein bißchen zu verführen.

Wahre Kommunikation gibt dem anderen Gelegenheit, sich auszudrücken

Den anderen reden zu lassen bringt doppelten Vorteil: Erstens lernen Sie ihn dadurch besser kennen; zweitens, solange der andere redet, brauchen Sie nicht zu viele Informationen über sich selbst herauszurücken. Hören Sie vor allen Dingen dem anderen wirklich zu. Unterbrechen Sie ihn nicht, und reißen Sie das Gespräch nicht an sich. Wenn jemand Ihnen erzählt, daß er gerade ein Land bereist hat, wo Sie auch gewesen sind, brauchen Sie ihm nicht mit trockenen Fakten über verschiedene Sehenswürdigkeiten aufzuwarten. Fragen Sie ihn lieber, wie ihm die Theater, die Mode, die Musik gefallen haben – es ist viel interessanter, seinen Standpunkt zu hören.

Reißen Sie das Gespräch nicht gleich an sich, wenn Sie soeben jemanden kennengelernt haben. Sie wollen doch nicht zu viele vertrauliche Einzelheiten über Ihr Leben preisgeben. Wie können Sie uber die andere Person etwas erfahren, wenn immer nur Sie reden?

Wenn jemand, den Sie eben erst kennengelernt haben, Sie nicht zu Wort kommen läßt und nur über sich redet, bis es ihm endlich einfällt, sich nach Ihnen zu erkundigen, können Sie ihm mit einem Anflug von Sarkasmus zur Antwort geben: »Was ich mache? Ist doch völlig belanglos!« Ciao, Baby!

Sprechen Sie die andere Person so oft wie möglich mit ihrem Namen an. Nichts ist süßer, als den eigenen Namen aus dem Mund eines Verehrers zu hören. Wiederholen Sie ihren Namen bei jeder Gelegenheit, als wären Sie in seinen Klang verliebt. Sie können zum Beispiel aus einer simplen Einladung zu einem Kinobesuch eine sehr persönliche Angelegenheit machen, indem Sie sagen: »Anja, leider muß ich jetzt dringend weg. Aber möchtest du morgen mit mir ins Kino gehen, Anja? Würde dir der Film im Odeon zusagen, Anja? Du bist natürlich eingeladen!« Mit etwas Mühe können Sie aus einer alltäglichen Konversation eine persönliche Kommunikation machen.

♥ ♥ ♥

Seien Sie ein verständnisvoller und mitfühlender Gesprächspartner

Wenn Ihnen jemand von unglücklichen Umständen in seinem Leben berichtet, versichern Sie ihn Ihres Mitgefühls, anstatt kritisch oder anklagend zu reagieren. Zeigen Sie ihm Ihr Verständnis für seine Lage, indem Sie in etwa sagen: »Diese Situation muß für Sie sehr schwierig gewesen sein.«

Geben Sie nie jemandem zu verstehen, daß er an seinem Unglück selber schuld sei. Wenn jemand zum Beispiel erzählt, daß er sich den Knöchel bei einem Marathonlauf verstaucht habe, ist es nicht nett, darauf zu erwidern, daß er wahrscheinlich nicht gut genug in Form gewesen sei, um daran teilzunehmen. Trösten Sie ihn mit Worten wie: »Sie müssen sehr enttäuscht gewesen sein, als Sie den Lauf nicht beenden konnten.«

Wenn jemand erwähnt, daß ihn seine Freundin verlassen habe, weil er arbeitslos geworden sei, ersparen Sie sich die kritische Bemerkung, er hätte sich eben mehr anstrengen müssen, um eine Arbeit zu finden. Seien Sie verständnisvoll, und sagen Sie: »Sie müssen sich sehr allein gefühlt haben, besonders in einer Zeit, in der Sie Hilfe gebraucht hätten.« Diese Art von Antwort wird der Person helfen, sich bezüglich ihrer Lage besser zu fühlen. Sie könnten auch versuchen, einen heiteren, ermunternden Ton anzuschlagen: »Zumindest können Sie jetzt auf jedem Gebiet einen neuen Anfang machen!« Mitgefühl und/oder Aufmunterung werden Sie in der Wertschätzung der anderen Person steigen lassen – und auch in ihren Gefühlen für Sie.

Vermeiden Sie zu Beginn einer Bekanntschaft sehr persönliche Fragen – besonders bei der ersten Begegnung
Lassen Sie der anderen Person genügend Zeit, sich auf ihre eigene Art auszudrücken. Vermeiden Sie Fragen über frühere Beziehungen oder finanzielle Angelegenheiten – besonders wenn Sie sich eben erst kennengelernt haben.

Zu Beginn ist Diskretion am Platz. Gleich bei der ersten Begegnung zu versuchen, Persönliches aus dem Privatleben in Erfahrung zu bringen, ist respektlos und taktlos. Wie würde Ihnen das gefallen? Übertriebene Neugier zeugt von einem Mangel an Urteilsvermögen – und stößt den anderen ab. In gleicher Weise ist auch das Weitergeben vertraulicher Mitteilungen ein negativer Zug. Sie können Ihren möglichen Liebespartner verlieren, wenn Sie fremde Geheimnisse ausplaudern, und werden selbst als eine unzuverlässige, oberflächliche Person dastehen, die nur an Klatsch interessiert ist. Ihre neue Bekanntschaft wird Ihnen sicherlich nichts Wichtiges erzählen aus Angst, daß bald die ganze Stadt darüber reden könnte. Denken Sie unter solchen Umständen immer daran: »Schweigen ist Gold.«

Gehen Sie nicht gleich in die Defensive, wenn andere persönliche Fragen an Sie stellen

Versuchen Sie, nicht gleich eine abwehrende Haltung einzunehmen, wenn jemand beginnt, Ihnen persönliche Fragen zu stellen. Ihr Bewunderer macht es wahrscheinlich nicht mit Absicht, sondern eher aus einem Mangel an Diplomatie und Takt. Eine witzige Erwiderung wie: »Habe ich schon erwähnt, daß meine Urgroßmutter Fußball spielte und einen Sattelschlepper fuhr?« wird dafür sorgen, daß die Konversation auf einer taktvolleren Ebene fortgesetzt wird.

♥ ♥ ♥

Ist das Gespräch zum Stillstand gekommen? Kein Grund zur Panik – bringen Sie einfach ein neues Thema aufs Tapet

Wenn das Gespräch zum Stillstand zu kommen droht, kann es sein, daß die andere Person entweder nicht so gesprächig ist wie Sie oder daß sie vielleicht nichts mehr zu diesem Thema zu sagen hat. Sie können das Gespräch wieder in Gang bringen, indem Sie noch einmal analysieren, was schon gesagt wurde, und gleichzeitig über ein neues Thema nachdenken. Vielleicht sprechen Sie über einen Film, den Sie kürzlich gesehen haben, oder einen allseits beliebten Entertainer. Sie könnten mit einer Frage nach den bevorzugten Freizeitaktivitäten oder nach dem Lieblingsbuch Ihres Gesprächspartners den Anfang machen oder sich erkundigen, ob er selbst Sport treibt oder Sport lieber auf dem Bildschirm verfolgt. Der Antwort auf die letzten beiden Fragen können Sie entnehmen, ob Sie die Wochenenden vor dem Fernseher mit dem Anschauen von Sportsendungen verbringen werden oder nicht – denn jetzt ist es Zeit herauszufinden, ob Ihre Interessen sich vertragen.

Formulieren Sie Ihre Fragen so, daß sie mehr als ein »Ja« oder »Nein« als Antwort erforderlich machen, wenn Sie versuchen, die Konversation anzukurbeln. Stellen Sie Fragen, die den anderen zwingen, seinen Standpunkt darzulegen. Wenn Sie zum Beispiel fragen: »Gehen Sie gerne in die Oper?«, wird Ihr Gesprächspartner ja oder nein antworten. Aber wenn Sie ihn fragen: »Was halten Sie von Pavarotti?«, muß er mit einem ganzen Satz antworten, was zu einer Reihe von weiteren Fragen führen kann und dadurch die Konversation verlängert – wodurch schließlich auch persönlichere Themen angeschnitten werden könnten.

Werden Sie ein Meister in der Kunst, Witze oder lustige Geschichten zu erzählen, ohne vulgäre Töne anzuschlagen
Legen Sie eine Sammlung amüsanter Geschichten an. Wenn Sie einen guten Witz oder eine lustige Anekdote hören, schreiben Sie diese nieder, um sie auswendig zu lernen. In jeder Bibliothek können Sie Bücher mit Witzen, Anekdoten oder berühmten Zitaten finden. Üben Sie sich darin, diese im richtigen Augenblick vorzubringen: Ein guter Geschichtenerzähler belebt jede Party, und jeder erinnert sich an ihn!

Sammeln Sie ungewöhnliche Geschichten und unglaublich erscheinende Tatsachenberichte
Hören Sie sich die Erlebnisse anderer Leute an, und lesen Sie ungewöhnliche Lebensgeschichten, wie sie zum Beispiel im Magazin *Reader's Digest* erscheinen. Bitten Sie Ihre Freunde, Ihnen das lustigste Erlebnis zu erzählen, das ihnen je widerfahren ist. Sehen Sie sich Fernsehsendungen an, die von unglaublichen Fakten oder Ereignissen berichten. Versuchen Sie, einige faszinierende Tatsachen im Gedächtnis zu behalten. Legen Sie sich ein Repertoire von interessanten Geschichten zu, um sie auf Partys oder im Freundeskreis zu erzählen. Benutzen Sie Ihre Fakten, um einen Unbekannten, den Sie attraktiv finden, zu beeindrucken. Sie werden als unterhaltsame Gesellschafterin bekannt werden.

Lernen Sie Passagen aus berühmten Büchern auswendig
Passagen aus klassischen Werken zu zitieren ist eindrucksvoll und ein Zeichen für eine vielseitige Bildung. Wählen Sie Passagen aus

Werken, die Sie interessieren. Wenn Sie zum Beispiel Wissenschaftler sind und meistens mit Leuten zu tun haben, die ebenfalls aus der Wissenschaft kommen, werden Sie vielleicht den Wunsch haben, Newton oder Einstein zu zitieren. Im Laufe der Unterhaltung bekannte Stellen aus Werken von Shakespeare, Goethe usw. einzuflechten zeigt nicht nur an, daß Sie sehr belesen sind, sondern ist auch ein Kompliment für die andere Person, weil Sie ja voraussetzen, daß sie die Quelle Ihres Zitats erkennt. Würzen Sie Ihre Unterhaltung mit der Frage, was Ihr *Gesprächspartner mit einem Millionengewinn anfangen würde.*

Da die Antwort sehr spontan sein wird, verrät sie, ob die andere Person reif oder oberflächlich ist, egoistisch oder großzügig, reserviert oder exzentrisch. Ein Wort zu den Klugen: Wenn Sie diese Frage stellen, sollten Sie sich selber darauf vorbereiten, sie beantworten zu müssen.

Machen Sie sich mit den Vorgängen in der Welt des Sports vertraut, um sich mit jemandem, der Sport liebt, unterhalten zu können

Lernen Sie die Namen von prominenten Sportlern, und informieren Sie sich über aktuelle Ereignisse in diversen Sportarten wie zum Beispiel Fußball, Boxen, Autorennen, Tennis und Golf, um bei einem »sportlichen« Gespräch mithalten zu können. Lesen Sie den Sportteil Ihrer Zeitung, wenn es Sie langweilt, sich die Sportberichte im Fernsehen anzuschauen. Holen Sie sich aus Ihrer Bibliothek Informationen über prominente Sportler – ein wenig bekannter Sportfaktor kann überaus eindrucksvoll sein. Wer weiß? Vielleicht finden Sie dermaßen Gefallen am Sport, daß sich eine neue Welt für Sie auftut.

Warum lesen Sie nicht das Horoskop von dieser faszinierenden Person?

Die meisten Leute möchten gern ihr Horoskop kennen, selbst wenn sie nicht daran glauben. Viele Tageszeitungen veröffentlichen Horoskope, und sobald Sie herausgefunden haben, unter welchem Sternzeichen jemand geboren ist, können Sie ihm ein Fax mit seinem Tageshoroskop senden oder es ihm am Telefon vorlesen. Jeder hat es gern, etwas über sich zu hören.

Lernen Sie die hauptsächlichen Charaktermerkmale von jedem Tierkreiszeichen auswendig, so daß Sie Ihre nächste Bekanntschaft über ihr Sternzeichen belehren können. Obwohl die Frage: »Welches Tierkreiszeichen sind Sie?« schon zu einem alten Klischee geworden ist, bleibt sie doch ein amüsantes Gesprächsthema. Es ist eine ausgezeichnete Methode, um eine informelle Unterhaltung einzuleiten und neue Leute kennenzulernen. Was ist übrigens *Ihr* Zeichen?

Sie benötigen Einfälle, Kreativität und Phantasie, wenn Sie nach einem Weg suchen, um jemanden kennenzulernen, der Sie interessiert

Passen Sie sich der jeweiligen Situation an. Berücksichtigen Sie die gegebenen Umstände, den Ort und den Typ von Person, der es Ihnen angetan hat. Sie müssen aus sich herausgehen und originell sein, wenn Sie einen Plan entwerfen, um ihn kennenzulernen. Versuchen Sie, den ersten Kontakt scheinbar spontan herzustellen. Leeren Sie den Inhalt Ihrer Handtasche oder Ihrer Geldbörse vor seine Füße, wenn Sie ihm auf dem Flur oder auf der Straße begegnen. Lassen Sie absichtlich Ihre Börse auf seinem Schreibtisch liegen. Seien Sie einfallsreich – der Rest wird folgen!

Bieten Sie Ihre Hilfe an, selbst wenn kein besonderes Problem vorliegt, und bitten Sie umgekehrt selber um Hilfe!

Eilen Sie einer Person, die Sie attraktiv finden, begeistert zu Hilfe, falls sie welche braucht. Wenn sie eine Menge Pakete schleppt, können Sie ihr tragen helfen oder die Tür aufhalten, sei es die vom Auto, von einem Gebäude oder von ihrem Büro. Holen Sie ihr den Artikel aus dem obersten Regal im Supermarkt herunter. Bieten

Sie im Waschsalon Ihre Hilfe beim Sortieren der Wäsche an. Münzautomaten verursachen immer Schwierigkeiten, und Sie können solche alltäglichen Situationen als einen willkommenen Anlaß zum Flirten nehmen.

Ermuntern Sie die Leute, die Sie interessant finden, Ihnen zu helfen. Täuschen Sie, falls nötig, Hilflosigkeit vor. Tun Sie so, als ob Ihre Pakete zu schwer wären oder zu umfangreich, so daß Sie Ihre Autotür nicht aufmachen können. Werfen Sie hilfesuchende Blicke um sich. Wer könnte Ihnen widerstehen? Stecken Sie Ihren Stadtplan wieder ein, und fragen Sie um Auskunft. Mit ein wenig Glück wird die andere Person Sie an Ihren Bestimmungsort begleiten. Nun haben Sie zwei weitere Methoden, die Sie sich merken müssen: Helfen oder sich helfen lassen!

Seien Sie besonders liebenswürdig, wenn Sie mitten in einem interessanten Gespräch weg müssen

Nehmen Sie an, daß Sie mit jemand Attraktivem in ein Gespräch vertieft sind, aber bereits eine Verabredung haben und daher schleunigst aufbrechen müssen. Erklären Sie dem anderen Ihre Gründe auf eine Weise, daß er sich nicht verletzt fühlt, und geben Sie ihm gleichzeitig zu verstehen, daß Sie sich gerne wieder mit ihm unterhalten würden. Sie könnten vielleicht folgendes sagen: »Ich muß leider zu einer bereits früher getroffenen Verabredung eilen, aber ich würde die Unterhaltung sehr gerne fortsetzen. Könnten wir uns Donnerstag abend nach der Arbeit treffen?« Meistens ist es möglich, eine für beide Seiten annehmbare Zeit zu vereinbaren, und Ihre neue Bekanntschaft wird Ihre Höflichkeit und Rücksichtnahme zu schätzen wissen – und außerdem begreifen, daß Sie Interesse haben, sie wiederzusehen.

Wenn Sie gezwungen sind, eine telefonische Unterredung abzukürzen, können Sie sagen: »Ich war eben im Begriff auszugehen, aber ich möchte mich gerne mit Ihnen unterhalten. Darf ich Sie heute zu einem späteren Zeitpunkt oder morgen zurückrufen?«

Auf diese Weise verhalten Sie sich nicht nur höflich, sondern lassen die andere Person wissen, daß Sie den Kontakt gerne wieder aufnehmen wollen – und zwar *bald*! Diese Botschaft ist oft wichtiger als das Thema der Unterhaltung.

Oh, nein! Sie erhalten eine Einladung für einen Abend, an dem Sie schon etwas vorhaben. Verzweifeln Sie nicht – es gibt eine Lösung!

Endlich läßt jemand von sich hören, an dessen Bekanntschaft Sie brennend interessiert sind, und lädt Sie zu einem Kinobesuch ein. Doch ausgerechnet an diesem Abend haben Sie Ihren Kurs oder ein Familientreffen oder was auch immer. Seien Sie ehrlich: Sagen Sie, es tue Ihnen leid, aber Sie hätten an diesem Abend schon etwas vor. Sie würden sich jedoch wirklich gerne mit ihm treffen! Schlagen Sie einen anderen Abend vor, und erklären Sie, *was* Sie vorhaben. Sie werden für das Einhalten Ihrer Verpflichtungen respektiert werden, und die andere Person wird wissen, daß Sie aus gutem Grund verhindert sind, grundsätzlich aber Interesse für sie haben.

Es ist schön, viel vorzuhaben, doch vermitteln Sie nicht den Eindruck, Sie hätten keine freie Minute zu verlieren

Obwohl es verführerisch ist, andere mit Erzählungen über Ihr geschäftiges, erfülltes Leben zu beeindrucken, dürfen Sie es nicht so weit treiben, daß Sie zu beschäftigt erscheinen, um sich verabreden zu können. Mögliche Liebespartner werden zögern, Sie anzurufen, weil sie glauben, sie würden Sie nur stören oder sich eine Abfuhr holen. Sie werden das Gefühl haben, einen schlechten Eindruck zu hinterlassen, wenn sie Ihren Zeitplan durcheinanderbringen. Lassen Sie daher die Leute wissen, daß Sie, auch wenn Sie viel zu tun haben, flexibel sind und für interessante Leute immer Zeit haben. Sprechen Sie zum Beispiel etwas Aufmunterndes auf Ihren Anrufbeantworter, das den folgenden Satz beinhaltet: »Ihre Nachricht ist sehr wichtig für mich ...«, und achten Sie darauf, daß Ihre Botschaft warm, freundlich und einladend klingt!

Lernen Sie, wie man taktvoll nein sagt

Wie sagen Sie nein zu einer Person, die Sie nicht interessiert, ohne diese zu beleidigen? Manchmal ist es notwendig, zu einer kleinen »weißen« Lüge Zuflucht zu nehmen, um die Gefühle eines anderen nicht zu verletzen. Sie können etwas in der folgenden Art sagen: »Es tut mir leid, aber ich habe derzeit eine feste Beziehung.« Oder: »Mein Herz ist leider schon vergeben.« Oder machen Sie Ihre Arbeit verantwortlich für Ihre Absage: »Ich habe einen neuen Job, dem ich meine ganze Zeit widmen muß.« Welchen Grund Sie auch wählen, er muß glaubhaft sein. Ein Begräbnis oder eine Operation vorzuschützen kann später zu peinlichen Verwicklungen führen.

Eine Strategie für den Austausch der Telefonnummern – mit einem Plus

Sie empfinden große Zuneigung für eine Person, die Sie nur gelegentlich sehen, und möchten Sie daher gerne näher kennenlernen. Warum erkundigen Sie sich nicht nach ihrer Telefonnummer? Beginnen Sie damit, daß Sie Ihre Nummer aufschreiben und ihr sagen, wann Sie am besten zu erreichen sind: »Dienstag abends besuche ich Vorlesungen auf der Universität, aber die restliche Zeit bin ich zu Hause. Ich werde Ihnen auch meine Büronummer geben für den Fall, daß Sie Lust haben, gemeinsam mit mir die Mittagspause zu verbringen.« Mit dieser Strategie haben Sie gleich mehrere Dinge auf einmal erledigt: Sie hat nun die Möglichkeit, Sie zu erreichen, Sie haben Ihr Interesse an einer Einladung bekundet und ihr gleichzeitig freigestellt, sich mit Ihnen telefonisch zu verabreden.

Wenn es Ihnen unangenehm ist, jemanden nach der Telefonnummer zu fragen, weil Sie ihn eben erst kennengelernt haben, könnten Sie es auf folgende Weise versuchen: »Michael, ich weiß, wir kennen uns erst seit ein paar Minuten, und du findest vielleicht, daß ich voreilig bin, aber ich würde dich gerne näher kennenlernen, und wenn ich dich nicht gleich nach deiner Telefonnummer frage, ergibt sich vielleicht nie wieder die Gelegenheit!«

Wie könnte jemand eine so charmante Aufforderung abschlagen? Warm und direkt zu sein ist eine Hauptvoraussetzung für einen erfolgreichen Flirt.

Schlagen Sie etwas vor, was Sie gemeinsam unternehmen können

Hören Sie Ihrem Gesprächspartner gut zu. Merken Sie sich, was die andere Person für Interessen hat und was sie am liebsten in ihrer Freizeit macht. Wenn sie zufällig einen Film erwähnt und sagt, sie hätte ihn noch nicht gesehen, können Sie die Gelegenheit ergreifen und sie sofort einladen. Lassen Sie den Vorschlag folgen, nach dem Kinobesuch gemeinsam eine Kleinigkeit essen zu gehen. Passen Sie während einer Unterhaltung auf, daß Ihnen kein derartiges Signal entgeht, und trauen Sie sich, daraus eine Verabredung zu machen.

Wenn der andere Ihre Einladung nicht annimmt, könnte es sein, daß er an Ihrem Vorschlag einfach nicht interessiert ist. Schlagen Sie etwas anderes vor: einen Besuch in einem Kunstmuseum oder einer Ausstellung; vielleicht ist es ihm lieber, wenn das erste Rendezvous kürzer ist. Seien Sie einfallsreich, und lassen Sie eine Einladung auf die andere folgen!

Lassen Sie Ihre Traumfrau wissen, daß Sie schon seit längerer Zeit Bewunderung für sie hegen

Erzählen Sie Ihrer möglichen Liebe, Sie hätten schon seit geraumer Zeit ein Auge auf sie geworfen, es aber bis heute nie gewagt, einen Annäherungsversuch zu machen. Rekapitulieren Sie einige Gelegenheiten, bei denen Sie auf sie aufmerksam geworden sind. Zum Beispiel: »Vorgestern abend habe ich Sie mit einer Menge Arbeit das Büro verlassen gesehen. Nehmen Sie oft Arbeit mit nach Hause?« Zeigen Sie ihr, daß Sie ein guter Beobachter und um sie besorgt sind: »Unlängst habe ich Sie bemerkt, wie Sie aus dem Lift kamen – Sie sahen so ernst auf. Ist alles in Ordnung in Ihrem Leben?« Geben Sie ihr zu verstehen, daß Sie von ihrer Gegenwart bezaubert werden: »Wenn ich in der U-Bahn in denselben Waggon wie Sie einsteige, kann ich Ihr Parfum riechen, und mein Herz beginnt bei der Vorstellung, daß ich Sie sehen werde, zu pochen.« Sagen Sie etwas Schmeichelhaftes: »Ich habe bei der Weihnachtsfeier nach Ihnen Ausschau gehalten. Als ich Sie endlich fand, waren Sie schon im Weggehen – und ich konnte Ihnen nicht mehr sagen, wie atemberaubend schön Sie in dem blauen Kleid aussahen.«

Jeder ist erfreut zu hören, daß er aus der Menge heraussticht, und es ist immer nett, jemandem das Gefühl zu geben, er sei etwas Besonderes. Den anderen wissen zu lassen, daß Sie ihn für etwas *ganz* Besonderes halten, ist das große Geheimnis beim Flirten.

Halten Sie nach einer Gelegenheit Ausschau, jemanden aufs Geratewohl zu treffen

Wenn Ihr Schwarm erwähnt, daß sie zu einer bestimmten Zeit an einem bestimmten Ort sein wird, so können Sie beiläufig bemerken, daß Sie vielleicht vorbeischauen werden, und ihre Reaktion beobachten. Manchmal erwähnt jemand ein Ereignis, um zu sehen, ob Sie das Thema interessiert. Oder es kann sein, daß die Person zu scheu ist, um ihre Bitte, sie dort zu treffen, direkt auszusprechen, doch insgeheim wäre sie sehr erfreut, wenn Sie ihr zufällig über den Weg liefen. Tun Sie ihr den Gefallen, und kommen Sie ihr zuvor! Wenn Sie ihr Spiel mitmachen, werden Sie den Sieg davontragen – beim Flirten.

Geben Sie vor, jemanden zu kennen

Sie sehen jemanden, der Ihnen gefällt. Sagen Sie: »Hallo Patrick, wie geht's? Es ist eine Ewigkeit her, daß wir uns zuletzt gesehen haben!« Wenn der Mann entgegnet, er heiße nicht Patrick, sondern Peter, erröten Sie und stellen sich vor. *Voilà!* Sie haben bei einem attraktiven Unbekannten erfolgreich den ersten Schritt gemacht.

Unehrlich, sagen Sie? Ein bißchen vielleicht, aber Sie tun niemandem weh damit, und Sie können Ihre kleine Notlüge später ja eingestehen. Wenn Sie von Schuldgefühlen gepeinigt werden, dann warten Sie während Ihrer ersten Konversation den richtigen Moment ab, um zu Ihrer neuen Bekanntschaft etwa Folgendes zu sagen: »Wissen Sie, ich habe Sie natürlich nicht für Patrick gehalten, aber ich fand Sie so unwiderstehlich, und es war das einzige, was mir einfiel, um Sie kennenzulernen.« Wie könnte Ihnen jemand böse sein, wenn Sie so bezaubernd flirten?

Flirten Sie beim Telefonieren
Ein Beispiel: Mark will seinen Freund Luc anrufen, doch er verwählt sich, und eine Dame mit einer sexy klingenden Stimme meldet sich: »Es tut mir leid, aber Sie haben die falsche Nummer gewählt.« Mark ist nicht einer, der sich eine Gelegenheit so schnell entgehen läßt, und er flirtet zurück: »Sie haben natürlich recht, und ich bitte Sie für die Störung um Entschuldigung, aber mit jemandem, dessen Stimme so aufregend klingt, würde ich mich gerne etwas länger unterhalten, wenn ich darf.«

Wenn Sie dieses kleine Spiel pflegen und auf gut Glück Telefonnummern wählen, sollten Sie nicht vergessen, sich die Nummer vorher zu notieren – für den Fall, daß Sie einen Volltreffer landen.

Bei der Arbeit zu flirten – besonders am Telefon – macht Spaß und unterbricht den monotonen Alltag. Sie können nie wissen, welches Resultat bei diesem interessanten Spiel herausschauen wird. Aber betreiben Sie es mit Anstand und Stil! Unterhalten Sie sich, ohne vulgär zu werden. Bedenken Sie, daß Sie bei der Arbeit sind – seien Sie diskret, und vernachlässigen Sie nicht Ihre Pflichten!

Wenn Sie jemanden anrufen und von einem Anrufbeantworter begrüßt werden, sollten Sie eine romantische Nachricht hinterlassen – eine, die mit Gewißheit ein Lächeln auf die Lippen des Zuhörers zaubert. Verfassen Sie eine Botschaft, die den anderen veranlaßt, Sie sofort zurückzurufen. Vielleicht haben Sie Lust, es noch spannender zu machen, wenn Sie jemanden anrufen, den Sie kennen: Sprechen Sie einige Hinweise auf das Band, ohne jedoch Ihren Namen zu nennen. Lassen Sie ihn aufgrund Ihrer Stimme erraten, wer angerufen hat!

Flirten Sie per Telefon mit Ihren Bekannten. Natascha, zum Beispiel, flirtet von Natur aus gern. Sie ruft jede Woche mindestens drei Männer aus ihrem Bekanntenkreis an. Am Dienstag rief sie Richard an, um ihn zu fragen, wie sein Vorstellungsgespräch verlief. Am Mittwoch rief sie Erich an, um sich nach seinem neuen Auto zu erkundigen, und am Freitag rief sie Thomas an, um herauszufinden, ob er einen schönen Urlaub hatte. Bedenken Sie: Je mehr Leute Sie anrufen, desto mehr Erfahrung im Flirten werden Sie bekommen und desto mehr Anrufe werden *Sie* erhalten.

Versäumen Sie keine Gelegenheit zum Flirten, während Sie am Steuer Ihres Wagens sitzen

Natürlich werden Sie auf Nummer Sicher gehen und nur dann flirten, wenn das Auto stillsteht – bei einer roten Ampel oder einem Stoppzeichen –, und nicht, wenn Sie fahren. Aber vielleicht sehen Sie an einem schönen Tag eine hübsche Person in einem Auto, das neben Ihnen an der Ampel wartet. Winken Sie ihr lächelnd zu, oder sagen Sie hallo, wenn Sie ein Kabriolet fahren oder die Fenster offen sind.

»Per Auto« zu flirten ist eine amüsante und originelle Methode, um faszinierende Bekanntschaften zu machen. Es kann auch bemerkenswerte Folgen haben. Ein Paar landete durch diese Strategie im Hafen der Ehe! Katja und Philipp befanden sich im Stau. Katja verzichtete auf ihren Vortritt, damit Philipp sich in ihre Spur einreihen konnte. Als Philipp im Rückspiegel Katja erblickte, war er von ihrer Schönheit so fasziniert, daß er beim nächsten Stillstand der Kolonne ausstieg und zu ihr ging, um sich zu bedanken und vorzustellen. Innerhalb von sechs Monaten waren sie verheiratet. Eine wahre Geschichte, die Sie vielleicht anregt, selber Expertin bzw. Experte im Autoflirt zu werden.

Besorgen Sie sich zwei Theaterabonnements oder zwei Karten für ein Länderspiel

Diese Karten werden im allgemeinen lange im voraus verkauft. Je nach Interesse zwei Karten für eine Theateraufführung oder ein Länderspiel zu besitzen ist eine gute Methode, um eine Verabredung zu arrangieren. Wenn Sie Inhaber von zwei Theaterabonnements sind, können Sie zu jeder Aufführung jemand anderen einladen. Durch diese Strategie werden Sie eine Reihe von Leuten kennenlernen – und es wäre möglich, daß jemand darunter ist, der alle Eigenschaften hat, nach denen Sie suchen. Vergeben Sie nicht alle Plätze im voraus, sondern behalten Sie einige in Reserve für den Fall, daß Sie eine neue interessante Bekanntschaft machen. Der Faktor, daß Sie über Karten verfügen, verhilft Ihnen zu einer perfekten Eröffnungstaktik für einen erfolgreichen Flirtversuch. Sie werden vielleicht nicht nur in den Genuß einer Theateraufführung oder eines Länderspiels kommen!

Sie finden jemanden anziehend, wissen aber nicht, ob das Gefühl auf Gegenseitigkeit beruht

Weil Sie sich über die Gefühle einer anderen Person nicht klar sind, zögern Sie, diese um ein Rendezvous zu bitten, doch Sie haben wirklich den Wunsch, sie näher kennenzulernen. Versuchen Sie es mit einer neutralen Anfrage. Erbitten Sie ihre Hilfe beim Aussuchen einer Stereoanlage oder beim Kauf eines Sets von Kochtöpfen oder Pfannen für Ihre Mutter. Solche »Mini-Verabredungen« sind schmeichelhaft, weil Sie damit der anderen Person zu verstehen geben, daß Sie ihre Meinung schätzen.

Bei einer solchen Verabredung ohne förmlichen Rendezvous-charakter haben Sie Gelegenheit zu beobachten, wie die andere Person auf Sie reagiert. Wenn zwischen Ihnen ein gutes Einvernehmen herrscht, können Sie einen Schritt weiter gehen und um ein Rendezvous bitten oder vorschlagen, noch eine Kleinigkeit essen zu gehen. An diesem Punkt wird sich herausstellen, ob die andere Person rein freundschaftliche Gefühle für Sie hegt oder mehr. Ein Vortrag oder eine Ausstellung bildet immer ein »sicheres« Territorium, und bei einem neutralen gemeinsamen Unternehmen haben Sie beide die Möglichkeit, einander kennenzulernen, ohne dem Druck eines förmlichen Rendezvous ausgesetzt zu sein. Machen Sie den ersten Schritt zu diesem Probelauf – er könnte zu einer hochtourigen Romanze führen.

Wußten Sie, daß der Supermarkt ein großartiger Platz zum Flirten ist?
Der Supermarkt ist der perfekte Ort, um sich im Flirten zu üben. Bitten Sie zum Beispiel jemanden, der eine besondere Art von Fisch in seinem Einkaufswagen liegen hat, Ihnen zu sagen, wie er ihn zubereitet. In der Obst- und Gemüseabteilung können Sie jemanden fragen, ob sie weiß, wie man eine richtig reife Avocado, Ananas oder Melone ausfindig macht. Ziehen Sie in der Fleischabteilung Erkundigungen ein, wie man Roastbeef zubereitet oder ein Hähnchen grillt. Wenn Sie ein Novize im Flirten sind, praktizieren Sie mit dem Personal, das Sie wahrscheinlich von Ihren regelmäßigen Einkäufen her kennen. Machen Sie einem Regalbetreuer oder einer Kassiererin ein Kompliment; ihre Arbeit findet selten öffentliche Anerkennung, und sie werden sich daher sehr geschmeichelt fühlen. Ihr Vertrauen in die eigenen Flirttechniken wird steigen!

Für den Fall, daß Sie sich selbstbewußt genug fühlen, um Ihre Flirtkünste an den anderen Kunden zu erproben, folgen hier einige Tips. Stellen Sie sich vor, Sie sind bei den Tiefkühlprodukten und sehen eine Kundin, die Ihnen gefällt. Sie mustert unschlüssig die verschiedenen Pizzasorten. Treten Sie näher, um sie zu fragen: »Haben Sie schon einmal diese Marke probiert? Ich kaufe oft eine tiefgekühlte Pizza, aber ich nehme meistens die von X.« Nehmen Sie ihr sanft die Packung aus der Hand, und fahren Sie fort: »Aber ich bin es leid ... ich brauche etwas Pikanteres ...« Blicken Sie ihr verführerisch in die Augen, und erkundigen Sie sich: »Haben Sie je diese Marke hier ausprobiert?« Vergessen Sie nicht, Ihr strahlendstes Lächeln aufzusetzen, um sie zu einer Antwort zu bewegen. Wenn die Reaktion eher dürftig ausfällt, legen Sie die Pizza in Ihren Einkaufswagen und gehen weiter, aber falls sie nur eine

Spur von Interesse zeigt, können Sie mit folgender Bemerkung auf den Höhepunkt zusteuern: »Wollen wir nicht ein gemeinsames Pizzaessen bei mir zu Hause durchführen?« Wie die Sache auch ausgehen mag, Sie haben in jedem Fall einen Gewinn davon: Selbst wenn es zu keiner Verabredung kommt, haben Sie zumindest Ihre Flirtkünste praktiziert!

Üben Sie das Flirten im Alltag: Grüßen Sie so viele Leute wie möglich im Laufe eines Tages

Schreiben Sie unter Ihren Freunden einen Wettbewerb im Flirten aus. Stellen Sie fest, wem es gelingt, die meisten Leute während eines Tages zu grüßen. Gelegentlich werden Sie durch Ihre Freundlichkeit eine erstaunte Reaktion hervorrufen, doch viele werden Ihr Lächeln und Ihren Gruß erwidern. In vielen Ländern ist das Grüßen von fremden Leuten auf der Straße allgemein üblich.

Eine weitere auf der Straße anwendbare Flirttechnik ist das Fragen um Auskunft. Fragen Sie immer nach einer Adresse, die in der Richtung liegt, in die der Angesprochene geht, damit er Gelegenheit hat, sich als Führer anzubieten. Zur Unterstützung in Ihrem Rollenspiel können Sie einen Plan in der Hand halten, als Hinweis darauf, daß Sie einen bestimmten Platz oder eine bestimmte Straße suchen. Wenn es Ihnen auf diese Weise gelingt, eine Bekanntschaft zu machen, und sich eine Beziehung daraus entwikkelt, können Sie später immer noch zugeben, daß Sie sich nicht wirklich verirrt hatten, sondern ihn einfach auf schnellstem Wege kennenlernen wollten – und Ihre Flirtstrategie erwies sich als die beste Methode dafür!

Selbst auf einem Parkplatz gibt es Möglichkeiten zu flirten

Ist Ihnen je bewußt geworden, daß selbst eine profane Handlung wie das Abstellen Ihres Autos auf einen Parkplatz Gelegenheit bietet, eine neue Liebe zu entdecken? Dennis machte diese Erfahrung, als er eines Morgens auf dem Firmenparkplatz aus seinem Auto stieg. Er bemerkte eine liebenswerte junge Frau, die eben ihren Wagen parkierte. Wie konnte er sie kennenlernen? Er ergriff schnell einen Handschuh, den seine Schwester im Auto vergessen hatte, und eilte zu ihr hin. »Guten Morgen!« sagte er, »haben Sie eben diesen Handschuh fallengelassen?« Natürlich verneinte sie. Dennis ließ nicht locker und schlug vor, sie solle den Handschuh mitnehmen und in ihrem Büro fragen, ob jemand ihn verloren habe. Er sagte ihr, in welcher Abteilung er arbeitete, und nannte ihr seine Büronummer, damit sie ihm den Handschuh zurückgeben konnte, falls niemand ihn beanspruchte. Als die junge Dame den Handschuh zurückbrachte, benutzte Dennis die Gelegenheit, um sie um ein Rendezvous zu bitten. Kompliziert? Ein wenig, aber die Mühe lohnt sich. Statt eines Handschuhs können Sie natürlich auch ein Buch oder einen Extrasatz Schlüssel verwenden.

Parkplätze bieten noch andere Möglichkeiten zum Flirten. Wenn zum Beispiel jemand, der Ihnen gefällt, sein Auto meistens am selben Platz abstellt, stecken Sie einfach eine kleine Notiz unter seinen Scheibenwischer. Oder Sie können das Eis brechen, indem Sie sich für sein Auto interessieren und vorgeben, daß Sie die Absicht hätten, auf dieselbe Marke umzusteigen. Oder stecken Sie eine Blume oder eine charmante Botschaft auf seine Windschutzscheibe. Vergessen Sie aber nicht, Ihre Telefonnummer anzugeben!

❤ ❤ ❤

Ein Spaziergang im Stadtzentrum kann zum Abenteuer werden – wenn Sie ihn zum Flirten benutzen

An einem Samstagnachmittag beschließen Sie, einen Spaziergang im Stadtzentrum zu machen. Spielen Sie Tourist, und nehmen Sie eine Kamera mit. Wenn Sie keine besitzen, borgen oder kaufen Sie eine billige Wegwerfkamera. Wenn Sie eine Person sehen, die Sie attraktiv finden, treten Sie mit der Bitte an sie heran, sie möge Sie vor irgendeiner Sehenswürdigkeit fotografieren – aber nach Tunlichkeit so, daß Sie scharf auf dem Bild sind und nicht der Hintergrund. Bleiben Sie am Ball: Fragen Sie, ob Sie ein Foto von *ihr* machen dürfen. Jetzt haben Sie die Gelegenheit für eine Unterhaltung geschaffen. Vielleicht stellt sich heraus, daß die andere Person auch allein ist – und sich als ihre Führerin anbietet.

Die Kameratechnik hat einen praktischen Nebenaspekt: Sie wird Sie inspirieren, so romantische Orte wie Museen oder öffentliche Parkanlagen aufzusuchen, wo viele Singles ihre Nachmittage am Wochenende verbringen. Ein professioneller Fotograf behauptet, daß er nie fehlgehe, interessante Leute kennenzulernen, wenn er mit seiner Kamera flirte. Mit den heutigen vollautomatischen Kameras brauchen Sie kein Profi zu sein: Nehmen Sie einfach jemanden aufs Korn, und *flirten Sie*!

Ob Sie an der Uni Vorlesungen oder nur die Mensa besuchen – Sie werden Gelegenheiten zum Flirten finden
Universitäten sind ideal zum Flirten, und zwar deshalb, weil so viele Leute hier verkehren. Wenn Sie jemanden sehen, der Ihr Interesse erregt, fragen Sie ihn einfach, welche Vorlesungen er belegt hat. »In welchem Semester bist du? Strebst du einen Abschluß an, oder studierst du aus reinem Vergnügen?« Die Möglichkeiten sind endlos. Sie können eine Teepause vorschlagen oder eine Studierstunde in der Bibliothek. Vielleicht erwähnen Sie die ausgezeichneten Fachbücher, die Sie zu Hause haben, und fragen, ob er sie gern sehen würde?

Flirten Sie beim Schlangestehen
In diesem Fall haben Sie einen Vorteil. Die Person, die vor oder hinter Ihnen steht, wartet darauf, dasselbe Stück, denselben Film oder dieselbe Ausstellung zu sehen wie Sie. Damit haben Sie ein Gesprächsthema, das sich ganz von selbst ergibt. Wenn Sie zum Beispiel an der Kinokasse warten, könnten Sie folgende Frage stellen: »Haben Sie gehört, was der Regisseur bei der Premiere getan hat?« Vielleicht sitzen Sie schließlich sogar neben Ihrem Vorder- oder Hintermann … und essen gemeinsam Popcorn!

Flirten Sie in einem Café

Sie sehen sie am Nebentisch Zeitung lesen. Erkundigen Sie sich nach den Schlagzeilen oder ob irgendwelche gute Neuigkeiten in der Zeitung stünden. Sie wird wahrscheinlich verneinen, worauf Sie sagen können: »Es sollte eine Zeitung geben, in der nur gute Nachrichten stehen. Was halten Sie davon?«

In umgekehrter Weise können Sie diese Strategie auch anwenden und dem allein am Nebentisch sitzenden Mann einige Schlagzeilen aus einer Titelgeschichte von allgemein menschlichem Interesse vorlesen.

Gehen Sie am Sonntag vormittag ins Café, um sich beim Brunch über die letzten Neuigkeiten zu unterhalten!

Flirten Sie im Park

Sie befinden sich in einem herrlichen Park, umgeben von Bäumen und Vögeln, Sonnenlicht und Schatten, und füllen ein Kreuzworträtsel aus. Als Sie nachdenklich aufblicken, gewahren Sie einen gut aussehenden Mann, der am anderen Ende der Bank eine Pause einlegt. Murmeln Sie halblaut: »Hmm … aztekischer Sonnengott … senkrecht … mit sieben Buchstaben.« Dann wenden Sie sich direkt an den attraktiven Unbekannten: »Kennen Sie zufällig den Namen von einem aztekischen Sonnengott mit sieben Buchstaben?« Neugierig geworden, wird er sich Ihnen und Ihrem Kreuzworträtsel nähern! Gewonnen! Ein netter Nachmittag kündigt sich an.

Nehmen Sie beim nächsten Spaziergang im Park Vogelfutter mit. Wenn Sie eine attraktive Person erspähen, werfen Sie einige Handvoll Samen in ihre Richtung. Die Vögel werden sich um Ihr Ziel scharen – das können Sie mir glauben! Schlendern Sie gleichfalls mit unschuldiger Miene zu ihr hin, und sagen Sie etwa folgendes: »Die Vögel scheinen Sie zu mögen … und ich sehe auch, warum!« Lächeln Sie ihr zu, und stellen Sie sich rasch vor. Ein weiterer Flirtversuch der erfolgreichen Art!

Flirten Sie gleich – bevor er das Weite sucht

Ihr Zug, Flugzeug oder Ihre U-Bahn sind kurz davor, abzufahren oder abzufliegen, als Sie plötzlich jemanden bemerken, von dem Sie sich magisch angezogen fühlen. In den dreißig Sekunden, die Ihnen noch bleiben, heißt es schnell handeln: *Lassen Sie etwas fallen* – Ihr Geld, Fahrkarte, Handtasche, Brieftasche, Gepäck, Schirm –, *irgend etwas*. Lassen Sie es nur nah genug bei der Person fallen, deren Aufmerksamkeit Sie auf sich lenken wollen. Ein kleiner Schrei – »O nein!« – hilft. Wenn er Ihnen zu Hilfe eilt, um Ihre Sachen aufzusammeln, bedanken Sie sich lächelnd, sagen, wer Sie sind und wohin Sie fahren, und stecken ihm Ihre Visitenkarte zu, ehe Sie davoneilen.

Diese Strategie kann fast überall in der Öffentlichkeit angewendet werden, selbst dann, wenn Sie nur wenige Minuten Zeit haben. Wenn die Person, die es Ihnen angetan hat, nicht reagiert, wird sich an Ihrem Bestimmungsort sicher eine andere Chance bieten.

Seien Sie immer bereit für einen »schnellen Flirt«, zu jeder Zeit und an jedem Ort!

Flirten Sie im Restaurant

Sie sehen eine faszinierende Person am Nebentisch sitzen und etwas köstlich Aussehendes essen. Erkundigen Sie sich, was es ist. Wenn die Person allem Anschein nach ein Stammgast ist, können Sie fragen, was sie Ihnen auf der Speisekarte empfehlen kann. Setzen Sie die Konversation aufgrund der Antwort fort, die Sie von der schönen Unbekannten erhalten. Wenn alles gutgeht, könnten Sie sie zum Nachtisch oder zum Kaffee einladen ...

In Ihrem Wohnblock gibt es noch andere Singles; hecken Sie eine »Strategie zum Kennenlernen« aus

Bringen Sie im Foyer Ihres Wohnblocks eine Anschlagtafel mit der Aufschrift »Nur für Singles« an. Alles, was für Singles von Interesse ist, könnte hier angeschlagen werden: private Mitteilungen,

Informationen über Klubs oder Veranstaltungen oder ein Plakat über die von Ihnen geplante Party – nur für Singles aus Ihrem Gebäude. Weitere Plakate können Sie in den Gängen oder im Aufzug anbringen. Wenn das Gebäude, in dem Sie wohnen, sehr groß ist, werden Sie die Party vielleicht auf zwei oder drei Stockwerke beschränken wollen. Dies ist eine großartige Methode, um Leute, die Sie jeden Tag sehen, aber mit denen Sie nicht näher bekannt sind, besser kennenzulernen, und sie hat außerdem den Vorteil, daß niemand sein Auto zum Heimfahren braucht.

Seien Sie kreativ. Veranstalten Sie Zusammenkünfte, an denen nur Singles teilnehmen können, wie zum Beispiel eine Wein-und-Käse-Party oder einen Kochrezepteaustausch. Rufen Sie einen Service für Singles ins Leben, der auf Gegenseitigkeit basiert und Aufgaben wie das Aufpassen auf die Wohnung oder die Pflege der Haustiere oder Blumen übernimmt. Lassen Sie sich etwas einfallen – es gibt unzählige Möglichkeiten!

Die Kunst des Flirtens auf einer Party

Sie sehen jemand Faszinierenden auf einer Party, doch Sie wurden einander nicht vorgestellt. Gehen Sie einfach auf ihn zu, und sagen Sie: »Verzeihung, aber ich versuche, jemandem aus dem Weg zu gehen, der mir lästig ist. Könnten wir ein paar Minuten miteinander sprechen?« Ein strahlendes Lächeln hilft an diesem Punkt. Die angegebene Zeitspanne war nicht lang genug, um bedrohlich zu wirken, also werden Sie wahrscheinlich mitten in einem interessanten Gespräch sein, ehe Sie sich an Ihr Versprechen erinnern und sagen: »Oh, vermutlich bin ich diese aufdringliche Person jetzt los! Da habe ich noch einmal Glück gehabt. Nun, ich glaube, ich verabschiede mich besser wieder.« Worauf Ihr neu gewonnener Freund vielleicht sagen wird: »Ich bin der Glückliche! Wollen wir unser Gespräch nicht bei einem Abendessen fortsetzen?« Versuchen Sie, Ihre Genugtuung etwas zu verbergen, wenn Sie Arm in Arm weggehen!

Flirten Sie bei der Arbeit

Haben Sie sich je überlegt, wie viele alleinstehende Personen es an Ihrem Arbeitsplatz gibt? Schreiten Sie zur Tat, und senden Sie jeder einen Valentinsgruß – es braucht gar nicht der 14. Februar zu sein, Sie können jeden Tag benutzen, um Ihr Herz sprechen zu lassen. Setzen Sie die Büromaschinen zu Ihrem Vorteil ein: Senden Sie einer attraktiven Kollegin ein Fax, nur um ihr zu sagen: »Hallo! Sie sehen heute wieder großartig aus!« Senden Sie ein Fax mit einer Zeichnung oder eine nette Karte per Bote. Unerwartete Grußbotschaften verschönern den Tag und sagen mehr als Worte!

Ein anderes Szenario: Sie fahren mit einer Freundin im Aufzug Ihres Bürogebäudes. Sie bemerken einen attraktiven Mann, der Sie mit den Augen verschlingt. Reden Sie mit Ihrer Freundin über Ihre Arbeit, erwähnen Sie Ihre Firma, und teilen Sie ihr so laut, daß der Unbekannte es hören kann, Ihre Büronummer unter dem Vorwand mit, sie möge Sie anrufen. Wenn er tatsächlich Interesse hat, Sie kennenzulernen, wird Ihr Telefon, kaum daß Sie in Ihrem Büro sind, klingeln.

Wenn Sie mit einem Kollegen flirten, tragen Sie Sorge, daß Sie nicht Ihre Arbeit gefährden. Verhalten Sie sich immer sehr professionell, ohne die unsichtbaren Grenzen des gesellschaftlichen Firmencodes zu übertreten.

Flirten Sie beim Skifahren

Im Skiurlaub zu flirten macht Spaß und ist ein Teil der Erholung. Themen, um ein Gespräch anzufangen, gibt es genug: »Wo haben Sie diesen modischen Skianzug her?« Beim Skilift: »*Worauf* soll ich sitzen?« Auf dem Skilift, der sich der »Todesstrecke« nähert: »Kommen Sie oft hierher?«

Später, beim Après-Ski in der Hütte, können Sie dann von den tagsüber bestandenen Abenteuern berichten, während Sie Ihren athletischen Körper vor einem knisternden Kaminfeuer ausstrecken, heißen Punsch schlürfen und *flirten!*

Die meisten Sportarten eignen sich vorzüglich zum Flirten. Fragen Sie eine Tenniskanone, wo er seine Backhand gelernt hat, und bitten Sie ihn um eine Demonstration. Fragen Sie eine Golfspielerin, wie sie auf sandigem Boden den Schläger führt – lassen Sie es sich so lange zeigen, bis sie schließlich ihre Arme um Sie legt. Natürlich ist auch der Gesprächsstoff unerschöpflich!

Ihr Computer kann Ihnen beim Flirten helfen
Computer bieten eine Reihe von Möglichkeiten zum Flirten. Sie können jemandem eine romantische Botschaft via Modem senden, und sie wird auf geheimnisvolle Weise auf seinem Bildschirm erscheinen. Ein gutes Graphikprogramm wird Ihnen helfen, einen lustigen Liebestest zu entwerfen, komplett mit kleinen Piktogrammen und Kästchen für die Antworten auf Ihren raffinierten Flirtversuch.

Für Liebhaber von Computerspielen gibt es gesellschaftliche Veranstaltungen, die meistens auf elektronischem Weg bekanntgemacht werden. Haben Sie ein »Unterhaltungsprogramm« auf Ihrem Computer? Schauen Sie nach, welches Spiel sich zum Flirten eignet.

♥ ♥ ♥

Flirten Sie in der Gymnastikstunde
Fragen Sie Ihren Trainer oder einen anderen Teilnehmer, ob Ihre Haltung richtig sei – natürlich nicht, ohne dabei zu flirten! Wenn Sie jemanden um Rat bitten, schmeicheln Sie ihm, und Sie können auf diese Weise aus jeder einfachen Frage einen Flirtversuch machen.

Jeder lokale Sportverein eignet sich vorzüglich zum Kennenlernen von Leuten, die ebenfalls um ihre Fitneß und Gesundheit bemüht sind. Absolvieren Sie Ihre Gymnastik zu verschiedenen Zeiten an verschiedenen Tagen. Planen Sie voraus: Treten Sie einem Verein oder Klub bei, der über zahlreiche Übungsstätten in verschiedenen Teilen der Stadt verfügt, so daß Sie die Möglichkeit haben, viele verschiedene Leute kennenzulernen. Es gibt sogar Klubs, die in mehreren Ländern Niederlassungen haben. »Fitneß & Flirten« auf internationaler Basis ist im Kommen!

Erforschen Sie die Möglichkeiten, via Post zu flirten
Sie haben die Büro- oder Privatadresse von jemandem, den Sie
attraktiv finden. Warum senden Sie ihr oder ihm nicht eine amüsante Karte, um auf dem Postweg zu flirten? Denken Sie stets
daran, daß Flirten eine subtile Kunst ist. Natürlich werden Sie Takt
und Feingefühl in Ihrer Botschaft walten lassen – seien Sie nicht
zu direkt! Sie wollen doch sicher nicht, daß der Postbote errötet!

Beim Flirten kleine »Streiche« zu spielen macht Spaß
In der Mitte der Woche meldet sich endlich die Person, auf deren
Anruf Sie schon gewartet haben, um Sie zu fragen, ob Sie am
Samstagabend Zeit hätten. Spielen Sie ihr einen kleinen Streich,
und sagen Sie langsam: »Samstag? Hmmmmm … eigentlich wollte ich zum Wochenende wegfahren« – Pause –, »aber nun habe ich
einen guten Grund zum Hierbleiben!«

Eine andere Methode, um jemanden flirtenderweise auf die Fol-
ter zu spannen, ist folgende. Wenn Ihre Angebetete beim nächsten
Anruf sich wie üblich mit »Wie geht's?« meldet, antworten Sie ihr:
»Oh, es geht *uns* gut!« Erwarten Sie eine lange Pause am anderen
Ende der Leitung. Sie werden sie schlucken hören können. Fügen
Sie schließlich hinzu: »Ja, meinem Hund und mir geht es ausge-
zeichnet!«

Auf spielerische Weise zu flirten ist für beide Teile amüsant.
Einander zu necken oder dramatische Rollen zu spielen – ich Tar-
zan, du Jane! – kann ziemlich atemberaubend sein!

**Es ist nicht klug, mit anderen zu flirten, wenn Sie schon
mit jemandem zusammen sind**
Mit anderen zu flirten, wenn Sie mit jemandem ausgehen, ist taktlos und wenig einfühlsam. Liegt Ihnen wirklich etwas an doppelter
Aufmerksamkeit? Was würden Sie sagen, wenn Ihr Partner anfinge, jemand anderem verschwörerisch zuzuzwinkern oder seinen
Arm um eine fremde Schulter zu legen?

Dasselbe gilt auch für den Fall, daß jemand in Gesellschaft eines anderen auftritt. Wie wäre Ihnen zumute, wenn jemand vor Ihren Augen mit Ihrem Liebespartner zu flirten anfinge?

Seien Sie intuitiv, und hören Sie auf Ihr Gewissen, wenn Sie einen Flirtversuch machen

Intuition ist eine angeborene Fähigkeit wahrzunehmen, was für uns gut ist und was nicht. Mit ihrer Hilfe können Sie spüren, ob die interessante Person auf der anderen Seite des Raumes ansprechbar ist. Wenn das »Timing« zu stimmen scheint und Sie fühlen, daß ein winziger Funke übergesprungen ist, können Sie die Initiative ergreifen. Flirten Sie auf so unwiderstehliche Weise, wie Sie es aufgrund all dieser Strategien gelernt haben!

Wenn sich eine Gelegenheit zum Flirten bietet, machen Sie von ihr Gebrauch

Flirten Sie um der Übung willen, selbst wenn Sie wissen, daß nicht jeder Flirtversuch zu einem romantischen Intermezzo führt. Je mehr Sie flirten, desto größer die Chance, Ihren idealen Partner zu finden!

Weder durch Snobismus noch durch ein eingebildetes oder herrisches Wesen werden Sie schnell etwas erreichen

Sie haben jetzt diesen Teil des Buches beendet und glauben sich im Besitz eines »schwarzen Gürtels« in der Kunst des Flirtens. Sind Sie immer noch fähig, demütig, bescheiden, einfach, ehrlich und aufrichtig zu sein? Jede oberflächliche Haltung wird nur zu Enttäuschungen führen. Es sind Ihre Originalität und Spontaneität, die andere veranlassen, auf Ihr Flirten zu reagieren. Unwiderstehlichkeit ist ein anderes Wort für Charme, und das sollte Ihr Losungswort sein, der eigentliche Sinn und Zweck Ihres Flirtens!

Flirten rund um die Welt

Belgien

Die Zeitschrift *Elan* machte allen Singles den Vorschlag, in Belgiens schickster Nachmittagsdisco »La Cave Royale« in Brüssel zu flirten.[1] Anscheinend ist diese heiße Brüsseler Adresse ein Geheimtip für jene, die es vorziehen, den Luxus nachmittäglicher Begegnungen zu genießen, während der Rest der Welt arbeitet und gesellschaftliche Vergnügungen den Abendstunden vorbehält. Streng formelle Kleidung ist ein Muß, und die Atmosphäre ist entschieden festlich. Ziehen Sie Ihr bestes Stück an, mieten Sie eine Limousine, und zeigen Sie den redegewandten, mehrsprachigen Belgiern Ihre Flirtkünste!

Junggesellen aller Nationalitäten leben in Belgien, was Ihnen eine reiche Auswahl an potentiellen Partnern garantiert. Sie können sie finden, wenn Sie einer der zahlreichen Vereinigungen beitreten, wie zum Beispiel der »Friday Cocktail Group for English Speakers« oder den »Brussels Mannekin Pis Hash House Harriers« oder vielleicht der »Esikoislestadoilaid Seurat Suomi«, einer religiösen Gruppe aus Finnland. Viel Glück bei der Jagd!

China

Obwohl in vielen Teilen des Landes noch immer die von den Eltern vereinbarten Ehen die Norm sind, hat der Wunsch der Jugend nach einem Partner ihrer eigenen Wahl und aus ihrer Altersgruppe zur Gründung von zahlreichen Gesellschaftsklubs geführt, in denen sie einander ohne formelle Zwänge kennenlernen können. Auch die Universitäten veranstalten gesellschaftliche Zusammenkünfte, die eine Vermischung der Studenten untereinander ohne Rücksicht auf Status und Gesellschaftsklasse befürworten. Durch die Beschränkung auf die Ein-Kind-Familie hat sich der Schwerpunkt von der Beziehung als Basis für eine einflußreiche Großfamilie auf die zwei Menschen verlagert, die als Paar gut zueinander passen sollen. Das durchschnittliche Heiratsalter hat sich ebenfalls geändert: Die jungen Frauen von heute legen Wert auf eine bessere Ausbildung, die ihnen eine Karriere ermöglicht, die sie auch nach der Eheschließung fortzusetzen gedenken. Sie heiraten daher später, als es früher der Fall zu sein pflegte.

Eine Reihe von Heiratsagenturen sind entstanden, die Frauen aus dem Stammland China mit Männern aus Taiwan zusammenführen. Staatliche Agenturen wie die »Vereinigung für Singles der Volksrepublik China« haben öffentliche Eheanbahnungsinstitute als eine Art sozialer Einrichtung geschaffen. Dennoch gibt es Millionen von Singles in ganz China, die auf der Suche nach der »richtigen« Person sind – sofern ihr arbeitsreicher Tagesablauf es erlaubt.[2]

Deutschland

Die Zahl der Singles in Deutschland hat sich innerhalb der letzten zwanzig Jahre praktisch verdoppelt. Tatsächlich gibt es so viele Singles, daß das Singledasein von den Medien als »in« erachtet wird. Die Zahl der Singles nimmt derart schnell zu, daß über drei Millionen Deutsche derzeit die Hilfe von Agenturen und elektronischen Medien zwecks Partnersuche in Anspruch nehmen. Dieses Land qualifiziert sich sicherlich als fruchtbarer Boden zum Flirten. Ihre Chancen für einen erfolgreichen Flirt mit einem Single stehen daher günstig. Vielleicht sollten Sie Deutschland für Ihren nächsten Urlaub in Erwägung ziehen? Warum in die Ferne schweifen, wenn Sie vielleicht Ihr Glück in Deutschland finden?

Finnland

In diesem kalten nordischen Klima, wo die Wintertage kurz und fast sonnenlos sind, wärmt die Liebe die Herzen dieser gastfreundlichen Leute – wenn Ihre Flirttechniken höflich und subtil sind.

Das finnische Volk ist bekannt für seine legendäre Reserviertheit, so daß die Regierung »Tangos am Nachmittag« subventioniert, um diese Haltung zu kontern. Stellen Sie Ihre Flirtkünste beim Flirten mit einem Finnen auf die Probe ... aber machen Sie sich darauf gefaßt, daß er heftig zurückflirten wird!

Frankreich

Ah, Paris, die Stadt der Liebe ... in der flirten eine Selbstverständlichkeit ist! Nirgendwo ist die Wahrscheinlichkeit größer, daß Sie das *Ziel* eines Flirtversuchs sein werden und nicht der Initiator.

In manchen Teilen Frankreichs blüht die Singleszene im verborgenen – das geht so weit, daß Agenturen für Singles ihre Dienste mehr oder weniger umschrieben anzupreisen pflegen. Eurofit, eine der Hauptorganisationen, die in Paris ihren Sitz hat, offeriert zum Beispiel soziale Gelegenheiten und Bildungspakete für Singles – Sie können jede Art von Kurs besuchen, vom Gesellschaftstanz bis zum Schachspielen –, und Sie werden sicher flirtend daraus hervorgehen ... mit einem französischen Touch!

Die Agentur »Réciproque« zählt zu ihren Kunden nur Singles mit hohem Einkommen, die zu beschäftigt sind, um selber nach einem idealen Partner suchen zu können. Viele dieser Eliteagenturen annoncieren in eleganten Journalen wie *Le Bottin Mondain* und *L'Eventail France*. Sich von einer dieser Agenturen vertreten zu lassen wird Sie ungefähr DM 4000 für eine im vorhinein festgesetzte Zeitspanne kosten.

Außerdem gibt es eine Reihe von Reisebüros, die eine reiche Auswahl an Urlaubsarrangements für Singles im Programm haben, darunter auch solche in exotischen Gefilden.

Griechenland

Geben Sie Ihren Flirtkünsten ein mediterranes Flair durch das Praktizieren im griechischen Sonnenschein. Sie werden die Leute warmherzig und leicht zugänglich finden ... und stets zum Flirten aufgelegt! Sie können unter den Sternen die ganze Nacht durchtanzen oder der griechischen Musik lauschen, während Sie in einer Taverne Ouzo trinken und sich den Weg in das Herz Ihres Partners flirten.

Die wichtigste Agentur für »Bekanntschaften« in Athen heißt »Elkas« und hat eine Reihe von Mitgliedern, deren Familien es nicht gelungen ist, selbst eine standesgemäße Ehe zu »arrangieren«. Lassen Sie Mama links liegen, und gehen Sie direkt zur Quelle!

Großbritannien

In Großbritannien gibt es so viele alleinstehende Personen, daß über 1000 Partnerschaftsagenturen aus dem Boden geschossen sind. Eine dieser Agenturen, »Dateline«, hatte 1991 über 27 000 Mitglieder! Jeder vierte Brite nimmt zumindest einmal in seinem Leben die Dienste einer solchen Agentur in Anspruch. Großbritannien teilt seine Singles in verschiedene Kategorien ein und trägt den Bedürfnissen jeder einzelnen Gruppe Rechnung: Heterosexuelle und Homosexuelle, Behinderte, Senioren, Leute verschiedener Rassen oder Konfessionen – jede Gruppe hat ihre eigene Singlesvereinigung.

Flirten ist beliebt in Großbritannien, und es gibt jede Menge von Lokalitäten, die sich vorzüglich dafür eignen. Ein exklusiver Ort für Ihre raffiniertesten Flirtkünste ist der »Executive Club«, eine Eliteagentur, die für ihre vorwiegend aus Yuppie-Kreisen stammende Kundschaft gesellschaftliche Ereignisse veranstaltet.

Italien

Die großen romantischen Städte: Venedig, Florenz, Verona – Passion und Mondlicht am Lido, gestohlene Küsse in den langen gewölbten Gängen der Museen und Paläste, sonnengetränkte Nachmittage und Spaziergänge auf dem Land, Hand in Hand mit einer neuen Liebe. Eine perfekte Kulisse, um die Kunst des Flirtens anzuwenden. Und Sie können leicht selber zum Adressaten eines Flirts werden: Laut *Elan* pflegen 58 % der Italiener zu flirten!

Obwohl es schwierig sein kann, eine Unterkunft für eine alleinstehende Person sowie Unterhaltungsmöglichkeiten für Singles zu finden, gibt es im Herzen Roms einen Nachtklub namens »Hemingway«, der in den Neunzigern zum beliebten Treffpunkt für Singles avanciert ist.

Sollten Sie nach Turin kommen, so lebt dort jeder fünfte single! 29 % der Einwohner dieser Stadt leiden unter ihrem Alleinsein. Seien Sie ein Engel, und nehmen Sie sich dieser unglücklichen Singles an!

Japan

Japans rapider Fortschritt in allen Aspekten des Lebens hat in jüngster Zeit viele kulturelle Veränderungen bewirkt. Viele Frauen im heutigen Japan wollen sich nicht mehr unterordnen. Die Japanerin ist hochgebildet und zieht es vor, die Heirat hinauszuschieben, um sich ihrer Karriere widmen zu können oder um zu reisen und das Leben zu genießen. Sie betrachtet sich als emanzipiert und scheut sich nicht mehr, ihren Unmut auszudrücken, wenn sie im Büro Tee zubereiten und servieren soll. Obwohl die japanischen Männer sich gegenüber den Frauen von heute unsicher fühlen, sind sie zu allem bereit … selbst zum Flirten.

Zahlreiche unverheiratete Männer besuchen »Satoshi Noguchis Heiratsschule« in Osaka, wo sie in allen Feinheiten bezüglich Werbung und Heirat unterrichtet werden. Ein Aspekt des Unterrichts zielt darauf ab, das Erscheinungsbild mit Hilfe von Kontaktlinsen, einem modischen Haarschnitt und eleganten italienischen Anzügen zu verändern. Doch im Vordergrund steht die Kunst der

Kommunikation mit einer zukünftigen Partnerin. Nach zwei Jahren kann die Schule eine Erfolgsquote von 10 % aufweisen: 20 von 200 Schülern sind nun verheiratet.

Außerdem gibt es noch die traditionellen Heiratsstifter oder *Omiai* sowie Tausende computerisierter Heiratsagenturen in ganz Japan. Eine der großen Agenturen, »Altmann Systems International«, stiftet mindestens drei Partnerkontakte pro Monat. Eine andere Agentur, »OMMG«, rühmt sich einer Quote von zwei Partnerkontakten pro Woche und Mitglied. Die Kosten für die Mitgliedschaft sind hoch und erstrecken sich meistens auf eine Periode von zwei Jahren. Es gibt auch ein kostenloses staatliches Heiratsbüro in Tokio, aber es erfaßt nur etwa 4000 Singles und ist nur für die Einwohner des Großraums Tokio zuständig. Manche Konzerne verfügen über eine eigene, firmeninterne Heiratsagentur für ihre Angestellten und deren Familien und Freunde – »Mitsubishi Diamond Family Club« zum Beispiel –, während andere Unternehmen große private Agenturen wie »Altmann« unter Vertrag nehmen.[3]

Wenn Sie mit einer japanischen Agentur einen Vertrag abschließen, werden Ihre Informationen sofort in deren riesige Datenbank eingegeben, und während Sie warten, werden die für Sie in Frage kommenden Partner identifiziert und ihre Personenbeschreibungen ausgedruckt. Die Gebühren sind bei Erhalt der Ausdrucke zu bezahlen. Im Preis inbegriffen ist bei den meisten Agenturen ein periodisch erscheinendes Nachrichtenblatt mit den Personenbeschreibungen der Mitglieder. Die Leser können jene Mitglieder auswählen, die sie gern kennenlernen möchten, und die Agentur fungiert als Vermittlerin, denn in dem Blatt selbst dürfen weder Namen noch Adressen, Telefonnummern oder sonstige zur Identifizierung führende Angaben gemacht werden. Sie können sich gewiß vorstellen, wie hektisch es in den Agenturen am Wochenende zugeht, wenn die zukünftigen Paare sich zum Rendezvous treffen.

In der Altersgruppe zwischen 25 und 39 Jahren beträgt das Verhältnis zwischen ledigen Männern und Frauen 2:1. Polieren Sie Ihre Flirtkünste auf ... und fahren Sie nach Japan!

Kanada

Von den zehn Provinzen in Kanada weist die Provinz Quebec die meisten Singles auf: über zwei Millionen! Mehr »Quebecois« als je zuvor greifen auf Agenturen oder Partnerschaftsanzeigen zurück, um ihren idealen Seelenpartner zu finden. 1990 fand in Quebec die erste Fachmesse für Singles statt, auf der spezielle Waren, Geschenke, Bücher, Kassetten und anderes interessantes Zubehör für Singles ausgestellt wurden.

Bei der großen Zahl von ungebundenen Messebesuchern ist es verwunderlich, daß der einzige Kurs, der für Singles auf der Suche nach dem idealen Partner abgehalten worden zu sein scheint, mein eigener über die »Liebesstrategien« war. Ich führe die Leute durch die verschiedenen Stadien einer Liebesbeziehung, und meine Vorträge und Seminare umfassen Gruppen von 150 Personen und mehr. Der ungeheure Erfolg dieser informativen Sitzungen ermutigt Menschen jeder Altersgruppe zur Teilnahme. Überraschenderweise war das Verhältnis zwischen Männern und Frauen fast ausgeglichen.

Malaysia

Ein großer Prozentsatz von Singles in diesem Land findet sich in der Hauptstadt Kuala Lumpur. Diese flotten Singles – leitende Angestellte, Doktoren, Buchhalter, Manager und Geschäftsleute – sind in den vielen Gesellschaftsklubs, piekfeinen Hotelfoyers, Lokalen und Discos anzutreffen, die über die ganze Stadt verteilt sind. Obwohl von den Männern erwartet wird, daß sie den ersten Schritt bei der Vereinbarung eines Rendezvous machen, würde eine steigende Zahl junger Männer gern mehr Gleichberechtigung zwischen den Geschlechtern sehen, was das Aussprechen einer Einladung betrifft.

Weil der Prozentsatz unverheirateter Frauen im Vergleich zu dem der Männer viel höher ist – laut aktuellen Schätzungen kommt auf neun Frauen ein Mann –, schießen die Heiratsagenturen wie die Pilze aus dem Boden. Die Inanspruchnahme einer Agentur wird nicht nur gesellschaftsfähig in diesem Land, sie ist oft die einzige Hoffnung gebildeter Singles, die aufgrund ihrer Studien oder Karriere die Suche nach einem Lebenspartner hinausgeschoben haben.

Die islamische Jugendbewegung von Malaysia, »ABIM«, hat ein Heiratsprogramm mit Rücksicht auf die Religionszugehörigkeit ausgearbeitet, das besonders bei jungen muslimischen Frauen beliebt ist, die für moderne Flirttechniken zu scheu sind. Das Heiratsinstitut hat in Ampang, Kuala Lumpur, seinen Sitz und wird von Dr. Ariffin Marzuki geleitet, der junge Paare mittels seiner Kartei zusammenführt, in der er die ausgedehnten Interviews aufbewahrt, die mit allen Bewerbern durchgeführt werden und in denen festgehalten wird, welche Vorstellungen der Heiratskandidat bzw. die Heiratskandidatin von einem passenden Partner hat. Dr. Marzuki rät den Singles, realistisch zu sein, was das Bildungsniveau, die physische Erscheinung und den finanziellen Status des zukünftigen Partners betrifft – in anderen Worten, sie sollten nicht erwarten, einen Lebenspartner zu finden, der übertriebenen Idealen entspricht!

Dieses bezaubernde Land könnte man vielleicht als Paradies für ledige Männer bezeichnen. Es ist sicherlich ein interessanter Platz, um sich eine ideale Partnerin zu »erflirten«.

Niederlande

Dieses Land hat einen guten Ruf im Flirten! Tatsächlich behaupten, laut *Elan*, 70 % der Holländer, »leidenschaftlich« und regelmäßig zu flirten. In Amsterdam kann jede Frau einen Mann ansprechen, ohne befürchten zu müssen, für zügellos gehalten zu werden. Die Atmosphäre ist überall in Holland warm und freundlich … ein perfektes Land zum Flirten!

Norwegen

Es ist eine interessante Tatsache, daß zwar nahezu die Hälfte der Bevölkerung in diesem Land single ist, daß es aber viel unverheiratete Paare gibt, die zusammenleben.

Norweger sind für alle Arten von Liebesstrategien offen. Wenn Sie die nordischen Sagen kennen, werden Sie wissen, daß Flirten sicherlich nichts Neues für sie ist. Ihre Flirtversuche werden willkommen sein – und aufs wärmste erwidert werden!

Österreich

Erwerben Sie einen Doktortitel im Flirten an der Wiener Schule für Flirten und Kontakte! Einsamkeit ist in Wien zu einem gesellschaftlichen Problem geworden, was zur Entstehung von unzähligen Kursen, Seminaren und Klubs für Singles geführt hat. Flirten ist willkommen, ja es wird sogar gefördert! Bestimmte Hobbykurse – in Töpfern, Singen, Malen und Tanzen, um nur einige zu nennen – werden speziell für Singles organisiert. Sie werden eine entspannte, kreative Atmosphäre vorfinden, in der Singles Bekanntschaften machen können, während sie ein neues Hobby lernen – und ihre Flirttechniken anwenden.

Polen

Vielleicht sollten Sie in Polen nicht zu offen flirten. Unter den Polen sind Flirtversuche nicht allgemein üblich, und ihre Sitten sind ziemlich strikt. Obwohl Flirten als ein scherzhaftes und unschuldiges Spiel nicht sehr weit verbreitet ist, gibt es doch spezielle Zeitschriften, wie zum Beispiel *Feeling* oder *Erotica*, in denen Privatanzeigen zu finden sind. Diese Magazine sind bei der Bevölkerung ziemlich beliebt, besonders in den ländlichen Gebieten, wo die Frauen dem anstrengenden Leben auf den Bauernhöfen den Rücken kehren wollen, um in der Stadt zu leben. Dieser Exodus hat zu einem Mangel an Frauen im heiratsfähigen Alter geführt, mit dem die Männer, die immer noch auf dem Land leben und arbeiten, konfrontiert sind.

Portugal

Die Portugiesen flirten in freizügiger Manier, besonders in den Bars von Lissabon – den beliebtesten Treffpunkten. Wahrscheinlich werden Sie einen Besuch im »Bairro Alto« im Herzen der Altstadt oder im eleganten Nachtklub »Fragil« nicht versäumen wollen. Frauen sollten jedoch berücksichtigen, daß der portugiesische Mann noch immer ein bißchen altmodisch ist und ein allzu kühner Flirtversuch daher mißverstanden werden könnte!

Rußland

Durch die jüngsten Umwälzungen in Rußland werden Sie es vielleicht ein wenig schwieriger haben, einen oder zwei Flirtversuche zu starten. Viele Klubs und alteingesessene Restaurants legen vom Glanz längst vergangener Epochen Zeugnis ab und bilden einen dekorativen Rahmen für Ihre Flirtstrategien.

Wenn Sie eine hochgebildete, kultivierte Frau suchen, kontaktieren Sie am besten die Agentur »Moscow Connections«, die 400 berufstätige Frauen zu ihren Kundinnen zählt, die entweder ein Doktorat oder einen sonstigen Hochschulabschluß aufzuweisen haben.

Singapur

Aufgrund der wachsenden Zahl von Singles gründete die Regierung 1984 die Organisation »Social Development Unit (SDU)«, deren Aufgabe es ist, Gelegenheiten zu schaffen, wo Singles einander auf gesellschaftlicher Ebene kennenlernen können. SDU hat folgenden Grundsatz herausgegeben: »Warten Sie nicht, bis es zu spät ist, wenn Sie eine Familie gründen wollen!« Als jüngste Maßnahme hat SDU Aktivitäten für Singles, die viel unterwegs sind oder unregelmäßige Arbeitszeiten haben, ins Leben gerufen, die diese am selben Tag buchen können, an dem sie stattfinden – eine Grillparty, eine Tanzveranstaltung, ein Campingwochenende, Tennis oder Golf. Die Möglichkeit, sich erst im letzten Moment zu entscheiden, läßt diese gut organisierten Aktivitäten spontaner erscheinen, was allen Beteiligten mehr Spaß macht.

Abgesehen von der hektischen Arbeitswelt, sind auch die hohen Ansprüche der Singles aus Singapur in puncto Lebensstil schuld daran, daß jede Heiratsagentur ein schweres Los hat. Dennoch ist SDU offensichtlich auf dem richtigen Weg: Ihre Bemühungen haben bei etwa 2700 ihrer Mitglieder zur Ehe geführt.[4]

Gegenwärtig hat SDU 15000 Mitglieder, die zumeist über ein höheres Einkommen verfügen und Universitäts- oder Hochschulabsolventen sind, wobei nahezu 70% der Gesamtmitgliederzahl aus dem privaten Sektor kommen. Es wird Sie wahrscheinlich nicht überraschen, daß 60% der Mitglieder unter 30 Jahre alt sind.[5]

Es gibt noch zwei weitere staatliche Agenturen zur Förderung der Ehe: die »Social Development Section (SDS)« mit 60000 Mitgliedern, die Inhaber staatlicher Diplome sind, und die »Social Promotion Section (SPS)«, deren 20000 Mitglieder die staatliche Grundschule absolviert haben. Die meisten aus dieser Gruppe sprechen chinesisch (Mandarin) und nur wenig englisch. In dieser letzten Kategorie beträgt das Verhältnis zwischen Männern und Frauen 2:1, so wie in Japan.[6]

Anfang 1992 durchgeführte Schätzungen haben ergeben, daß von den ungefähr 270000 Singles in Singapur etwa 95000 Mitglieder einer der drei staatlichen Agenturen sind.

Es wäre vielleicht eine gute Idee, dieser schönen Stadt einen Besuch abzustatten, um ein wenig zu flirten, während Sie Ihrer Einkaufslust frönen.

Spanien
Flirten Sie mit Grandezza, olé! Die guten Nachrichten aus Spanien besagen, daß sich die Zahl der Singles im letzten Jahr *erhöht* hat – aber die schlechte Nachricht ist, daß viele dieser Singles nur spanisch sprechen. Die führende Heiratsagentur, »Mundo Nuevo«, rühmt sich, daß 1990/91 ihr erfolgreichstes Jahr war: Ihre Mitgliederzahl stieg um 60% an! Auch ein anderer Klub, der »Second

Hand Club« für Geschiedene, erfreut sich einer wachsenden Zahl von Mitgliedern.

Dem Geist der Post-Franko-Ära ist es zu verdanken, daß die spanischen Frauen sich dermaßen emanzipiert haben, daß viele von ihnen Kondome in ihren Handtaschen mit sich führen. 1978 wurde die Scheidung legalisiert, was zu einer drastischen Veränderung der gesellschaftlichen Landkarte im ganzen Land führte. Im Jahr 1990 betrug die Zahl der geschiedenen Frauen bereits mehr als 300 000.

Besuchen Sie bei einem Aufenthalt in Madrid die Nachtklubs »Milford Andrews« oder »Kinki«, denn auf diese Weise werden Sie eine Menge gutaussehender Leute kennenlernen, die Ausschau nach einem Partner zum Flirten halten.

Das romantische, temperamentvolle Spanien bildet den perfekten Hintergrund für Ihre Flirtkünste *und* gibt Ihnen die Gelegenheit, zahlreiche Singles kennenzulernen. Sie können sich darauf verlassen, von den heißblütigen Spaniern nicht im Stich gelassen zu werden.

Taiwan

Laut staatlicher Statistik gibt es rund 4,3 Millionen Singles in Taiwan – ungefähr ein Drittel der gesamten erwachsenen Bevölkerung des Landes. Die meisten Leute sind nicht freiwillig single, doch die traditionsbedingten sozialen und kulturellen Barrieren machen es für Männer und Frauen schwierig, Bekanntschaften zu schließen. Nicht nur, daß sie zumeist an verschiedenen Schulen und Universitäten studieren, auch im Berufsleben herrscht eine ungleiche Verteilung der Geschlechter vor. In den Städten, wo die dienstleistungsorientierten Berufe überwiegen, gibt es mehr Frauen als Männer. Das Gegenteil ist der Fall in den auf High-Technology ausgerichteten Industriegebieten: Hier sind die Männer gegenüber den Frauen in der Überzahl.

Zusätzlich zu diesen Behinderungen sozialer Interaktionen kommt noch die Tatsache, daß Männer und Frauen unterschiedliche Vorstellungen und Erwartungen von einer Ehe haben. Obwohl die Frauen auf Gleichberechtigung pochen, halten Sie Ausschau nach einem Ehemann, der besser gestellt ist als sie. Und viele gebildete Männer sagen zwar, daß sie die Gleichberechtigung respektieren, doch insgeheim möchten sie nach wie vor die dominierende Rolle in der Familie spielen. Dennoch gibt es Agenturen, die sich damit befassen, die Barrieren abzureißen und Wege zu finden, Leute miteinander bekannt zu machen.[7]

Eine Reihe von Agenturen setzen bei der Partnersuche Computer ein. Eine von den größeren Organisationen, der »Relationship Bridge Club«, bietet Singles die Gelegenheit, mehrere »mögliche« Partner während eines Besuches in den Klubräumen kennenzulernen. Die Kosten für eine zweijährige Mitgliedschaft sind hoch, doch die jungen Leute zahlen diesen Preis gern, weil sie andernfalls kaum eine Chance haben, Bekanntschaften nach ihrer Wahl zu schließen. Durch die hohen Anforderungen beruflicher Art, irreguläre Arbeitsstunden und begrenzte Freizeit, haben diese Singles gar keine andere Wahl, als auf die Dienste dieser modernen »Ehestifter« zurückzugreifen, die ihren traditionellen Pflichten nunmehr mit Hilfe der Computertechnik nachkommen.[8] Die Zeit ist günstig, um sich liebeshungrigen Taiwanesen vorzustellen!

Tschechische Republik/Slowakei

Obwohl diese Region im Herzen Europas nicht mit zahlreichen eleganten Nachtklubs, einschlägigen Agenturen oder speziellen Lokalen für Singles gesegnet ist, sind die Leute freundlich und die Singles ziemlich auf dem laufenden – besonders in Prag. Ein Grund mehr, um die Szene mit Ihren originellen Flirttechniken zu beleben!

USA

Viele Aktivitäten und Kurse werden in den USA speziell für Singles veranstaltet, und Flirten erntet höchste Anerkennung! Eine

Annonce in einer New Yorker Zeitung kündigte einen Kurs mit folgendem Titel an: »Flirten, den Hof machen und verführen!« Informieren Sie sich, ob dieser Kurs immer noch läuft, ehe Sie ins nächste Reisebüro stürzen!

Die Singleszene stellt in den USA einen bedeutenden kommerziellen Faktor dar. In allen größeren Städten gibt es Klubs und Vereinigungen, die sich mittels Rundschreiben und eigenen Zeitschriften an die Gruppe der Ungebundenen wenden. Allein in Los Angeles zum Beispiel sind an die 150 Singlesklubs nachweislich registriert, die alle möglichen Geschmacksrichtungen abdecken, sei es eine Vorliebe für Vegetarier oder für eine spezielle Altersgruppe wie zum Beispiel »Herbstfrauen und Frühlingsmänner«! Es gibt sogar einen Klub in Beverly Hills, der sich »Die Heiratsvermittler« nennt. Für ungefähr 10000 Dollar werden sie Ihnen bei der Suche nach einem Partner beistehen. Suchen Sie sich einfach einen beliebigen Bundesstaat aus: Bei einer solchen Auswahl an Menschen und Plätzen könnte es leicht vorkommen, daß Ihr Herz nicht mehr nach Hause will.

Alaska
Alaska ist flächenmäßig der größte Bundesstaat der USA, und es gibt dort viel mehr Männer als Frauen. Diesen Faktor hat sich eine Fachzeitschrift zunutze gemacht, die Profile von Männern bringt, die eine Gefährtin oder Ehefrau suchen: *AlaskaMen* hat rasch internationales Ansehen gewonnen. Abonnieren können Sie das Blatt bei: AlaskaMen USA, 201 Danner Street, Suite 100, Anchorage, Alaska, 99518, USA. Das Magazin erscheint sechsmal im Jahr und ist ein echter Geheimtip für alleinstehende Frauen. Der Verlag gibt auch einen Kalender heraus! Stellen Sie sich vor: zwölf Traummänner, die darauf warten, von Ihren Augen verschlungen zu werden! Sie können es gar nicht erwarten, diese tollen Kerle persönlich kennenzulernen! Eine Reisegesellschaft, »The Alaska Connection«, hat Spezialreisen für Frauen im Programm, die auf der Suche nach Abenteuern in der freien Natur sind – Kanufahren, Lachsfischen, Gletscherklettern – und natürlich Männer kennen-

lernen wollen. Richten Sie Ihre Zuschrift an dieselbe obige Adresse für weitere Informationen. Was glauben Sie, wie frisch und rosig Ihr Teint sein wird nach der vielen frischen Alaskaluft – und ein oder zwei herzlichen Umarmungen von Ihrem sanften Riesen!

Referenzen

1. *Elan*, Mai 1991
2. *The Straits Times*, Singapur, Januar 1992
3. *Link*, Februar 1992
4. Ibid.
5. Ibid.
6. *Channels*, Februar 1992
7. Op. cit. *The Straits Times*
8. Op. cit. *Link*

TEIL III

Liebesstrategien für eine traumhafte Beziehung

Erstellung Ihres Selbstportraits

Erstellen Sie Ihr Selbstportrait, ehe Sie eine Beziehung eingehen, um mehr über sich selbst zu lernen und um festzustellen, welche Art von Beziehung Sie sich wünschen

Bevor Sie sich auf die Suche nach dem idealen Partner machen, ist es wichtig, daß Sie zuerst selbst ein wenig Seelenforschung betreiben und analysieren, wer Sie sind und was Sie sich in diesem Lebensstadium wünschen. Um jene Eigenschaften definieren zu können, die Sie sich von einer anderen Person erhoffen, müssen Sie zuerst erkennen, was Sie selbst innerhalb einer Beziehung zu bieten haben. Die Erstellung eines Selbstportraits wird Ihnen dabei helfen.

Ihr Selbstportrait ist eine Aufstellung Ihrer Vorlieben, Abneigungen, Fehler und Vorzüge, eine Zusammenfassung Ihrer Erfahrungen während früherer Beziehungen und eine genaue Betrachtung all dessen, was Sie sich von einer Beziehung wünschen. Die Listen in diesem Abschnitt werden Ihnen bei dieser Aufstellung helfen. Da diese Analyse zur Bestimmung Ihrer Kriterien für eine Beziehung so wichtig ist, sollten Sie sich Zeit nehmen, um sie sorgfältig, ehrlich und ohne Hast durchzuführen.

Die Erfahrungen, die Sie im Laufe Ihres Lebens gesammelt haben, formen Ihre Persönlichkeit und beeinflussen Ihre Beziehungen. Trotzdem sind Ihre Lebensanschauungen und Reaktionen ständig subtilen Veränderungen unterworfen; ein Faktor, den es bei der Erstellung Ihres Selbstportraits zu berücksichtigen gilt. Seien Sie flexibel, und nehmen Sie diese Veränderungen bewußt wahr: Bleiben Sie offen in bezug auf die Grenzen Ihrer Forderungen. Notieren Sie sich das Datum, wenn Sie zum ersten Mal Ihr Selbstportrait abfassen, und korrigieren Sie es regelmäßig. Ihre Selbstauffassung wird zweifellos Wandlungen durchmachen, und Sie werden Ihre Aufzeichnungen auf den letzten Stand bringen müssen, damit sie Ihre neuen Erkenntnisse spiegeln – oder gegebenenfalls ein völlig neues Selbstportrait entwerfen.

Mein Selbstportrait
- Meine körperliche Erscheinung
- Die Art meiner Persönlichkeit
- Meine guten Eigenschaften
- Meine moralischen Werte
- Meine Fehler und Schwächen
- Mein Intelligenzniveau
- Meine Verständnistiefe
- Meine Kultur
- Meine Erziehung
- Meine Talente
- Meine Vorlieben
- Meine Abneigungen
- Meine Freizeitbeschäftigungen
- Was andere von mir halten
- Die Einstellungen von Personen, die ich respektiere
- Anliegen, die mir wichtig sind
- Meine Lebenseinstellung
- Was ich in diesem Lebensstadium einem Liebespartner zu bieten habe

Nehmen Sie Papier und Füller zur Hand, und entwerfen Sie Ihr Profil. Sie sind dabei, sich selbst zu entdecken – was Sie gemacht haben, wo Sie gewesen sind, was Sie mögen und was nicht und wovon Sie träumen.

Zeichnen Sie ein ehrliches Portrait von sich. Achten Sie auf die Farben Ihrer Persönlichkeit und auf die Schatten in Ihrem Leben, die Ihrem Charakter die Tiefe gegeben haben. Beginnen Sie mit der Beschreibung Ihrer körperlichen Erscheinung. Gehen Sie ins Detail.

– Sind Ihre Nägel immer sauber und manikürt, oder sind sie abgebissen und sehen vernachlässigt aus?

– Kümmern Sie sich um Ihre Zähne, oder suchen Sie nur im Notfall einen Zahnarzt auf?

– Ist Ihr Haar immer sauber und glänzend?

– Wie sieht Ihre Haut aus? Trocken? Fett?

– Duschen Sie jeden Morgen oder nur alle Schaltjahre?

– Männer mit Bart: Sind Sie für »Natürlichkeit« oder gepflegtes Aussehen?

– Wie ist Ihre Gesamterscheinung? Ist Ihr Kleidungsstil lässig, elegant, modisch oder avantgardistisch?

– Tragen Sie leuchtende, attraktive Farben oder eintönige Pastelltöne und Beige?

– Machen Sie jeden Modetrend mit, selbst wenn er Ihnen nicht steht?

– Wählen Sie Ihre Kleidung dem Anlaß entsprechend aus oder nach Lust und Laune, gleichgültig, wo Sie eventuell landen werden?

– Achten Sie stets auf sauberes Schuhwerk? Sind Ihre Schuhe immer gut geputzt, oder sind die Absätze abgetreten?

– Achten Sie auf fleckenlose Kleidung, an der kein Knopf fehlt?

– Sind Sie schlank, oder haben Sie Übergewicht?

– Können Sie Ihre Erscheinung auf irgendeine Weise verbessern – entweder durch Abnehmen von einigen Kilos oder durch die Veränderung Ihrer Frisur, die Sie seit einem Jahrzehnt tragen?

Nach der Beschreibung Ihres äußeren Erscheinungsbildes wenden Sie sich dem Ungreifbaren zu –
Ihrer Persönlichkeit

Haben Sie das Gefühl, daß Ihre Persönlichkeit eng mit Ihrer Vergangenheit, Ihrer Familie, Ihren Kindern, Ihren Beziehungen verknüpft ist? Dann sind Sie personenorientiert, im Gegensatz zu jemandem, dessen Persönlichkeit auf seine Talente, Fehler und Fehlschläge, persönlichen Erfolge, Träume und Ambitionen ausgerichtet ist. Liegt Ihnen mehr an den Dingen, die Sie tun müssen, um Ihre Ziele zu erreichen, als an persönlichem Glück?

- Ist Ihre Willenskraft schwach oder stark?
- Sind Sie schüchtern oder selbstbewußt?
- Exzentrisch oder zurückhaltend?
- Haben Sie eine negative oder positive Lebensauffassung?
- Sind Sie ein aktiver oder passiver Mensch?
- Fällt es Ihnen schwer, mit Leuten ins Gespräch zu kommen, oder können Sie mit jeder und jedem reden?

Wie steht es mit Ihren Pluspunkten, Ihren Talenten? Keine falsche Bescheidenheit! Seien Sie aufrichtig, und Sie werden von dieser Übung profitieren!

Zählen Sie Ihre Fähigkeiten, Begabungen und Vorzüge auf.

- Sind Sie ein ehrlicher Mensch?
- Sind Sie treu, verläßlich, ehrgeizig, großzügig, warmherzig, mitfühlend, glücklich?
- Sind Sie meistens gut aufgelegt, oder ist schlechte Laune Ihr täglicher Begleiter?
- Sind Sie passiv und vorsichtig oder frohgemut und zu jedem Spaß bereit?
- Sind Sie ein guter Mensch im moralischen Sinn? Das heißt, achten Sie sich selbst und andere?
- Sind Sie ein Angeber, oder sind Sie bescheiden?

Wie steht es mit Ihren Fehlern? Seien Sie aufrichtig, es ist wichtig!

– Sind Sie faul?
– Sind Sie egoistisch, anmaßend, unaufrichtig?
– Lügen oder betrügen Sie gewohnheitsmäßig?
– Haben Sie viele Schwächen?
– Sind Sie desorganisiert?
– Eifersüchtig, neidisch, besitzergreifend?
– Sind Sie verwöhnt?
– Überessen Sie sich oft?
– Kritisieren Sie ständig alles und jeden?
– Machen Sie sich für andere zum Sklaven?
– Stehen Sie unter dem Einfluß von Drogen, Alkohol, Spielleidenschaft oder von irgendeinem anderen Laster?

Wie steht es mit Ihrer Allgemeinbildung?

– Besitzen Sie eine gute Allgemeinbildung?
– Besuchen Sie Abendkurse, um sich fortzubilden?
– Möchten Sie einen bestimmten Kurs besuchen, um mehr aus Ihrem Leben zu machen? Wenn ja, wann beabsichtigen Sie, das zu tun?
– Können Sie etwas tun, um einen akademischen Grad zu erlangen?
– Welches Schulniveau haben Sie erreicht?
– Sind Sie über aktuelle Ereignisse auf dem laufenden?
– Lesen Sie Zeitung, Zeitschriften und eine reiche Auswahl an Büchern?
– Gehören Sie einer kulturellen Minderheit an?
– Sind Sie auf verschiedenen Gebieten versiert, um eine Menge Gesprächsstoff zu haben?
– Haben Sie viele Interessen?
– Sind Sie wißbegierig?
– Halten Sie sich selbst für eine kultivierte Person?

- Lieben Sie das Theater, die Kunst, die Bildhauerei oder die Musik?
- Nehmen Sie an vielen künstlerischen oder kulturellen Ereignissen teil?
- Besuchen Sie Museen?
- Nehmen Sie in Ihrem Urlaub an archäologischen Führungen teil?
- Beherrschen Sie Fremdsprachen, oder möchten Sie welche erlernen?
- Möchten Sie mehr über andere Kulturen lernen?
- Haben Sie Kenntnisse in Geschichte oder Geographie?

Gehen Sie Ihre Talente durch! Alle haben etwas, was sie gut können

- Sind Sie technisch begabt?
- Können Sie zeichnen? Sind Sie künstlerisch begabt – in der Malerei, Bildhauerei, in Design, Innenarchitektur oder Kunsthandwerk?
- Spielen Sie ein Musikinstrument, oder können Sie singen?
- Sind Sie gut im Sport?
- Joggen Sie jeden Morgen?
- Gehen Sie am Wochenende zum Skifahren, spielen Sie Tennis oder Golf?
- Sind Sie ein Meisterkoch? Oder verstehen Sie sich auf die Zubereitung von Süßspeisen, nach denen alle lechzen?
- Können Sie nähen oder stricken?
- Sind Sie ein strategisches Genie in Gesellschaftsspielen, eine Meisterin im Schachspiel?

Was ist Ihr liebster Zeitvertreib?

– Spielen Sie gern Bridge, Canasta oder andere Kartenspiele?
– Gehen Sie gern ins Kino?
– Gehen Sie gern ins Konzert oder ins Theater?
– Haben Sie Freude am Camping oder an Hallensportarten wie Bowling?
– Wenn Sie die Reihe Ihrer Hobbys zu vermehren hätten, was würden Sie noch gerne tun?
– Würde Sie das zu einer interessanteren, begehrenswerteren Person machen? Würde es Ihr Leben bereichern?

Zählen Sie Ihre Vorlieben und Abneigungen auf

– Essen
  Mögen Sie stark gewürzte Speisen?
  Sind Sie Vegetarier?
  Sind Sie ein Feinschmecker mit einer Vorliebe für gute Weine?
  Trinken Sie Kaffee oder Tee?
– Sportarten
– Urlaub
  Reisen Sie gern?
  Sind Sie ein konventioneller Tourist, oder entdecken Sie gern auf eigene Faust Neues?
– Hobbys
– Sind Sie ein Morgenmensch oder ein Nachtschwärmer?
– Haben Sie viele Bekannte oder wenige gute Freunde?
– Verkehren Sie mit Leuten aus allen Gesellschaftsschichten oder nur mit Menschen, die so sind wie Sie?

Zählen Sie als nächstes auf, was Sie absolut nicht leiden können

– Haben Sie allgemein eine Abneigung gegen Hausarbeit?
– Lesen Sie ungern?
– Sind Ihnen Körperübungen verhaßt?
– Oder Leute, die alles herumliegen lassen?
– Machen Kinder Sie verrückt?
– Sind Sie gegen irgend etwas allergisch? Zigarettenrauch? Katzen oder Hunde?
– Haben Sie etwas gegen Leute, deren Ansichten den Ihren widersprechen?
– Hassen Sie es, früh aufstehen zu müssen?

Schreiben Sie Ihre Überempfindlichkeiten auf; sie sagen eine Menge aus über Sie. Versuchen Sie, sich objektiv zu sehen, so als ob eine andere Person diese Fragen beantworten würde. Auf diese Weise wird Ihr Selbstportrait unvoreingenommen sein. Machen Sie aus Ihrem Profil eine ehrliche Biographie!

Um Ihr Selbstportrait vollständig zu machen, führen Sie noch alles an, was Sie gern allein tun
Geben Sie mindestens 40 Aktivitäten an, die Sie allein unternehmen können und die nichts oder wenig kosten. Je niedriger der Betrag ist, den Sie »nur für sich« beanspruchen, desto weniger haben Sie die Ausrede, daß Sie sich die Dinge auf Ihrer Liste nicht leisten können.

War es schwierig für Sie, sich Dinge einfallen zu lassen, die Sie gern allein tun? Wie viele waren Sie imstande zu notieren? Haben Sie vielleicht gar keine aufgezählt? Wenn Ihre Liste sehr kurz ausgefallen ist, sollten Sie anfangen, Zerstreuungen zu entwickeln, die Sie allein genießen können. Nur wenn Sie ein erfülltes Leben führen, werden andere Menschen Sie anziehend finden.

Wußten Sie, daß Ihr Leben sechs Aspekte hat?
Diese Aspekte sind:

- der körperliche (Ihre Gesundheit und Erscheinung)
- der religiöse (Ihre Glaubensvorstellungen)
- der effektive (Ihr Einfluß auf die Welt rund um Sie)
- der soziale (Aktivitäten, an denen Sie zusammen mit anderen Freude haben)
- der professionelle (Ihre Arbeit und sämtliche damit verbundenen Aktivitäten)
- der finanzielle (das Geld, das Sie verdienen, und wie Sie damit umgehen)

Nachdem Sie Ihr Leben auf diese Weise in seinem Gesamtzusammenhang erfaßt haben, geben Sie jedem der sechs Aspekte eine Note. Was werden Sie machen, um jene Aspekte, die eine schlechte Note bekommen haben, zu verbessern?

Sind Sie rundum glücklich?
Nehmen Sie an, Sie hätten Noten von 1 bis 100 zu verteilen, um zu beurteilen, ob Sie rundum glücklich sind. Welche Note würden Sie sich geben? Sind Sie mit Ihrer Note zufrieden, oder streben Sie eine bessere an? Bedenken Sie, daß es im Leben keine Proben gibt. *Das* ist das Leben! Sie bekommen keine zweite Gelegenheit, in diesem Moment glücklich zu sein. *Jetzt* ist es Zeit, auf die Straße des Glücks zu eilen.

Sind Sie mit Ihrem Selbstportrait glücklich?
Vermitteln Sie das Bild, das die anderen sehen sollen?
Wie können Sie diese Projektion verbessern?
Die Art, wie Sie von jedem Ihrer Sinne Gebrauch machen, trägt zu dem Bild bei, das Sie den anderen vermitteln, denn was Sie sehen,

hören, denken, sagen und fühlen, beeinflußt nicht nur, sondern formt die Basis Ihrer Haltung gegenüber Ihnen selbst. Und diese Haltung ist es, die die Welt als *Sie* wahrnimmt.

Der oder die, nach der oder dem Sie suchen, wird Sie finden

Nicht nur, daß Ihre Sinne dazu beitragen, welches Bild Sie von sich anderen übermitteln, sie beeinflussen auch, wen oder was Sie anziehen. Wenn Sie Ihr Gemüt ständig mit Negativität bombardieren, erhöhen Sie damit die Wahrscheinlichkeit, vom »Unglück verfolgt zu werden«. Die falschen Leute, unglückliche Ereignisse, sogar Unfälle können in Ihr Leben eindringen, weil eine negative Einstellung den Weg für diese verkehrten Umstände geebnet hat. Sie müssen darauf achten, was Sie denken, sagen, hören und fühlen, denn Ihre Sinne beeinflussen die Erfahrungen, die Sie in Ihrem Leben machen werden. Glückliche, positive Gedanken und Einstellungen werden gute Dinge in Ihr Leben bringen. Wenn Sie von fürsorglichen, liebevollen und glücklichen Menschen umgeben sein wollen, müssen Sie Ihr »inneres Auge« konditionieren, Leute mit diesen Einstellungen zu »suchen«. Was Sie suchen, das werden Sie finden: Suchen Sie mit Bedacht!

Sie sind das, was Sie sehen

Die Art, wie Sie die Welt wahrnehmen, spiegelt sich in dem, was Sie anderen zeigen. Wenn Sie sich selbst als eine häßliche Person sehen, werden Sie dieses Bild unweigerlich anderen vermitteln, weil die Art, wie Sie sich selbst sehen, zu Ihrer Spiegelung wird.

Je mehr Sie lernen, das Bild zu mögen, das Ihnen der Spiegel zurückwirft, desto mehr besteht die Gewähr, eine Person anzuziehen, die dieses Bild von Ihnen ebenfalls mag.

Wenn Sie sich mit schönen Dingen umgeben, werden Sie gewiß jemanden anziehen, der die Schönheit derselben bemerkt und die Ihre dazu!

Suchen Sie in allem, was Sie sehen, nach der Schönheit. Nehmen Sie das Lächeln auf den Gesichtern wahr. Füllen Sie Ihr Leben mit Anmut und Glanz durch fröhliche, Energie spendende, strahlende Bilder. Wenden Sie sich ab von grotesken Spiegelungen von Haß und Frustration.

Das Portrait Ihres Lebens hängt davon ab, was Sie zu sehen »wählen«. Denken Sie stets daran, daß alles, was Sie mit Ihren Augen aufnehmen, Ihren Träumen und Ihrem Geist Leben gibt und daß Sie daher trachten sollten, sich mit dem Anblick so vieler schöner Dinge wie möglich zu verwöhnen. Das bezieht sich nicht nur auf den Besuch von Museen und Galerien, sondern auch auf die Betrachtung von prächtigen Sonnenauf- und -untergängen. Verwenden Sie Ihre Gabe der »inneren« Sicht auch dazu, sich kostbare Dinge für sich selbst vorzustellen.

Visualisieren Sie, auf welche Weise sich Ihr Leben entfalten soll. Benutzen Sie Ihren Geist als einen mentalen Bildschirm, um den Film Ihres Traumlebens zu schaffen. Verbildlichen Sie sich jeden Aspekt in Zeitlupe. Je öfter Sie diesen Film vor Ihrem geistigen Auge ablaufen lassen, desto schneller werden Ihre Träume Wirklichkeit werden.

Sie sind das, was Sie hören
Sie haben die Wahl, sich gute oder schlechte Nachrichten anzuhören. Wenn Sie Ihr Leben bereichern wollen, so hören Sie nicht auf Klatsch, Streitereien und negative oder kritische Kommentare. Stellen Sie sich für alle jene taub, die Sie wiederholt tadeln oder herabsetzen oder sich bei Ihnen beklagen, und zollen Sie Worten, die darauf abzielen, Sie zu erschrecken oder zu verletzen, keinerlei Aufmerksamkeit. Lauschen Sie ermutigenden Reden, aufmunternden Vorträgen und Botschaften der Hoffnung, des guten Willens und der Liebe, und Ihre innerste Seele wird mit Freude und Jubel reagieren!

Musik ist nicht nur eine universelle Sprache, sie ist die Sprache, die zu Geist, Herz und Seele spricht. Wenn Sie schöner Musik lauschen, einem Lied, mit dem Sie besondere, angenehme Erinnerungen verbinden, so stimmen Sie sich auf die höchsten Ebenen

Ihres Wesens ein. Alles, was Sie hören, hinterläßt seinen Abdruck in Ihrem inneren Selbst und wird sich auf Ihre Gedanken und Handlungen auswirken. Wenn Sie nur Klänge, die Ihre Seele bereichern, vermischt mit Worten der Freude und Zuversicht, »das Ohr Ihres Herzens« erreichen lassen, können Sie den pessimistischen, negativen Lärm ausschalten, der Ihren Frieden und Ihre Harmonie bedroht.

Außerdem vergrößert sich damit die Wahrscheinlichkeit, daß Sie einen Liebespartner anziehen, der in einer Weise mit Ihnen spricht, die Sie fühlen läßt, wie wunderbar Sie sind. Sie werden erschauern unter den silbernen Klängen seiner Liebesworte, und Ihre Liebe wird an seiner Seite wachsen.

Sie sind das, was Sie sagen

Wenn jemand Sie fragt, wie es Ihnen geht, antworten Sie dann: »Nicht schlecht« oder »So, so«? Warum sagen Sie nicht: »Es geht mir gut … ist mir nie besser gegangen!« Schon durch das bloße Aussprechen dieser Worte werden Sie sich ermuntert fühlen. Achten Sie darauf, wie Sie mit anderen Leuten reden, und auf die Worte, die Sie wählen: Sie spiegeln das Bild, das Sie von sich selbst haben.

Sprechen Sie auf affirmative Weise. Anstatt eines schwächlichen »Ich würde gerne …« oder »Ich wünschte, ich könnte …« beweisen Sie Selbstsicherheit mit einem starken »Ich will …!«, und Sie werden tatsächlich das erreichen, was Sie wollen.

Haben Sie die Angewohnheit, negative Ausdrücke in Ihrer Umgangssprache zu gebrauchen? »Das Mittagessen war *schrecklich* gut.« »*Unglaublich*, was ich für eine schöne Zeit hatte.« »Sie sind *furchtbar* begabt.« Hören Sie, was Sie damit sagen? Ihr Unterbewußtsein hört es, und es registriert jedes pessimistische Wort! Die Bedeutung, die bei diesen vermischten Botschaften herauskommt, ist, daß Ihr Mittagessen *schrecklich* war, daß Sie *nicht glauben können,* daß Sie eine schöne Zeit hatten, und daß diese Person ihre Begabung *nicht verdient.* Indem Sie die positiven Dinge, die Ihnen widerfahren, auf negative Weise ausdrücken, neutralisieren Sie diese.

Selbst wenn Sie von so alltäglichen Dingen wie zum Beispiel einer Flasche Milch sprechen, ist es negativ zu sagen: »Sie ist halb leer«, wohingegen: »Sie ist halb voll« viel besser klingt.

Ihre Worte beeinflussen Ihre Leistungen. Wenn Sie den Ausdruck verwenden »Ich werde es versuchen«, werden 90 % der Aufgaben, die Sie sich vornehmen, fehlschlagen, weil Sie sich zu nichts verpflichtet haben. Sie haben das Mißlingen bereits mit dem, was Sie gesagt haben, vorprogrammiert, nämlich, daß Sie es *versuchen*, und nicht, daß Sie es wirklich *tun* werden. Das gleiche gilt auch für den Satz: »Ich muß.« Sie geben damit zu verstehen, daß das, was immer Sie auch tun, für Sie einen Zwang und eine wahre Fron bedeute. Kein Wunder, daß Ihr Leben ein solcher Kampf ist! Ersetzen Sie dieses negativ belastete »Ich muß!« durch ein »Ich will es tun … mit Gefallen!«

Wenn Sie sagen: »Ich kann es nicht!«, so werden Sie es wahrscheinlich nicht können. Warum geben Sie sich nicht selbst eine Chance, um zu beweisen, daß Sie es können? Sie werden überrascht sein, wieviel Sie tatsächlich leisten können!

Die Worte, die Sie sprechen, sollten Sie inspirieren und mit positiver Energie aufladen, die Ihr Leben transformieren wird. Machen Sie es sich zur Gewohnheit, positive Redewendungen zu benutzen. Verwenden Sie das Wort »Liebe« in so vielen Sätzen wie möglich während eines Tages – besonders wenn Sie mit Ihrer Familie, Ihren Freunden, ja selbst mit Ihrem Chef sprechen – »Ich liebe meine Arbeit!« – und natürlich auch mit zukünftigen Lieben. Die häufige Anwendung wird Ihnen zu einer liebevolleren Einstellung verhelfen – und möglicherweise einen Liebespartner anziehen.

Sagen Sie sich und den Leuten um Sie herum – besonders Ihrer Liebe –, wie glücklich Sie sind und wie schön und begabt Sie ihn oder sie finden. Erschaffen Sie Liebe in Ihrer Welt mit herzerfrischenden, aufmunternden Worten. Streuen Sie ein Lächeln ein, und verstärken Sie die Kraft dieser positiven Äußerungen.

Machen Sie aus jedem Ihrer Sätze eine angenehme Beschwörung, die in Ihr Leben und Ihre Beziehungen einen Liebeszauber webt.

Lachen ist mehr als ein Ausdruck glücklicher Gefühle. Es kann Schwermut im Nu heilen und wird sogar als Therapie bei Krankheit eingesetzt. Lachen ist eine wunderbare Gabe, die Sie pflegen sollten.

Das Leben sollte eine Party sein und kein Melodrama! Lachen Sie Ihre Sorgen weg, und Ihr ganzer Kummer wird sich in Luft auflösen.

Wenn Sie es schwierig finden zu lachen, dann üben Sie es! Entwickeln Sie Ihren Sinn für Humor, indem Sie sich mit lustigen Leuten, Bildern, Zeichnungen und Klängen umgeben. Schauen Sie sich komische Filme und TV-Programme an. Lesen Sie aufheiternde Bücher. Beginnen Sie Ihren Tag, indem Sie die Comicstrips in Ihrer Zeitung lesen. Lassen Sie die anderen an Ihrem Lachen teilhaben – hängen Sie die lustigsten Zeichnungen in Ihrem Büro auf. Spielen Sie einem Arbeitskollegen einen Streich, und lachen Sie gemeinsam darüber. Ein Kichern hebt bereits die Laune; ein richtiges Gelächter aus dem Bauch ist gut für Ihre Gesundheit, und es wird Freude in Ihr Leben und Ihre Beziehungen bringen.

»Später wirst du darüber lachen!« Dieser Zuspruch in einer problematischen Situation hat sich oft bewahrheitet. Wenn Sie Ihr Leben aus einer gewissen Distanz betrachten können, so stellen sich die Dinge viel humorvoller dar, als wenn Sie von Ihren Erfahrungen übermannt werden. Ein altes Sprichwort sagt: »Lache, und die Welt wird mit dir lachen! Weine, und du wirst allein weinen!«

Singen ist ebenfalls ein Weg, sich mittels der Stimme aufzuheitern. Unter der Dusche, im Auto, daheim – selbst in Gegenwart von Freunden: Sich durch Gesang auszudrücken wird Sie in gute Laune versetzen, und Sie werden den anderen damit ein glückliches Bild von sich vermitteln.

Eine positive Einstellung, die in allen Ihren Gesprächen Ausdruck findet, wird mit ziemlicher Wahrscheinlichkeit bewirken, daß sich ein Liebespartner von Ihnen angezogen fühlt, der in der gleichen lebendigen und begeisternden Weise spricht und mit dem Sie sich einer überaus glücklichen Beziehung erfreuen werden.

Sie sind das, was Sie denken

Mit jedem Gedanken senden Sie an Ihre Umgebung Wellen aus. Wenn Ihre Gedanken mit Liebe, Güte, Großzügigkeit und Mitleid gesättigt sind, werden Sie Menschen dieser Natur anziehen. *Gewöhnen Sie sich an, positiv zu denken,* anstatt sich andauernd über alles und jedes Sorgen zu machen und ständig daran zu denken, was Sie alles nicht haben. Sie werden Ihr Leben verändern. Negative Gedanken lösen Katastrophen aus. Selbst der Alterungsprozeß wird durch den bloßen Gedanken, daß Sie alt werden, beschleunigt. Wenn Sie glauben, daß Ihr Freund Sie betrügt, so wird er es wahrscheinlich früher oder später tun – Sie haben soviel Energie auf die Verbreitung dieses Gedankens verwendet, daß ihn schließlich jemand aufgreifen muß!

Konzentrieren Sie sich auf die helle Seite der Dinge, um das Beste aus sich zu machen und Ihre wahre, liebende Natur zu spiegeln. Schütteln Sie die negativen Gedanken ab. Gewöhnen Sie sich an, optimistisch zu sein. Halten Sie den ganzen Tag lang an Ihren guten Gedanken fest, und Sie werden sehen, wie sich Ihr Leben zum Besseren wandelt. Ihre Beziehung wird sich zu einer Romanze im großen Stil entfalten.

Sättigen Sie sich an wundervollen, bejahenden Gedanken, besonders bevor Sie zu Bett gehen, denn Ihr Unterbewußtsein schläft nie. Es wird diese herrlichen Anregungen die ganze Nacht lang verarbeiten, um sie am nächsten Tag in Wunder zu verwandeln.

Ihre Gedanken formen Ihr Leben und werden den Verlauf Ihrer Beziehung beeinflussen, also hegen Sie weise, *große* und *zauberhafte* Gedanken!

Sie sind das, was Sie fühlen

Ihre Gefühle setzen solch unglaubliche Mengen an Energie frei, daß diese wie ein Magnet wirken. Die Schwingungen, die Sie aussenden, gleichen einem Bumerang und schaffen ein durch Ihre Einstellungen geformtes Leben.

Gefühle haben die Macht, sich in der Wirklichkeit zu manifestieren. Wenn Sie Angst vor dem Fallen haben, werden Sie wahr-

scheinlich stürzen. Wenn Sie Angst vor dem Verlust Ihres Liebespartners haben, werden Sie ihn verlieren. Wenn Sie Schuldgefühle
haben – obwohl gar kein Grund vorliegt, sich schuldig zu fühlen
–, schwärzen Sie sich selbst an und werden als Verlierer gelten.
Angst und negative Emotionen sind destruktive Kräfte, die sich
ungünstig auf Ihr Leben auswirken. Horten Sie diese Gefühle
nicht: Sie stören Ihren persönlichen Fortschritt und die Entwicklung Ihrer Liebesbeziehung.

Sie müssen mit sich und Ihrem Leben einverstanden sein, um
diese positive Haltung auszustrahlen. Auf diese Weise werden Sie
einen Liebespartner anziehen, der mit sich in Einklang ist und auch
mit Ihnen! Ihre Überzeugungen und Anschauungen bilden das
Muster und die Struktur Ihres Lebens. Wirken Sie ein Liebesmu-
ster voller leidenschaftlicher und bezaubernder Bilder der Liebe!

**Entscheiden Sie, welche Art von Beziehung Sie sich jetzt
wünschen**
An welchem Punkt in Ihrem Leben stehen Sie? Sind Sie bereit,
eine Beziehung einzugehen? Denken Sie einen Augenblick lang
über Ihre früheren Beziehungen nach. Erkennen Sie ein bestimmtes Muster? Verfallen Sie immer wieder mit demselben Typ von
Person in dieselbe Art von Beziehung? Aus Fairneß sich selbst und
der anderen Person gegenüber ist es an der Zeit, daß Sie analysieren, was Sie von einer Beziehung erwarten.

Wie sahen Ihre früheren Beziehungen aus?
Sehen Sie sich Ihre früheren Beziehungen gut an, und analysieren
Sie diese sorgfältig, ehe Sie bestimmen, welche Art von Beziehung
Sie sich wünschen. Legen Sie analog zu der folgenden Liste Ihre
eigene an, und tragen Sie die Namen Ihrer früheren Partner in
parallelen Spalten ein und darunter die Antworten auf die folgenden Fragen.

Meine Verhaltensmuster in der Liebe
- Welche Eigenschaften waren bei allen früheren Partnern gleich?
- Was waren die positiven Aspekte der Beziehung? Welche Aspekte veranlaßten mich, die Beziehung aufrechtzuerhalten?
- Welche Fehler und Schwächen waren bei allen früheren Partnern gleich?
- Was waren die negativen Aspekte der Beziehung, die ihr Entgleisen verursachten?
- Was habe ich in die Beziehung eingebracht?
- Was hat mein Partner in die Beziehung eingebracht?
- Welche Aspekte meiner Persönlichkeit ließen mich in einer Beziehung ausharren, selbst wenn sie schwierig war?
  Abhängigkeit
  Gegenseitige Abhängigkeit
  Unsicherheit
  Schuld
  Finanzielle Schwierigkeiten
  Verantwortungsgefühl
- Wie lange dauerte jede einzelne Beziehung?
- Wer brach die Beziehung ab?
- Was waren die Gründe für den Bruch?
- Wie lange trauerte ich der Beziehung nach?
- Welche Anklagen erhob ich gegen meinen Partner?
- Waren meine Partner untreu, gewalttätig, egozentrisch?
- Hatte ich den Wunsch, sie zu verändern?
- Hatten sie den Wunsch, mich zu verändern?
- Wer beherrschte wen?
- Waren meine Beziehungen wertvoll für mich?
- Trieb ich nur mein Spiel?

Analysieren Sie Ihre Aufstellung, um festzustellen, ob Sie ein bestimmtes »Beziehungsmuster« entwickelt haben. Können Sie ein negatives oder ein positives Muster erkennen? Erscheint Ihnen Ihr Muster positiv und waren Ihre Beziehungen relativ glücklich, so behalten Sie es auf alle Fälle bei. Falls Sie jedoch den Eindruck haben, daß etwas nicht stimmt und daß Ihre Beziehungen unbefriedigend für Sie waren, beziehungsweise der Typ von Person, mit dem Sie diese einzugehen pflegten, dann ist es höchste Zeit für Sie, sich mit einer anderen Art von Leuten zu verabreden, die sich dieselbe Beziehung wie Sie wünschen und Ihnen die gleichen herrlichen Gefühle entgegenbringen wie Sie ihnen.

Werfen Sie einen Blick auf Ihre allerletzte Liebesbeziehung

– Wieviel Zeit ist seit dem endgültigen »Aus« vergangen?
– Ist sie wirklich hundertprozentig vorbei für mich?
– Wenn nicht, welches Stadium meines Heilungsprozesses habe ich erreicht?
– Bin ich fähig, zum jetzigen Zeitpunkt eine neue Beziehung anzufangen?

Noch einige Fragen bezüglich Ihrer früheren Beziehungen, damit Sie sich wirklich Klarheit verschaffen, welche Art von Beziehung Sie suchen

– Wünschen Sie sich eine lockere Freundschaft oder eine ernsthafte Bindung?
– Wie weit sind Sie gewillt zu gehen?
– Wünschen Sie sich eine glückliche Liebesaffäre?
– Wünschen Sie sich eine lange und bedeutsame Beziehung?
– Ist Ihnen einfach nur nach einer Freundschaft zumute?

Seien Sie präzis! Außerdem ist es nötig, jemanden zu wählen, der sich *dieselbe Art von Beziehung* wünscht wie Sie. Die Grundlage für den Erfolg Ihrer nächsten Beziehung wird von Ihrer Ehrlichkeit sich selbst und dem anderen gegenüber gebildet, was voraussetzt, daß Sie erklären, was Sie suchen und was Sie von einem Liebespartner erwarten.

Die Strategien

Malen Sie das Portrait Ihres idealen Liebespartners
Da Sie sich selber inzwischen in- und auswendig kennen, sollten Sie auch bereits einige Vorstellungen über Ihren idealen Liebespartner geformt haben. Sie wären überrascht, wenn Sie wüßten, wie viele Leute, die gewissenhaft nach einem idealen Partner suchen, im Grunde keine Ahnung haben, was sie wirklich wollen.

Sie sollten ziemlich genau wissen, welcher Typ von Person zu der Art von Beziehung passen würde, die Sie sich wünschen. Möchten Sie einen guten Freund, mit dem Sie Spaß haben können, einen Liebhaber, einen Verlobten und eventuellen späteren Ehemann oder jemand für ein gelegentliches Rendezvous, jedoch ohne Ausschließlichkeit?

Nehmen Sie Feder und Papier zur Hand, und beginnen Sie mit der Beschreibung Ihres Traumpartners. Sie können sich an die gleichen Richtlinien wie für Ihr Selbstporträt halten. Lassen Sie sich Zeit ... eine Woche oder noch länger. Überstürzen Sie diesen wichtigen Prozeß nicht! Fügen Sie jeden Tag Ihrer Beschreibung einige Details hinzu. Sie möchten kein Abziehbild von sich selbst, sondern jemand, der eine Ergänzung zu Ihren Talenten und Schwächen bildet. Wenn Sie zum Beispiel Schwierigkeiten mit Budget und Bankkonto haben, könnten Sie in Ihre Aufstellung hineinnehmen: »Muß fähig sein, mit Geld umzugehen.«

Ein weiterer wichtiger Punkt ist, daß Sie *Ihr* Leben durch die Verbindung mit dieser Person bereichern wollen, halten Sie daher nach jemand Ausschau, der ein bißchen gebildeter ist als Sie, der sich in höheren oder ausgedehnteren gesellschaftlichen Kreisen bewegt und Ihren Horizont erweitern kann. Wenn Sie sich in bildender Kunst auskennen und mehr über ein anderes Gebiet – zum Beispiel Musik – wissen wollen, werden Sie vielleicht auf Ihrer Liste »musikalische Begabung« hinzufügen. Natürlich sollten Sie realistisch sein und sich vor Augen halten, was Sie selbst in eine Beziehung einzubringen haben. Denken Sie daran, daß Ihre Stärken die Schwächen der anderen Person ausgleichen sollten. Sie sind eine fabelhafte Köchin, und er hat Schwierigkeiten, Wasser zum Sieden zu bringen, oder Sie sind ein ausgezeichneter Redner in der Öffentlichkeit, wogegen Ihre Partnerin Gespräche in kleinen, informellen Gruppen vorzieht.

Um Ihre ideale Liebe noch genauer zu umreißen, versetzen Sie sich in verschiedene Rollen. Spielen Sie *Detektiv, Interviewer, Psychologe, Anwalt* – und stellen Sie Fragen, die Sie gern beantwortet hätten. Zum Beispiel:

Detektiv: Hatten Sie schon einmal etwas »Ernstes«?

Interviewer: Was gefällt Ihnen an Ihrer neuen Karriere am besten?

Psychologe: Wie sieht es mit den Beziehungen innerhalb Ihrer Familie aus?

Anwalt: Waren Sie schon einmal verheiratet?

Ohne Zweifel werden Ihnen noch viele Fragen einfallen, über die Sie gern Bescheid wüßten. Machen Sie von Ihrer Liste Gebrauch, sobald Sie eine »mögliche« Liebe kennengelernt haben. Natürlich werden Sie ihr nicht gleich bei der ersten Verabredung alle Fragen stellen, aber von Zeit zu Zeit werden Sie vielleicht in Ihrer Liste nachsehen, ob Sie mit den Antworten leben können.

Am Ende dieses Abschnittes werden Sie noch mehr Fragen vorfinden, auf die Sie langsam die Antworten herausfinden können, um auf diese Weise das Bild Ihres möglichen Liebespartners zu vervollständigen.

Stellen Sie anhand dieses »Originalportraits« eine neue Liste auf, die Sie in zwei Abschnitte teilen: »Wesentliche Kriterien« (bei denen Sie zu keinerlei Kompromissen bereit sind) und »Wünschenswertes« – jene Punkte, die zwar nicht absolut notwendig, aber eine nette Draufgabe wären

Inzwischen sollte Ihre Liste ganz schön lang sein. Doch sie ist nicht in Stein gemeißelt! Jeder Tag im Leben bringt Veränderungen mit sich, die unsere Wünsche, Sehnsüchte und Einstellungen beeinflussen. Bleiben Sie flexibel, und unterziehen Sie das »Originalportrait« Ihres idealen Partners von Zeit zu Zeit einer Modifizierung in Übereinstimmung mit Ihren veränderten Bedürfnissen.

Nehmen Sie Ihre Liste zur Hand, und kennzeichnen Sie die wesentlichen Kriterien, die absolut notwendigen Punkte, die nicht diskutiert werden können, indem Sie ein Herz (♥) neben jeden Punkt zeichnen. Die wünschenswerten Punkte versehen Sie mit einem Pluszeichen (+).

Jetzt sind Sie für den nächsten Schritt gerüstet.

Wesentliche Kriterien, an denen Ihnen etwas liegen könnte
Wesentliche Kriterien sind nicht für jeden Menschen gleich. Während gewisse moralische Qualitäten und Aspekte für manche absolut indiskutabel sind, können sie für andere weniger wichtig sein.

Zu Ihrer Inspiration werden hier dennoch einige Beispiele für wesentliche Kriterien angeführt, von denen viele Leute sagen, daß sie diese bei ihrem idealen Partner voraussetzen. Für viele Leute muß ein vollkommener Partner wie folgt sein:

– ehrlich
– treu
– hygienebewußt
– gesundheitsbewußt
– gewissenhaft
– ehrgeizig

- erfolgreich
- fähig, Gefühle auszudrücken
- großzügig
- gutherzig
- selbstbewußt
- gutmütig
- respektvoll
- verständnisvoll
- ausgeprägt weiblich/männlich

Sie können aus den obigen Vorschlägen diejenigen Charakterzüge herauspicken, die für Sie unwesentlich sind, und eventuell einige hinzufügen, die hier nicht aufgeführt, für Sie aber wichtig sind.

Sobald Ihre Liste mit den Kriterien für einen idealen Partner komplett ist, gilt es, die wesentlichen Voraussetzungen für einen Liebespartner zu markieren und sich *nie* mit weniger zu bescheiden

Gehen Sie Ihre Liste mit den wesentlichen Kriterien durch, die jetzt vermutlich mindestens 20 bis 35 Punkte umfassen wird, und wählen Sie 5 bis 10 Punkte aus, die Ihnen am wichtigsten sind (diejenigen, die Sie mit einem Herz markiert haben). Suchen Sie der Priorität nach diejenigen aus, die Sie in einer Beziehung *unbedingt haben müssen*, damit diese befriedigend für *Sie* ist. Diese Liste bildet die Basis für Ihre Beziehung; Punkte, in denen Sie kompromißlos sind – oder bei denen Sie sich bestenfalls auf eine geringfügige Veränderung einlassen würden. Das alte Sprichwort »Liebe macht blind« ist auf eine bedeutungsvolle Beziehung nicht anwendbar. Wenn Sie um eine Person zu werben beginnen, die Ihre wesentlichen Kriterien nicht erfüllt, werden Sie die Beziehung auf einem fehlerhaften Fundament errichten, das jederzeit einstürzen kann.

Nehmen Sie an, daß Sie jemand kennenlernen, der in Ordnung zu sein scheint, dessen Eigenschaften aber nur mit zwei oder drei wesentlichen Kriterien übereinstimmen. Möchten Sie auf einem

Sessel sitzen, dem ein Bein fehlt? Oder in einem Tempel stehen, dem einige Säulen fehlen? Natürlich nicht! Zeit, sich einem anderen Kandidaten zuzuwenden!

Selbst wenn Sie sich durch die Beschreibung Ihres idealen Partners veranlaßt sehen, einen bestimmten Personentyp zu wählen, müssen Sie sich vergewissern, daß die in Frage kommende Person sich dieselbe Art von Beziehung wünscht wie Sie. Wenn Sie sich mit einer Person verabreden, die Sie für vollkommen halten, und sie ist nur an einer flüchtigen Liebesaffäre interessiert und nicht an einer ernsthaften Beziehung, wie von Ihnen geplant, dann verschwenden Sie Ihre Zeit. Sich zu vergewissern, daß die Person Ihres Interesses sich dieselbe Art von Beziehung wünscht wie Sie *und Sie auf die gleiche Weise liebt wie Sie ihn oder sie,* sollte Ihr oberstes Kriterium sein.

Vergewissern Sie sich, daß Ihre Partnerin eine Liste mit ihren wesentlichen Kriterien für eine ideale Liebe angelegt hat

Fragen Sie eine potentielle Partnerin, ob sie eine Liste mit ihren wesentlichen Kriterien für einen idealen Partner angelegt hat. Falls sie es getan hat, können Sie ihr Porträt eines idealen Partners sorgfältig mit Ihrem Selbstporträt vergleichen. Wenn Sie merken, daß Sie ihrem Konzept von einem idealen Partner nicht entsprechen, müssen Sie damit rechnen, daß sie Sie früher oder später verlassen wird, um sich erneut auf die Suche nach einem Partner zu begeben, der Ihren Bedürfnissen besser gerecht wird.

Machen Sie nicht den Fehler zu glauben, daß Sie jemand ändern oder in seinen grundlegenden Vorstellungen beeinflussen könnten. Wenn er Ihre wesentlichen Kriterien nicht erfüllt beziehungsweise Sie nicht die seinen, ist es am besten, wenn Sie sich sofort trennen.

Am Beginn einer neuen Beziehung ist es wichtig, daß Sie nach jedem Rendezvous Ihre Liste durchsehen und genau prüfen, ob Ihr potentieller Partner alle Ihre fundamentalen Bedürfnisse befriedigen kann. Wenn dies nicht der Fall ist, so hat es wenig Sinn, die Beziehung fortzusetzen, nur weil Sie davor Angst haben, wieder allein zu sein. Sie machen einen schweren Fehler, wenn Sie Ihre Entscheidung hinausschieben.

Halten Sie sich stets Ihr oberstes Kriterium vor Augen, daß Sie und Ihr Partner die gleiche Art von Beziehung anstreben und daß Sie *füreinander die gleichen Gefühle hegen*!

Vergeuden Sie nicht die besten Jahre Ihres Lebens mit dem Versuch, eine verlorene Beziehung zu retten

Wenn Sie nicht zueinander passen oder wenn die andere Person Ihren Ansprüchen nicht gerecht wird: Wie soll sich dann Ihre Liebe für diese Person entfalten können? Das ist nicht möglich. Früher oder später wird es zu einer Gefühlsexplosion kommen. Ihr Liebespartner muß genausoviel zu der Beziehung beitragen wie Sie. Jeder muß auf die Gefühle und Emotionen des anderen Rücksicht nehmen – gehört das nicht dazu, wenn man jemand liebt? Beide müssen fähig sein, ihre Liebe zu zeigen. Worte sind nur Worte, sie werden erst durch Taten in Liebe umgesetzt. Die Werte Ihres Liebespartners müssen auch die Ihren sein. Einer muß den anderen ergänzen, das ist der Schlüssel zu einer erfolgreichen Beziehung.

Halten Sie von Anfang an die Augen offen. Passen Sie auf die Kleinigkeiten auf: Ist Ihr neuer Partner gewissenhaft? Läßt er seine Serviette nach einem Abendessen bei Ihnen zerknüllt liegen? Braucht sie die Milch bis zum letzten Tropfen für ihren Kaffee auf? Es ist erstaunlich, wie sich solche kleinen Ärgernisse zu einer Quelle ständigen Streits im Laufe der Jahre entwickeln können. Warum wollen Sie sich mit diesen Problemen herumschlagen, wenn Sie mit ein wenig Geduld und Mühe die Person, die für Sie richtig ist, kennenlernen können? Es wird Ihre Gesundheit und Ihre Liebe schonen: Eine schwierige Beziehung kann Sie erschöpft und verbittert machen.

Vergewissern Sie sich, daß Ihr neuer Partner sämtlichen auf Ihrer Liste angeführten wesentlichen Kriterien entspricht. Wenn

Ihre neue Bekanntschaft diese wichtigen Eigenschaften nicht hat, so lassen Sie sich auf *keine Kompromisse* ein. Wenn Sie sich jetzt darauf einlassen, werden Sie für den Rest Ihres Lebens immer nachgeben müssen. Hören Sie auf Ihre innere Stimme – Ihr Herz meldet sich zu Wort! Wenn Ihre Intuition Ihnen sagt, daß etwas nicht stimmt, so schenken Sie ihr Beachtung: Sie versucht, Sie mit der Wirklichkeit zu konfrontieren. Fürchten Sie sich nicht vor dem Alleinsein! Sie *werden* jemand Besonderen finden, und er wird genau richtig für Sie sein. Geduld und Ausdauer werden das Rennen machen.

Denken Sie daran, daß es heute viel weniger schmerzlich sein wird, die Beziehung zu beenden, als morgen oder übermorgen. Wenn Sie sich jedesmal schlecht fühlen, wenn Sie mit der anderen Person zusammen sind, aber nicht genau wissen, warum, dann hören Sie auf Ihre Vernunft. Wenn Sie viel mehr in die Beziehung investieren als die andere Person, ist irgend etwas falsch, und Sie werden eine Trennung in Betracht ziehen müssen.

Legen Sie am Anfang einer Beziehung eine Liste mit zwei Spalten an, in denen Sie anführen, was Ihr Partner und was Sie zu der Beziehung beitragen. Das Resultat könnte verblüffend sein!
Zu Beginn einer neuen Beziehung schriftlich festzuhalten, wie Sie sich nach jeder Verabredung fühlen, kann Ihnen ebenfalls helfen, den Zustand einer Beziehung zu bestimmen. Lesen Sie nach einigen Verabredungen Ihre Aufzeichnungen durch, und Sie werden vielleicht erschrocken feststellen, daß Sie gar nicht soviel Spaß hatten, wie Sie dachten.

Machen Sie sich keine Sorgen, seien Sie positiv: Ihr idealer Partner *existiert*. Es ist unnötig, sich mit einer Beziehung zu begnügen, die nur aus Kompromissen besteht. Wenn Sie sich emotional gebunden fühlen, so fragen Sie sich, ob Sie auf die Dauer mit den Mängeln eines wenig idealen Partners werden leben können.

Sobald Ihr Entschluß feststeht, daß Sie bereit sind für eine Beziehung, müssen Sie sich genügend Zeit einräumen, um die ideale Person dafür zu finden

Es ist nicht besonders vernünftig, sich die Aufgabe zu stellen, bis zum Valentinstag die große Liebe gefunden zu haben, wenn es bereits Dezember ist. Sie könnten zwar Glück haben, aber wahrscheinlich werden Sie etwas mehr Zeit brauchen. Setzen Sie einen vernünftigen Zeitrahmen fest, und räumen Sie sich genug Chancen ein, so viele Leute wie möglich zu treffen.

Genießen Sie in der Zwischenzeit Ihr Leben in vollen Zügen

Dies ist nicht der Augenblick, um sich Sorgen zu machen über das, was in Ihrem Leben passieren wird und was nicht. Schätzen Sie das, was *jetzt* in Ihrem Leben geschieht: Gestern ist für immer vorbei, und das Morgen wird vielleicht nie eintreffen. Genießen Sie jeden Tag so, wie er ist. Staunen Sie über seine Wunder, als ob es der erste Tag Ihres Lebens wäre – doch leben Sie so intensiv, als ob es Ihr letzter Tag wäre. Sagen Sie zu sich selbst: »Heute ist ein brandneuer Tag, den es noch nie gegeben hat. Ich werde ihn so glücklich wie nur möglich verbringen!« Warum wollen Sie Ihre Zeit mit Ängsten und Sorgen vergeuden, die Sie nur unglücklich machen? Das Leben kann nicht immer glatt verlaufen: Es ist voller Hindernisse, über die Sie springen müssen. Selbst Spitzensportler haben Tage, an denen sie nicht in Form sind ... sogar die großartigste Romanze hat ihre trüben Tage. Leben Sie jeden Tag so intensiv wie möglich. Seien Sie aktiv, aber nehmen Sie sich auch Zeit nur für sich selbst – um sich zu entspannen, nachzudenken und Ihre gute Laune wiederherzustellen.

Gehen Sie mit sich selbst so um, wie Sie es sich von einem Partner wünschen

Verwöhnen Sie sich selbst so, wie Sie es mit einem ganz besonderen Gast oder Freund tun würden. Wenn Sie allein leben, können Sie zum Beispiel ein festliches Essen für sich zubereiten – eines, das Sie voll Stolz einem wichtigen Besuch servieren würden. Decken Sie den Tisch mit einem schönen Tischtuch, Ihrem besten Porzellan, Kristall und Silber. Kerzen und Blumen wären eine nette Geste. Spielen Sie Ihre Lieblingsmusik, und öffnen Sie eine Flasche Wein, wenn Ihnen danach zumute ist, und beenden Sie das Festmahl mit einem köstlichen Nachtisch. Machen Sie sich schön, als ob Sie an einer eleganten Gesellschaft teilnehmen würden! Genießen Sie Ihre eigene Gesellschaft, als ob Sie Ihr eigener bester Freund wären.

Denken Sie sich andere Aufmerksamkeiten aus, die Ihnen Freude machen würden. Senden Sie sich Blumen – jede Woche oder eine einzelne Rose jeden Tag. Belohnen Sie sich selbst, wenn Sie abgenommen haben, indem Sie ein schickes Nouvelle-Cuisine-Restaurant aufsuchen oder sich Kleider kaufen, die Ihnen im *nächsten* Monat passen werden.

Behandeln Sie sich so, als ob Sie die wichtigste Person auf der ganzen Welt wären – denn Sie sind es

Ihren eigenen Wert zu kennen und ein starkes Selbstbild aufrechtzuerhalten wird Ihnen helfen, sich nicht auf eine Beziehung mit jemand einzulassen, der Ihre guten Eigenschaften nicht zu schätzen weiß oder versucht, diese in Fehler zu verwandeln. Wenn Sie selbst keine hohe Meinung von sich haben, wird es Ihnen schwerfallen, einen Partner zu finden, der Ihren wahren Wert erkennt. Zu wissen und zu fühlen, daß Sie einzigartig und begehrenswert sind, wird bewirken, daß Ihr zukünftiger Partner Ihnen dieselbe Achtung entgegenbringt. *Machen Sie sich selbst den Hof,* auf eine liebenswürdige und respektvolle Weise – es wird Ihnen helfen, den richtigen Partner zu finden und mit ihm eine positive, starke und liebevolle Beziehung einzugehen. Um Ihre große Liebe zu finden, müssen Sie sich zuerst selbst lieben!

Um mit einer anderen Person glücklich zu werden, müssen Sie erst lernen, mit sich selbst glücklich zu sein

Sie können viele wunderbare Dinge allein ausführen. Es ist nicht nötig, sich ständig auf die Gesellschaft eines Partners zu verlassen, um all die Dinge zu tun, die Sie gerne machen. Sie sind eine eigenständige Persönlichkeit. Auch in der Liebe behalten Sie Ihre Identität. Selbst wenn Sie ein Teil eines Paares sind, bleiben Sie ein Individuum. Geben Sie nie Ihre Identität preis, um einer anderen Person zu gefallen. Ihre persönliche Entwicklung innerhalb der Beziehung ist lebenswichtig. Bewahren Sie Ihre Individualität. Ihre Liebe fühlte sich zu *Ihnen* hingezogen, sie verliebte sich in *Sie* – warum wollen Sie sich jetzt ändern?

Ihr Liebespartner sollte nicht Ihr einziger Grund zum Leben sein, so wie Ihre Beziehung nicht Ihr Wesen verändern sollte. Eine gesunde Beziehung raubt nicht Ihr Herz, sondern nährt es. Als unabhängige Person werden Sie nicht verzweifelt darauf warten, daß das Telefon klingelt … oder daß Ihr Liebespartner endlich kommt.

Sie müssen ganz genau wissen, was Sie wollen! Was erfüllt Sie mit Zufriedenheit? Was bewegt Sie leidenschaftlich? Holen Sie es sich! Etablieren Sie sich selbst in dem von Ihnen gewählten Lebensstil; warten Sie nicht darauf, daß ein anderer es für Sie tut.

Behandeln Sie sich immer vorrangig! Wenn Sie psychisch, körperlich und finanziell unabhängig sind, werden Sie nie ein Gefangener oder eine Gefangene der Liebe werden. Denken Sie daran, daß Sie ein ganzer Mensch sind, fähig zu denken, zu handeln und ein erfülltes Leben zu führen. Werden Sie nie zur »besseren Hälfte« von jemand anderem! Stellen Sie sich Ihr Leben als schön und aufregend vor – selbst ohne einen Partner. Je selbständiger Sie werden, desto besser stehen Ihre Chancen, eine spektakuläre Liebesaffäre zu erleben.

Neigen Sie zur Eifersucht? Dann ist es Zeit zu erkennen, daß eine eifersüchtige Natur ein Syndrom ist und nicht eine bloße Schwäche. Dieses Problem ist das Resultat eines ernsten Mangels an Selbstbewußtsein, und wenn Eifersucht eine Beziehung befällt, kann die Situation sehr unangenehm werden – ja sogar unheilvoll.

Jedesmal, wenn Sie von der Furcht heimgesucht werden, daß Ihr Liebespartner Ihnen untreu ist, übermitteln Sie ihm starke Schwingungen, die ihn auffordern, untreu zu sein. Früher oder später wird er Ihre negativen Schwingungen auffangen und Sie betrügen. Seien Sie sich der Kraft Ihrer negativen Gedanken bewußt, und überwinden Sie diese. Steuern Sie diesen Gefühlen der Unsicherheit entgegen, indem Sie Ihr Selbstbewußtsein entwickeln. Wenn Sie sich selbst für »jemand« halten, werden Sie erkennen, daß *Sie* das Beste in Ihrem Leben sind. Sie werden kein Bedürfnis haben zu glauben, daß andere Leute Ihnen überlegen wären oder daß Sie Ihre Liebste verlieren könnten.

Wie Sie sich selbst wahrnehmen, ist das Bild, das Sie den anderen vermitteln. Ihre negativen Gedanken über sich selbst werden Verlierer anziehen. Die Beantwortung einiger wichtiger Fragen wird Ihnen helfen, sich selbst zu definieren. Fragen Sie sich: »Wer bin ich? Was gefällt mir? Was mißfällt mir? Was kann ich? Was sind die guten Dinge in meinem Leben? Was sind meine Ziele, und wie kann ich sie erreichen? Was sollte ich besser machen? Warum falle ich immer in diese selbstzerstörerischen Verhaltensmuster? Wie kann ich mein Benehmen ändern?«

Wenn Ihr Partner der einzige wichtige Aspekt in Ihrem Leben ist oder Sie das Gefühl haben, daß er Ihr »ganzes Leben« geworden ist, wird er früher oder später Ihre Seele übernehmen und Sie als leere Schale ohne Identität zurücklassen. Denken Sie an die Worte von Eleanor Roosevelt: »Niemand kann mir das Gefühl geben, minderwertig zu sein, außer ich bin selber einverstanden damit.« Und Mahatma Gandhi in seiner Weisheit sagte: »Niemand kann dich an irgend etwas hindern, außer du selbst!« Glückseligkeit fällt nicht vom Himmel, sie kommt von innen!

Haben Sie keine Angst vor Zurückweisung

Angst vor Zurückweisung kann eine Beziehung zum Scheitern bringen. Diese Angst hat ihren Ursprung im negativen Denken und in schmerzlichen Erfahrungen in der Vergangenheit, und sie wird Sie lähmen und verhindern, daß Sie mit Ihrem Liebespartner glücklich werden. Sie können diese Angst überwinden, indem Sie ihr auf den Grund gehen und Ihre falschen Gefühle von Unzulänglichkeit lösen, die ihre Wurzeln bilden.

Bedenken Sie, daß Ihre Angst vor Zurückweisung nur in Ihrem Kopf existiert. Schließlich kennen Sie nicht die wahren Gründe, weshalb Sie abgelehnt worden sind. Wenn jemand eine Beziehung mit Ihnen nicht fortsetzt, brauchen Sie nicht zu verzweifeln. Wenn die andere Person von ihren eigenen Gefühlen ausgegangen ist, hat dies nichts mit Ihnen zu tun. Vielleicht hat sie entdeckt, daß sie für eine ernsthafte Beziehung noch nicht reif ist. Vielleicht fürchtet sie sich vor der Liebe. In jedem Fall hat sie Ihnen, wenn sie Ihrer Liebe nicht ebenbürtig war, einen großen Gefallen erwiesen, indem sie sich von Ihnen getrennt und Platz für jemand Neuen gemacht hat, der Ihre Zuneigung besser erwidern wird. Ihre Gründe für den Abbruch der Beziehung brauchen gar nicht mit Ihnen persönlich in Zusammenhang zu stehen. Auch wenn Sie nicht sämtliche Kriterien auf der Liste dieser Person erfüllt haben, so können Sie sehr gut der ideale Partner für Ihre nächste Bekanntschaft sein.

Fassen Sie Zurückweisung als einen verzögerten Erfolg mit einem anderen auf

Sie mögen noch so viele Gemeinsamkeiten haben – Vorlieben, Abneigungen, Interessen –: selbst wenn die Erde jedesmal, wenn Sie sich sehen, stillzustehen scheint, ist es um die Chancen für diese spezielle Beziehung schlecht bestellt, wenn sie vom Zeitlichen her nicht stimmt. *Die richtige Person zur falschen Zeit ist nicht die richtige Person für Sie!* Wenn Ihre beiderseitigen Wunschvorstellungen für die Zukunft nicht übereinstimmen, ist es am besten für Sie, wenn Sie eine bloße Freundschaft und nicht eine Liebesbeziehung eingehen. Sich selbst und Ihren Partner mit reifen Augen zu betrachten bedeutet nicht, alle Beziehungen zurückzuweisen; Sie müssen nur die Geduld und den Mut haben, zu warten und zu beobachten, um schließlich den richtigen Partner zur richtigen Zeit zu finden. Es lohnt sich!

Es besteht kein Grund, an sich zu zweifeln oder sich wertlos zu fühlen, wenn jemand mit Ihnen bricht. Bloß weil Sie nicht seinen Vorstellungen entsprechen, heißt das doch nicht, daß Sie nicht eine großartige Person sind – und die zukünftige Liebe eines anderen! Jeder hat seine eigenen Ideen von der Richtigen für ihn, genauso wie Sie Ihre eigene Aufstellung der wesentlichen Kriterien haben. Es gab zweifellos auch in Ihrem Leben Zeiten, in denen Sie Liebeskandidaten zurückgewiesen haben, weil sie nicht Ihren Vorstellungen über die Liebe und Beziehungen entsprachen. Rufen Sie sich diese Zeiten in Erinnerung, wenn eine »Fast-Liebe« sich verabschiedet. Sie werden diese Episode spielend schaffen und sicher in dem Glauben weiterleben, daß Ihr idealer Partner irgendwo da draußen ist.

Betrachten Sie Ihre schlechten Zeiten als eine Erfahrung – und machen Sie weiter

Lassen Sie sich von einer Zurückweisung nicht entmutigen! Seien Sie standhaft, wenn Sie eine Abfuhr erhalten. Sie werden erkennen, daß diese unangenehmen Erfahrungen wichtig für Ihr persönliches Wachstum sind: Sie werden viel bewußter und einfühlsamer werden.

Punkto Ausdauer können Sie von einer Ex-Miss-Kanada etwas lernen. Dominique Dufour bewarb sich drei Jahre hintereinander um den Titel »Miss Montreal«. Und im dritten Jahr ihrer Teilnahme wurde sie nicht nur Miss Lavel, sondern auch Miss Kanada und erste Anwärterin für die Wahl der Miss Universum. Das ist ein Beispiel für Beharrlichkeit. Ihre Niederlagen machten Miss Dufour nicht verbittert; im Gegenteil, sie verhalfen ihr zu Praxis und Erfahrung und lehrten sie Ausdauer und wie man eine Siegerin wird.

Es ist normal, zu Beginn einer Beziehung ängstlich zu sein
Lampenfieber und Angst vor Zurückweisung hat jede und jeder. Wichtig ist nur, sich nicht völlig von dieser Furcht beherrschen zu lassen. Sie können sich nicht über jemand sicher sein, solange Sie nicht wissen, in welche Richtung sich die Beziehung entwickelt. Und selbst dann gibt es keinerlei Garantien. Ergreifen Sie die Gelegenheit, sich über die Beziehung zu freuen. Gestalten Sie jeden Augenblick mit Ihrem neuen Partner leidenschaftlich und romantisch. Vergessen Sie nicht: Wenn Sie alt und grau sind, werden Sie sich glücklich schätzen, daß Sie den Mut hatten, das Leben aus vollen Zügen zu genießen.

Haben Sie Angst, Leute kennenzulernen? Liegen die Quellen Ihrer Ängste intern oder extern?
Sind Sie schüchtern? Haben Sie Angst, sich zu binden? Befürchten Sie, daß die Liebe Ihnen Kummer und Sorgen bereiten wird? Wenn Sie auf eine dieser Fragen mit ja geantwortet haben, leiden Sie unter Denkprozessen, die sich nachteilig auf Ihre Suche nach einem idealen Liebespartner auswirken.

Haben Sie Angst, auszugehen und Bekanntschaften zu schließen? Sind Sie nicht gesellschaftsfähig? Beginnen Sie jedesmal zu husten und zu stottern, wenn Sie jemand vorgestellt werden? In diesem Fall sind Ihre Ängste externer Art, das heißt, das Zusammensein und der Umgang mit anderen Menschen ängstigen Sie.

Als erstes müssen Sie die Ursachen Ihrer Ängste analysieren. Sind sie interner oder externer Art? Nun beginnt die harte Arbeit. Ändern Sie Ihre Einstellung! Wenden Sie positive Affirmationen an, um negative Gedanken zu ersetzen. Glauben Sie an sich – denn Sie sind es wert! Zwingen Sie sich, sich Ihren Ängsten zu stellen. Gehen Sie aus dem Haus, und lernen Sie Leute kennen – verbessern Sie Ihre gesellschaftlichen Talente. Langsam werden Sie eine Besserung feststellen. Zählen Sie auf Ihre Freunde – sie werden Ihnen Mut zusprechen, wenn Sie versuchen, sich zu bessern. Sie werden Sie aufmuntern, wenn Sie nur mühsam Fortschritte machen.

Wenn Sie große Schwierigkeiten haben, Ihre Ängste zu überwinden, können Sie auf professionellen Rat zurückgreifen. Ein Therapeut wird Ihnen helfen, Ihre Phobien schneller abzubauen, als wenn Sie es auf eigene Faust versuchen. Wenn Sie Hilfe brauchen, wenden Sie sich an Ihren Hausarzt. Wichtig ist, Hilfe zu bekommen – *sofort*.

Ihre erste Verabredung mit dieser wundervollen neuen Bekanntschaft sollte kurz sein

Aus dieser ersten Verabredung eine große Affäre zu machen ist verführerisch, aber eine Einladung zu einem Mittagessen wirkt weniger einschüchternd als eine in ein elegantes Abendrestaurant. Es ist leichter, jemand nächste Woche ins Café einzuladen als zu einem Ball im nächsten Monat. Die erste Verabredung sollte als zwanglose Gelegenheit zum Kennenlernen aufgefaßt werden und nicht als ein unter hohem gesellschaftlichem Druck stehendes Ereignis.

Sollte sich überdies herausstellen, daß das Rendezvous nicht so aufregend ist, wie Sie erwartet haben, so hat eine kurze Verabredung den weiteren Vorteil, daß Sie nicht auf lange Zeit festgenagelt sind und sich langweilen müssen.

Kurz, süß und kostensparend sind die Schlüssel zu einem erfolgreichen ersten Rendezvous.

Machen Sie leichte Konversation beim ersten Rendezvous

Beim ersten Rendezvous mit Ihrer neuen Flamme ist es wenig angebracht, Ihre persönlichen Probleme und Ängste aufzudecken. Warum wollen Sie diesem zauberhaften Geschöpf, das Ihnen gegenübersitzt, erzählen, daß Ihre letzte Partnerin Sie mit den Worten verließ, Sie seien so aufregend wie ein Bär während seines Winterschlafes? Und seien Sie bitte nicht so ernst oder förmlich; Sie bewerben sich schließlich nicht um eine neue Stelle. Ihre Konversation sollte einfach, aber unterhaltsam sein. Dies ist nicht der Zeitpunkt, um Ihre Angebetete mit grandiosen Ideen oder Vorschlägen zur tiefgreifenden Veränderung Ihres Lebens zu erschrecken – wie am Beispiel von Lukas zu sehen ist:

Lukas gehörte zu jenen Leuten, die so verbohrt in ihr Ziel sind, sich zu verheiraten, daß er beim ersten gemeinsamen Abendessen zu Monika sagte: »Ich möchte in der Kirche heiraten. Ich weiß, daß Sie geschieden sind, aber glauben Sie, daß Sie eine Annullierung erreichen könnten?« Raten Sie, was Monika antwortete! Das war in der Tat ein kurzes Rendezvous, und Monika verabredete sich nie wieder mit Lukas. Lukas ist übrigens noch immer single.

Beim ersten Rendezvous über sich zu sprechen ist gut, aber Konversation ist nicht einseitig

Sie haben diesem neuen Menschen in Ihrem Leben so viel zu erzählen … aber lassen Sie ihn auch zu Wort kommen! Sagen Sie etwas Ermutigendes wie: »Genug von mir, ich möchte gerne etwas über *Sie* hören!« Passen Sie gut auf, was er zu sagen hat. Einander kennenzulernen braucht Zeit – und einen Dialog.

Sprechen Sie über alles und nichts

Führen Sie eine einfache Konversation. Wenn Sie zum Beispiel erst kürzlich ein Theaterstück gesehen haben, reden Sie darüber, und fragen Ihre Partnerin, was sie davon hält. Es ist erstaunlich, wieviel Sie aus einem Gespräch über die andere Person erfahren können – wenn Sie sorgfältig zuhören.

Sie haben noch Ihr ganzes Leben, um ernste Angelegenheiten zu erörtern. Die Konversation beim ersten Rendezvous sollte frivol und unterhaltsam sein. Sprechen Sie über Ihre Reisen oder über lustige Dinge, die Ihnen widerfahren sind. Reden Sie über laufende Ereignisse, Kunst oder Kultur. Es ist weise, heikle Themen wie Politik vorerst zu vermeiden.

Beim ersten Rendezvous geht es darum, einander kennenzulernen

Bemerkungen wie: »Ich möchte gerne vier Kinder haben … und Sie?« sind eigentlich nicht im Sinne einer Konversation zum bloßen Kennenlernen! Sie werden wahrscheinlich die andere Person verscheuchen, wenn Sie auf diese Weise reden. Selbst wenn Ihr Rendezvouspartner sich dieselben Dinge wünscht, wird er sich gewiß denken, daß Sie zu schnell vorgehen! Plaudern Sie entspannt und fröhlich, ohne Ihren Gesprächspartner zu verhören. Was Sie wirklich bei diesem ersten Rendezvous in Erfahrung bringen müssen, ist, ob Sie diese Person wiedersehen wollen oder nicht. Tatsächlich sollten Ihre ersten *vier* Verabredungen nur den Zweck haben, herauszufinden, ob Sie beide zueinander passen oder nicht. Übereilen Sie nichts, Sie wollen doch sicher noch länger Spaß haben!

Bestellen Sie beim ersten Rendezvous nicht das teuerste Gericht auf der Speisekarte … selbst wenn Sie mit einem amerikanischen Millionär oder dem Sultan von Brunei ausgehen

Es ist Ihre erste Verabredung, und Ihr Partner hat ein nettes Restaurant ausgewählt. Die Speisekarte wird Ihnen gereicht. Was werden Sie bestellen? Wählen Sie etwas in mittlerer Preislage: Sie wissen nicht genau, wie es um die Finanzen des anderen bestellt ist. Der Mercedes und die Kleidung könnten geliehen sein. Und selbst wenn Sie es wissen, möchten Sie doch sicher nicht den Eindruck erwecken, ein Goldgräber zu sein.

Die Chance, einen guten ersten Eindruck zu machen, haben Sie nur einmal

Bei diesem wichtigen ersten Rendezvous gilt es, blendend auszusehen. Erinnern Sie sich: Es gibt keine Wiederholung! Sie bekommen keine zweite Chance, einen guten ersten Eindruck zu machen. Im allgemeinen fällt die Entscheidung schon innerhalb der ersten drei Minuten, welche Gefühle die andere Person Ihnen entgegenbringt und was sie von Ihnen hält. In 95 % aller Fälle wird sie den ersten Eindruck ihr ganzes Leben lang nicht vergessen. Es ist in der Tat extrem schwierig, jemand von seiner einmal gefaßten schlechten Meinung abzubringen, wenn Sie nicht seinen Erwartungen entsprechen.

Tun Sie alles, was in Ihrer Macht steht, um den ersten Eindruck so vorteilhaft wie möglich ausfallen zu lassen. Seien Sie realistisch – akzeptieren Sie die Tatsache, daß der erste Eindruck, den Sie auf andere Leute machen, noch ehe Sie den Mund öffnen, visuell ist. Daher ist es unerläßlich, daß Sie Ihrer physischen Erscheinung spezielle Sorgfalt widmen.

Ihre Lieblingskleider anzuziehen – in denen Sie sich bequem fühlen und atemberaubend aussehen – ist nicht genug. Sie müssen auch auf solche Details wie den Zustand Ihrer Haare, Nägel, Schuhe und Ihre Gesamterscheinung achten. Ist Ihre Kleidung sauber und gut gebügelt? Ist Ihr Haar glänzend und der Sitz Ihrer Frisur perfekt? Ist Ihr Atem frisch? Haben Sie sich die Zähne geputzt und ein Mundwasser benutzt? Planen Sie sorgfältig jedes Detail Ihrer Erscheinung.

Dennoch wird Ihr Image nicht allein von Ihren Kleidern bestimmt: Die Art, wie Sie gehen, und Ihre Haltung im allgemeinen sind genauso wichtig. Lümmeln ist »out«. Sitzen und stehen Sie *aufrecht*! Nehmen Sie die Schultern zurück zu einer königlichen Haltung, die Ihrem Körper Anmut verleiht. Seien Sie entspannt. Lächeln Sie vergnügt und zuversichtlich: Sie erwarten sich eine nette Unterhaltung.

Achten Sie beim Reden auf die Tonlage und die Lautstärke Ihrer Stimme. Ihre Art zu sprechen und Ihre Gesten sollten genauso anmutig sein wie Ihr Gang. Wenn Sie sich die Zeit und die Mühe nehmen, einen guten Eindruck zu hinterlassen, werden den Leuten Dinge wie »charmant« und »gute Umgangsformen« einfallen, wenn sie sich an Sie erinnern.

Einen schlechten ersten Eindruck aufzuheben ist schwierig. Wahrscheinlich wird es Ihnen schwerfallen, Ihre Bekanntschaft eines Besseren zu belehren, wenn Sie ihr das nächste Mal begegnen – wenn es ein nächstes Mal gibt. Seien Sie daher strahlend, charmant, vergnügt und unterhaltsam bei Ihrem ersten Rendezvous. Eine zweite Verabredung zeichnet sich bereits ab!

Suchen Sie einen idealen Partner? Seien Sie selbst einer!

Stellen Sie nicht bloß die Frage, was diese Beziehung für Sie tun kann, fragen Sie auch, was *Sie* für diese Beziehung tun können. Seien Sie großzügig, und tun Sie für Ihre Partnerin das, was Sie gerne hätten, daß sie es auch für Sie tut. Wären Sie nicht froh über jede Hilfe, wenn Sie 200 Umschläge zu adressieren hätten? Bieten Sie Ihre Hilfe an: Sie wird mehr als willkommen sein, und Sie könnten sogar Spaß dabei haben. Ihr neuer Schatz braucht jemand, der ihn zum Haus seiner Mutter fährt? Fahren Sie ihn hin! Er wird Ihnen so dankbar sein, daß er Sie vielleicht seiner Mutter vorstellt.

Ihre neue Liebe braucht Zeit, um Vertrauen zu Ihnen zu fassen … geben Sie ihr diese Zeit

Wenn Sie zum ersten Mal mit jemand verabredet sind, werden Sie wahrscheinlich nicht sehr viele intime Details von ihm zu hören bekommen. Die Leute brauchen Zeit, um sich zu öffnen. Geben Sie Ihrer Liebe eine Chance, zu Ihnen Vertrauen zu fassen, respektieren Sie ihren Rhythmus. Erwarten Sie nicht, gleich bei den ersten Verabredungen sämtliche Lebensgeheimnisse zu erfahren. Verhalten Sie sich natürlich, nicht wie ein Inquisitor. Tun Sie Ihr Möglichstes, damit sich Ihre neue Bekannte bei jedem Zusammensein in Ihrer Gesellschaft etwas wohler fühlt. Lassen Sie ihr soviel Zeit, wie sie braucht, um Ihnen persönliche oder intime Details über sich zu erzählen. Jeder ist anders. Manche Leute brauchen länger als andere, um sich zu öffnen. Doch mit der Zeit wird die andere Person immer mehr Vertrauen zu Ihnen gewinnen, und Sie werden schließlich die Art von Informationen erhalten, die Sie brauchen, um beurteilen zu können, ob sie die Richtige für Sie ist.

Seien Sie nicht zu ungeduldig

Die Liebe gleicht einer schönen Melodie: Sie fließt sanft in Ihr Leben und erfüllt Ihr Gemüt mit Anmut. In der hektischen Welt von heute sind die Leute einen schnelleren Service gewohnt – Fast food, Mikrowelle, Bankomaten, Satellitenfernsehen, Funktelefon, Faxgeräte –, aber Herzensangelegenheiten lassen sich nicht beschleunigen. Warum sollten Sie Ausschau nach Abkürzungen halten und die vielen wunderbaren Schritte in der Entwicklung Ihrer Liebesbeziehung versäumen? Wie guter Wein braucht sie Zeit zum Reifen und das richtige Klima!

So viele Leute begehen den Fehler, vor lauter Geschäftigkeit keine Zeit zu haben für Leute, die wichtig sind in ihrem Leben. Gleich jenem Manager, der sagt, daß er zu beschäftigt sei, um Zeit für die Liebe zu haben. Irren ist menschlich, aber in der Liebe zu pfuschen bedeutet, jemand zu verletzen und sich dann über etwas zu grämen, was mit etwas mehr Geduld hätte vermieden werden können.

Sollen Sie eine Person, die Sie einmal abgewiesen hat, wieder einladen?

Wenn Ihnen wirklich etwas an dieser Person liegt, warum nicht? Aber gehen Sie anders vor. Lassen Sie einige Zeit verstreichen, und schlagen Sie dann etwas Einfacheres, Kürzeres vor – wie zum Beispiel einen samstäglichen Marktbummel am Vormittag. Sie können auch eine Einladung zum Frühstück in ein Café in Ihrer Nachbarschaft aussprechen. Das ist wirklich zwanglos! Eine erste Ablehnung ist keine dauerhafte Weigerung: Vielleicht wollte die Person den von Ihnen vorgeschlagenen Film nicht sehen oder fühlte sich unsicher und verlor bei der Aussicht auf eine mögliche Beziehung mit Ihnen die Nerven. Bedenken Sie, daß viele Leute es später oft bedauern, eine Einladung abgelehnt zu haben. Ziehen Sie diese Möglichkeit in Erwägung, und geben Sie sich und der verführerischen Person eine zweite Chance.

Probieren Sie es mit einem indirekten Annäherungsversuch, wenn jemand sehr schüchtern zu sein scheint

Seien Sie subtil. Sagen Sie etwas wie: »Es hat mir wirklich große Freude gemacht, mit Ihnen zu reden, und ich hoffe, daß wir uns wiedersehen werden! Hier ist meine Telefonnummer. Ich würde mich sehr freuen, von Ihnen zu hören!« Sie könnten eventuell sogar eine Verabredung vorschlagen: »Es macht wenig Spaß, allein ins Kino zu gehen. Möchten Sie mich einmal begleiten? Ich bin flexibel – Sie können gerne auswählen, welchen Film Sie sehen wollen!«

Sie wissen nie, wohin eine zufällige Begegnung führen kann

Sie haben eben einen attraktiven Unbekannten kennengelernt und sich mit ihm zehn Minuten lang unterhalten, doch nun muß er zur Arbeit eilen. Er händigt Ihnen seine Geschäftskarte aus und notiert auf der Rückseite seine private Telefonnummer. Wie entzückend diskret von ihm! Das ist eine Einladung! Dieser Mann sagt: »Ich möchte liebend gern, daß Sie mich anrufen, wann immer es Ihnen paßt.« Dieser aufmerksame Mann ist ein seltenes Juwel! Jetzt ist nicht der Zeitpunkt, um die Schwierige zu spielen!

Rufen Sie ihn morgen abend an!

Die Zeit spielt eine wichtige Rolle, wenn Sie einen Annäherungsversuch machen

Haben Sie schon einmal jemand sagen hören: »Ich war zur richtigen Zeit am richtigen Ort«? Dies trifft auch für den Fall zu, daß Sie mit einem möglichen Liebespartner ein Rendezvous vereinbaren wollen. Sich der richtigen Person zur falschen Zeit zu nähern könnte eine potentielle Beziehung gefährden. Das sollten Sie bedenken, wenn Sie überlegen, ob Sie jemand um ein Rendezvous bitten.

Hängen Sie nicht Ihr Herz an jemand, der schon vergeben ist

Vielleicht entspricht die Person, von der Sie sich angezogen fühlen, wirklich Ihrem Ideal, doch wenn sie bereits vergeben ist, dann paßt sie nicht zu Ihnen! Machen Sie sich keine falschen Hoffnungen! Sie verdienen Besseres, als Weihnachten, Neujahr, Ihren Geburtstag, Wochenenden und Urlaub allein zu verbringen, während Ihr Ideal sich vermutlich mit jemand anderem vergnügt. Hören Sie auf Ihren Kopf und nicht auf Ihr Herz – es sei denn, die Person befindet sich in Scheidung. Seien Sie vorsichtig: Es besteht die Möglichkeit, daß Sie zum Spielball einer kurzen Affäre werden oder als »Teilzeitliebe« enden, die sich über viele Monate oder sogar Jahre erstrecken kann. Möchten Sie das wirklich? Sie verdienen jemand, dessen Herz zu 100 % Ihnen gehört.

Sie suchen eine ehrliche, liebevolle Beziehung, und das bedeutet, sich nicht mit dem Liebespartner einer oder eines anderen einzulassen.

Sie können jemand, der nicht frei ist, dennoch Ihre Karte hinterlassen

Wer weiß? Sein Status könnte sich in drei oder vier Monaten ändern. Wenn er in dieser Zeit frei werden sollte, so hat er jedenfalls Ihre Telefonnummer. Machen Sie sich in der Zwischenzeit keine unnötigen Hoffnungen auf einen Anruf – verbannen Sie ihn aus Ihren Gedanken, und führen Sie einfach Ihr Leben ganz normal weiter.

Machen Sie sich darauf gefaßt, Fragen über Ihre letzte Beziehung zu beantworten

Sie können damit rechnen, über Ihren letzten Partner befragt zu werden. Wenn die Beziehung vorbei ist, so lassen Sie dies den Fragesteller wissen. Und erinnern Sie sich, daß es Sie nur in ein schlechtes Licht rücken wird, wenn Sie sich über die Beziehung oder die andere Person bitter beklagen. Seien Sie positiv und fröhlich! Kopf hoch! Falls die Fragen der anderen Person zu persönlich werden, können Sie das Problem umgehen, indem Sie das Thema wechseln oder das Gespräch beenden.

Beschließen Sie im voraus, wer für was zahlt

Auf diese Weise lassen sich viele unangenehme Situationen vermeiden. Teilen Sie Ihrem Partner im voraus mit, daß Sie die Karten bezahlen werden, wenn Sie einen Kinobesuch vorschlagen. Wenn Sie in einer finanziellen Klemme sind, können Sie auch getrennte Kasse vorschlagen. Sagen Sie etwa folgendes: »Ich würde Sie gerne zum Abendessen einladen, aber meine finanzielle Lage ist diese Woche etwas angespannt. Macht es Ihnen etwas aus, wenn jeder für sich zahlt?« Fügen Sie dann noch hinzu: »Aber der Wein geht auf meine Rechnung.« Zumindest haben Sie auf diese Weise eine Chance, mit ihm zusammenzusein, und gezeigt, daß Sie großen Wert darauf legen. Es steckt noch ein weiteres Kompliment in Ihrer Bitte: Sie haben genügend Vertrauen zu ihm, um zuzugeben, warum Sie nicht in der Lage sind, die Stadt auf den Kopf zu stellen.

Sie erhalten eine Einladung zum Ausgehen und wissen, daß der Abend den anderen teuer zu stehen kommen wird

Warum machen Sie nicht das Angebot, sich in irgendeiner Form zu beteiligen? Schlagen Sie vor, die Kosten für das Parken, Cocktails, den Nachtisch oder das Trinkgeld zu übernehmen. Sicher wird die andere Person die Geste zu schätzen wissen – ob sie nun von ihr akzeptiert wird oder nicht.

Zeigen Sie der anderen Person, wie sehr Sie ihr Leben bereichern können

Setzen Sie Ihren Charme und Ihr Zartgefühl ein, um dem Leben Ihrer Partnerin eine neue Dimension zu verleihen: Zeigen Sie ihr, daß ein Leben zusammen mit Ihnen wie ein wunderbares Abenteuer und voller interessanter Zerstreuungen ist. Lassen Sie Ihre Partnerin an Ihrem Wissen teilhaben. Machen Sie Ihre Liebe mit neuen Hobbys, neuen Speisen, neuen Orten bekannt. Zeigen Sie ihr, daß ihr Leben viel faszinierender wäre, wenn sie einen größeren Teil davon mit Ihnen zusammen verbringen würde. Entfalten Sie Ihre Vorzüge wie ein Pfau sein herrliches Federkleid: Ihren Sinn für Humor, um sie zu amüsieren, Ihren Hang zur Eleganz, um sie zu beeindrucken, Ihre Großzügigkeit, Fürsorglichkeit und Aufmerksamkeit, um sie zu verwöhnen ... und sie wird sehen, daß ein Leben mit Ihnen wie ein schöner Traum ist.

Seien Sie pünktlich

Pünktlichkeit ist eine Frage des Respekts gegenüber dem anderen. *Rufen Sie an*, wenn Sie sich verspäten werden. Beleidigen Sie den anderen nicht durch Ihre Rücksichtslosigkeit, besonders wenn Sie sich auswärts verabredet haben. Wenn Sie anrufen, um sich für Ihre Verspätung zu entschuldigen, und er schon weg ist, können Sie eine Nachricht in dem Lokal hinterlassen, wo Sie sich treffen werden. Sonst werden Sie womöglich einen gereizten Partner vorfinden, wenn Sie endlich eintrudeln. Pünktlichkeit ist ein Ausdruck der Höflichkeit, der guten Manieren und der Rücksichtnahme auf den anderen und seine Zeit.

Halten Sie die von Ihnen zugesagte Zeit für ein Telefonat ein

Sie haben der anderen Person versprochen, sie Dienstag abend zurückzurufen ... warum rufen Sie dann erst Mittwoch nachmittag an? Wenn Sie vor lauter Arbeit keine Zeit für einen Plausch haben, genügt es, wenn Sie zu der vereinbarten Zeit anrufen und einfach sagen: »Hallo, ich melde mich wie versprochen, habe aber leider keine Zeit für eine längere Unterhaltung. Können Sie mir noch einmal verzeihen, wenn wir dieses Gespräch auf heute nachmittag um vier Uhr verschieben? Ich hoffe, bis dahin frei zu sein, und freue mich schon darauf, mit Ihnen zu plaudern!« Wer sollte Ihnen nach dieser Entschuldigung noch böse sein?

Sie müssen wissen, wann es Zeit ist, eine Verabredung zu beenden

Halten Sie sich an die vereinbarte Zeitspanne: ein Picknick am Nachmittag, ein Konzert am Abend, einen Einkaufsbummel am Vormittag. Wählen Sie einen geeigneten Moment, um das Zusammensein zu beenden. Sagen Sie Ihrem Partner, daß Sie sich gut unterhalten haben, und schlagen Sie ihm dann ein anderes Rendezvous vor, wenn Sie noch immer an einem Wiedersehen interessiert sind. Verabschieden Sie sich, nachdem Sie die nötigen Vereinbarungen getroffen haben. Ein von Ihnen vorgeschlagenes Rendezvous sollte auch von Ihnen beendet werden. Die Idee dahinter ist, den anderen mit einem Appetit auf Sie zurückzulassen und sein Interesse wachzuhalten, damit er sich danach sehnt, Sie wiederzusehen.

Wagen Sie, Ihre Meinung auszudrücken ... selbst wenn sie von der Ihres Partners abweicht

Die Welt wäre ein sehr langweiliger Ort, wenn alle dasselbe dächten. Zeigen Sie, daß Sie einen eigenen Kopf haben und keine »Schattenfigur« sind. Sie haben ein Recht auf Ihre eigene Meinung, und Sie sollten sie ausdrücken – auf eine behutsame Weise, die Ihre Liebe nicht verletzt. Wenn sich die andere Person trotz Ihrer Bedachtsamkeit beleidigt fühlt, ist sie wahrscheinlich auf der Suche nach einem Ja-Sager und nicht nach einer Beziehung zu jemandem, der selber denken kann.

Konkurrieren Sie nicht mit Ihrem Liebespartner

Sie haben es mit einem Rendezvous zu tun und nicht mit einem Tennismatch! Hören Sie Ihrem Partner aufmerksam zu, und zeigen Sie ihm Ihre Bewunderung, wenn er über seine Erfolge spricht. Jetzt ist nicht der Zeitpunkt, sich über Ihre eigenen Leistungen auszulassen. Anstatt Ihrem Partner zu erzählen, wie talentiert Sie sind, lassen Sie ihm das Vergnügen, jede Ihrer Tugenden selbst zu entdecken.

Singen Sie nicht Ihr eigenes Loblied

Nichts ist ärgerlicher als ein Besserwisser, der ständig verkündet, was er alles kann. Sie müssen sich nicht um eine neue Stelle bewerben – warum verbreiten Sie sich dann über Ihre Fähigkeiten? Lassen Sie Ihre Partnerin im Laufe Ihrer Beziehung herausfinden, wie viele Talente Sie haben.

Sich ständig zu beklagen oder endlos über die eigenen Probleme zu sprechen ist verboten

Was für ein Stimmungstöter: jemand, der ständig über sein elendes Leben raunzt! Nehmen Sie eine positive Haltung ein, und beklagen Sie sich nicht über jede Kleinigkeit, besonders wenn dies Ihr erstes Rendezvous ist. Sie werden Ihre neue Bekanntschaft nur gegen sich aufbringen, wenn Sie fortwährend Dinge sagen wie: »Das Essen in diesem Restaurant ist immer kalt! Und dieser Salat schmeckt nach nichts. Wir hätten lieber in das kleine Bistro gehen sollen.« Ihre Beschwerden ruinieren den Abend für beide von Ihnen. Um wieviel erfreulicher wäre eine glückliche Einstellung und eine vergnügte Unterhaltung! Lassen Sie Ihre Partnerin wissen, wie entzückt Sie sind, mit ihr zusammenzusein. *Lächeln Sie!* Dann wird sogar ein mittelmäßiges Essen besser schmecken.

Machen Sie bei »Wartespielen« nicht mit

Bringen Sie sich nie in eine Lage, in der Sie gezwungen sind, darauf zu warten, daß die andere Person eine Entscheidung trifft oder Sie anruft. Schlagen Sie etwas vor, und ersuchen Sie um Rückruf, doch wenn der andere sich nicht schnell genug meldet, dann machen Sie andere Pläne oder laden jemand anderen ein. Für manche Leute ist es dermaßen problematisch, auch nur die einfachsten Verabredungen zu treffen, daß Sie bis zum Jüngsten Tag auf eine Antwort warten könnten. Machen Sie es sich zum stolzen Grundsatz, auf niemand zu warten. Sie haben nur ein Leben, also genießen Sie es – mit oder ohne die betreffende Person.

Mehrere Beziehungen nebeneinander werden Sie früher oder später in Schwierigkeiten bringen

Wenn es Ihnen mit jemand ernst ist, so ist es keine gute Idee, mehrere Eisen im Feuer zu haben. Das wird nur bei jedem Verwirrung stiften – einschließlich bei Ihnen selbst. Auch wenn Sie noch so vorsichtig vorgehen, um mehrere Leute gleichzeitig bei der Stange zu halten, werden Sie sich früher oder später in Ihrem eigenen Netz fangen, denn die Welt ist wirklich ein Dorf. Der einzige Verlierer werden dann Sie selbst sein.

Machen Sie Ihrem Partner wegen eines Mißgeschicks keine Vorwürfe

Ihre Liebste fühlt sich krank und elend, weil sie einen Schnupfen hat. Warum wollen Sie ihren Zustand noch verschlimmern, indem Sie ihr Vorwürfe machen, sich nicht warm genug angezogen zu haben? Ist es nicht viel romantischer zu sagen: »Mach dir keine Sorgen, Liebes. Ich werde mich um dich kümmern und dir jeden Tag heißen Tee zubereiten. Du wirst im Nu wieder gesund sein.« Sie können sicher sein, daß sie sich gleich viel besser fühlen wird.

Es ist nicht klug, den anderen ständig zu kritisieren

Wie können Sie von einer Beziehung erwarten, daß sie zu erblühen beginnt, wenn Sie Ihren Partner ständig kritisieren? Machen Sie die Eigenheiten Ihres Partners verrückt? Sagen Sie es ihm, aber auf taktvolle Weise! Anstatt zu sagen: »Du gehst nie mit mir einkaufen. Bist du nicht gern mit mir zusammen?«, versuchen Sie es auf folgende Weise: »Es liegt mir sehr daran, daß du mich beim Einkaufen begleitest. Ich hätte gerne deine Meinung über einen bestimmten Artikel gehört, den ich gesehen habe. Wir könnten uns eine nette Zeit machen und anschließend etwas essen gehen – auf *meine* Rechnung!« Kritisieren ruft eine negative Haltung hervor; mit Komplimenten und Zuneigung werden Sie mehr Erfolg haben.

Nörgeln führt zu nichts

Auf Ihrem Partner herumzuhacken ist kein Zeichen von Liebe, sondern eher ein Zeichen, daß Sie über ein Problem frustriert sind, das Sie beide gemeinsam lösen müssen. Warum wollen Sie Ihre Probleme auf dem Rücken Ihres Partners austragen? Schließlich sind Sie doch zusammen, um auf die emotionalen Bedürfnisse des anderen einzugehen, einander zu ergänzen und sich an der Gesellschaft des anderen zu erfreuen. Nörgeln entzieht dem Leben die Freude, und es tötet allmählich die Liebe – gleich einem grausamen, schleichenden Gift.

Die Zeit der Werbung ist nicht dafür da, daß Sie Ihrem Partner Ihre Ideen aufzwingen oder ihn nach Ihren Vorstellungen ummodeln. Es ist eine Zeit, in der Sie entdecken, ob Sie zueinander passen, ob Sie miteinander leben können. Wozu der Versuch, Ihren Partner zu ändern? Kompromisse sind die Würze des Lebens – und machen viel mehr Spaß als Nörgeln.

Denken Sie daran, daß eine Beziehung existiert, wenn zwei Partner gleichwertig sind; Nörgeln, Schelten und Herumkommandieren haben keinen Platz in einer liebevollen Beziehung. Der eine ist nicht der Vater oder die Mutter, und die andere ist nicht das Kind. Weshalb versuchen Sie, die Persönlichkeit Ihres Partners zu unterdrücken? Sollte er nicht die Liebe Ihres Lebens sein? Schalten Sie vom »Nörgelgang« in den höheren Gang der Liebe um!

Sagen Sie es Ihrem Partner, wenn Sie etwas stört – aber mit Feingefühl und ohne ihn direkt zu kritisieren

Zu Beginn einer Beziehung ist alles rosig. Das Neue und Aufregende an Ihrer Beziehung läßt Sie die Gewohnheiten des anderen übersehen … bis zu dem gefürchteten Augenblick, in dem Sie bemerken, daß er sein Essen wie ein Scheunendrescher verschlingt oder daß sie ihren Kaffee laut schlürft und Sie die Wände hinaufklettern könnten. Unglücklicherweise gibt es keinen perfekten Zeitpunkt, um jemand zu kritisieren, aber Sie können Ihre Kritik überzuckern.

Anstatt Ihrem Liebling einen Hieb wegen seiner Tischmanieren zu versetzen, ist es günstiger, bis zehn zu zählen und etwas Nettes zu sagen: »Weißt du, mein Schatz, es ist besser für deine Verdauung, wenn du langsam ißt, und außerdem sind wir dann länger zusammen!« Anstatt die Kaffeeschlürferin offen zu kritisieren, machen Sie es auf nette Art: »Sei vorsichtig, Liebling, der Kaffee ist heiß. Laß ihn lieber etwas auskühlen, bevor du ihn trinkst.«

Erinnern Sie sich, was geschah, als Sie ein Kind waren und Ihre Eltern mit Ihnen schimpften? Sie schalteten einfach ab, und zwar hauptsächlich wegen der Art, *wie* Sie von ihnen kritisiert wurden. Denken Sie an damals zurück, wenn Sie das nächste Mal Ihrem Herzen Luft machen wollen. Wenn Sie es auf liebevolle Art tun, wird Ihr Partner zuhören, wenn Sie böse und sarkastisch sind, werden Sie ihn verlieren.

Kritisieren Sie nie aus einem Impuls heraus! Bereiten Sie sich vor. Überlegen Sie sich, wie Sie auf freundliche Art das zur Sprache bringen können, was Sie stört. Schreiben Sie es nieder, falls nötig – aber lassen Sie Ihre Kommentare kurz und liebenswürdig ausfallen. Ersetzen Sie das giftige Wort, das Sie im Sinn haben, durch ein in seiner Art komisches, und sagen Sie es in Liebe. Sie sprechen zu Ihrem Liebespartner; einiges an seinem Benehmen mag Sie zwar stören, aber Sie lieben ihn, und Sie nehmen Rücksicht auf seine Selbstachtung, also geben Sie acht, was Sie sagen. Fügen Sie ein »Ich liebe dich« hinzu oder »Liebling« oder »Herzblatt«, um die Gefühle Ihres Partners nicht zu verletzen. Wenn Sie zum Beispiel die Fahrweise Ihres Partners wieder einmal zum Kochen bringt und Sie es ihm einfach sagen müssen, können Sie es ungefähr wie folgt ausdrücken: »Mein Schatz, ich liebe dich, und ich würde mich in deiner Gesellschaft viel entspannter fühlen, wenn du beim Fahren etwas vorsichtiger wärst.«

Es gibt ohnehin genug Autoritätsfiguren im Leben Ihres Partners

Der Versuch, Ihren Partner auf unterdrückende Manier zu beherrschen, wird die Beziehung zugrunde richten. Seien Sie subtil, wenn Sie wollen, daß Ihre Liebe etwas tut: Vermitteln Sie ihr das Gefühl, daß es *ihre* Idee sei. Vermeiden Sie Sätze wie »Ich will, daß du …«, »Du solltest …« oder »Hör zu, du mußt wirklich …«. Verwenden Sie leicht suggestive Ausdrücke wie: »Liebes, könntest du …«, »Ich hätte gern, daß …« oder »Wenn du es dir einteilen könntest, daß …«. Den Diktator zu spielen bringt keinen Gewinn. Denken Sie an den Spruch: »Mit Honig fängt man mehr Fliegen als mit Essig!«

Behandeln Sie einen zögernden Partner mit Feingefühl

Nach der ersten Verabredung kommt es oft vor, daß einer der Partner unsicher ist, ob er die Beziehung fortsetzen soll. Wenn Sie fühlen, daß Ihr Partner ein wenig Zeit braucht, um sich die Dinge zu überlegen, so lassen Sie ihm Zeit. Während Sie warten, können Sie ihm eine lustige Karte mit einer schmissigen Bemerkung senden, wie zum Beispiel: »Als ich diese Karte sah, mußte ich an dich … und dein großartiges Lächeln denken.«

Es ist keine gute Idee, auf den anderen Druck auszuüben, wenn er anscheinend wenig Interesse hat, Sie wiederzusehen. Durch Ihr Drängen könnten Sie ihn erst recht für immer verscheuchen – was gewiß nicht Ihr Wunsch ist.

Manchmal zögern die Leute, weil sie sich über ihre Gefühle unsicher sind, oder sie interessieren sich für jemand anderen. Lassen Sie ihnen Zeit zum Nachdenken. Es könnte sein, daß sie erkennen, wie sehr sie sich wünschen, Sie in ihrem Leben zu haben.

Ergreifen Sie die Initiative

Wagen Sie den ersten Schritt! Machen Sie den ersten Anruf! Ihre Herzensdame wird zweifellos glücklich sein, von Ihnen zu hören.

Vielleicht war sie zu beschäftigt, um Sie anzurufen, oder Sie hatte keinen freien Augenblick, seit sie das letzte Mal mit Ihnen gesprochen hat. Möglicherweise hat sie Ihre Telefonnummer verloren. Los, greifen Sie zum Hörer, um sie zum Ausgehen einzuladen – der beste Weg, um eine Beziehung mit dem rechten Fuß anzufangen.

Kleiden Sie sich dem Anlaß entsprechend

Ziehen Sie um Himmels willen keine Stöckelschuhe an, wenn Sie von Ihrer neuen Bekanntschaft zum Segeln auf die Yacht eingeladen werden. Nicht nur, daß Sie es unbequem haben werden, der Anblick Ihrer spitzen Absätze auf einem funkelnagelneuen Deck wird Ihrem Verehrer Todesqualen verursachen. Umgekehrt ist es wenig angebracht, auf einem Wohltätigkeitsball im T-Shirt zu erscheinen.

Ihren neuen Schwarm zu idealisieren ist ein Fehler

Es ist leicht, sich von einer neuen Beziehung betören zu lassen, aber versuchen Sie nicht, die andere Person als Superheld zu behandeln oder aus ihr ein Idol zu machen und sie auf ein Piedestal zu stellen. Sie werden bald erkennen, was sie wirklich ist ... ein ganz normaler Mensch aus Fleisch und Blut. Anstatt »Die Liebe macht blind!« zu spielen, ist es für Sie und den anderen von Vorteil, wenn Sie ihn als typisch menschlich mit allen Schwächen und Unvollkommenheiten sehen wie jeden anderen auch. Ihre Beziehung kann dadurch nur besser werden. Und lassen Sie nicht zu, daß Ihr Partner Sie idealisiert. Es ist sehr einsam auf einem Sockel – und sehr anstrengend, sich fortwährend bemühen zu müssen, dem Image von Vollkommenheit zu entsprechen, das Ihnen Ihr Verehrer verliehen hat. Nebenbei gesagt: es ist ein langer Fall zurück auf die Erde, wenn Sie von diesen Höhen hinunterpurzeln.

Fangen Sie mit einer Freundschaft an, wenn Sie sich eine dauerhafte Beziehung wünschen

Oft erblüht die Liebe aus einer zwanglosen Freundschaft. Wenn Sie sich nicht sicher sind, wie Sie sich einer neuen Bekanntschaft gegenüber verhalten sollen, können Sie ihr die Frage stellen: »Haben Sie Platz für einen neuen Freund in Ihrem Leben?« Das ist ein charmanter und unbedrohlicher Annäherungsversuch einem zögernden Kandidaten gegenüber. Über den Weg der Freundschaft werden Sie allmählich den Weg in sein Leben … und in sein Herz finden. Gesetzt den Fall, daß aus dieser Bekanntschaft keine Romanze erblüht, verlieren Sie keinen Liebespartner, sondern gewinnen einen guten Freund.

Immer mit der Ruhe!

Erschrecken Sie Ihre neue Herzensdame nicht mit glühenden Liebeserklärungen! Vielleicht war es bei Ihnen Liebe auf den ersten Blick, bei ihr aber nicht. Lassen Sie Ihre Liebesromanze sich wie eine Rose entfalten: Ihre unsterbliche Leidenschaft zu früh zu proklamieren könnte sie noch als Knospe zum Welken bringen.

Zeigen Sie, daß Sie in reiches, erfülltes Leben haben

Erzählen Sie, was Sie alles leidenschaftlich gern tun, welche Hobbys Sie haben und welchen Bekanntenkreis. Sind Sie ein Cineast? Sprechen Sie über den großartigen Film, den Sie kürzlich gesehen haben. Erzählen Sie, wie befriedigend Ihre Arbeit für Sie ist und wie wichtig dennoch die Wochenenden für Sie sind, weil Sie so viele Steckenpferde haben. Vergessen Sie nicht den Hinweis, daß Sie für jemand Speziellen immer Zeit haben.

Bleiben Sie mit Ihren Freunden in Verbindung, wenn Sie eine neue Beziehung anfangen

Verliebte scheinen oft völlig von der Bildfläche zu verschwinden. Sie verlieren die Verbindung zu Ihren alten Freunden. An wessen Schulter werden sie sich ausweinen, wenn in ihrer Beziehung Probleme auftreten sollten? Es ist wichtig, Freundschaften zu pflegen – besonders die schon lange währenden. Bleiben Sie mit Ihren engen Freunden in Verbindung, telefonieren Sie mit ihnen, denken Sie an ihre Geburtstage, gehen Sie mit ihnen mittagessen, vertrauen Sie sich ihnen an, und geben Sie ihnen über Ihre letzte Romanze Bescheid. Liebesromanzen kommen und gehen, wahre Freundschaft dauert ewig.

Aus dem Benehmen Ihres Partners können Sie auf seine Gefühle für Sie schließen ... Sie brauchen ihn gar nicht darüber auszufragen

Es ist völlig unnötig, daß Sie Ihren Partner ständig fragen, was er für Sie empfindet. Sie können das aus der Art ersehen, wie er sich Ihnen gegenüber verhält. Wenn Ihr Partner immer zu spät kommt, auf Sie keine Rücksicht nimmt, nie anruft und nie zur vereinbarten Zeit erscheint oder wochenlang nichts von sich hören läßt, so ist das ein Zeichen von Gleichgültigkeit in seinen Gefühlen Ihnen gegenüber. Sie können daraus Ihre eigenen Schlüsse ziehen.

Betrachten Sie Ihre Verabredungen am Anfang einer Beziehung als Notwendigkeit und nicht als Zeitvergeudung

Es ist besser, einige Abende zu Beginn einer Beziehung zu verlieren als später drei oder vier Jahre Ihres Lebens! Werden Sie zum Detektiv bei Ihren ersten Verabredungen. Finden Sie heraus, was in der anderen Person vorgeht. Halten Sie die Augen und die Ohren offen: Ist dies der Typ von Person, mit dem Sie sich weiter einlassen wollen? Paßt das, was Sie über diese Person wissen, in das Konzept über Ihren idealen Partner? Wenn nicht, dann müssen Sie den Mut haben, die Beziehung zu beenden, ehe sie Ihr Leben ruiniert.

Seien Sie mitfühlend und verständnisvoll, wenn Ihr Partner Probleme hat

Sprechen Sie Ihrem Partner Mut zu. Lassen Sie ihm Ihre Unterstützung zuteil werden, wenn er sich Ihnen anvertraut. Aber fällen Sie vor allem keine Urteilssprüche! Niemand hat Kritik oder Vorwürfe gern – besonders wenn er harte Zeiten durchmacht. Warum fühlen Sie sich veranlaßt, ihm zu sagen, was er tun oder nicht tun sollte; Sie sind doch kein Elternersatz? Schenken Sie ihm Ihr Verständnis und Mitgefühl: Ein mitfühlendes Ohr wird mit Dankbarkeit und Zuneigung belohnt werden.

Tauschen Sie Erfahrungen aus, die Sie vielleicht gemeinsam haben

Sie werden sicher Spaß daran haben, über Orte zu reden, an denen Sie gewesen sind, oder über Ereignisse, denen Sie beigewohnt haben, selbst wenn Sie damals allein waren und Ihren Partner noch gar nicht kannten. Möglicherweise haben Sie auf derselben kleinen Insel einen Urlaub verbracht und dabei ähnliche Erlebnisse gehabt, über die Sie sich unterhalten können. Vielleicht waren Sie noch vor Ihrer Bekanntschaft beide im selben Film: Wäre es nicht interessant zu wissen, was Ihr Partner über diesen Film denkt? Stellen Sie sich vor, wieviel Spaß es Ihnen machen würde, alle diese Dinge gemeinsam zu wiederholen!

Versuchen Sie, auf dieselbe Wellenlänge wie Ihre Liebe zu kommen, und respektieren Sie ihren Rhythmus

Vielleicht haben Sie beim ersten Anblick Ihrer Liebsten den Kopf verloren, doch Sie können sie nicht zwingen, genauso schnell zu reagieren. Für Toni war es Liebe auf den ersten Blick, als er Sylvia sah. Laut Sylvia war Toni ihr »idealer« Partner, aber sie wollte ein langsames Tempo, da sie durch ihre letzte Beziehung sehr verletzt worden war. Sie sagte Toni, daß sie Zeit brauche, aber er wollte nicht hören. Er bedrängte Sylvia, ihm genausoviel Liebe zu zeigen, wie er ihr sofort entgegengebracht hatte, bis sie schließlich mit ihm brach, weil sie den Druck nicht länger ertragen konnte. Vielleicht hätte Toni ein Leben wie im Märchen mit Sylvia führen können, wenn er etwas mehr Geduld gehabt hätte. So verlor er alles, weil er es so eilig hatte, von Sylvia das Eingeständnis ihrer Liebe zu erzwingen. Lassen Sie nicht zu, daß Ihnen dasselbe passiert!

Seien Sie verführerisch und geheimnisvoll

Ein gutes Rätsel ist schwer zu lösen, also führen Sie Ihren Partner mit *Ihrem* geheimnisvollen Selbst in Versuchung. Lüften Sie den Schleier immer nur ein wenig – durch Ihre Ansichten, Diskussionen und Handlungen. Machen Sie ihm den Mund wäßrig vor Sehnsucht. Liefern Sie sich nie gänzlich an jemand aus. Menschen sind räuberische Lebewesen, sie rauben das Herz, und wenn sie es besitzen, beginnen sie sich zu langweilen und das Interesse zu verlieren.

Schüren Sie das Feuer der Leidenschaft auf subtile, verführerische Art. Flößen Sie Ihrem Partner Appetit auf Sie und ein intensives Verlangen nach Ihrer Gesellschaft ein, indem Sie ihn langsam Stück um Stück entdecken und erobern lassen. Geben Sie Ihrem Partner nie 100 %: Sehen Sie zu, daß er immer damit beschäftigt ist, jenen Teil von Ihnen zu erobern, den er noch nicht erforscht hat. Seien Sie unabhängig – das ist sehr attraktiv! Halten Sie die Neugier Ihres Partners wach, und Sie werden eine solide und leidenschaftliche Beziehung aufbauen.

Verwöhnen Sie einander abwechselnd

In der heutigen Welt gibt es in allen Kulturen Frauen, die unabhängig sind, finanziell abgesichert und imstande, Einladungen und

Geschenke genauso leicht wie die Männer zu offerieren. Vergessen Sie nicht, daß es die Absicht ist, die zählt, nicht der Preis des Geschenkes: Liebe läßt sich nicht in Geld messen.

Sie brauchen sich nicht mit einer Einladung oder einem Geschenk gleichen Wertes zu revanchieren. Außerdem sind Geschenke nicht die einzige Möglichkeit, um Ihren Partner zu verwöhnen. Seien Sie aufmerksam, liebevoll und einfühlsam. Bieten Sie ihm Zärtlichkeit und Verständnis. Machen Sie ihm das Geschenk Ihres Lachens und Ihrer Fröhlichkeit. Aber erinnern Sie sich: Geben ist zweigleisig. Wenn Sie die einzige sind, die die Beziehung nährt, ist es wahrscheinlich Zeit, sich etwas zu distanzieren, um den anderen merken zu lassen, was er versäumt.

Vergessen Sie die Vergangenheit! Leben Sie in der magischen Gegenwart!

Es ist normal und gesund, nach einer Trennung durch eine Periode der Trauer zu gehen. Manche Leute brauchen drei Monate, während andere bis zu zwei Jahre benötigen. Die Zeitdauer hängt mit der Tiefe Ihrer Beziehung zusammen. Doch jedes Leid hat seine Grenze. Nach einer Weile müssen Sie trachten, wieder auf die Beine zu kommen. Sie müssen an Ihre Zukunft denken und sich ein glückliches Leben aufbauen. Ihr Ex-Schwarm hat vielleicht schon begonnen, dies zu tun. Sie können sich nur selber aus der Flaute herausholen.

Genießen Sie das Leben. Nützen Sie jeden magischen Moment aus, der sich Ihnen bietet. Verjagen Sie den Trübsinn, indem Sie in den Freuden der Gegenwart leben. Seien Sie konstruktiv, und denken Sie positiv! Sagen Sie sich, daß Sie eine Erfahrung gemacht haben, daß diese Erfahrung nicht *nur* schlechte Seiten hatte und daß Sie bereit sind, sich wieder kopfüber ins Leben zu stürzen.

Vergessen Sie die schlimmen Dinge, die während der Trennung geschahen. Fegen Sie die Spinnweben weg, ehe Ihr Geist darunter erstickt. Trüben Sie Ihre positiven Gedanken und die neuen Wunder in Ihrem Leben nicht mit fatalistischen Erinnerungen aus der Vergangenheit. Das Gestern ist vorbei, und es hat all die Tränen und Sorgen mitgenommen. Betrachten Sie jeden neuen Tag als ein schönes Geschenk des Lebens. Heute liegt ein völlig neuer, sonniger Tag vor Ihnen, der voller unerwarteter Überraschungen für Sie ist. Begrüßen Sie ihn lächelnd.

Sie werden sich emotional völlig erschöpfen, wenn Sie sich ständig an vergangene Kränkungen erinnern. Ihren Zorn zu schüren ist keine Art zu leben. Atmen Sie im Sonnenschein, fühlen Sie den Frieden eines neuen Tages, und seien Sie überzeugt, daß Ihr Glück gleich um die Ecke wartet.

Motivieren Sie sich selbst
Arbeiten Sie mit Hilfe eines Spiegels, falls nötig! Sprechen Sie sich selbst Mut zu. Bemühen Sie sich, nicht in Selbstmitleid zu versinken. Ihr Leben gehört Ihnen, und nur Sie können entscheiden, ob Sie es großartig oder traurig gestalten. Sie können erfolgreich sein, indem Sie sich vorstellen, Erfolg zu haben. Die Wahl liegt bei Ihnen. Stellen Sie sich der Herausforderung, aus Ihrem Leben ein grandioses Abenteuer zu machen, und verwirklichen Sie Ihre kühnsten Hoffnungen und Träume!

Bitten Sie Ihren Partner um Hilfe
Jemand um Hilfe zu bitten verleiht ihm das Gefühl, wichtig und unentbehrlich für Sie zu sein. Um Hilfe zu bitten ist so ähnlich, wie wenn Sie jemand ein Kompliment machen: Die andere Person kommt sich gut vor. Selbstverständlich dürfen Sie diese Technik nicht übertreiben, ansonsten riskieren Sie, hilflos und abhängig zu erscheinen. Maßhalten ist der Schlüssel!

Danke zu sagen ist eine Kunst
Humor zieht die Aufmerksamkeit auf sich. Senden Sie Ihrem Schwarm eine amüsante Karte, gleich nach einem Rendezvous, oder hinterlassen Sie eine lustige Nachricht auf ihrem Anrufbeantworter, während sie nach einer Verabredung auf dem Weg nach

Hause ist. Machen Sie von Ihrem Einfallsreichtum Gebrauch. Vielleicht haben Sie den Wunsch, etwas Verspieltes zu kaufen oder sich mit Süßigkeiten für einen schönen Abend zu bedanken. Wenn Sie einen Hang zum Backen haben, könnten Sie sich mit selbstgemachten Keksen oder Kuchen revanchieren. Senden Sie ihr eine Kleinigkeit, um danke zu sagen und sie zu erinnern, wie »außergewöhnlich« Sie sind.

Natürlich bedanken Sie sich immer bei Ihrer Liebe für die kleinen Dinge, die *sie* tut. Zeigen Sie ihr, wie sehr Sie die Komplimente und die Ermutigung, die Sie von ihr bekommen, zu schätzen wissen. Sagen Sie ihr des öfteren, wieviel Ihnen ihre Aufmerksamkeit bedeutet und wie sehr Sie diese motiviert. Ihre Liebste wird sich inspiriert fühlen und Sie mit noch mehr Aufmerksamkeiten überschütten.

Drücken Sie Ihre aufrichtige Bewunderung für Ihren Liebespartner aus

Scheuen Sie sich nicht, Ihrem Partner Ihre Bewunderung zu zeigen; jeder liebt eine aufrichtig gemeinte Schmeichelei. Ein sehr weiser Franzose sagte einmal: »Wir lieben immer diejenigen, die uns bewundern!« Lassen Sie Ihren Partner das Entzücken in Ihren Augen sehen und die Zuneigung in Ihrer Stimme hören, wenn er etwas macht.

Zeigen Sie ihm, daß Sie von allen seinen Leistungen begeistert sind – ob groß oder klein. Bewundern Sie sein Urteil, seine Weisheit und seine Spaghetti Bolognese. Werden Sie sein Fan! Motivieren Sie ihn, indem Sie ihm zu verstehen geben, daß Sie ihn für großartig halten, und er wird Sie damit überraschen, daß er nächstes Mal noch besser ist. Komplimente und liebevolle Unterstützung bilden eine Doppelspur zum Herzen.

Ehrliche Kommunikation und aufrichtige Fürsorge für die andere Person sind für die Entwicklung und Aufrechterhaltung einer erfolgreichen Beziehung ein »Muß«

Seien Sie flexibel und anpassungsfähig, zeigen Sie dem anderen, daß Ihnen sein Wohlergehen am Herzen liegt – Ihre Beziehung hängt davon ab. Wenn Sie eine dickköpfige Ader haben, so verbergen Sie diese – es kann nicht immer alles nach Ihrem Willen gehen. Machen Sie es sich zum Grundsatz, offen zu sein, ohne zu kritisieren, loyal zu sein, ohne sich anzuklammern. Wenn Ihr Partner emotional oder finanziell harte Zeiten durchmacht und Verständnis braucht, seien Sie einfühlsam genug, es zu bemerken. Es ist für Ihre Beziehung lebenswichtig, daß Sie für die andere Person da sind und sie mit Unterstützung und Zärtlichkeit umgeben.

Ohne gut funktionierende Kommunikation kann keine Beziehung überleben

Viele Elemente sind für eine erfolgreiche, gesunde Beziehung notwendig: Zuneigung, Mitgefühl, Verzeihungsbereitschaft, Ehrlichkeit, Toleranz, Vertrauen, Sinn für Humor, Romantik, Geduld und Respekt. Aber Kommunikation steht natürlich an der Spitze der Liste. Wie wollen Sie als ein Paar je wachsen, wenn Sie nicht über Ihre Wünsche und Ängste reden, wenn Sie keine Ideen austauschen oder wirklich einander zuhören?

Sprechen Sie über Ihre Angelegenheiten, sagen Sie Ihrem Partner, daß Sie ihn lieben, daß Sie ihn für großartig halten und daß Sie seine Gegenwart in Ihrem Leben zu schätzen wissen. *Reden Sie miteinander!* Sie sind Partner in der Liebe und im Leben. Teilen Sie Ihre Erfahrungen, Träume und Ziele einander mit. Leben Sie Ihre Liebe!

Wußten Sie, daß 85 % aller Beziehungen aus einem Mangel an Kommunikation auseinandergehen? Diese Statistik stimmt besonders traurig, wenn man bedenkt, daß doch nichts einfacher sein sollte, als mit dem, den man liebt, zu reden.

Zuneigung zu zeigen ist wichtig in einer Beziehung

Es ist wichtig, daß Sie Ihren Partner in die Arme nehmen und zärtlich an sich drücken. Eine herzhafte Umarmung bringt Leben in einen müden Körper. Zärtlichkeit ist ein menschliches Bedürfnis: Einander zu berühren, zu umarmen und zu küssen wird Sie näher zusammenbringen und die emotionalen, mentalen und physischen Dimensionen Ihrer Beziehung entwickeln. Nähe ist für die Tiefe einer Beziehung lebenswichtig.

Die Wärme einer sanften Berührung oder einer liebevollen Umarmung soll Ihren Liebespartner aufmuntern – und nicht sexuelle Gefühle erwecken. Nähe wirkt sich in einer starken Beziehung für beide Teile auf allen Ebenen der Beziehung vorteilhaft aus. Es ist Zeit, Ihren Partner herzhaft zu umarmen – gleich *jetzt*!

Respektieren Sie Ihren Liebespartner

Sie können nicht erwarten, in allen Dingen übereinzustimmen, aber Sie müssen die Werte und Ansichten Ihres Liebespartners respektieren, selbst wenn diese nicht Ihren eigenen entsprechen. Wenn Ihr Liebster auf einem bestimmten Gebiet besonders engagiert ist, sollten Sie Ihren Standpunkt nochmals überprüfen, um zu sehen, wo Sie eventuell zustimmen *können*. Lassen Sie zumindest die Ideen Ihres Partners auch gelten!

Lassen Sie Ihrem Liebespartner Raum zum Atmen. Seien Sie nicht eifersüchtig!

Sie können Ihre Liebste mit Ihrer Eifersucht dermaßen einengen, daß Sie ihre Liebe für Sie zum Erlöschen bringen. Besitzergreifend zu sein ist der größte Feind der Liebe. Es wird Ihr eigenes Leben aufzehren und das Leben für Ihren Partner unerträglich machen. Ihre Liebste wird das Gefühl haben zu ersticken und beginnen, in Ihnen ein Monster, einen Feind, jemand, der nur sehr wenig Vertrauen zu sich selbst hat, zu sehen. Das ist sicherlich nicht das Bild, das Sie in ihr hervorrufen wollen.

Wenn sie ihre Familie oder Freunde ohne Sie besuchen will, brauchen Sie nicht automatisch anzunehmen, daß sie versucht, Sie auszuschließen. Jeder muß einmal Zeit für sich allein haben ... auch Sie!

Genießen Sie die Zeit, die Sie mit Ihrem Liebespartner verbringen

Erleben Sie jeden Moment mit Ihrem Liebespartner so, als ob er der erste ... oder der letzte wäre. Legen Sie Ihre ganze Leidenschaft in die Beziehung. Wahre Liebe verdient nicht nur Ihre Energie und Phantasie, sie wird sie auch beflügeln.

Hat Sie nach einem wunderbaren Abend einmal jemand gefragt, ob er Sie »irgendwann« anrufen dürfe, doch das »Irgendwann« kam nie?!

Sie sagten ja und können sich noch immer nicht erklären, warum Sie von dem gut aussehenden Mann, mit dem Sie einen märchenhaften Abend verbrachten, nie wieder etwas hörten. Nun, 1990 erschien in *Cosmopolitan* ein Artikel über die Art, wie manche Männer denken. Laut diesem Artikel hat die einfache Frage: »Darf ich Sie irgendwann anrufen?« für diese Männer die Bedeutung: »Darf ich Sie heiraten?« Natürlich verstehen Sie unter: »Darf ich Sie irgendwann anrufen?« nichts anderes als das. Aber anscheinend interpretieren manche Männer ein Ja als Signal, daß sie beim zweiten Rendezvous Sie heiraten müssen. Es ist offensichtlich, daß eine solche Absurdität nicht ernst zu nehmen ist. Sie können diese Erklärung jedoch benützen, um sich beim nächsten Mal, wenn so etwas passiert, zu trösten. Oder gehen Sie einfach ans Telefon, und rufen Sie als erste an!

Stellen Sie sich folgende Fragen, ehe Sie eine Beziehung eingehen:

– Habe ich irgendwelche tieferen Beweggründe für meinen Wunsch nach dieser Beziehung?
– Stelle ich an meine Liebe Bedingungen?
– Laufe ich vor irgend etwas davon?
– Möchte ich meinen Partner wechseln?
– Brauche ich diesen Partner für mein persönliches Wachstum?

Wenn Sie auf eine dieser Fragen mit ja geantwortet haben, dann lassen Sie die betreffende Person ihrem eigenen Schicksal folgen – allein! Sie wird ohne Sie besser daran sein – und umgekehrt!

Seien Sie auf der Hut vor Leuten mit Bindungsängsten
Viele Leute leiden unter Bindungsängsten. Sie widersprechen sich selbst und verwirren die anderen, indem sie anfangs voller Leidenschaft eine innige Beziehung herstellen. Sie sind imstande, Ihnen aufrichtig in die Augen zu sehen und zu erklären, wie sehr sie sich nach Ihrer Gesellschaft sehnen und sich die Entwicklung einer tiefen und dauerhaften Beziehung wünschen. Sie werden Sie in den Glauben versetzen, daß ein Leben ohne Sie für sie wertlos sei und daß sie den Rest ihres Lebens mit Ihnen zusammen verbringen möchten – ja Sie sogar heiraten wollen. Aber sobald sich wirklich ein festes Band zu formen beginnt, brauchen sie plötzlich Raum! Leute mit Bindungsängsten werden Ihnen gemischte Botschaften senden: »Bleib bei mir … geh weg … erstick mich nicht … verlaß mich nicht!« Sie bereiten ihren Partnern viel Kummer und Leid.

Leute, die Angst vor einer festen Beziehung haben, werden die zuerst versprochene Vertrautheit zu vermeiden suchen, indem sie Ihnen alles mögliche in die Schuhe schieben, Ihnen ständig Vorwürfe machen, so daß Sie sich für den von ihnen herbeigeführten Bruch verantwortlich fühlen. Denken Sie daran, daß diese Leute Meister im Widerspruch sind. Ihre Worte und Taten werden Sie verwirren, ohne daß Sie wissen, was eigentlich vorgeht. Seien Sie auf der Hut: Halten Sie von Anbeginn an nach Anzeichen für ein solches Verhalten Ausschau. Ihre Unbeständigkeit wird Sie in höchstem Maße verunsichern. Sie können zum Beispiel einen wunderbaren Tag zusammen verbringen, doch dann werden sie eine Woche oder länger einfach nichts von sich hören lassen. Halten Sie die Augen und Ohren offen, und meiden Sie diesen Personentyp wie die Pest. Er könnte Ihnen viel Kummer und Herzeleid bereiten.

Hat Ihr Partner Angst vor der Liebe?

Es ist nicht leicht, mit jemand zu leben, der sich vor der Liebe fürchtet. Eine ernsthafte Beziehung ist fast unmöglich. Früher oder später wird sich die Furcht als Bindungsangst manifestieren.

Zu Beginn der Beziehung gibt es manchmal keine offensichtlichen Zeichen für Bindungsängste. Leute, die sich vor der Liebe fürchten, agieren oft wie hoffnungslose Romantiker. Sie wünschen sich verzweifelt, zu lieben und geliebt zu werden. Aber im Augenblick, in dem das Stadium der Werbung in eine Beziehung umzuschlagen beginnt, werden sie von Unruhe ergriffen und verschwinden auf Nimmerwiedersehen aus Ihrem Leben.

Die Liebe mag über alles siegen, doch die Chancen, daß sie über einen Partner mit Bindungsangst triumphiert, sind gering. Aber Ihre Unabhängigkeit könnte es! Einer Person, die Angst vor der Liebe hat, genug Freiraum zu lassen ist das Beste, was Sie tun können. Sich auf sie zu stürzen ist die beste Garantie, daß sie wegläuft. Gehen Sie Ihrer Arbeit nach, führen Sie Ihr eigenes Leben. Zeigen Sie ihr, wie selbstbewußt und ausgefüllt Sie sind, das ist das einzige, was sie beeindrucken wird. Fallen Sie nicht auf ihre Taktik herein, wenn sie verloren wirkend wieder in Ihr Leben zurückkehrt. Sie braucht nicht Ihr Mitleid, und bemuttern will sie sich schon gar nicht lassen.

Am besten halten Sie sich fern von einer Person mit Bindungsängsten. Sich und Ihre Zeit einer problematischen Persönlichkeit zu widmen kostet Sie nur Energie und hält Sie von anderen potentiellen Partnern fern. Räumen Sie sich in jeder Beziehung selbst den ersten Platz ein, denn nur wenn Sie sich selbst lieben, können Sie auch jemand anderen aufrichtig lieben. Warum sollten Sie sich eine Beziehung aufhalsen, die von Anfang an problembeladen ist? Es mag zwar seinen Grund haben, daß Ihre Partnerin sich vor der Liebe fürchtet, aber wollen Sie wirklich ihr Therapeut sein? Möchten Sie derjenige sein, der unter den Folgen zu leiden hat? Ist es Ihre Sache, ihr die gedankenlosen Handlungen zu verzeihen? Zu vergessen? Lassen Sie sich nicht von einer gequälten Seele überrennen. Seien Sie Ihre eigene Persönlichkeit, Ihr eigenes Zentrum, auf dem Sie Ihre Leistungen aufbauen. Sie brauchen niemand anderen, um sich erfüllt zu fühlen und es zu sein.

Eine Person, die Angst vor der Liebe hat, wird Ihnen mit romantischen Sprüchen und Versprechungen den Kopf verdrehen, doch Sie wird diese nie einhalten. Fallen Sie nicht auf sie herein, und lassen Sie sich nicht überreden, die Beziehung fortzusetzen. Eine Person mit Bindungsängsten redet zwar viel, setzt aber keine konkreten, positiven Handlungen. Beurteilen Sie die Beziehung nach dem, was die andere Person tut, und *nicht* nach dem, was sie sagt.

Spielen Sie nicht die Heldin: Sie können jemand, der Angst vor jeder Bindung hat, nicht ändern
Es ist schwierig, Leute zu verstehen, die eine tödliche Angst vor jeder Bindung haben. Ihnen zu erklären, daß ihre Ängste ihr Leben beherrschen, ist sinnlos. Lassen Sie daher besser die Finger davon. Wenn Sie mit jemand, der unter Bindungsangst leidet, eine Beziehung haben oder hatten, so geben Sie acht, daß Ihr Selbstbewußtsein nicht durch seine Beschuldigungen und ständige Kritik untergraben wird. Er benutzt diese Taktik zu seinem Vorteil: Dominanz in der Beziehung, ohne eine tiefe, fürsorgliche Liebe entwickeln zu müssen. Verlassen Sie ihn lieber so schnell wie möglich, um sich nach einer Ihrer Zuneigung würdigeren Person umzusehen, anstatt sich in seine Spiele verwickeln zu lassen. Sie können die tiefsten Ängste eines anderen nicht ändern – nicht einmal mit Geduld und Liebe. Wollen Sie wirklich Ihr kostbares Leben bei diesem Versuch verschwenden?

Was Sie tun können, wenn Sie den letzten Punkt ignoriert haben

Wenn Sie sich dennoch entschließen, mit jemandem eine Beziehung einzugehen, der Angst vor der Liebe hat, sollten Sie zumindest darauf vorbereitet sein. Unabhängigkeit, starkes Selbstbewußtsein und klares Denkvermögen werden Ihre größten Verbündeten sein. Wenn es Ihnen gelingt, nicht in einem Meer von Widersprüchen und bedeutungslosen Worten zu ertrinken, werden Sie Meister Ihres eigenen Schicksals bleiben und Ihren Partner inspirieren, an seinen Ängsten zu arbeiten – vielleicht! Viel Glück!

Hören Sie auf sich selbst. Wenn vieles in Ihrer Beziehung oder im Verhalten Ihres Partners Sie stört, ist es vielleicht Zeit, Schluß zu machen!

Wählen Sie nicht den Spruch »Liebe macht blind!« zu Ihrem Motto, um die Fehler Ihres Partners zu übersehen oder zu leugnen. Seien Sie sich sowohl seiner guten als auch seiner schlechten Eigenschaften bewußt.

Stellen Sie sich, wenn Ihnen seine bizarren Angewohnheiten auf die Nerven gehen, die Frage: »Kann ich die Eigenschaften meines Partners bis an mein Lebensende ertragen?« Wenn Ihre Antwort nein lautet, sollten Sie weise genug sein, ihn sofort zu verlassen – bevor er Sie damit in den Wahnsinn treibt.

Wenn Sie erkennen, daß Ihre Beziehung aus irgendeinem Grund eine ungesunde ist, sollten Sie besser schnell handeln, ehe Sie »angesteckt« werden und sich auf Kompromisse einlassen, um die Situation noch länger hinauszuziehen. Wenn das Negative die Freuden überwiegt, ist es Zeit zu *gehen*! Entweder Sie bleiben bei dem, was Sie kennen, oder Sie wagen den Schritt ins Unbekannte: Eine zerfallende Beziehung abzubrechen ist das kleinere Übel. Warum wollen Sie ein unglückliches Leben führen, wenn Sie frei sein können, um nach idealen Partnern zu suchen und das Leben wieder zu genießen?

Gehen Sie zartfühlend und taktvoll vor, wenn Sie sich von jemand trennen, der keine Anziehung auf Sie ausübt

Die Person, mit der Sie sich hin und wieder verabredet haben, übt keinerlei Anziehung mehr auf Sie aus. Wie können Sie ihr das auf höfliche Weise mitteilen? Sie könnten zum Beispiel sagen: »Ich finde dich sehr nett, aber ich habe jemand anderen kennengelernt.« Oder: »Ich bin derzeit nicht bereit für eine Beziehung.«

Wenn jemand auf einer Party Sie in Beschlag nimmt, können Sie sich auf folgende Weise mit Abstand aus der Affäre ziehen: »Ich habe mir selbst versprochen, heute so viele Leute wie möglich kennenzulernen, und möchte daher, wenn Sie nichts dagegen haben, mein Versprechen jetzt einhalten. Sie werden sicher auch noch mit einer Menge anderer Leute reden wollen, also gute Unterhaltung!«

Seien Sie diplomatisch. Niemand hat es gern, beleidigt zu werden. Seien Sie charmant und liebenswürdig, wenn Sie Leuten, die Sie unattraktiv finden, einen Korb geben, dann werden Sie ihnen als eine freundliche, zartfühlende und rücksichtsvolle Person in Erinnerung bleiben.

♥ ♥ ♥

Ist es sinnvoll, aus Angst vor dem Alleinsein in einer schlechten Beziehung auszuharren?

Die Angst, sich dem Unbekannten oder seinen zerbrochenen Träumen zu stellen, ist kein Grund, eine unbefriedigende Beziehung zu ertragen. Darin auszuharren wird Ihnen nicht das Gefühl dauerhafter Liebe geben, sondern nur eine Illusion von Sicherheit. Sie verdienen unendlich viel mehr!

Eine defekte Beziehung wird Ihre Schwächen verstärken und Sie so lange hinabziehen, bis Sie sich innerlich stumpf und tot fühlen. Warum wollen Sie Kummer und Sorgen erdulden? Würde Ihnen eine harmonische Beziehung, die Ihr Selbstbewußtsein und Ihr Selbstbild fördert, nicht besser gefallen? Welchen Sinn hat es, eine schädliche Beziehung fortzusetzen, anstatt diese Bande zu durchtrennen und sich einer Liebe zuzuwenden, die Ihren Prioritäten entspricht? Hören Sie auf, in einer destruktiven Beziehung

Ihre Zeit zu vergeuden! Sie können Ihr Glück in der Liebe finden – *wenn* Sie stark genug sind, weiterzusuchen.

Ein gewalttätiger Partner ist in jeder Beziehung unannehmbar

Gleichgültig, ob es sich um körperliche oder seelische Grausamkeit handelt: Gewalt darf niemals toleriert werden. In vielen Ländern wird Gewalt innerhalb der Ehe als krimineller Akt betrachtet. Wenn Sie das Opfer eines gewalttätigen Aktes Ihres Partners wurden und trotzdem die Beziehung fortsetzen, leisten Sie seiner Brutalität Vorschub und erlauben ihm, seine Handlungen zu wiederholen.

Es ist eine Tatsache, daß Leute, die gegenüber einem Liebespartner Gewalt angewendet haben, dies wieder tun werden, und zwar mit verstärkter Kraft, wenn sie Gelegenheit dazu bekommen. Gewalttätigkeit ist unberechenbar. Sie können nie wissen, wann sie bewirken wird, daß jemand zuschlägt, oder wie weit er gehen wird. Wollen Sie sich in eine solche Gefahr begeben? Keine Beziehung ist das wert!

Es gibt professionelle Therapeuten, die mit Leuten arbeiten, die eine Tendenz haben, in gewissen Situationen gewalttätig zu reagieren. Auf keinen Fall sollten Sie den Therapeuten bei einem gewalttätigen Partner spielen. Psychische Probleme erfordern professionelle Beratung; Liebe wird Brutalität nicht besiegen. Ihre Verletzungen mögen zwar heilen, aber Ihr Herz wird es nie vergessen!

Seelische Grausamkeit ist eine andere Form von Gewalt. Obwohl es zu keinem physischen Trauma kommt, ist der Schaden genauso groß. Ihre Selbstachtung wird zerstört und Ihre Liebe getötet werden, wenn ein Partner Sie seelisch ständig quält. Psychische Zermürbung kann Auswirkungen haben, die genauso lange anhalten wie die Auswirkungen körperlicher Gewaltanwendung, weil sie für immer Narben auf Ihrem Selbstbild hinterlassen.

Seien Sie rücksichtsvoll, wenn Sie sich von jemand trennen! Gehen Sie auf eine Weise vor, die Sie selber schätzen würden, wenn Sie in dieser Lage wären!

Eine Beziehung abzubrechen ist immer schwierig, besonders wenn Ihre Gründe in den Schwächen Ihres Partners zu suchen sind. Was bei einer Trennung gesagt wird, hängt im allgemeinen von der Dauer der Beziehung oder der Anzahl Ihrer Verabredungen ab. Wenn Sie sich noch nicht sehr lange kennen, Sie jedoch erkannt haben, daß diese Person nicht »ideal« für Sie ist oder daß Sie ihre Fehler nicht aushalten, können Sie sehr vage Trennungsgründe angeben. Lassen Sie der anderen Person ihre Würde; es besteht keine Notwendigkeit, sie oder sich selbst zu demütigen. Sie wird sich wärmstens an Sie erinnern, wenn Sie nicht jede Kleinigkeit, die sie getan hat, heftigst kritisieren. Kehren Sie ihre Pluspunkte hervor, indem Sie ihr sagen, wie viele nette Dinge Sie an ihr schätzen. Welchen Sinn hat es, die andere Person traurig zu machen? Seien Sie diplomatisch!

Gehen Sie auf diskrete Weise vor, und wählen Sie eine neutrale Stätte, um sie über Ihren Entschluß zu informieren. Warum wollen Sie es ihr am Ende einer Verabredung sagen, wenn es bereits spätabends ist und Sie ihr womöglich eine schlaflose Nacht verursachen? Haben Sie die Güte, es ihr untertags zu sagen, damit sie bei Freunden oder im Familienkreis Trost suchen kann.

Sie möchten eine Beziehung beenden, sind aber nicht imstande, der anderen Person gegenüberzutreten

Sie möchten Ihrem Partner sagen, daß die Romanze vorbei ist und Sie die Beziehung beenden wollen, aber Sie sind nicht imstande, es ihm ins Gesicht zu sagen? Schreiben Sie ihm einen Brief, der Ihre Gefühle erklärt. Seien Sie ehrlich und direkt, ohne der anderen Person Raum für Selbstzweifel oder falsche Hoffnungen über die Beziehung zu lassen. Bei manchen Leuten ist jedes Zartgefühl fehl am Platz!

Sie möchten jemand verlassen, der Hals über Kopf in Sie verliebt ist

Es ist ein großer Fehler zu sagen, Sie könnten Freunde bleiben oder sich gelegentlich zum Mittagessen treffen! Ziehen Sie sich so schnell wie möglich aus dem Leben der anderen Person zurück, und lassen Sie diese ihren Kummer an der Schulter einer Freundin ausweinen. Telefonieren Sie nicht, und erkundigen Sie sich *nicht* bei ihren Freunden, wie es ihr gehe. Sie wird es herausfinden und glauben, Sie seien noch immer an ihr interessiert. Schneiden Sie sämtliche Verbindungen zu ihrem Leben ab, und lassen Sie sie in Ruhe!

Haben Sie keine Angst, Ihre Verwundbarkeit zu zeigen

Sie sind schließlich nur ein Mensch! Es ist absolut normal, Augenblicke der Schwäche zu haben; Sie sind nicht vollkommen! Aus welchem Grund wollen Sie Ihre Schwachpunkte verbergen? Es braucht Charakterstärke, um die verwundbare Seite Ihres Wesens zu enthüllen. Sie werden überrascht sein, wie viele Leute Ihre Sensitivität zu schätzen wissen werden.

Müssen Sie bei einem traurigen Film weinen? Das passiert nicht nur Ihnen! Der schwierige Teil besteht darin, Ihre Gefühle in dem hektischen Trubel der täglichen Aktivitäten nicht zu verstecken. Sagen Sie Ihrem Partner Bescheid, wenn Sie sich gelegentlich niedergeschlagen, ängstlich oder verletzt fühlen. Verstecken Sie Ihre Emotionen nicht. Warum wollen Sie Ihre Sorgen für sich behalten, wenn Sie Schwierigkeiten in der Arbeit haben? Wollen Sie in dieser Beziehung nicht Ihr Leben mit der anderen Person teilen – die guten und die schlechten Zeiten?

Eine Liebesbeziehung erfordert von jedem Partner, für den anderen dazusein. Zum Beispiel werden Sie sich vielleicht von manchen Aufgaben überfordert fühlen, weil sie Ihre Kräfte übersteigen, dann sollten Sie Ihren Partner um Hilfe bitten! Oder wenn für Sie das Annähen eines Knopfes ein unlösbares Problem darstellt, warum ersuchen Sie dann nicht gleich Ihre Liebe, Sie aus Ihrem Dilemma zu erretten? Hilfe und Unterstützung in kleinen

Dingen, aber auch in Zeiten größerer Krisen – wie dem Verlust eines Familienmitglieds oder eines schlimmen Unfalls – festigen eine Beziehung. Liebe heißt, füreinander dazusein!

Sie und Ihr Liebespartner sollten auf derselben Wellenlänge sein!
Sind Sie beide verliebt? Haben Sie die gleichen Ideen über das, was Liebe und Zuneigung ausmacht? Empfinden Sie beide Glückseligkeit, wenn Sie zusammen sind? Oder sind Ihre Liebeserklärungen einseitig, sagen nur Sie allein: »Ich liebe dich … Ich vermisse dich … Ich brauche dich«? Beide Partner sollten einander ihre Zuneigung regelmäßig und in gleichem Maße zeigen. Reden Sie miteinander über die Entwicklung Ihrer Beziehung? Sie sollten in der Lage sein, sämtliche Dinge auf freundliche Art zu diskutieren. Auf derselben Wellenlänge zu sein bedeutet, über die grundsätzliche Beziehung die gleichen Gefühle zu hegen sowie fähig zu sein, diese Gefühle auszudrücken.

Eine echte Liebesbeziehung ist für jeden der beiden Partner erfüllend
Ihre Partnerschaft sollte auf Gleichheit und Fairneß beruhen. Wünsche, Geheimnisse, Aufrichtigkeit, Bewunderung, Liebe, Glück, Zärtlichkeit, Wärme und Sicherheit sind miteinander zu teilen! Sie sollten einander ergänzen, so daß jeder sich ganz fühlt. Ihre Beziehung sollte ein gesunder Austausch von Ideen, Zuneigung und Aufmerksamkeit sein, mit gegenseitigem Respekt und Rücksichtnahme aufeinander. Gut zusammenzupassen sollte Ihr Hauptziel sein.

Seien Sie auf der Hut vor defensivem Verhalten
Haben Sie das Gefühl, die Zuneigung Ihres Partners sei im Schwinden begriffen? Verhält er sich distanziert und nervös in Ihrer Gegenwart? Fühlen Sie, daß er Ihnen entgleitet? Verhält er sich Ihnen gegenüber abweisend? Vielleicht befriedigt ihn der gegenwärtige Stand Ihrer Beziehung nicht mehr? In diesem Fall ist es am besten, die Gültigkeit Ihrer Liebesbeziehung zu hinterfragen. Wenn Sie sich über die Absichten Ihres Partners nicht im klaren sind, stellen Sie ihn am besten zur Rede: Sie haben ein Recht darauf zu wissen, woran Sie sind. Vielleicht lähmt Ihren Partner die Furcht, allein und verlassen zu enden, oder er hat einfach Angst, Ihnen zu sagen: »Irgend etwas stimmt nicht« oder: »Es ist aus.« Aber es ist auch Ihre Zukunft, also finden Sie heraus, ob Sie irgend etwas tun können, um das Interesse Ihres Partners wieder anzufachen. Wenn alles hoffnungslos erscheint, so ziehen Sie sich sachte zurück! Machen Sie lieber mit Ihrem Leben weiter, als Monate oder Jahre einen verlorenen Fall zu verfechten!

Sie verdienen jemand, der Sie genauso liebt wie Sie ihn
Steigen Sie aus einer gestörten Beziehung so schnell wie möglich aus! Wenn alles gesagt und getan ist, dann ist das einzige, was in einer schlechten Beziehung noch zu tun übrigbleibt, »Adieu und alles Gute!« zu sagen. Liebe läßt sich nicht erzwingen. Egal, mit welchen Tricks Sie die Beziehung zu verlängern suchen, früher oder später wird die andere Person Sie verlassen. Warum wollen Sie Ihr Licht unter den Scheffel stellen? Warum wünschen Sie sich jemand, der Sie nicht liebt? Sie brauchen sich nicht zu erniedrigen, Sie haben ein Recht auf Würde und Respekt. Jetzt ist der Zeitpunkt, um eine saubere Trennung zu vollziehen und Ihre Suche nach einem passenden Partner, der Ihre Liebe erwidert, fortzusetzen.

Isolieren Sie sich nicht nach einer Trennung

Suchen Sie Trost bei Ihren Freunden, Ihrer Familie und Ihren Kollegen. Finden Sie jemand, dem Sie sich anvertrauen können. Sie werden Ihren Schmerz schneller loswerden, wenn Sie über ihn sprechen. Ihre guten Freunde werden Sie ermutigen, und ihr Mitgefühl wird Ihnen helfen, diese schwierige Periode in Ihrem Leben zu überstehen. Wenn Sie allein zu Hause sitzen, werden Sie sich nur noch elender fühlen. Suchen Sie Ihre Freunde auf, um mit ihnen zu reden. Zeit und Freundschaft wird Ihr gebrochenes Herz heilen.

Eine ausgewogene Beziehung erlaubt jedem der beiden Partner, Farbe zu bekennen

Sie können *mit* Ihrem Partner lachen, aber niemals *über* ihn; weinen Sie mit ihm, aber nicht seinetwegen! Eine harmonische Beziehung beruht auf gegenseitigem Respekt. Eifersucht wird die Liebe zerstören, Wertschätzung hingegen wird sie nähren.

Eine stabile Beziehung ist eine entsprechende Partnerschaft, in der jeder der beiden Partner Trost und Ermutigung in der Gegenwart der oder des anderen finden kann. Die Liebe in ihr ist so stark, daß sie vollkommene Sicherheit schenkt und Ihnen erlaubt, Ihre Gefühle zu zeigen und Erfolge wie Mißerfolge mit dem Partner zu teilen. Eine solche Beziehung fördert den Ausdruck von Gefühlen mit der Unschuld und Spontaneität eines Kindes. Die ideale Beziehung ist eine Vereinigung von Geist, Liebe und Ehrlichkeit, und sie verstärkt die Persönlichkeit jedes Partners.

Umsorgt zu werden ist schön, aber werden Sie nicht vom anderen abhängig!

Bewahren Sie Ihre Unabhängigkeit! Glauben Sie nicht, daß Sie frei von jeder Verantwortung sein werden, wenn jemand Ihr Leben in die Hand nimmt. Sonst werden Sie am Ende Ihre Identität verlieren, nur um einem anderen zu gefallen!

Seien Sie selbständig: Dies bedeutet, sich nicht von der Autorität eines anderen leiten zu lassen. Seien Sie eine unabhängige, positive Person, die imstande ist, ihre eigenen Entscheidungen zu treffen. Seien Sie gefühlsmäßig, finanziell und beruflich abgesichert. Führen Sie Ihr eigenes Leben, und setzen Sie sich Ihre eigenen Ziele, selbst wenn Sie als Paar ein gemeinsames Leben und gemeinsame Ziele haben, dann werden Sie einen wertvollen Beitrag zur Bereicherung Ihrer Beziehung leisten.

Haben Sie Ihr Recht auf Gleichberechtigung beim Treffen von Entscheidungen aufgegeben?

Ein Weg, um herauszufinden, ob Sie einen autoritären Partner haben, ist, Fragen zu stellen. Fragen Sie ihn über seine früheren Beziehungen. Hört er sich an, als hätte er bei seinen früheren Partnerinnen die Elternrolle übernommen? Versuchen Sie festzustellen, wie der andere ihm nahestehende Personen behandelt. Beobachten Sie, wie er sich im Familienkreis verhält und wie seine Familie reagiert. Ist seine Mutter eine passive Frau ohne Motivation? Ist sie vollkommen abhängig von ihrem Mann, immer niedergeschlagen und negativ? Ist sein Vater tyrannisch, streitlustig? Der familiäre Hintergrund einer Person beeinflußt ihr Verhalten als Erwachsener und in einer Beziehung.

Wenn Sie fühlen, daß Ihr Partner alte Familienmuster ausagiert, anstatt mit Ihnen zu kooperieren, dann könnte es von Vorteil sein, ihn darauf hinzuweisen und mit ihm zusammenzuarbeiten, um eine Veränderung seines Verhaltens herbeizuführen.

Hüten Sie sich, einem Süchtigen »auf den Leim zu gehen«!

Es gibt viele Arten von Sucht: Alkohol, Zigaretten, Essen, Reinlichkeit, Spielen sowie jede Menge von Drogen. Sehr oft führt eine Sucht zur anderen: Zigaretten und Alkohol zum Beispiel. Wenn Sie mit einem Süchtigen zusammen sind, müssen Sie sehr vorsichtig sein: Sie könnten leicht selbst drogenabhängig werden, einfach durch den Versuch, ihm zu helfen.

Ein Süchtiger ist in seinen Urteilen oft unreif, und Sie, als abhängige Partnerin, werden beginnen, sich für diese Person verantwortlich zu fühlen. Durch den Versuch, sie von ihrer Sucht zu befreien, werden Sie selbst ein Teil ihres »Spiels«, und die Notwendigkeit, sie ständig zu retten, wird Sie zur Gefangenen eines Teufelskreises machen, aus dem Sie schließlich nicht mehr ausbrechen können. Oft ist eine abhängige Partnerin das Kind süchtiger Eltern und insofern das Opfer eines gestörten Familienlebens. Außerdem ist bekannt, daß abhängige Personen als Erwachsene häufig unter Eßstörungen und Kleptomanie leiden. Diese »leichten Verhaltensstörungen« sind eine Art rebellisches Suchtverhalten, das die überwältigende Last kompensieren soll, die das Zusammenleben mit einem Süchtigen darstellt.

Wenn Sie in eine Süchtige verliebt sind, können Sie leicht in eine Beziehung gegenseitiger Abhängigkeit geraten, die Ihr Leben zur Qual machen wird. Ihre süchtige Partnerin zu verlassen wird für Sie genauso schwierig werden wie für diese, ihre Sucht aufzugeben. Sie können sogar selbst süchtige Angewohnheiten entwickeln in einer solch destruktiven Beziehung. Vergessen Sie nicht, daß ein Süchtiger Sie nie in der Weise lieben kann, wie Sie es verdienen, weil er sich selbst nicht lieben kann.

Andere Suchtformen, die ebenfalls eine psychologische Beratung erforderlich machen
Es gibt viele Formen von Sucht: Sie können auch körperlich von jemand abhängig sein. Daneben gibt es den »Workaholic« – ein Personentyp, der so süchtig nach seiner Arbeit ist, daß es in Besessenheit ausartet, und der keine Zeit für die Freuden des Lebens hat. Der Partner eines »Workaholic« ist die meiste Zeit über allein und einsam. Selbst wenn es sich um eine harmlose und ungefährliche Sucht zu handeln scheint, werden Sie als Partner oder Partnerin unter den Folgen zu leiden haben. Verlassen Sie diesen Süchtigen so schnell wie möglich, ehe Sie in einen selbstzerstörerischen Strudel verwirrter Emotionen hineingezogen werden und Ihre Selbstachtung verlieren.

Es ist ein Fehler zu glauben, daß Sie einen Alkoholiker retten können

Wenn Sie in einer Beziehung mit einem Alkoholiker sind, müssen Sie sich stets vor Augen halten, daß Alkoholismus eine Krankheit ist, die Sie mit Liebe und Zuneigung nicht heilen können. Ein Alkoholiker muß selber den Wunsch haben, mit dem Trinken aufzuhören. Weder Sie können ihn dazu veranlassen noch all die Liebe, die Sie ihm geben.

Auf einen Alkoholiker ist kein Verlaß. Er wird viele Versprechungen machen, Sie irgendwo zu treffen, etwas zu erledigen, mit dem Trinken aufzuhören – und er wird sehr zerknirscht sein, daß er die Versprechungen nicht eingehalten hat. Möchten Sie wirklich die Aufgabe übernehmen, seine Wärterin ... oder seine Therapeutin zu sein? Selbst wenn es Ihnen gelingt, jemand zu ermutigen, mit dem Trinken aufzuhören, dürfen Sie in Ihrer Wachsamkeit nie nachlassen, weil es unmöglich ist vorauszusehen, was ihn dazu bringen könnte, wieder anzufangen – oder wann! Und dann wird Ihr Leid wieder von vorne beginnen. Die Lebensgefährtin eines Alkoholikers zu sein ist so schwierig, daß Sie lange vor ihm physisch »am Ende« sein können.

Achten Sie in jeder neuen Beziehung auf Anzeichen von Alkoholismus. Trinkt Ihr Partner regelmäßig Alkohol? Trinkt er auf Feiern oder wenn er mit Problemen konfrontiert wird? Seien Sie wachsam, das Glück Ihrer Beziehung hängt davon ab!

Lassen Sie sich vom Alltagstrott in eine gleichgültige, lieblose Person verwandeln?

Fragen Sie sich, ob Sie an Ihrer eigenen Gesellschaft Freude haben. Sind Sie grantig, herrisch, arrogant, unsensibel, autoritär, kalt, grob – obwohl Sie die ganze Zeit über glauben, erfüllt von Liebe für Ihren Partner zu sein? Wenn Sie ihn lieben, sollten Sie dann nicht warm und zärtlich, tolerant und aufrichtig sein? Die meisten Beziehungen scheitern aufgrund von geringfügigen Problemen, die sich zu einem Sturm auswachsen, und nicht wegen einer größeren Tragödie.

Die Liebe kann durch Kleinigkeiten verlorengehen – gehässige Bemerkungen, Verschleppung, Gedankenlosigkeit! Wenn Sie gescheiterte Beziehungen zu analysieren hätten, würden Sie sehen, daß sie wegen so unbedeutender Probleme zugrunde gegangen sind wie:

- »Sie unterbricht mich ständig, wenn ich rede! Es macht mich verrückt!«
- »Er kann sich nie entscheiden! Nicht einmal darüber, was er anziehen soll!«
- »Sie ist eine solche Reinlichkeitsfanatikerin, daß Sie die Wohnung auf den Händen betreten müssen!«
- »Ich bin weniger wichtig als ein Aschenbecher.«
- »Er hält nie den Mund und ist so langweilig!«
- »Sie schwätzt so viel.«

Obwohl diese Gepflogenheiten ziemlich belanglos erscheinen, können sie auf die Dauer eine Beziehung zerstören. Aber Sie können verhindern, daß solche Gewohnheiten Ihr Leben ruinieren, indem Sie mit Ihrem Partner auf taktvolle Weise darüber sprechen. Es ist so leicht, mit ein wenig gutem Willen und Liebe störendes Benehmen zu ändern.

Setzen Sie sich das nächste Mal, wenn in Ihrer Beziehung Probleme auftauchen sollten, mit diesen sofort auseinander. Sehen Sie darin eine Herausforderung, die Ihre Beziehung stärken und Ihr Leben bereichern kann. Benützen Sie Ihr Herz und Ihren Kopf, um die Probleme zu bewältigen und die beste Lösung zu finden. Wenn Sie die Probleme ignorieren, in der Hoffnung, daß sie von selbst verschwinden werden, oder wenn Sie so tun, als ob alles rosig wäre, werden Sie nie irgend etwas verändern. Nehmen Sie schwierige Angelegenheiten gemeinsam in Angriff, und Ihre Beziehung wird erblühen und Ihre Liebe erstarken.

Machtkämpfe sind normal in einer Beziehung.
Kompromißbereitschaft ist der Schlüssel!
Probleme entstehen oft aufgrund eines Machtkampfes, wenn der eine Partner über den anderen dominieren oder seine Ansichten »durchsetzen« will. Diese Situationen verlangen diplomatisches Geschick. Die Hauptsache ist, keine Verstimmung innerhalb der Beziehung aufkommen zu lassen. Die Lösung Ihrer Differenzen liegt in der gemeinsamen Verantwortung für eine gutes Funktionieren der Beziehung.

Ein Beispiel: Maria möchte jeden Sonntagnachmittag ihre Eltern besuchen. Larry würde diese Zeit gern zum Besuch von Museen oder Kunstgalerien verwenden. Larry erklärt sich einverstanden, jeden dritten Sonntag im Monat Marias Familie einen Besuch abzustatten, und auch damit, daß Maria jeden ersten Sonntag im Monat allein zu ihren Eltern fährt. Maria willigt ein, an zwei Sonntagen im Monat zusammen mit Larry Museen und Galerien aufzusuchen. Diese Lösung bot beiden Zeit für einander und für sich allein. Zu ihrer beiderseitigen Überraschung lernte Larry von Marias Vater Holzschnitzen, und Maria bekam einen Teilzeitjob im Museum beim Entwerfen von Ausstellungskatalogen. Ein gückliches Ende für einen potentiell zerstörerischen Machtkampf.

Tradition und Rituale sind wichtig
Tradition kann ein sehr starkes Band sein. Es ist wichtig, Sitten und Bräuche zu respektieren und in ihnen sogar einen romantischen Teil der Beziehung zu sehen. Familienfeste sind genauso wichtig wie die jährlichen Feiertage, Geburtstagsfeiern, Friedhofbesuche in Erinnerung an den Tod eines treuen Freundes, aber auch traditionelle Lieder und Tänze haben hier ihren Platz. Feiern Sie alle bedeutsamen Ereignisse in Ihrem Leben als Paar – egal ob freudig oder traurig. Erstellen Sie einen Kalender mit allen erinnerungswerten Daten: dem Geburtstag eines gemeinsamen Kumpels, dem Hochzeitstag Ihrer Eltern! Weben Sie Ihr persönliches Netz von Ritualen als Paar; es wird Ihre Zukunft stärken und Ihrem gemeinsamen Leben Bedeutung verleihen.

Vermeiden Sie destruktives Verhalten

Wenn Ihre Beziehung erfolgreich sein soll, dürfen Sie keine destruktiven Verhaltensweisen aufkommen lassen wie zum Beispiel:

- besitzergreifend oder eifersüchtig zu sein, indem Sie versuchen, Ihren Partner zu manipulieren und zu beherrschen;
- Ihre Partnerin ständig zu kritisieren;
- mit Ihrem Partner zu konkurrieren, besessen von dem Gedanken, zu gewinnen und immer das letzte Wort zu haben;
- zu nörgeln.

Im Laufe jeder Beziehung treten Konflikte auf

Beweisen Sie Ihre Reife, wenn es zu Zusammenstößen kommt, anstatt kindisch zu erklären: »Ich habe recht! Du bist im Unrecht!« – und einander mit Vorwürfen zu überhäufen. Hören Sie Ihrem Partner objektiv und aufmerksam zu. Halten Sie Ihre Emotionen unter Kontrolle, und fallen Sie nicht in die Rollen von Opfer und Ankläger.

Konflikte sind unvermeidlich und treten häufig dann auf, wenn die Beziehung in ihrer emotionalen Tiefe einen Sprung vorwärts getan hat und jeder Partner unbewußt erschrocken ist. Andere Ursachen liegen in Entscheidungen über Geld, Macht, gesellschaftlichen Status und Verantwortung. Diesen Situationen auf aggressive Weise zu begegnen ist unnötig, da solche Probleme im Laufe einer Beziehung unumgänglich sind. Hilfreich ist es, jedes Problem als eine Herausforderung zu betrachten.

Konflikte stellen oft eine ausgezeichnete Gelegenheit für eine konstruktive Diskussion dar. Durch Ihre Auseinandersetzungen können Sie als Paar gemeinsam wachsen und ein harmonisches Zusammensein entwickeln.

Wenn Ihr Partner auf religiösem oder politischem Gebiet eine andere Weltanschauung hat als Sie, so respektieren Sie seine Glaubensvorstellungen oder seine Ansichten. Versuchen Sie jede Diskussion über diese Themen zu vermeiden, und zeigen Sie Ihre Liebe, indem Sie Ihrem Partner die Freiheit lassen, er selbst zu sein.

Saubere Konfliktlösungen werden Sie einander näherbringen. Warten Sie nicht ab, bis Sie explodieren, sondern bringen Sie Probleme gleich zur Sprache!

Seien Sie objektiv: Versuchen Sie, Ihre Probleme ohne Emotionen zu sehen. Warum wollen Sie die Dinge verschlimmern, indem Sie alte Streitigkeiten aufwärmen oder Ihrem Partner vorwerfen, daß er an allem schuld sei? Beide Partner sind für die Beziehung verantwortlich. Machen Sie von Ihrer Intelligenz und nicht von Ihrem Stimmumfang Gebrauch. Einschüchterung wird zu nichts führen. Eine freundschaftliche, aber ernsthafte Diskussion wird Ihnen beiden helfen, den Standpunkt des anderen zu erkennen und zu verstehen. Seien Sie offen, aber ohne zu drohen!

Es ist wichtig, daß Sie Ihre wahren Gefühle aufdecken und sich vergewissern, daß Sie verstanden werden. In der Diskussion muß genauso ein Geben und Nehmen herrschen wie in der Beziehung. Indem Sie die strittigen Punkte ruhig ausdiskutieren, werden beide von Ihnen den anderen besser verstehen lernen. Jeder wird den anderen in einem neuen Licht sehen. Nun brauchen Sie sich nur noch zu *küssen und sich wieder zu vertragen*!

Bestimmen Sie Ihre Bedürfnisse und Ziele

Sobald Sie Ihre eigenen Bedürfnisse und Ziele bestimmt haben, sollten Sie definieren, was Sie sich von Ihrer Beziehung erwarten. Lassen Sie auch Ihre Partnerin ihre Erwartungen niederschreiben. Passen Ihre Vorstellungen hinsichtlich Ihrer Beziehung zusammen? Wenn nicht, gilt es zu verhandeln! Können Sie sich auf eine neue Version Ihrer Beziehung einigen, die beide Teile zufriedenstellen wird? Dann sind Sie auf dem Weg in eine sehr glückliche – gemeinsame – Zukunft!

Grundsätzlich haben Sie zwar dieselben Ziele, aber der Zauber fehlt

Erzählen Sie einander von Ihren Hoffnungen und Träumen? Ihre Träume werden Ihren Zielen Flügeln verleihen und Ihr Leben bereichern. Gemeinsame Träume – von einem zukünftigen Heim, einem wunderbaren Urlaub, einem teuren Kunstwerk, das Sie beide bewundern – versehen eine Liebesbeziehung mit dem Element des Wunderbaren! Gemeinsam von etwas zu träumen heißt, ein Ziel zu haben, das Sie gemeinsam verwirklichen können. Ein Traum ist ein geheimer Ort – ein verzauberter Garten –, wo Sie und Ihre Liebe eine magische Erfahrung machen können.

Planen Sie Schritt für Schritt, wie Sie die Ziele, die Sie sich gesetzt haben, verwirklichen werden
Nehmen Sie jede Chance wahr, um Ihre Pläne zu verwirklichen. Setzen Sie sich einen bestimmten Termin für die Erreichung Ihrer Ziele. Fragen Sie sich, wo Sie in einem Jahr sein wollen, und beschließen Sie dann, was Sie monatlich zu tun haben, um innerhalb der nächsten zwölf Monate dorthin zu gelangen. Stellen Sie für diese Zeit einen Terminplan auf, in den Sie Ihre für jeden Monat »geplanten Erfolge« eintragen. Plazieren Sie diesen Terminplan so, daß Sie ihn oft sehen, und verfolgen Sie genau Ihre wöchentlichen und monatlichen Fortschritte. Lassen Sie sich von etwaigen Rückschlägen nicht entmutigen, sondern arbeiten Sie unbeirrt weiter an der Erreichung Ihrer Ziele. Sie können es! Halten Sie durch!

Nach Anwendung dieser Methode zur Verwirklichung Ihrer persönlichen Ziele können Sie diese auch für Ihre gemeinsamen Ziele als Paar einsetzen. Vielleicht haben Sie beide ein gemeinsames finanzielles Ziel, das Sie innerhalb des nächsten Jahres verfolgen wollen. Planen Sie gemeinsam, wieviel Sie monatlich sparen werden. Natürlich werden Sie von Zeit zu Zeit gewisse Anpassungen vornehmen müssen, um Veränderungen zu berücksichtigen, aber Sie sollten danach trachten, Ihr Ziel zu erreichen.

Andere Zielsetzungen könnten sich darauf erstrecken, Ihre Kommunikation untereinander zu verbessern, mehr Rücksicht auf einander zu nehmen oder einfach an den Problemen zwischen Ihnen beiden zu arbeiten. Auch hier könnte sich ein Plan, in dem Sie täglich oder wöchentlich Eintragungen zur Verbesserung Ihrer Beziehung machen, als nützlich erweisen und Sie daran erinnern, ständig an Ihrer Beziehung zu arbeiten und einander zu zeigen, wie sehr Sie einander lieben.

Beobachten Sie, wie Ihr Partner auf Probleme, Meinungsdifferenzen und Mißgeschicke reagiert. Die folgenden Fragen werden Ihnen dabei helfen:

- Hat Ihr Partner eine positive Einstellung?
- Ist er kompromißfähig?
- Bewahrt sie ihre Fassung, wenn Probleme auftreten?
- Sieht er seine Fehler ein, oder gibt er Ihnen die Schuld dafür?
- Hält sie Ihnen ständig alte Streitigkeiten vor?

Sie können eine Menge über Ihren Partner erfahren, indem Sie beobachten, wie er oder sie auf Probleme reagiert.

- Wie geht er mit Frustrationen um?
- Pflegt sie Probleme zu ignorieren, oder stellt sie sich ihnen mit dem Mut einer Löwin?
- Macht er Ihnen wegen jeder Kleinigkeit Vorwürfe?
- Kann sie einen Irrtum zugeben und sagen: »Es tut mir leid«?
- Kann er verzeihen?
- Ist sie kommunikationsfähig?
- Ist er geduldig, oder mangelt es ihm an Takt, Verständnis und Respekt?
- Haben Sie das Gefühl, daß sie teilnahmslos ist?
- Hat er einen Hang zum Negativen?
- Ist sie starrköpfig und abweisend?
- Ist er autoritär?

Beobachten Sie den Umgang Ihres Partners mit anderen Leuten

– Hat sie Sinn für Humor?
– Ist er in seinen Anschauungen flexibel oder festgefahren?
– Reißt sie jede Konversation an sich?
– Macht er einen freundlichen oder vorsichtigen Eindruck?

Wie können Sie die Antworten auf diese Fragen herausfinden?

Ein Weg, um den wahren Charakter Ihres Partners kennenzulernen, ist, miteinander Urlaub zu machen. Dabei tauchen immer eine Reihe von Unannehmlichkeiten oder Problemen auf: verlorenes Gepäck, verspätete Flüge, Sprachbarrieren oder fehlende Hotelreservierungen! Wie reagiert Ihr Partner, wenn der bestellte Mietwagen nicht verfügbar ist und Ihnen statt dessen ein Wrack angeboten wird? Geht sein Temperament mit ihm durch, wenn das Essen nicht gut ist? Kann sie sich den kulturellen Gegebenheiten sowie dem unterschiedlichen Tempo in Ihrem Urlaubsparadies anpassen?

Lernen Sie Ihren Partner wirklich kennen. Halten Sie nach Wegen Ausschau, um Ihre Beziehung oder Ihre Entscheidung zu stärken, daß dies Ihr Partner fürs Leben ist – oder nicht.

Wenn es Ihre Erziehung und Ihre Kultur erlauben, könnte es sich als vorteilhaft erweisen, tatsächlich eine Zeitlang zusammenzuleben, um herauszufinden, ob Sie wirklich zusammenpassen, ehe Sie eine Verpflichtung auf Lebenszeit eingehen. Was ist, wenn der Partner eine persönliche Angewohnheit hat, die von der anderen Person als so störend empfunden wird, daß sie nicht bereit ist, sie in Kauf zu nehmen? Vielleicht gibt es Widersprüche zwischen Ihren Persönlichkeiten, die sich erst zeigen, wenn Sie eine Zeitlang zusammen sind. Ein längerer Zeitraum wird oft enthüllen, ob Sie den Anforderungen, die ein gemeinsames Leben im Alltag an eine Beziehung stellt, gewachsen und wirklich geeignet sind, ein Paar zu werden.

Fragen Sie Ihren Partner nach seiner Meinung in bezug auf Kinder, Karriere und Geld

In diesen Grundfragen müssen Sie übereinstimmen, wenn Sie ein harmonisches Leben führen wollen. Wenn Sie eines Tages Kinder haben wollen und Ihr Partner ist partout dagegen, werden Sie dann seinen Charakter ändern können? Wahrscheinlich nicht, wenn seine Gründe tief in ihm verankert sind.

Für den Fall, daß Sie beide einmal Kinder haben wollen, ist es weise, deren Erziehung bereits vor der eigentlichen Familienplanung in allen Einzelheiten zu besprechen. Das ist besonders wichtig, wenn Ihr familiärer, kultureller, religiöser oder ethnischer Hintergrund verschieden ist. Unstimmigkeiten in derart fundamentalen Angelegenheiten oder gar die Ausübung von Druck, um die eigenen Traditionen durchzusetzen, können selbst die größten Liebenden auseinanderbringen.

Wenn Ihr Liebespartner dermaßen sparsam ist, daß es an Knausrigkeit oder Geiz grenzt, wird er nie Verständnis für Ihr Bedürfnis haben, etwas Geld »hinauszuwerfen« oder sich gelegentlich etwas Frivoles zu kaufen. Sie werden bald darauf kommen, daß ein Mensch, der mit seinem Geld knausert, das oft auch mit seiner Liebe tut.

Wenn Sie eine Frau sind und Ihren eigenen Beruf haben und eine eigene Karriere planen, müssen Sie sich vergewissern, daß Ihr Partner Ihre Einstellung zu Ihrer Arbeit versteht und schätzt. Falls nicht, so wird er sich wahrscheinlich auch nach der Heirat nicht ändern, und Sie werden ständig von seinen Einwänden verfolgt und gezwungen werden, ein unglückliches Leben in fortwährender Zwietracht zu führen.

Wenn Ihr Beruf Ihre häufige Abwesenheit von zu Hause erfordert oder mit Gefahren verbunden ist, wie es zum Beispiel bei der Polizei oder bei Politikern der Fall ist, werden Sie gut daran tun, sich nach einer starken, unabhängigen Partnerin umzusehen.

Betrachten Sie Ihre derzeitige Beziehung unter dem Gesichtspunkt einer langjährigen Bindung. Sie sollten ähnliche Ziele verfolgen, wenn Sie an einer harmonischen, dauerhaften Partnerschaft interessiert sind.

Erwägen Sie sorgfältig jedes Pro und Kontra, ehe Sie eine Beziehung mit jemandem eingehen, der Kinder hat

Sind Sie zu einer solchen Beziehung bereit? Sie werden nicht bloß mit einem anderen Menschen Ihr Leben teilen, sondern mit einer ganzen, bereits bestehenden Familie. Wie steht es mit der Ex-Frau oder dem Ex-Mann? Welche Rolle, wenn überhaupt, wird sie oder er in Ihrem Leben spielen? Natürlich sind auch die Kinder eine ständige Erinnerung an die vergangene Beziehung.

Sie werden die Kinder liebgewinnen und diese Sie. Was wird mit Ihrem Gefühlsleben geschehen, wenn Sie die Beziehung abbrechen? Ihre Sorgen werden aufgrund der Bindung, die Sie zu den Kindern entwickelt haben, um ein Vielfaches größer sein, denn Sie verlassen ja nicht nur eine Person. Erwägen Sie das Für und Wider, und fragen Sie sich selbst, ob Sie diese Art von Beziehung wirklich eingehen wollen oder ob nicht jemand ohne elterliche Pflichten besser für Sie wäre.

Wenn Kinder an einer Beziehung beteiligt sind, müssen Sie damit rechnen, die Nebenrolle zu spielen

Die Bedürfnisse der Kinder kommen zuerst, das ist unvermeidlich. Ihr Partner wird zum Beispiel in letzter Minute gebeten, zum Wochenende auf die Kinder aufzupassen, und schon ist es aus mit der von Ihnen geplanten romantischen Fahrt ins Grüne. Sind Sie auf solche radikalen Veränderungen gefaßt? Können Sie sich derartigen Situationen anpassen?

Sie haben zwei Monate im voraus Theaterkarten besorgt, und das Stück ist ausverkauft. Am Nachmittag vor der Premiere teilt Ihnen Ihre Liebe mit, daß ihr jüngstes Kind mit hohem Fieber erkrankt sei und sie es nicht allein lassen könne. Werden Sie ihr eine Szene machen oder Verständnis zeigen? Wenn Sie unfähig sind, sich unvorhersehbaren Umständen anzupassen, dann sollten Sie sich besser nach jemand umsehen, der keine familiären Verpflichtungen hat und völlig frei ist – um nur für Sie dazusein.

Ihre Beziehung besteht schon sehr lange und bedeutet Ihnen sehr viel

Sie möchten Ihre Beziehung nicht aufgeben, bis Sie nicht sicher wissen, daß alle Möglichkeiten zu ihrer Rettung ausgeschöpft sind. *Verhandeln* und *Kompromisse schließen* sind in diesem Fall die Schlüsselwörter.

Eine Liste mit Ihren Problemen ist hilfreich. Sobald Sie alle niedergeschrieben haben, gehen Sie Ihre Aufstellung durch und machen ein großes X neben jene Probleme, bei denen Sie glauben, flexibel sein zu können. Bitten Sie Ihren Partner, eine ähnliche Liste anzufertigen. Nehmen Sie sich zuerst jene Punkte von beiden Listen vor, bei denen Sie verhandlungsbereit sind, und versuchen Sie, einen Kompromiß zu schließen.

Angenommen, Geld sei das große Problem in einer Beziehung. Er glaubt, daß das Haushaltsgeld sämtliche Auslagen für den Lebensunterhalt, einschließlich Kosmetik- und Toilettenartikel sowie sonstiger Kosten, abdecken sollte. Sie glaubt, daß jeden Monat ein Extrabetrag nur für Kleidung und kleine Annehmlichkeiten bereitgestellt werden sollte. Als Kompromiß käme eine Reduktion des wöchentlichen Haushaltsgeldes in Frage und die Zuteilung eines persönlichen Taschengeldes einmal im Monat. Die Lösung wird natürlich bei jedem Paar anders aussehen.

Nehmen Sie jetzt Ihre Liste wieder in die Hand, und gehen Sie die Punkte durch, die für Sie nicht verhandelbar waren. Hat sich in Ihrer Einstellung diesbezüglich etwas geändert? Wenn Sie ein oder zwei Probleme gelöst haben, werden Sie anfangen zu merken, daß es kreative Wege gibt, um scheinbar unüberwindliche Differenzen zu bereinigen. Damit sind Sie auf dem Weg zu einer soliden, starken Beziehung!

Nehmen Sie sich Zeit, um mit Ihrem Partner auf eine reife, freundschaftliche Weise zu reden, unter Verwendung von Worten und Gesten, die einen einfühlsamen Austausch fördern und keine Feindseligkeiten aufkommen lassen. Ein aggressives Verhalten wird bei Ihrem Partner auf Abwehr stoßen und nicht zu der offenen Diskussion führen, die Sie anstreben. Seien Sie mitfühlend, warm und zärtlich. Erhitzte Debatten lösen gar nichts.

Es ist eine gute Idee, eine Liste mit den Pluspunkten Ihres Partners anzulegen, wenn alles glatt läuft. Halten Sie diese Liste bereit, wenn die Wogen stürmisch sind; sie könnte genügen, um sie wieder zu glätten. Wenn Sie das nächste Mal mit Ihrem Partner Streit haben, denken Sie an die Gründe, aus denen Sie ihn lieben. Wiegen diese Gründe nicht schwerer als Ihre Argumente für den Streit?

Es mag schon stimmen, daß Leuten, die niemals streiten, vielleicht alles gleichgültig ist, aber wenn Sie Ihrem Partner wegen jeder Kleinigkeit widersprechen – oder umgekehrt –, könnte es an der Zeit sein, Ihre Rollen in der Beziehung sowie das Muster Ihres Lebens neu zu beurteilen. Manchmal ist es besser, ein unbedeutendes Ärgernis zu vergessen, als es noch mehr aufzublasen. Wenn Sie wieder einmal spüren, daß Ihre Zornesader anschwillt, könnte ein kleiner Spaziergang Ihnen helfen, den Grund für Ihre Gefühle zu analysieren. Rufen Sie sich in Erinnerung, warum Sie sich in Ihren Partner verliebt haben, und versuchen Sie, einen anderen Weg zu finden, um Ihr gegenwärtiges Mißbehagen auszudrücken.

Ein Ultimatum sollte Ihre letzte Zuflucht sein

Ein Ultimatum kann die gegenteilige Wirkung hervorrufen, wenn Sie es zu barsch formulieren. Ihre Partnerin wird vielleicht zurückfeuern und Sie anklagen, sie zu bedrohen, oder sich einfach völlig zurückziehen und jede Kommunikation verweigern. Wenn alle anderen Taktiken zur Beilegung Ihrer Differenzen gescheitert sind, dann steht es Ihnen frei, als letzten Ausweg ein Ultimatum zu stellen. Doch Sie müssen wirklich meinen, was Sie sagen, und es durchhalten, wenn Sie von Ihrem Partner ernst genommen werden wollen. Ein Ultimatum muß weise und vorsichtig ausgewählt werden.

Eine Beziehung erfordert die Fähigkeit, sich alltäglichen Erschwernissen anzupassen

Das Leben ist nicht vollkommen, es gibt immer ein Auf und Ab, das nicht unbedingt gleich verlaufen muß im Leben der beiden Partner. Sie müssen Verständnis aufbringen für die widrigen Umstände, die eintreten können: Ihr Partner kann seine Arbeit verlieren, krank werden oder in eine andere Stadt versetzt werden. Veränderungen sind unvermeidlich – Beförderungen, Aufstieg, neue Anstellung –; Sie müssen Anpassungsfähigkeit entwickeln und bereit sein, diese Veränderungen zu akzeptieren, wenn Sie glücklich und harmonisch in einer dauerhaften Beziehung leben wollen. Flexibel zu sein ist eine Freude, wenn Sie jemand wirklich aus tiefstem Herzen lieben.

Konventionelles Denken und falsche Auffassungen verleiten oft zu stereotypen Ansichten

Wie oft können Sie immer noch Sätze wie diese hören?

- »Frauen sind notorisch schlechte Autofahrer. Sie können nicht einmal einparken!«
- »Männer haben keinen Zugang zu ihren Emotionen.«
- »Männer reden nichts, da kann man gleich den Abend in der Bibliothek verbringen.«
- »Männer können nicht kommunizieren!«
- »Frauen sind den Männern unterlegen.«
- »Die Männer werden die Frauen nie verstehen!«
- »Die heutigen Frauen sind zu eigenwillig und zu unabhängig!«
- »Frauen sollten heiraten, Kinder aufziehen und zu Hause bleiben.«

Erinnern Sie diese Bemerkungen an Dinge, die Sie selbst gesagt haben? Sich über mutmaßliche Rollen oder Schwächen zu ergehen hilft den Leuten nicht, einander zu verstehen. Wie kann es zu einer bedeutungsvollen Beziehung kommen, wenn das Verständnis fehlt?

Wie soll sich Ihre Beziehung verbessern, wenn Sie Ihre Liebe für einen anderen Menschen von so belanglosen Dingen wie der Fähigkeit, ein Auto zu parken oder Konversation zu machen, überschatten lassen? Niemand ist frei von kleinen Eigenheiten – auch Sie nicht!

Haben Sie je in Betracht gezogen, daß Männer genauso tiefe Gefühle wie Frauen haben, sie jedoch völlig anders zum Ausdruck bringen? Frauen können genauso gut parken wie Männer, sie tun es bloß nicht auf die Art, wie Männer es tun. Wenn Sie sich das nächste Mal dabei ertappen, wie Sie sagen (oder denken), daß Frauen technisch unbegabt seien, dann sollten Sie sich fragen, wie gut Sie beim Inbetriebnehmen der Waschmaschine, des Trockners oder Geschirrspülers sind.

Erinnern Sie sich, wie wir erzogen worden sind? Frauen haben in ihrer Kindheit viel mehr Zeit damit verbracht, aufeinander einzugehen, während sie endlose Puppenspiele gemeinsam mit ihren Freundinnen veranstalteten. Kleine Jungen verbrachten ihre Zeit mit Wettkämpfen, immer bestrebt, selbst den besten Freund um eine Nasenlänge zu schlagen. Frauen lernen schon sehr früh, daß ihre Rolle im Leben von ihnen verlangt, sich um das Wohl der anderen zu kümmern. Zur gleichen Zeit lernen die Männer, sich mit anderen zu messen und um jeden Preis das zu erreichen, was sie wollen. Obwohl sich die Rollen jetzt ändern, sind die heutigen Erwachsenen doch die Kinder der gestrigen Ideale, die erst lernen müssen, sich den Forderungen nach Gleichheit in der modernen Welt anzupassen. Vielleicht werden in einem nächsten Jahrzehnt Fortschritte in echter Gleichberechtigung gemacht werden – am Arbeitsplatz, im Privatleben und in Beziehungen. Dann und jetzt werden Männer und Frauen sich ehrlich bemühen müssen, die einzigartigen Gefühle und Vorstellungen eines anderen Menschen zu verstehen.

Die starke und selbstbewußte Frau von heute verdient Lob und stellt in keiner Weise eine Bedrohung für irgendeines Mannes Männlichkeit dar. Die Männer sollten ihre Unabhängigkeit zu schätzen wissen, weil sie selber genug davon besitzen. Nur eine starke Frau ist zu einer leidenschaftlichen Liebesbeziehung fähig, die die Welt erschüttern kann. Wenn zwei so lebenssprühende Persönlichkeiten ein Team bilden, können sie die ganze Welt – gemeinsam – erobern!

Andere mit Klischees zu belegen ist genauso schlimm, wie sie zu akzeptieren. Sie tragen nicht zu einem besseren Leben als Paar bei, noch gewähren sie Einblick in das, was in einer anderen Person vorgeht. Ist es nicht interessanter, die innere Schönheit und die Stärken Ihres Partners zu entdecken, als sich über Dinge zu beklagen, die er – Ihrer Meinung nach – falsch macht? Ist es nicht schöner, ihr zu zeigen, wie sie das Beste aus sich herausholen kann, als ihr zu zürnen?

Bemühen Sie sich, Ihre Einstellung zu verändern und wirklich den Standpunkt des anderen zu sehen, anstatt zu versuchen, Ihren Partner zu ändern oder ihm Ihre Ideen aufzudrängen. Indem Sie Ihrem Partner helfen, Ihre Gefühle zu verstehen, ermutigen Sie ihn, über seine eigenen zu sprechen. Diese einfache Taktik wird zu einer besseren Verständigung und einer glücklicheren Beziehung führen.

♥ ♥ ♥

Viele Frauen klagen, daß Männer nicht kommunikationsfähig seien. Vielleicht sind sie es nur auf eine andere Art!

Es ist oft schwer zu verstehen, warum jemand mit etwas, das einem selbst so leicht fällt, solche Schwierigkeiten hat. Vielleicht ist es für Männer einfach schwieriger, ihre Gefühle auszudrücken. Obwohl Männer und Frauen beide Gehirnhälften benutzen, ist es wissenschaftlich erwiesen, daß Frauen mehr von ihrer rechten Gehirnhälfte Gebrauch machen – das ist die verbale, kommunikative Seite. Daher ist es für eine Frau die natürlichste Sache, über ihre Gefühle und Emotionen zu sprechen. Männer machen mehr von der linken Seite ihres Gehirns Gebrauch – der mathematischen, analytischen Seite. Vielleicht müssen die Frauen lernen, wie man mit einem Mann in seiner eigenen Sprache spricht und sein einzigartiges Vokabular benutzt, um ihn aus seinem Schneckenhaus herauszulocken.

Aber es sind nicht nur die Männer, die häufig jemand brauchen, der den ersten Schritt tut. Innerlich sehnt sich jedes stille Individuum danach, mit anderen zu kommunizieren, von ihnen verstanden und befreit zu werden, um einen Schauer von Gefühlen loszulassen. Wenn Ihrem Partner jede Kommunikation schwerfällt, müssen Sie verständnisvoll, aufmerksam und geduldig sein. Durch sarkastische, spitze Bemerkungen werden Sie nichts erreichen; im Gegenteil, die andere Person wird sich noch mehr zurückziehen.

Um einen in sich gekehrten Menschen verstehen zu können, brauchen Sie Geduld. Vielleicht sind die Gründe, die es so schwierig für ihn machen, seine Gefühle zu zeigen, in seiner Herkunft zu suchen – vielleicht sogar in seiner Kindheit. Es könnte sein, daß er ständig von einem Elternteil oder einer Ex-Liebe kritisiert wurde, sobald er versuchte, sich verständlich zu machen. Seien Sie mitfühlend, und bedrängen Sie Ihren Partner nicht. Wenn Sie ihn andauernd auffordern, sich auszusprechen, oder ihn fragen: »Was hältst du von diesem oder jenem?« oder: »Warum hast du auf diese Weise reagiert, als ich dich bat, das zu erledigen?«, werden Sie nicht weit kommen. Ihr unkommunikativer Partner muß den Wunsch spüren, sich auszudrücken, weil Sie ihn so freundlich einladen, sich zu öffnen – und nicht weil Sie ihn dazu provozieren.

Jeremy und Mary hatten diese Art von Problem. Mary, eine lebhafte Person, die gern ausging und Spaß hatte, verliebte sich in den ruhigen, ernsthaften Jeremy. Alles war bestens, bis Mary zu fühlen begann, daß Jeremy sie ignorierte, daß er nichts gemeinsam unternehmen wollte, daß ihm nichts mehr an ihr zu liegen schien. Sie fragte Jeremy, was denn nicht stimme, und weinte sogar, aber er ging einfach aus dem Zimmer oder schien verärgert über ihre Fragen. Eines Tages aber sahen beide im Fernsehen eine brutale Szene, in der ein Kind von seinen Eltern verbal und physisch mißbraucht wurde. Jeremy stand auf und verließ das Zimmer. Mary folgte ihm. Sie fand Jeremy vor dem Fenster stehend, während Tränen über seine Wangen liefen. Dann verstand Mary: Jeremy war in seiner Jugend lange Zeit Mißhandlungen ausgesetzt gewesen. Er war wirklich schüchtern, litt unter mangelndem Selbstvertrauen, und sein Schweigen verbarg Gefühle, die er nicht ausdrücken konnte. Mary war einfühlsam und außerdem froh zu entdecken, daß Jeremy sie nicht absichtlich ausschloß. Von diesem Tag an arbeiteten die beiden an der Verbesserung ihrer Kommunikation: Jeremy, indem er öfter sagte, wie er sich fühlte; Mary, indem sie fortfuhr, hilfreich, entgegenkommend, liebevoll und rücksichtsvoll zu sein.

Wenn Sie wollen, daß Ihre Liebe sich öffnet, teilnahmsvoller oder romantischer ist, warum zeigen Sie ihr dann nicht einen Weg, indem Sie etwas *für sie* tun, anstatt sie zu bitten, etwas für Sie zu tun? Senden Sie ihr Blumen, teilen Sie ihr ein Geheimnis mit, sagen Sie ihr, was Sie für sie empfinden – benützen Sie eine Karte, wenn Worte zu schwierig sind. Sagen Sie ihr, was Sie bedrückt, und zeigen Sie ihr, daß auch Sie verletzlich sind. Gehen Sie mit gutem Beispiel voran, und bald wird Ihr Partner reagieren und Ihre Bemühungen mit ähnlicher Anteilnahme belohnen.

Fördern Sie die Sprache der Liebe

Innige Vertrautheit in einer Beziehung entsteht durch die Mitwirkung beider Partner. Sie können Ihrem Partner helfen, sich auszudrücken, wenn Sie mit ihm in seiner Sprache reden, indem Sie Ihre Gefühle und Ideen in Worte übersetzen, die er verstehen kann. Lernen Sie seine Sprache zu sprechen, damit Sie mit ihm kommunizieren können, ehe Sie ihn die Sprache Ihrer Liebe lehren.

Achten Sie auf die Art und Weise, wie Ihr Partner sich ausdrückt, das wird Ihnen den Schlüssel zu einer Annäherung liefern. Wenn Ihr Partner Sie immer mit »Wie läuft es denn?« begrüßt, so fragen Sie ihn nicht, wie er sich fühlt, sondern sagen Sie statt dessen: »Und wie war dein Tag heute?« Seine Antwort wird vielleicht ein interessantes Gespräch und hilfreiche Hinweise zur Folge haben bezüglich seiner Art, die Dinge zu sehen. Langsam können Sie Ihren Partner anleiten, seine Gefühle auszudrücken.

Lesen Sie zwischen den Zeilen, und lernen Sie die Körpersprache Ihres schweigsamen Partners zu entziffern. Wenn Ihr Partner, jedesmal, wenn er schlecht gelaunt ist, die Türen im ganzen Haus zuschlägt und Sie wissen, daß er einen Streit mit seiner Mutter hatte, so werden Sie mit seinem Verhalten umgehen können, bis es wieder vorbei geht. Akzeptieren Sie seine schlechte Laune, und helfen Sie ihm durch freundliche Gesten Ihrerseits, diese zu überwinden, indem Sie ihm zum Beispiel begütigend auf die Schulter klopfen, ihn in die Arme schließen oder ihm eine Tasse Tee anbieten, ohne ihm weitere Fragen zu stellen. Helfen Sie ihm zu vergessen, was immer auch schiefgelaufen sein mag, indem Sie dem Gespräch eine fröhliche Wendung geben oder einen Spaziergang vorschlagen. Jetzt ist nicht der Zeitpunkt, um zu versuchen, aus ihm herauszubekommen, was nicht in Ordnung ist.

Gehen Sie nicht von der Oberfläche der Dinge aus. Jeder hat eine andere Art, sich auszudrücken. Lernen Sie die »stumme« Sprache Ihres Partners zu verstehen, ehe Sie ihn zu hart beurteilen – Ihre Beziehung hängt davon ab!

Seien Sie diskret, was Ihre Beziehung betrifft

Sie treffen sich seit vier Wochen mit dem süßesten Wesen der Welt. Es ist fast zu schön, um wahr zu sein. Sie kommen fabelhaft miteinander aus, Sie haben eine Menge Gemeinsamkeiten, und Sie sterben vor Verlangen, irgend jemandem bis in alle Einzelheiten alles über Ihre Beziehung zu erzählen. Tun Sie das nicht!

Seien Sie diskret. Beschränken Sie sich in Ihren Enthüllungen auf Allgemeines! Sie brauchen Ihren Freunden nicht jedes Detail zu erzählen. Momentan ist alles rosig, aber was ist, wenn es zum Bruch kommt? Was ist, wenn Sie einen wirklich ernsten Streit haben? Wie wollen Sie das Ihrer besten Freundin beibringen, wenn Sie ihr erst gestern am Telefon erzählt haben, daß Ihr Partner »die Vollkommenheit in Person« wäre, während Sie ihm heute am liebsten den Hals umdrehen würden?

Die Fehler Ihres Partners hinauszuposaunen ist ebensowenig eine gute Idee. Es ist Ihr freier Wille, mit dieser Person zusammenzusein, niemand zwingt Sie dazu. Offensichtlich sind Sie mit ihrer Art einverstanden, sonst würden Sie nicht bei ihr bleiben.

Welchen Sinn hat es, die andere Person unter vier Augen oder – noch schlimmer – in der Öffentlichkeit zu kritisieren? Solche Praktiken werden nur bewirken, daß sie sich schlecht fühlt und daß ihre Selbstachtung leidet. Und wenn sie sich in Ihrer Gesellschaft nicht wohl fühlt, wird sie jemand anderen anziehend finden, der ihr das Gefühl gibt, etwas Besonderes zu sein.

Es ist absolut verboten, über Ihre intimeren Momente mit einem Außenstehenden zu sprechen. Dies käme einem Vertrauensbruch gleich, denn schließlich bezieht sich der Ausdruck »intim« auf eine Sphäre, die nur Ihnen und Ihrem Partner gehört.

Eine erfolgreiche Beziehung verlangt Arbeit und ständige Aufmerksamkeit. Manchmal beklagen sich Paare, daß ihre Bedürfnisse von ihren Partnern nicht erfüllt würden. Beide Seiten müssen erkennen, daß es nicht die Aufgabe des Partners ist, jedem Wunsch und Begehren nachzukommen. Jede Art von sozialer Interaktion besteht aus Geben und Nehmen, was besonders auf eine Liebesbeziehung zutrifft.

Die Zeit der Werbung ist ein atemberaubendes Stadium in einer Beziehung. Wenn eine Zeit dafür bestimmt ist, liebevoll zueinander zu sein, dann ist es diese Zeit!

Eine Art »Treuegarantie« gibt es nicht

Wenn die Beziehung langweilig wird, erfaßt die Leute der Wandertrieb. Sie brauchen keine Fernsehromanze zu leben, die jeden Tag eine andere Aufregung und Intrige bringt, aber es gibt viele Dinge, die Sie tun können, damit die Flammen der Leidenschaft weiterbrennen.

Halten Sie einander an der Hand – so wie am Anfang Ihrer Beziehung. Erinnern Sie sich, wie Sie erschauerten, als sich Ihre Finger bei Ihrem ersten Rendezvous während der Filmvorstellung in der Popcorntüte berührten? Erleben Sie diesen Moment wieder – auch ohne Kino! Wenn es Ihre Kultur, Religion oder Gesellschaft erlauben, können Sie einander in der Öffentlichkeit an der Hand halten – beim Einkaufen, bei einem Spaziergang oder beim Abendessen. Ansonsten tun Sie es, wenn Sie allein sind. Ein sicherer Weg, einen Streit zu beenden, ist, die Hand des anderen sanft in Ihre Hände zu nehmen. Es ist eine unschuldige Geste, die sehr beruhigend, warm und zärtlich wirkt.

Bringen Sie überall Liebesgrüße an. Senden Sie einen in sein Büro oder zu ihm nach Hause, oder hinterlassen Sie einen auf seinem Anrufbeantworter: »Hallo! Ich rufe an, um dir zu sagen, daß ich dich liebe! Rate, wer es ist!« Nach dem Abendessen zu Hause legen Sie Ihre Lieblingsplatten auf und tanzen – Wange an Wange!

Denken Sie sich als Liebespfand öfters und zu ungewöhnlichen, überraschenden Momenten kleine Geschenke aus. Sie müssen gar nicht teuer sein, schenken Sie ihm etwas Nettes, wie zum Beispiel einen Smokingschlips, einen Poster von seinem Lieblingstier, ein Horoskop oder ein Buch, über das er gesprochen hat. Laden Sie ihn auf einen Cappuccino ein. Machen Sie etwas Unerwartetes und Liebevolles. Er wird aus dem Staunen nicht herauskommen, wenn er nie weiß, was als nächstes passieren wird – mit Ihnen!

Sagen Sie Ihrem Partner, wie sehr Sie ihn schätzen. Machen Sie ihm regelmäßig Komplimente. »Ich liebe deine Nase. Sie gibt dir ein großartiges Profil!« Es ist wichtig, ihm über einen Zug, den er selbst nicht leiden kann, Komplimente zu machen, so daß er merkt, wie attraktiv Sie ihn finden. Verfallen Sie aus Bequemlichkeit nicht in den Fehler, alles für selbstverständlich zu nehmen, so daß es zur Gewohnheit und ungefähr so aufregend wie ein Gang zum Supermarkt wird. Zeigen Sie Ihrem Partner, daß Sie entzückt sind, ihn zu sehen, daß Sie sich darauf gefreut haben, bei ihm zu sein. Sagen Sie ihm, wie sehr er Ihnen gefehlt hat; er wird sich erwünscht und begehrt vorkommen. Küsse und Umarmungen sind eine große Hilfe!

Angenommen, Ihre Beziehung besteht schon eine Zeitlang. Sie reden gerne miteinander, Sie wissen, was der andere gerne ißt, jeder von Ihnen kennt die Freunde des anderen, Sie haben über Bücher und Filme, die Sie beide mögen, diskutiert. Eines Abends sitzen Sie in einem netten Restaurant, und plötzlich sind Sie in eine Diskussion über Arbeit und Geld und Eltern und Probleme verstrickt, während Sie doch eigentlich das Essen genießen und vergnügt sein wollten. Sicher ist es großartig, daß Sie über diese Dinge nicht streiten – oder wenn Sie es tun, daß Sie gleichzeitig Probleme zusammen lösen –, aber wo bleibt die Romantik? Sie ist noch immer da, in den Worten, Blicken und Zärtlichkeiten, die Sie miteinander ausgetauscht haben und weiter austauschen müssen, wenn es in Ihrem Leben einen Platz für Romantik geben soll. Romantik passiert nicht von selbst. Sie müssen liebevolle kleine Gesten einplanen und sich Zeit füreinander nehmen, wenn Ihre Beziehung Ihr Leben bereichern soll.

Erinnern Sie sich immer an die Gründe, aus denen Ihr Partner Sie zu Beginn Ihrer Beziehung liebte, und versuchen Sie, diese Eigenschaften zu bewahren
Manche Beziehungen leiden aus dem einfachen Grund, weil im Laufe der Zeit die Tendenz entsteht, die kleinen Dinge zu vergessen, die der eine am anderen so sehr schätzte. Jeder ändert sich natürlich, aber die folgenden Punkte können Ihnen helfen, Ihre gegenwärtige Haltung und Erscheinung mit jener zu vergleichen, die Sie in den frühen Tagen Ihrer Beziehung hatten.

– Legten Sie damals großen Wert auf eine gepflegte Erscheinung? Achteten Sie auf sich und Ihre Gesundheit, so daß Sie immer bestens aussahen?
– Waren Sie romantisch? Brachten Sie Ihrer Angebeteten Blumen und Süßigkeiten, gingen Sie mit ihr ins Kino und gelegentlich in ein nettes Restaurant? Luden Sie Ihren Schwarm öfters zu einem liebevoll arrangierten Abendessen bei Kerzenlicht ein? Sandten Sie ihm ohne besonderen Anlaß manchmal eine nette Karte oder Grüße?
– Waren Sie zärtlich, liebevoll und freundlich in Ihrem Benehmen und in Ihrer Redeweise? Vermittelten Sie eine positive, optimistische und unterstützende Einstellung?

Es passiert einem sehr leicht, daß man sich im Alltag gehenläßt. Fragen Sie sich selbst, ob Sie sich so verändert haben, daß Ihre

Geliebte desillusioniert oder enttäuscht ist, wenn Sie spüren, daß ihre Gefühle für Sie im Schwinden begriffen sind oder daß sie ihr Interesse an Ihnen zu verlieren beginnt. Sind Sie noch immer der wunderbare Mensch, den sie einst kennen und lieben gelernt hat? Falls nicht, können Sie den besonderen Zauber Ihrer Beziehung zurückgewinnen, indem Sie wieder zu der attraktiven, fürsorglichen, aufmerksamen und liebenden Person werden, die Sie damals waren – und noch immer sind –, wenn Sie sich Mühe geben.

Der Umgang mit Problemen

Kommt es in Ihrer Beziehung zu Problemen oder Beschwerden wie zum Beispiel: »Er kommt immer zu spät! Das macht mich verrückt!« oder: »Sie spricht immer über ihre Mutter. Das nächste Mal wird sie ihre Mutter noch zum Rendezvous mitbringen«? Setzen Sie sich mit der Situation auseinander. Nehmen Sie sich Zeit, um über diese ärgerlichen Dinge zu sprechen. Warum wollen Sie diese kleinen Ärgernisse anstehen lassen, bis daraus ein Riesenproblem wird, statt sie aus dem Weg zu räumen, solange es sich nur um ein Häufchen Späne handelt, die anfallen, wenn sich zwei Menschen näher kennenlernen? Zu jeder Beziehung gehört von Zeit zu Zeit eine Art Bestandsaufnahme. Vereinbaren Sie ein »Liebestreffen«, bei dem Sie – vielleicht bei einem Abendessen mit Kerzenlicht – über die Entwicklung Ihrer Beziehung sprechen. Bekommen beide von Ihnen in dieser Beziehung alles, was sie sich wünschen? Was könnten Sie hinzufügen? Was könnte Ihr Partner hinzufügen? Finden Sie heraus, ob Ihr Partner zufrieden ist. Fordern Sie ihn auf, Ihnen zu sagen, was Sie für ihn tun könnten, damit er sich großartig fühlt!

Machen Sie eine Liste über das, was jeder von Ihnen zur Beziehung beiträgt

Machen Sie eine Liste mit zwei Spalten. Schreiben Sie über die erste Spalte »Was trage ich zu der Beziehung bei?« und über die zweite Spalte »Was trägt mein Partner zu der Beziehung bei?«. Die

Ausgaben sollten gleich den Einnahmen sein! Sehen Sie in Ihrer Liste nach, wenn Sie bei jedem Rendezvous ein nagendes Gefühl haben, aber nicht genau wissen, woran es liegt.

Ein Mittel, um sich Klarheit zu verschafffen, wenn Sie irgendwelche Zweifel in bezug auf Ihre Beziehung hegen, ist, alles Schwarz auf Weiß festzuhalten. Legen Sie eine andere Liste mit zwei Spalten an, von denen die erste die Überschrift trägt: »Die Zeiten, in denen ich mich in der Gesellschaft meines Partners *nicht gut* gefühlt habe« und die zweite die Überschrift: »Die Zeiten, in denen ich mich in ihrer/seiner Gesellschaft *gut* gefühlt habe«. Geben Sie acht, daß Sie Ihrem Partner nicht für etwas die Schuld geben, worauf er keinen Einfluß hat, wie zum Beispiel Ihre schlechte Laune oder eine Mißstimmung, ausgelöst durch ein unabhängiges Ereignis.

Als Ergänzung zu dieser Analyse können Sie noch eine Liste anlegen über »Dinge, die mein Partner tut und sagt, die mir Freude machen«. Darunter können so einfache Gesten sein wie das Nachfüllen Ihrer leeren Kaffeetasse, aber auch so großartige Sachen wie das Zubereiten eines speziellen Gerichtes.

Listen sind Augenöffner. Sie könnten überrascht sein, wieviel Ihr Partner tatsächlich für Sie tut! Wenn Sie schon lange mit der gleichen Person eine Beziehung haben, wäre es vielleicht eine Überlegung wert, die Dinge aufzulisten, die Sie früher füreinander *zu tun pflegten* wie Liebesbriefe zu schreiben, Blumen zu senden, anzurufen, einfach um zu sagen: »Ich liebe dich!« oder um formell ein Rendezvous zu vereinbaren. Es ist schwierig, genau festzustellen, wann diese Verhaltensweisen enden, weil die Leute im Laufe einer Beziehung diese Dinge als selbstverständlich zu betrachten beginnen. Achten Sie auf diese Aufmerksamkeiten: Sie sind wichtig für das Errichten und das Aufrechterhalten einer soliden Beziehung.

Die berufliche Karriere ist heute sowohl für den Mann als auch für die Frau von großer Bedeutung. Wenn eine Person berufliche Schwierigkeiten hat, wird sie sehr unsicher sein oder sogar das Gefühl haben, nichts wert zu sein. Um Ihr Selbstbewußtsein wieder aufzurichten, könnte sie versucht sein, sich auf irgendwelche

»Affären« einzulassen, nur um zu zeigen, daß sie durchaus fähig und mächtig ist, andere zu verführen oder anzuziehen. Der beste Weg, um dies zu verhindern, ist, Ihre Partnerin in Streßzeiten zu unterstützen. Ermutigen Sie Ihre Partnerin, sich über ihre beruflichen Schwierigkeiten bei Ihnen auszusprechen. Leisten Sie moralische Schützenhilfe, indem Sie ihr versichern, wie begehrenswert sie für Sie ist: »Liebling, du magst zwar dieses Mal bei der Beförderung übergangen worden sein, aber du bist *meine* Präsidentin, die begehrenswerteste Person auf der ganzen Welt für mich!« Sagen und zeigen Sie ihr, daß sie Ihre Herzensdame ist, der Stern Ihres Lebens!

Ist die erste Begeisterung verflogen? Unternehmen Sie etwas, um die Langeweile zu vertreiben!

Sehen Ihre »Verabredungen« so aus, daß Sie den ganzen Abend vor dem Fernseher sitzen und sich eine Pizza ins Haus kommen lassen und verzehren? Achtung: Monotonie im Anzug! Sie sind nicht verheiratet, Sie haben keine Verantwortlichkeit im Sinne von Schulden oder Kindern, und Sie haben keine Verpflichtungen – nur die Freude, zusammenzusein, und die Freiheit zu tun, was Ihnen gefällt. Um etwas gemeinsam zu unternehmen, brauchen Sie nicht eine Menge Geld auszugeben: Sie können einen romantischen Spaziergang im Park machen oder ein Picknick veranstalten. Gehen Sie miteinander ins Museum oder auf eine Tasse Kaffee in ein Cafè in Ihrer Nähe, oder gehen Sie *aus,* um eine Pizza zu essen und sich einen Film anzusehen. Lassen Sie Ihre Zweisamkeit vor dem Hintergrund der großen Welt und nicht vor dem Fernsehschirm ablaufen. Erforschen Sie die Hoffnungen, Träume, Ängste und Ambitionen voneinander. Teilen Sie auch Zeiten der Stille miteinander, in denen einer von Ihnen zum Beispiel liest oder studiert, während der andere malt, im Garten arbeitet oder sich mit Kopfhörern seine Lieblingsmusik anhört. Mit anderen Worten: Lernen Sie einander besser kennen!

Sie haben die Liebe Ihres Lebens gefunden: Warum sollen Sie sich dann noch anstrengen, gut auszusehen? Es wird Probleme geben, wenn Sie es nicht tun!

Achten Sie auf Ihr Aussehen. Nur weil Sie eine wunderbare Frau oder einen großartigen Mann gefunden haben, so heißt das nicht, daß Sie sich gehen lassen können und sich nicht mehr um Ihr Aussehen zu kümmern brauchen. Jetzt haben Sie um so mehr Grund, bestens auszusehen – begehrenswert, küssenswert und liebenswert –, wenn Sie wollen, daß er oder sie interessiert bleibt. Ziehen Sie sich nett an. Lässige Kleidung ist gut, solange Sie adrett und einladend aussehen. Achten Sie auf gepflegtes Haar sowie auf Ihre Gesundheit und Gesamterscheinung. Kontrollieren Sie regelmäßig Ihr Gewicht. Eigentlich sollten wir jemand so lieben, wie er oder sie ist, aber machen wir uns nichts vor: Ein attraktives Äußeres ist ein großes Plus! Wenn Sie über diese zusätzliche Attraktion verfügen, wird Ihre Partnerin nicht so leicht von einem anderen abgelenkt werden.

Flirten Sie weiterhin mit Ihrem Partner – denn die Konkurrenz tut es auch!

Sie sind jetzt schon eine ganze Weile lang zusammen und gelten als ein Paar. Eines Abends sind Sie überrascht und schockiert, als Sie sehen, daß auf einer kleinen Party im Haus eines gemeinsamen Freundes jemand mit *Ihrem* Partner offen zu flirten beginnt. Seien Sie nicht so entrüstet! Sie fanden Ihren Liebsten attraktiv, und es gefiel Ihnen, mit ihm zu flirten, als Sie seine Bekanntschaft machten. Es ist daher natürlich, daß andere versuchen, dieselbe Taktik anzuwenden. »Flirten« Sie einfach die Konkurrenz »aus dem Feld«, indem Sie so verführerisch und bestrickend sind, daß es offensichtlich ist, daß Sie die *einzige* sind, die für diese bezaubernde Person in Frage kommt.

Sorgen Sie dafür, daß das Licht der Liebe in den Augen Ihrer Liebsten seine Strahlen nur auf *Sie* richtet – indem Sie sie jeden Tag so behandeln, als ob Sie eben erst ihre Bekanntschaft gemacht hätten. Halten Sie den Liebeszauber aufrecht durch Ihre Kunst, auf süße, extravagante, komische und liebevolle Art zu *flirten*.

Romantik ist der Schlüssel zu einer einprägsamen Liebeswerbung

Halten Sie das Feuer der Romantik am Brennen. Eine gute Dosis Romantik ist für jede gesunde Beziehung wesentlich, und sie ist besonders wichtig in der Liebeswerbung. Wenn schon der Start fad und trübsinnig ist, was soll dann erst die Zukunft bringen? Seien Sie romantisch von Anfang an, und halten Sie das Interesse Ihrer Partnerin wach. Schillern Sie im Licht der Romantik!

Liebeswerben mit Küssen

Ein bekannter alter Schlager fängt zwar mit den Worten »A kiss is just a kiss« (Ein Kuß ist nichts als ein Kuß) an, aber in der Liebeswerbung kann ein Kuß die ganze Atmosphäre eines Rendezvous verändern. Nehmen Sie zum Beispiel an, daß Sie Ihren Liebespartner den ganzen Tag nicht gesehen haben und sich mit ihm nach der Arbeit am Bahnhof treffen. Was machen Sie zur Begrüßung? Indem Sie Ihre Lippen zehn Sekunden lang auf die seinen pressen, erzeugen Sie eine Stimmung, die sicherlich jener vorzuziehen ist, die entsteht, wenn Sie einfach nur sagen: »Hallo, wie geht's? Beeil dich, sonst versäumen wir den Zug!« Ihn auf die Lippen zu küssen, sobald Sie ihn entdeckt haben – und zwar geschlagene zehn Sekunden lang –, bezeugt eine starke Zuneigung, die ihn liebevoll an Sie bindet; für die Dauer der gemeinsam verbrachten Zeit, eines Rendezvous, eines Abends oder eines ganzen Tages.

Obschon Sie es vorziehen mögen, nicht gleich beim ersten Rendezvous jemanden zu küssen, so werden Sie ohne Zweifel Ihren »festen Freund« küssen. Küsse sind die Grundlage jeder Liebeswerbung. Sobald Sie über das theoretische Stadium von Fragen wie: »Was geschieht mit den Nasen?« oder: »Warum überhaupt küssen?« hinaus und bei der Praxis angelangt sind, verspricht der folgende Tip eine von Spaß und Erotik erfüllte Liebeszeit:

Beginnen Sie Ihren »Liebessturmkuß« mit einem sanften Kuß auf die Stirn. Dann lassen Sie Ihren Mund hinunter zu Wange, Hals, Schulter, Arm und Hand gleiten. Gehen Sie die andere Hand und den Arm hinauf bis zur Schulter, wo Sie einen spielerischen Biß mit Ihren Zähnen andeuten können, ehe Sie den Nacken mit kleinen Küssen bedecken. Knabbern Sie an einem Ohr, während Sie in der Gegend sind. Als nächstes beugen Sie Ihren Kopf über das liebliche Grübchen auf der Vorderseite des Halses und plazieren dort sanfte Küsse. Wenn Ihr Liebling liegt, können Sie das Grübchen mit Wein oder Likör füllen und – langsam – auflecken. Diese Taktik wird Ihren Schatz garantiert entzücken! Beenden Sie Ihren »Liebessturm« mit einem langen, sinnlichen Kuß auf die Lippen. Reinste Wonne!

Falls Sie zum Küssen einen intellektuellen Grund brauchen, können Sie folgende Punkte anführen:
Küssen und Liebkosen sind wesentliche Elemente in menschlichen Beziehungen. Menschen brauchen taktile Stimulation. Babys, die mit zärtlichen Berührungen liebkost werden, wachsen selbstbewußter auf als Kinder, die nicht gestreichelt, getragen oder berührt wurden. Wenn Sie also Ihrer Beziehung etwas Gutes tun wollen, dann *küssen Sie* – Sie werden sie damit vertiefen.

Kommen Sie in Stimmung für eine leidenschaftliche Romanze. Lernen Sie sämtliche Geheimnisse und die vielen Kombinationen der sinnlichen Kunst des Küssens, vom scherzhaften »Schnäbeln« bis zu elektrischen Kontakten, daß die Funken sprühen.

Ist es möglich, zuviel zu küssen? Vielleicht. Jedenfalls sollte Ihr Partner buchstäblich nach mehr Küssen lechzen! Denken Sie daran, Küssen ist Küssen, *nicht* fummeln. Ihre Hände sollten in einer Umarmung ruhen und nicht nach diversen Körperteilen fassen, besonders dann nicht, wenn Sie in der Öffentlichkeit oder auf der Tanzfläche sind. Seien Sie rücksichtsvoll: Küssen Sie Ihren Partner nicht, wenn Sie erkältet sind oder sonst eine Infektion haben.

Kußalarm! Brechen Sie nicht das Gesetz!

Kennen Sie Gesetze, die das Küssen einschränken? Viele Länder der Welt haben Gesetze, die das Küssen in der Öffentlichkeit zu *jeder* Zeit verbieten. Selbst in den Vereinigten Staaten gibt es im Bundesstaat Illinois eine »Zone mit Kußverbot«. Es scheint, daß die Frauen aus Deerfield in Illinois mit ihren Abschiedsküssen auf dem Bahnhof eine Zugverspätung auslösten, so daß die Stadtverwaltung gezwungen war, zwei Zonen zu schaffen: Eine »Kußzone« und eine »Zone mit Kußverbot«. Auf dem Flughafen von New Orleans kam es zu ähnlichen Problemen. Die Lösung? Eine Tafel mit der Aufschrift: »Setzen Sie rechtzeitig zum Abschiedskuß an, damit das Flugzeug pünktlich starten kann!«

Küsse gehören in vielen Ländern zur Begrüßung. Begrüßungsküsse werden ausgetauscht von Mann zu Mann, von Frau zu Frau, zwischen Männern und Frauen – und alle küssen die Kinder! Selbst die Schwiegereltern werden geküßt! Durch Küssen können sie abnehmen – bis zu 26 Kalorien für einen leidenschaftlichen Kuß! Küssen wird Ihr jugendliches Aussehen erhalten! 29 Gesichtsmuskeln treten bei jedem heftigen Kuß in Aktion und werden auf diese Weise trainiert. Die Wissenschaft entdeckte weiter, daß der Puls beim Mann während eines Kusses auf 110 hinaufschnellt, während er bei der Frau im Durchschnitt 108 erreicht. Diese Pulswerte sind zwar nicht mit den im Aerobictraining erzielten Werten zu vergleichen, doch der Kreislauf wird ebenfalls angeregt.

Obgleich eine strafrechtliche Verfolgung bei Übertretung eines Kußverbots eher selten zu befürchten ist, sollten Sie sich in der Öffentlichkeit auf kurze, süße Küsse beschränken, wenn Amors Pfeil Sie trifft. Heben Sie sich die Leidenschaft für ein privates Tête-à-tête auf! In gewissen Ländern ist selbst ein kurzer Kuß auf die Lippen nicht gestattet, also informieren Sie sich über mögliche Konsequenzen bei Küssen in der Öffentlichkeit in Ihrem Land.

Geben Sie Ihren Küssen eine persönliche Note, gleich einer Erkennungsmelodie. Ersinnen Sie mit Hilfe Ihrer Vorstellungskraft »Markenküsse« und Liebkosungen, die eine besondere Wirkung auf Ihren Partner haben und Ihre Gefühle füreinander ausdrükken. Warum senden Sie ihm nicht einen Schmatz per Telefon oder faxen einen Lippenabdruck?

Verführerisch weiche Lippen zum Küssen sind ein Muß: Bürsten Sie Ihre Lippen mit der Zahnbürste, um trockene Hautschuppen zu entfernen, und tragen Sie dann einen Hautbalsam oder Vitamin-E-Öl auf. Ihr Mund sollte feucht, warm und verführerisch aussehen.

Haben Sie schon einmal versucht, Ihrem Partner eine Kußhand zuzuwerfen? Diese Art von geheimnisvoller Botschaft wird seinen Puls beschleunigen und Ihre Zuneigung demonstrieren.

Finden Sie heraus, was Ihr Partner am meisten braucht
Diese Übung macht Spaß und ist wichtig, um Ihren Partner zu verstehen. Jeder Partner schreibt auf, was er gemeinsam mit dem anderen gerne unternehmen würde. Vergleichen Sie Ihre Listen, und wählen Sie mindestens eine Aktivität aus, die Sie alle beide aufgeschrieben haben. Wenn viele der von Ihnen angeführten Aktivitäten übereinstimmen, schreiben Sie diese auf kleine Zettel – zum Beispiel Tennis spielen, Eislaufen, Schwimmen, Zusammensein mit Freunden – und geben die zusammengefalteten Zettel in einen Hut. Jeder Partner zieht einen Zettel aus dem Hut, und schon haben Sie zwei Abende oder Nachmittage in dieser Woche ausgefüllt. Wenn es keine ähnlichen Aktivitäten gibt, werden Sie sich vielleicht auf einen Film einigen, den Sie beide sehen wollen, oder auf ein Brettspiel wie Dame oder Monopoly.

Noch eine Übung, die Ihnen helfen wird, die tiefsten Bedürfnisse Ihres Partners zu verstehen
Diese einfache, wirksame Übung wird Ihnen helfen, die hinter Ihren Frustrationen verborgenen Wünsche zu entdecken und die tiefsten Bedürfnisse Ihres Partners zu erkennen. Schreiben Sie auf, was Sie an Ihrem Partner ärgert. Zum Beispiel: »Ich mag die Art

nicht, wie Du Auto fährst.« Auf einem zweiten Blatt Papier halten Sie den Wunsch fest, der mit Ihrer Frustration verbunden ist. »Ich möchte mich sicher und entspannt fühlen, wenn Du fährst.« Formulieren Sie anschließend an Ihren Wunsch eine spezifische Forderung zu seiner Erfüllung: »Ich würde es schätzen, wenn Du die Geschwindigkeitsbeschränkungen einhalten und sogar langsamer fahren würdest, wenn die Straßenbedingungen schlecht sind. Wenn Du das tun könntest, würde ich mich sicher und entspannt fühlen.«

Achten sie darauf, daß Ihre Forderungen wirklich spezifisch sind. Sagen Sie nicht: »Ich möchte, daß du vorsichtiger fährst«, das ist zu ungenau und sagt nur, was Sie wollen, und nicht, wie es durchgeführt werden könnte.

Geben Sie die zweite Liste – die mit den Wünschen und Forderungen – Ihrem Partner, und behalten Sie die Liste mit den Frustrationen für sich. Die Wunschliste ist die nette Art, Ihre Frustrationen zu formulieren.

Nachdem jeder von Ihnen die Liste des anderen einer sorgfältigen Prüfung unterzogen hat, können Sie bestimmte Punkte, falls nötig, noch klären. Verteilen Sie Noten von 1 bis 5 an jede Ihrer Forderungen, je nach ihrer Wichtigkeit. Der Fahrstil Ihres Partners könnte zum Beispiel die Note 2 haben, während seine Pünktlichkeit die Note 1 bekommt. Das hängt einzig und allein davon ab, was Ihnen persönlich wichtig ist.

Tauschen Sie die Listen untereinander aus, und benoten Sie nun die Wünsche Ihres Partners von 1 bis 5, je nachdem, wie schwierig es für Sie ist, die Forderungen zu erfüllen. Vielleicht fällt es Ihnen leicht, Ihren Fahrstil zu ändern, dann könnten Sie diese Forderung mit 1 benoten. Pünktlichkeit mag einen völligen Wandel in Ihrem Lebensstil erfordern, was daher die Note 5 bedingt.

Mit Hilfe dieser Übung können Sie Ihren Frustrationen auf eine freundliche und produktive Weise Luft machen. Eine gute Idee wäre es, die Listen aufzuheben und einander zu versprechen, daß Sie Ihr Benehmen ändern und sich jede Woche eine Forderung vornehmen werden.

Die Gefühle seines Partners zu respektieren und auf seine Bedürfnisse einzugehen ist die wichtigste Voraussetzung für eine traumhafte Beziehung. Liebenswürdigkeit zählt auf dem Spielbrett der Liebe doppelt, also sammeln Sie weitere Liebespunkte!

Vorschläge für weitere Fragen, die Sie Ihrem Liebespartner im Laufe Ihrer Beziehung allmählich stellen können

Die Antworten auf die folgenden Fragen werden Ihnen nicht nur helfen, mehr über Ihren Partner herauszufinden, sondern Sie auch besser erkennen lassen, ob er wirklich zu Ihnen paßt. Stellen Sie die Fragen auf subtile Weise nach und nach, so daß Ihr Partner nicht merkt, daß Sie ihn »interviewen«.

Kindheit und Familienleben
- Wie war deine Kindheit?
- Was ist deine früheste Erinnerung im Leben?
- Welche Erinnerungen hast du von deinem ersten Schultag?
- Was ist deine schönste Erinnerung an deine spätere Schulzeit? Deine schlimmste?
- Bist du gerne in die Schule gegangen? Was war dein Lieblingsfach? Warum? Beschreibe deinen Lieblingslehrer.
- Was ist deine liebste Erinnerung an dein Elternhaus?
- Hast du viele andere schöne Erinnerungen an dein Elternhaus?
- Hast du dich mit allen Familienmitgliedern gut verstanden?
- Waren deine Eltern ein Liebespaar? Zeigten sie ihre Zuneigung zueinander? Haben sie sich gut verstanden?
- Wie hast du dich gesehen, als du jünger warst? Was ist der Unterschied zu heute?
- Welchen von deinen Verwandten hast du am liebsten?

Soziale Fragen
- Glaubst du, daß du das Leben mehr genießt als andere Leute?
- Zu welcher Zeit in deinem Leben warst du am beliebtesten?
- Wann und wo hast du deinen besten Freund/deine beste Freundin kennengelernt? Beschreibe ihn/sie!

- Welche Haltung nimmst du gegenüber Minderheiten ein?
- Hast du irgendwelche Vorurteile? Welche?
- Bist du für die Todesstrafe?
- Würdest du dich je um ein öffentliches Amt bewerben?
- Wenn es dich mit einer einzigen Person auf eine einsame Insel verschlagen hätte – wer wäre dir am liebsten? Welches Buch würdest du gerne mitnehmen? Welche Musik?

Freizeitaktivitäten
- Welche Freizeitaktivitäten übst du allein aus?
- Was sind deine Lieblingssportarten? Welche davon betreibst du derzeit?
- Welche anderen Hobbys hast du?
- Welche Art Filme siehst du am liebsten? Gehst du oft ins Theater? Gehst du lieber ins Kino, oder siehst du dir die Filme lieber im Fernsehen an?
- Wie oft machst du Wochenendausflüge oder fährst auf Urlaub? Wie weit pflegst du zu reisen? Was ist dein bevorzugtes Transportmittel?
- Wohin würdest du gerne bei deiner nächsten Reise fahren?

Bekanntschaften
- Wie alt warst du, als du dein erstes Rendezvous hattest?
- Beschreibe dein erstes Rendezvous!
- Beschreibe deinen ersten festen Freund. Wer verließ wen? Warum?
- Beschreibe deinen idealen Liebespartner!
- Welche körperlichen Züge ziehen dich an?
- Wirst du von anderen leicht akzeptiert?
- Kommst du mit anderen gut aus?
- Welche Festtage sind für dich wichtig, und mit wem feierst du sie? ... Mit der Familie, Freunden oder jemand Speziellen?

Gefühle
- In welchem Augenblick in deinem Leben hast du dich am einsamsten gefühlt?

- Welcher Moment in deinem Leben war der glücklichste?
- Welchen Teil von deinem Leben würdest du gern nochmals erleben?
- Worüber pflegst du dich zu ärgern?
- Was ärgert dich bei anderen?
- Wer sind die zehn wichtigsten Leute in deinem Leben?
- Gibt es irgendwen oder irgendwas, was du verabscheust? Warum?
- Vor welchen charakterlichen Zügen hast du Respekt? Welche mißfallen dir?
- Hast du Kinder gern? Tiere?
- Machst du jede Modetorheit mit?
- Was hattest du für ein Gefühl, als du dein erstes Auto bekamst?

Haus und Garten
- Hast du das Land oder die Stadt lieber? Warum?
- Wo würdest du gerne leben – in welchem Land, in welcher Stadt? In einem Haus oder in einer Wohnung?
- Beschreibe dein Traumhaus!

Talente, Fähigkeiten und Ambitionen
- Von wem würdest du dich in einem Film darstellen lassen? Welche Rolle würdest du gerne spielen?
- Was an deinem Äußeren wärest du bereit zu verändern?
- Glaubst du, daß du irgendwelche seltsame Angewohnheiten hast? Welche?
- Wer oder was möchtest du gerne sein, wenn du die Wahl hättest?
- Beschreibe deine Talente. Wie wendest du sie an?
- Auf welches Ziel, das du je erreicht hast, warst du am meisten stolz?
- Was hältst du für deine Stärken? Deine Schwächen?
- Beschreibe, wie du dich, deine Karriere und dein Leben in zehn Jahren siehst.

Geldangelegenheiten
- Pflegst du dir Geld auszuleihen? Was war die größte Summe? Hast du je jemand Geld geborgt? Wieviel?
- Wenn du heute eine Million gewonnen hättest, was würdest du damit machen?
- Ist Geld für dich gleichbedeutend mit Macht?
- Was denkst du ganz allgemein über Geld?
- Was war dein erster Job?
- Benutzt du häufig Kreditkarten?
- Was hältst du von einer Teilung der Ausgaben, wenn ein Paar zusammenlebt?

Anschauungen
- Was hältst du von der Gleichberechtigung?
- Hast du irgendwelche feste Vorstellungen über Sex?
- Über Krieg?
- Über Abtreibung?
- Über Gewalt gegen Frauen?
- Über die Umwelt?
- Über Politik?
- Über Religion?

Sex und Ihre Gesundheit

Nachdem Sie jetzt die Grundlagen für eine zauberhafte Liebeswerbung erlernt haben, werden Sie und Ihr Partner vielleicht den Entschluß gefaßt haben, eine »intime« Beziehung einzugehen
Jeder von Ihnen fühlt sich in der Gesellschaft des anderen wohl und nimmt an dessen Leben in einem Ausmaß teil, daß Sie beide beschlossen haben, einen Schritt weiter zu gehen und Ihre Beziehung als Teil des Ausdrucks Ihrer Liebe füreinander auf den sexuellen Bereich auszudehnen.

Einige Überlegungen und notwendige Vorsichtsmaßnahmen *müssen* diesem wichtigen Schritt vorausgehen. Verliebtheit ist keine Garantie, daß beide Partner frei von Geschlechtskrankheiten sind. Einige Geschlechtskrankheiten zeigen keine äußeren Symptome, so daß die Möglichkeit besteht, daß jemand gar nicht weiß, daß er erkrankt ist, wenn er jemand anderen ansteckt. Obwohl durch richtige Diagnose und Antibiotika Syphilis, Gonorrhöe, Chlamydia, Genitalwarzen und eine Reihe von weniger schweren Erkrankungen erfolgreich behandelt werden können, gibt es für andere Krankheiten, wie zum Beispiel Aids, noch keine wirksamen Medikamente. Möchten Sie wirklich Ihre eigene und die Gesundheit Ihres Partners aufs Spiel setzen, indem Sie sich ohne entsprechende Vorkehrungen auf sexuelle Aktivitäten einlassen?

Ein freies, offenes Gespräch *vor* dem Aufnehmen sexueller Handlungen ist die erste Schutzmaßnahme, eine ärztliche Untersuchung die zweite, und die Verwendung von Kondomen ist *obligatorisch*, selbst wenn die Tests ergeben, daß im Moment keine

Infektion vorliegt. Das HI-Virus kann zum Tode führen und läßt sich erst einige Zeit *nach* der Ansteckung durch Blutproben nachweisen, ohne sonst irgendwelche Symptome zu zeigen.

Dieser Abschnitt ist dafür bestimmt, Sie mit Informationen zu versorgen, wie Sie sich und Ihren Partner vor Geschlechtskrankheiten schützen können. Außerdem wird er den Gebrauch von Kondomen entmystifizieren.

Wie man ein Gespräch über Geschlechtskrankheiten führt
Geschlechtskrankheiten sind ansteckend und werden in der Regel durch sexuellen Kontakt erworben oder, wie im Fall von Aids, auch durch die Verwendung gebrauchter Injektionsnadeln oder durch den Kontakt mit Blut oder Körpersekreten. Es sind Infektionskrankheiten wie Grippe oder Mumps, doch die Leute reden ungern über Geschlechtskrankheiten, die sie haben oder hatten, weil sie sich schämen oder es ihnen peinlich ist. Über Geschlechtskrankheiten zu reden gilt noch immer als tabu, was die Leute davon abhält, irgendwelche Symptome oder Infektionen, die sie erst kürzlich hatten oder derentwegen sie schon vor längerer Zeit behandelt wurden, zuzugeben. Die derzeitige weltweite Epidemie von Aids *muß* diesem zurückhaltenden Benehmen ein Ende setzen, *weil Aids tödlich ist*.

Zurzeit sind Hunderte von Forschern auf der ganzen Welt damit beschäftigt, einen Impfstoff gegen das HI-Virus zu testen, aber bis jetzt wurde noch kein Heilmittel dafür gefunden. Jede sexuell aktive Person irgendwo in der Welt setzt sich dem Risiko einer Ansteckung mit diesem tödlichen Virus aus.

Natürlich ist der beste und wirksamste Schutz gegen Geschlechtskrankkeiten die sexuelle *Abstinenz*
Sollten Sie es jedoch vorziehen, Sexualverkehr zu haben, so ist die folgende Information für Sie und Ihren Partner lebenswichtig.

Sicherer Sex – es gibt keine andere Alternative zum Zölibat als das Kondom

Zuallererst *müssen Sie sich für eine Reihe von persönlichen Schutzmaßnahmen entscheiden. Die erste Maßnahme ist, das Thema offen und so früh wie möglich mit Ihrem Liebespartner zu diskutieren.* Auf jeden Fall aber, sobald Sie fühlen, daß sich eine sexuelle Anziehung entwickelt. Haben Sie sich einmal für gewisse Schutzmaßnahmen entschieden, sollten Sie diese immer befolgen – Ihr Leben hängt davon ab!

Um das Risiko einer Infektion herabzusetzen, *muß* jedes Paar, das sexuellen Kontakt in Erwägung zieht, sich durch den Gebrauch von Kondomen – die auch Präservative genannt werden – schützen. Es sind viele verschiedene Typen im Handel, und sie werden nicht nur von Männern gekauft, sondern auch von Frauen, die für den Fall gerüstet sein wollen, daß ihr Partner es nicht ist. Ein spezielles Kondom für Frauen (»Femidom«) kommt nach und nach weltweit in den Handel. Oraler Sex erfordert ebenfalls sowohl von Männern als auch von Frauen den Gebrauch eines Spezialkondoms. Da das Virus durch Körperflüssigkeiten – vor allem durch Blut, Sperma und vaginale Sekrete – übertragen wird, *sind Kondome für die Gesundheit und das Wohlergehen eines/einer jeden, der/die sich auf Geschlechtsverkehr einläßt, eine absolute Notwendigkeit.*

♥ ♥ ♥

Wann ist die beste Zeit, um mit einem Partner über Kondome zu reden?

Jedes Paar, das sexuelle Kontakte in Erwägung zieht, muß miteinander – frei und offen – über den Gebrauch von Kondomen reden: Ihrer beider Leben hängt davon ab!

Im allgemeinen sollte diese Diskussion dann stattfinden, wenn ein körperliches Verlangen sich zu entwickeln beginnt und selbstverständlich noch *bevor* Sie zu sexuellen Aktivitäten bereit sind. Wenn Sie warten, bis »die Hitze der Leidenschaft« Sie übermannt, wie zum Beispiel am Ende eines Abends, an dem Sie eng umschlungen miteinander getanzt haben, werden Sie die Gelegenheit verpassen, das Thema zur Sprache zu bringen. Oder noch schlimmer, Sie werden geneigt sein, es für dieses »eine Mal« zu vergessen! *»Dieses eine Mal« könnte Ihnen das Leben kosten!* Das ist kein Thema, das Sie erst diskutieren sollten, wenn Sie bereits im Bett liegen! Sie sollten schon viel früher darüber reden, wenn Sie zum Beispiel bei einer Tasse Kaffee oder Tee in der Küche sitzen.

Was soll ich tun, wenn mein Partner nicht über Kondome sprechen will?

Der wichtigste Aspekt sexueller Beziehungen ist heute in der Reife beider Partner zu sehen, die erkennen müssen, wie ernst das Aidsproblem ist und daher auch die Diskussion von Schutzmaßnahmen. Wenn Sie entdecken, daß Ihr Partner davon nichts wissen will, wollen Sie dann wirklich etwas von ihm wissen? Bleiben Sie fest: Bestehen Sie auf Schutzmaßnahmen. Halten Sie die negativen Reaktionen Ihres Partners sorgfältig in Ihrer »Wunschliste« fest. Wenn zwischen Ihnen in einem solch wichtigen Punkt keine Übereinstimmung herrscht, werden Sie möglicherweise noch auf andere Unverträglichkeiten stoßen, die ihn auf lange Sicht gesehen zu einem nicht in Betracht kommenden Liebespartner machen. Wenn ein Partner unbesonnen genug ist, um die Wichtigkeit von Schutzmaßnahmen nicht anzuerkennen, dann verneint er nicht nur Ihre Bedeutung füreinander, sondern auch Ihr Recht auf sicheren Sex und Ihr Recht auf Leben überhaupt.

Es gibt noch andere Wege, um Ihre Zuneigung zu zeigen, ohne sexuellen Verkehr zu praktizieren

Die Angst vor Aids sollte keine Paranoia auslösen, und Sie sollten sich nicht vor jeder sexuellen Aktivität fürchten. Nehmen Sie sich Zeit, um andere Aspekte Ihrer Liebesbeziehung zu erforschen, ehe Sie den Sexualakt vollziehen. Entdecken Sie die Freuden anderer intimer Kontakte wie Küssen, Necken, Kuscheln, Massieren oder gegenseitige Masturbation. Sie können sämtliche Annehmlichkeiten des Vorspiels genießen, ohne daß es unbedingt zum Geschlechtsverkehr kommen muß. Machen Sie sich miteinander vertraut! Lassen Sie sich Zeit, einander wirklich kennenzulernen, ohne den zusätzlichen Streß, eine sexuelle Show abziehen zu müssen.

Sie können auch nein sagen!
Es ist völlig in Ordnung zu sagen: »Ich bin noch nicht bereit für eine intime Beziehung« oder: »Ich bin nicht bereit für dieses Stadium unserer Beziehung.« Enthaltsamkeit – oder Abstinenz – ist kein »Kondom des Geistes«, es ist die einzige Alternative zu Sex ohne Schutzmaßnahmen. Die Schrecken einer HIV-Ansteckung machen es zwingend notwendig, daß Sie auf *sicherem Sex oder gar keinem Sex bestehen!* Zu glauben, »mir kann nichts passieren«, könnte zur Folge haben, daß Sie zu der bitteren Einsicht kommen: »Es begann mit Champagner und endete mit Aids!«

Verfallen Sie nicht in HIV-Paranoia!
Aids existiert, das ist nicht zu leugnen, aber es gibt ein Mittel, sich nicht anzustecken: Verwenden Sie ein Kondom.

Aids ist zu einem Teil unseres Lebens in den neunziger Jahren geworden, aber dasselbe gilt auch für Kondome. Dank ihnen können Sie noch immer ein wunderbares Liebesleben und ein absolut erfülltes Sexleben ohne Angst vor einer HIV-Ansteckung führen, wenn Sie Kondome sorgfältig und richtig benützen. Versagen Sie sich nicht ein normales Leben, und werden Sie nicht zu einem verspannten, gereizten und frustrierten Menschen. Entspannen Sie sich, und genießen Sie das Leben, die Liebe und Sex mit Kondomen!

Mein Partner und ich haben seit einigen Monaten sexuellen Verkehr, und die Ergebnisse der HIV-Tests sind beide negativ. Heißt das, daß wir auf Kondome verzichten können?

Obwohl ein negativer HIV-Test und eine langjährige monogame Beziehung Ihnen vielleicht ein relatives Gefühl der Sicherheit geben mögen, gibt es zahlreiche Fälle, bei denen sich ein negatives Testergebnis später in ein positives verwandelt hat und umgekehrt! Wie können Sie absolut sicher sein, daß Ihr Partner, Ihre Partnerin Ihnen die ganze Zeit über treu war?

Sicherer Sex ist der einzige Weg, um ganz sicher zu sein.

Aber ich habe nur mit einer Person Sex, wie könnte ich in Gefahr sein?

Sicherer Sex mit einem einzigen Partner ist Ihre beste Gewähr, sich nicht mit HIV anzustecken. Dennoch sollten Sie sich bewußtmachen, daß jede geschlechtliche Vereinigung gleichbedeutend mit einer Vereinigung mit einer Vielzahl von Partnern ist – nämlich allen jenen Geliebten, die Sie und Ihr Partner während der letzten Jahre hatten (sowie deren früheren Partnern).

Ich habe keine Symptome irgendeiner Geschlechtskrankheit; keinen Ausschlag, keine Übelkeit, keinen Haarausfall – nichts!

Verlassen Sie sich nicht auf den äußeren Schein. Viele Krankheiten weisen keine offensichtlichen äußeren Symptome auf. Und machen Sie sich nicht selbst etwas vor: Niemand ist gefeit dagegen, sich mit einer Geschlechtskrankheit anzustecken oder sie zu übertragen – ob Richter, Sekretärin, Ärztin, Krankenschwester, Milchmann oder Polizist, ob Mann oder Frau, ob heterosexuell oder homosexuell veranlagt. Auch berühmte Leute infizieren sich mit dem HI-Virus und sterben an Aids. Die Liste der Filmstars, Künstler und Musiker, die HIV-positiv sind, wird von Tag zu Tag länger. 1991 erregte ein Fall besonderes Aufsehen: Der berühmte amerikanische Basketballspieler, genannt »Magic Johnson«, der erst kürzlich geheiratet hatte und dessen Frau ein Kind erwartete, gab im Fernsehen öffentlich bekannt, daß sich bei einer Routineuntersuchung für den Abschluß einer Lebensversicherung herausgestellt hatte, daß er HIV-positiv sei. Außerdem gab Johnson zu, daß er trotz seiner zahlreichen heterosexuellen Affären vor seiner Heirat fast nie ein Kondom benutzt hatte.

Frauen können genausogut Geschlechtskrankheiten übertragen wie Männer! Obwohl ein einziger Partner für die Übertragung des Virus genügt, sind die Chancen, sich mit einer Geschlechtskrankheit anzustecken, um so größer, je mehr Partner Sie haben.

Seien Sie nicht zu naiv
Wir haben alle unsere tiefen Geheimnisse – Sie wahrscheinlich auch! Wir haben Fälle von Frauen gesehen, die mit Drogensüchtigen, Mafiosi oder Spionen verheiratet waren, ohne es zu wissen. Sie haben sicher von Ehemännern oder Ehefrauen gehört oder solche vielleicht persönlich gekannt, die außerhalb ihrer Ehe zahlreiche Affären hatten, die zwei, sechs oder sogar achtzehn Jahre dauerten, ohne daß ihre Gatten oder Gattinnen je Verdacht schöpften. Das heißt, daß manche Leute sehr gut im Führen eines Doppellebens sind. Es ist auch schon oft vorgekommen, daß jemand viele Jahre mit einem anderen Menschen intim befreundet war, ohne ihn wirklich zu kennen.

Schöpfen Sie nicht gleich bei jeder Äußerung Ihres Liebespartners Verdacht, und spionieren Sie ihm nicht nach, aber nehmen Sie auch nicht alles für bare Münze, was er Ihnen erzählt, besonders was sein Sexualleben betrifft. Sie wissen nicht über alle Einzelheiten seines früheren oder jetzigen Lebens Bescheid. Er mag Geheimnisse haben, die er Ihnen lieber nicht erzählt; sei es, daß er Sie nicht verletzen oder daß er verhindern will, daß Sie ihn verurteilen oder verlassen. Denken Sie an sich und Ihre Gesundheit. Bestehen Sie auf sicherem Sex!

Welche Geschlechtskrankheiten sind am meisten verbreitet?

Die am häufigsten anzutreffenden Krankheiten sind Chlamydia, Gonorrhöe (Tripper), Genitalwarzen (Condylomata), Syphilis, Herpes und Aids.

Seit 1986 wurde auf der ganzen Welt eine Abnahme jenes Typus von Gonorrhöe registriert, der auf eine Behandlung mit Penizillin anspricht, und eine Zunahme jener Arten, die gegenüber Penizillin resistent sind. Syphilis ist zwar selten geworden, kommt aber immer noch vor.

Chlamydia kann behandelt werden, doch wenn dies nicht geschieht, kann sie irreparablen Schaden an den Fortpflanzungsorganen einer Frau anrichten. Herpes im Genitalbereich ist ebenfalls ziemlich häufig. Neben dem äußerst unangenehmen Brennen, das das Herpesvirus in seinen regelmäßig wiederkehrenden »aktiven« Perioden hervorruft, ist es außerdem als Risikofaktor im Hinblick auf Gebärmutterkrebs und für Entzündungen an den Eierstöcken bekannt geworden. Das Virus verschwindet nie völlig und ist extrem ansteckend, besonders während des aktiven Stadiums, wenn sich schmerzhafte Bläschen im Genitalbereich bilden.

Das HI-Virus wurde Mitte der siebziger Jahre entdeckt. Seither breitet es sich mit erschreckender Geschwindigkeit auf der ganzen Welt aus. 1991 durchgeführte statistische Erhebungen haben ergeben, daß ungefähr 11 Millionen Menschen an Aids erkrankt sind und weitere 10 Millionen sich mit dem HI-Virus infiziert haben. Wissenschaftliche Schätzungen gehen davon aus, daß täglich 5000 Infektionen mit HIV hinzukommen.

Einige Punkte, die Sie sich über Geschlechtskrankheiten merken müssen

– Viele Leute glauben: »Es kann mir nichts passieren!« und stecken andere an, ohne es zu wissen! Wenn Sie planen, sexuell aktiv zu werden – oder es bereits waren –, sollten Sie sich den entsprechenden Untersuchungen unterziehen.

- Wenn Sie glauben, eine Geschlechtskrankheit zu haben, sollten Sie zum Arzt gehen und nicht versuchen, selbst eine Diagnose zu stellen oder sich zu behandeln. Wenn die Behandlung abgeschlossen ist, müssen Sie einen Test machen lassen, um sicher zu sein, daß Sie geheilt sind und niemand mehr anstecken können.

- Wenn Sie sich mit einer Geschlechtskrankheit angesteckt haben, ist es Ihre moralische Pflicht, alle Ihre Partner zu informieren, mit denen Sie Geschlechtsverkehr hatten. Das ist nicht der Zeitpunkt, um verschämt zu sein! Sollten Sie zu schüchtern oder nicht mutig genug sein, um diese Aufgabe persönlich zu übernehmen, können Sie Ihren Partnern schriftlich vorschlagen, sich untersuchen zu lassen, oder Ihren Arzt bitten, anzurufen und über die Ansteckungsgefahr zu informieren.

- Nehmen Sie während Ihrer Behandlung Abstand von sexuellen Praktiken.

Junge Leute glauben oft, daß sie keine Kondome verwenden müßten, weil: »HIV/Aids kommt in *meinem* Kreis nicht vor. Sex ist für uns alle ganz neu!« Das ist einfach nicht wahr. Die Anzahl der Fälle in Teenagerkreisen ist alarmierend. Ein 15jähriges Mädchen, das glaubte, nicht in Gefahr zu sein, steckte sich mit dem HI-Virus an, obwohl es nur zweimal Geschlechtsverkehr hatte.

Wie Sie mit Ihrem Partner über Kondome sprechen können

Wenn Sie sich nicht überwinden können, über Kondome zu reden, sind Sie einfach noch nicht reif genug, um sich auf sexuelle Aktivitäten einzulassen. Denken Sie daran, es ist nicht nur eine Sache der Gesundheit, es ist eine *Sache auf Leben und Tod*!

Indem Sie das Thema natürlich und ohne viel Aufhebens davon zu machen zur Sprache bringen, nehmen Sie ihm jede Peinlichkeit und wenden die beste Taktik an, um sich vor einer Ansteckung zu schützen. Ihre offene Art wird der Vertrautheit und Liebe in Ihrer Beziehung zugute kommen. Sobald Sie die einleitende Diskussion hinter sich haben, ist alles erlaubt, was die Romantik und Leidenschaft lebendig erhält – und dennoch *sicher* ist. Da Kondome ein *Muß* sind, können Sie genausogut Ihren Spaß daran haben und sie in Ihr Liebesspiel einbeziehen. Lassen Sie sich zu dem Thema etwas Lustiges einfallen, Sätze wie: »Niemand darf ohne Uniform an Bord!«, oder schlagen Sie eine Schachtel Kondome in Geschenkpapier ein, und legen Sie das hübsche Päckchen auf Ihr Kissen!

Entwickeln Sie amüsante Methoden für den Gebrauch und das Spiel mit Kondomen. Verwenden Sie die Bezeichnung, die Ihnen am besten gefällt, um das Sujet einzuführen. Seien Sie ernsthaft, ehrlich, witzig, sexy, romantisch: »Ich gehe nie ohne sie aus dem Haus!« oder: »Kondome? Gewiß benutze ich Sie, ich nenne sie meine Sicherheitsventile!«

Sie könnten Kondome auch als »Regenmantel für Liebesstürme« bezeichnen, »Schirm für Liebesregen« oder ihnen lustige Namen geben wie »meine kleine Liebesnachtmütze«, »mein Tauchanzug«, »mein Minipyjama« oder »mein Rotkäppchen«. Ihrem Einfallsreichtum sind keine Grenzen gesetzt.

Es gibt so viele amüsante und verführerische Arten, Sex mit Kondom zu genießen. Es muß nicht immer der Mann sein, der den Akt des Überstreifens durchführt: Seine Partnerin kann es als Teil des Vorspiels für ihn tun und ihn dabei leidenschaftlich küssen, so daß seine Erregung anhält und er nicht Gefahr läuft, seine Konzentration zu verlieren. Beide Partner sollten nicht vergessen, daß das Kondom an der Spitze nicht zu eng anliegen darf – es muß genug Platz für das Sperma bleiben, ansonsten könnte das Kondom platzen. Ein Rat für die Weisen: Üben Sie diese Kunst mit Hilfe einer Banane, ehe Sie Ihre Geschicklichkeit an Ihrem Liebsten erproben!

Ein sexuell aktives Paar in einer erst seit kurzem bestehenden Beziehung *muß* sich auf den Schutz von Kondomen verlassen. Beide Partner müssen mit der Notwendigkeit von sicherem Sex umgehen können. Die Regeln für eine Verführung haben sich geändert: Champagner und Kaviar sind zwar immer noch in Mode, aber Kondome dürfen im Schlafzimmer eines klugen Liebhabers ebenfalls nicht fehlen!

Über Schutzmaßnahmen und den Gebrauch von Kondomen zu sprechen gehört zur Liebeswerbung

Eine der besten Methoden, das Thema »Kondom« zur Sprache zu bringen, ist, Ihrem Partner eine direkte Frage zu stellen: »Welche Marke bevorzugst du?« Durch Ihre Frage geben Sie der anderen Person zu verstehen, daß Sie sich der Notwendigkeit, Kondome zu verwenden, bewußt sind und daß Ihre Partner diese immer benutzen. Und es zeigt, daß Sie bei jeder Art von sexueller Aktivität auf der Anwendung von Kondomen bestehen. Sie sollten diese Frage heutzutage nicht schwieriger finden, als sich über die bevorzugte Kaffee- oder Zigarettenmarke zu erkundigen. Wenn Sie Bescheid wissen, kaufen Sie ein Päckchen ihrer Lieblingsmarke – oder vielleicht sogar einen ganzen Karton!

Eine unternehmungslustige junge Frau kaufte ein Sortiment von Kondomen in verschiedenen Farben, Formen und Geschmacksrichtungen, manche sogar gestreift, fluoreszierend oder leuchtend, und bewahrte sie in einer schön dekorierten Bonbonniere auf. Wenn sie mit ihrem Freund eine Liebesnacht verbrachte, bot sie ihm ein »Bonbon« an!

Der folgende Dialog ist typisch für ein Paar, das eine sexuelle Beziehung beginnt. Die Frau ist nicht überzeugt, daß Kondome notwendig sind

Jochen machte die Bekanntschaft einer Frau namens Lisa. Eine Woche nachdem sie zum ersten Mal – ohne Kondom – miteinander geschlafen haben, erzählte ihm Lisa, daß sie eine Geschlechtskrankheit habe. Jochen ließ sich untersuchen, das Ergebnis war positiv – er war von ihr angesteckt worden. Die Beziehung ging kurz danach auseinander. Zwei Monate später traf Jochen Josie, und beide fühlten sich bald sexuell zueinander hingezogen. Jochen, der durch seine unfreiwillige Bekanntschaft mit einer Geschlechtskrankheit genug Erfahrungen gesammelt hatte, bestand auf dem Gebrauch eines Kondoms, aber Josie weigerte sich.

Jochen:	Hast du irgendwelche Kondome zu Hause, Josie? Dann brauche ich nicht zum Auto hinausgehen, um meine zu holen.
Josie:	Nein, ich habe keine hier. Warum sollte ich auch? Ich bin völlig gesund.
Jochen:	Ich bestehe darauf, ein Kondom zu verwenden.
Josie:	Hast du dich irgendwann mit etwas angesteckt?
Jochen:	Ja, und ich mußte zehn Tage lang Penizillin nehmen und die Kosten für die Nachuntersuchungen zahlen.
Josie:	Ich habe mich erst kürzlich untersuchen lassen und kann dir das ärztliche Attest zeigen.
Jochen:	Ich möchte dir lieber meine Kondome zeigen.
Josie:	Also gut, wenn du darauf bestehst.
Jochen:	Ja, das tue ich. Uns zu schützen heißt, einander zu respektieren. Betrachte es doch als ein Spiel, dann werden wir eine Menge Spaß haben!

Mit jedem Gespräch über Geschlechtskrankheiten oder Kondome ebnen Sie den Schutzmaßnahmen den Weg, durch die eine Ansteckung mit Geschlechtskrankheiten oder mit dem HI-Virus vermieden werden kann, und erhalten dadurch Ihre Liebesbeziehung – und sich selbst – am Leben und *wohlauf.*

In diesem Fall ist es umgekehrt: Der Mann will kein Kondom benutzen

David und Donna studierten im letzten Semester an der Universität. Während der letzten Monate fühlten sie sich immer mehr zueinander hingezogen. Donna war sich der Notwendigkeit von sicherem Sex bewußt, David nicht.

Donna:	Hast du ein Kondom bei dir?
David:	Nimmst du nicht die Pille?
Donna:	Nein, ich nehme keine empfängnisverhütenden Mittel.
David:	Könntest du nicht einen Schaum benutzen, der die Spermien abtötet?

Donna:	Nein! Das Kondom ist die einzige Schutzmaßnahme, mit der ich einverstanden bin, und nicht nur zu meinem Schutz, sondern auch zu deinem. Es geht mir nicht allein um Empfängnisverhütung, sondern um unsere Gesundheit.
David:	Aber ich habe in den letzten zwei Jahren mit niemand geschlafen.
Donna:	Ich schon, und mit mehreren Personen.
David:	Willst du dich über mich lustig machen?
Donna:	Nein, aber ich habe immer ein aktives Leben geführt, und da ich in den letzten drei Jahren keinen festen Freund hatte – bis du auf der Szene erschienen bist –, sagte ich mir ein paar Mal: »Warum nicht?« Vertrau mir! Ich werde dir das Kondom sanft und sinnlich überstreifen. Ich versichere dir, David, es wird für uns beide ein Vergnügen sein!
David:	Also gut, ich verstehe deinen Standpunkt.

Männliche Einwände gegen das Tragen eines Kondoms

Viele Männer haben Angst, Probleme mit ihrer Erektion zu bekommen, wenn sie ein Kondom benutzen. Sie werden versuchen, Sie zu überreden, ihnen zu vertrauen, indem sie Dinge sagen wie: »Vertraust du mir nicht? Würdest du mich wirklich lieben, dann würdest du mich nicht bitten, ein Kondom zu verwenden. In der Liebe ist Vertrauen der wichtigste Faktor!« Gehen Sie nicht in diese Falle, sie könnte tödlich sein!

Viele Männer klagen, daß sie weniger spüren. Das ist bei Kondomen in guter – dünner – Qualität nicht der Fall, so daß das »natürliche« Empfindungsvermögen nicht beeinträchtigt wird. Außerdem haben Kondome den Vorteil, daß durch sie die Erektion verlängert wird, was für beide Partner ein Bonus ist. Kondome verlangsamen die Ejakulation und sind daher ein sehr nützliches Mittel für Männer, die zu schnell ejakulieren. Manche Männer behaupten, daß ein vor dem Überstreifen in die Spitze des Kondoms hineingegebenes Gleitmittel das Vergnügen des Mannes überaus steigern würde. Das ist sicherlich einen Versuch wert.

Andere Paare beklagen sich, daß durch ein Kondom die Spontaneität verlorenginge. Tatsache ist, daß, wenn Sie sich erst an die Verwendung eines Kondoms gewöhnt haben, Sie dieses benutzen können, um den Sexualakt einzuleiten, so daß es ein Teil Ihrer Sexspiele wird. Sie haben heute keine andere Wahl: *Sie müssen bei jedem neuen Partner ein Kondom benützen.*

Die Verwendung eines Kondoms verlängert das Vorspiel, was für beide Partner ein Vorteil ist. Die Erforschung des Körpers, die Nähe, das gegenseitige Berühren, das alles gehört zu einer gesunden sexuellen Beziehung dazu.

Die Geschichte von der »sicheren« Rose
Ein Mann sandte seiner neuen Freundin eine exquisite, langstielige Rose, an der ein Kärtchen mit einem Kondom darin befestigt war. Seine Botschaft sagte zweierlei aus: Er liebte und begehrte sie, und er war bestrebt, ihre Gesundheit zu schützen und ihre Liebesbeziehung zu erhalten.

Der Bluttest: ein Freipaß für die Liebe?
Sie sind seit drei Monaten zusammen. Alles läuft großartig, und Sie beschließen, sich einem HIV-Test zu unterziehen. Die Tests erweisen sich als negativ, also Sie sind beide kerngesund. Das ist wunderbar, aber seien Sie dennoch nicht naiv: Die Bluttestresultate sind nicht als endgültig anzusehen; die Fehlerquote ist ziemlich hoch, besonders wenn das Virus erst kürzlich übertragen wurde. Eine Garantie für absolute Treue gibt es nicht. Schließen Sie einen Pakt miteinander, daß Sie, wenn jemand von Ihnen den Drang spüren sollte, untreu zu werden, oder es bereits ist, ein Kondom zu Ihrem und zum Schutz Ihrer Beziehung benützen werden. Seien Sie offenherzig und bewußt. Packen Sie Ihrem Liebespartner ein

Päckchen Kondome in den Koffer, wenn er oder sie das nächste Mal allein verreist; nur für den Fall, daß …!

Eine junge Frau aus Montreal, die von einem Sexabenteuer auf einer Geschäftsreise träumte, erfüllte sich ihren Traum, als sie bei ihrer Ankunft in New York einen netten, gutaussehenden Mann kennenlernte. Sie verbrachte eine Nacht voll ungezügelter Lust mit ihm und flog am nächsten Tag zurück. Am Flughafen übergab ihr dieser Mann ein in wunderschönes Geschenkpapier eingeschlagenes Päckchen und sagte: »Öffne es erst, wenn Du in Montreal ankommst.« Als sie das geheimnisvolle Geschenk endlich auspackte, fand sie eine Karte, auf der geschrieben stand: »Ich bin HIV-positiv. Es ist besser, wenn Du Dich untersuchen läßt.« Die junge Frau ist an Aids erkrankt und liegt im Sterben.

Diese schreckliche Geschichte ist wahr und soll Sie daran erinnern, daß Sie vorsichtig sein müssen und mit einem Fremden nie ohne Schutzmaßnahmen ins Bett gehen dürfen. Zu flirten und nach dem idealen Partner zu suchen ist eine Sache, sich ungeschützt auf zahlreiche sexuelle Abenteuer einzulassen – oder auch nur auf eines – ist eine ganz andere Sache.

Sie und Ihr Partner wünschen sich eine gemeinsame Zukunft – müssen Sie immer und ewig ein Kondom benutzen?

Sie sind einander treu und schon seit geraumer Zeit zusammen, lange genug, um einander gut zu kennen und zu beschließen, daß Sie Ihr Leben in Zukunft gemeinsam fortsetzen wollen. Sie lieben einander aus tiefstem Herzen. Obwohl Sie ausschließlich miteinander Sex haben, praktizieren Sie sicheren Sex, doch nun wollen Sie wissen, ob Sie auch für den Rest Ihres Lebens Kondome verwenden müssen.

Wenn Ihre Beziehung dieses Stadium erreicht hat, wäre es vorteilhaft, daß Sie beide einen Arzt konsultieren und sich einer allgemeinen Untersuchung unterziehen, um herauszufinden, ob Sie beide gesund und geeignet sind, Kinder zu bekommen (wenn Sie welche wollen), bevor Sie in Ihr zukünftiges Leben eintreten. Bei dieser Gelegenheit sollten Sie selbstverständlich auch einen Bluttest für Geschlechtskrankheiten und für HIV machen lassen. Wenn alles in Ordnung ist, führen Sie ein Leben voller Verheißung und Glück!

Anmerkung: Dieses Kapitel wurde in Zusammenarbeit mit Dr. Alain Garlépy, dem Generaldirektor der »Québec Sexologists Association«, geschrieben.

TEIL IV

Liebesstrategien für die Aufrechterhaltung einer romantischen Liebesbeziehung

Verliebt zu sein ist eine Erfahrung wie keine andere. All die neuen, uns vor Glück erschauern lassenden Gefühle von tiefer Liebe, Freude und leidenschaftlicher Erregtheit rauben uns den Atem. Dennoch ist eine Beziehung, so wie jeder hochintensive Energieaustausch, einer Verminderung der Verzücktheit unterworfen. Diese neue Stufe des »Wohlbehagens« kann sehr bereichernd und zufriedenstellend sein und ist sicherlich vollkommen normal, aber gelegentlich wünscht sich jede und jeder von uns zumindest manchmal eine kurze Rückkehr zu den Gefühlen jener ersten Begegnung. Die Tips in diesem Abschnitt werden Ihnen zeigen, wie Sie die Leidenschaft in Ihren gemeinsam verbrachten Zeiten festhalten können. Indem Sie die Tage und Monate Ihrer Beziehung mit romantischen Momenten verbrämen, werden Sie die Flammen der Leidenschaft nie ausgehen lassen.

Romantische Tips, die wenig
oder nichts kosten

Romantiker sind heute gefragter denn je
Selbst in der hektischen Welt von heute finden sich Gelegenheiten,
der Alltagsroutine Glanzlichter aufzusetzen. Beweisen Sie Einfallsreichtum, wenn Sie den einfachsten Handlungen einen Hauch
von Romantik verleihen. Eine einzige Blume, die als Morgengruß
zugestellt wird, hüllt den ganzen Tag in einen romantischen
Schimmer. Denken Sie sich Aufmerksamkeiten aus, die dem von
Ihnen geliebten Menschen das Gefühl geben, etwas Besonderes zu
sein – das ist das schönste Gefühl überhaupt!

**Es gibt zwei wichtige Arten von Anlässen, um Ihre
romantische Seite zu zeigen: spezielle Festtage und
spontane Gelegenheiten**
Natürlich vergessen Sie nicht, Ihrer Liebsten an bestimmten Ka-
lendertagen ein Geschenk zu machen: zum Geburtstag, zu Weihnachten, zum neuen Jahr, am Valentinstag. Aber das ist das bloße
Minimum! Es gibt viele Gelegenheiten, um Ihrer Liebe spontan
Ausdruck zu verleihen. Ein einfacher Spaziergang durch den Park
vor Sonnenuntergang kann zum Beispiel mit einer Überraschung
enden: einem Dessert, das Sie in weiser Voraussicht zubereitet und
in einem kleinen Korb mitgenommen haben. Es muß nichts Außergewöhnliches sein: Kekse und Fruchtsaft sind Nektar, wenn
zwei Leute, die einander zugetan sind, sie gemeinsam verzehren.
Lassen Sie Ihre spontanen Geschenke einfach, aber phantasievoll
sein. Durch diese impulsiven Gesten wird Ihre Liebe erblühen.

Romantik ist mit dem Zuckerguß auf einer Torte vergleichbar

Versinnbildlichen Sie sich Ihre Beziehung als eine Torte. Natürlich kann eine Torte ohne Zuckerguß köstlich schmecken, aber eine Torte mit einer schön dekorierten Glasur ist viel appetitlicher. Sind Sie nicht auch dieser Meinung? In ähnlicher Weise kann eine Beziehung auch ohne Romantik auskommen, aber – ist eine von Ausdrücken der Liebe und Leidenschaft erfüllte Beziehung nicht viel schöner?

Romantik ist anders als Liebe und Leidenschaft

Romantik ist der Ausdruck Ihrer Liebe. Sie erfordert einen geschickten und kreativen Einsatz Ihrer Vorstellungskraft, und sie wird mit Sicherheit Ihre Liebesbeziehung bereichern. Suchen Sie nach einfachen Wegen, um dem, den Sie lieben, zu zeigen, daß Sie ihm nah sein wollen, daß er Ihnen sehr viel bedeutet. Ein zärtliches Streicheln über die Wange, das Rezitieren eines Liebesgedichts, das Teilen von etwas Besonderem – Dinge, die Sie freiwillig tun, weil es Ihnen ein Anliegen ist. Romantik ist nicht nur für spezielle Gelegenheiten: Die tägliche Routine wird für Sie beide viel interessanter werden, wenn Sie der Romantik Raum geben.

Eine romantische Geste sollte nur einen Zweck haben – Ihrer Liebe zu gefallen!

Eine romantische Geste sollte nicht an die Stelle einer Wiedergutmachung treten. Nach einem Streit Blumen zu senden ist nicht eine romantische Geste, sondern eine Bitte um Verzeihung. Zu versuchen, durch vermeintliche romantische Handlungen ein unverbesserliches Benehmen oder Probleme wie Alkoholismus wettzumachen, ist ein fruchtloses Bemühen, das nur Unmut erregen wird. Anstatt einen magischen Pfad zu größerer Liebe zu ebnen, wird es eine Spur voller Bitterkeit hinterlassen.

Jeder hat seine eigene Vorstellung von Romantik
Obwohl die meisten Leute an romantischen Geschehnissen ihre
Freude haben, versteht jeder etwas anderes darunter. Für Sie ist
nur das Urteil jener Person maßgeblich, an die Ihre romantischen
Avancen gerichtet sind. Sie müssen ihre Vorlieben sehr genau kennen, ehe Sie ein romantisches Unternehmen planen. Wie oft hat
ein junger Mann geglaubt, daß eine Fahrt ins Blaue an einem
strahlend schönen Sommertag ein romantisches Abenteuer sei,
nur um dann feststellen zu müssen, daß seine Liebste lange Auto-
fahrten an einem heißen Nachmittag bestenfalls ermüdend findet.

**Eine romantische Einstellung wird die Qualität Ihrer
Beziehung verbessern**
Da durch Romantik jede Beziehung verzaubert wird, hat eine Verbesserung Ihrer romantischen Aktionen sicherlich eine Belebung
Ihrer Beziehung zur Folge, weil dadurch die Leidenschaft entfacht
und ihr Feuer aufrechterhalten wird. Dies verstärkt die Beziehung
und macht sie für beide Teile befriedigender. Wäre es Ihnen nicht
lieber, ein vitales, von Freude erfülltes Leben zu führen als eine
kühle Existenz?

**Nehmen Sie bei der Wahl eines Geschenks auf den
Geschmack Ihres Partners Rücksicht!**
Manchmal werden Sie zwischen einem Geschenk, das Ihnen gefällt, und einem Geschenk, das Ihre Liebe gerne hätte, zu wählen
haben. Angenommen, ein Mann kauft ein Parfum, weil er diesen
bestimmten Duft mag. Leider ist es nicht die Marke, die seine Partnerin als ihre »Signatur« gewählt hat. Die unterschwellige Botschaft, die er ihr damit sendet, ist: »Meine Vorlieben sind wichtiger
als deine!«, und das entspricht wohl kaum dem, was man sich unter »romantisch« vorstellt. Wenn eine Frau für ihren Partner ein
Kleidungsstück in einer Farbkombination, die ihr gefällt, ohne
Rücksicht auf seinen Geschmack aussucht, wird dieselbe Botschaft
übermittelt. Lassen Sie die Romantik in Ihren Geschenken zum

Ausdruck kommen, indem Sie etwas kaufen, was Sie vielleicht weniger schätzen als Ihr Partner, und Sie werden von dem Resultat überrascht sein. Ihr Liebster könnte zum Beispiel ein Opernliebhaber sein, und Sie kaufen daher eine Reihe von Opernkassetten, obwohl Sie persönlich für Opern nichts übrig haben. Zu Ihrer eigenen Überraschung verbringen Sie gemeinsam einen sehr romantischen Abend und stellen erstaunt fest, daß Sie plötzlich eine Vorliebe für die Oper zu entwickeln beginnen.

Hören Sie Ihrer Liebsten wirklich zu, damit Sie wissen, auf welche Weise Sie ihr eine Freude bereiten können

Taten sprechen lauter als Worte. Wenn wir sagen, daß wir jemand lieben, sollten wir ihr auch zeigen, wie sehr. Wie können wir das tun? Durch unsere Handlungen! Durch Höflichkeit, Rücksichtnahme auf die Gefühle der anderen und wirkliches Zuhören werden Sie Ihre Beziehung frisch erhalten. Wer seine wahren Gefühle nicht zeigen will oder sich keine Zeit zum Nachdenken nimmt, hat keine Idee von der Liebe – und noch viel weniger von der Romantik.

Fügen Sie Ihrer Beziehung ein paar Tropfen Romantik hinzu, und erhöhen Sie nach und nach die Dosis

Wenn eine neue Liebe in Ihr Leben tritt, überwiegen Freude und Aufregung und nehmen Sie gefangen, so daß wenig Grund besteht, sich um die Romantik Sorgen zu machen. Sobald Sie jedoch vertrauter miteinander sind, kommt es zu der Tendenz, die kleinen romantischen Verschönerungen zu vergessen, die Ihre ersten Begegnungen so zauberhaft machten. Das ist die Zeit für jene romantischen Glanzlichter, mit denen Sie die tiefe Zuneigung Ihres Partners gewinnen werden.

Überraschen Sie Ihren Liebsten mit wunderlichen Gedenktagen …einem feierlichen Abendessen, weil Sie einander an diesem Wochentag kennengelernt haben, zum Beispiel. Wenn Ihre Kultur und Religion eine öffentliche Demonstration Ihrer Zuneigung erlauben, könnten Sie Hand in Hand einkaufen gehen. Es ist aufregend, seinem Liebsten eine Liebeserklärung in eine Rocktasche zu stecken und zu warten, wie lange es dauert, bis er sie findet. Schließen Sie Ihre Liebesbeziehung an das elektrische Feld der Romantik an, und lassen Sie die Voltzahl ständig steigen. Erfreuen Sie sich eines romantisch geladenen, elektrifizierenden Liebeslebens!

Romantik ist ein Gemütszustand
Entwickeln Sie ein Romantikradar! Alles, was Sie sehen, hören, berühren und fühlen, kann die Romantik inspirieren. Wenn Sie das Blumengeschäft an der Ecke erinnert, daß Ihre Liebste Blumen gern hat, sollten Sie auf diese Eingebung hören. Kaufen Sie eine exotische Blume oder eine Pflanze, und binden Sie ein Kärtchen daran mit den Worten: »Ich kann nicht mit Dir in ein exotisches Land fliegen, also dachte ich mir, ich bringe Dir ein Stück davon mit!«

Kennen Sie ein Geschäft, das exquisite handgemachte Bonbons verkauft? Ob Sie pro Kopf und Nase ein Stück kaufen und es eng umschlungen genießen oder eine sündhaft teure Bonbonniere erstehen: Bonbons sind ein süßer Anfang für einen netten Abend.

Ist in der Stadt etwas los, was bei Ihnen beiden romantische Gefühle erwecken könnte? Läuft im Kino ein romantischer Film? Welch großartige Inspiration!

Versuchen Sie in den ersten Tagen einer möglichen Beziehung Ihre romantischen Anwandlungen zu zügeln
Es ist weise, Ihren romantischen Enthusiasmus zu Beginn einer Beziehung unter Kontrolle zu halten. Geben Sie Ihrer Romanze Zeit, sich langsam zu entwickeln, so daß Sie jeden Schritt, den Sie einander näher kommen, genießen können.

Erst nach dem dritten oder vierten Rendezvous werden Sie einander gut genug kennen, um ein romantisches Feuerwerk steigen zu lassen. Obwohl Sie Ihre Liebe mit Schokolade, Blumen, Abendessen und Filmen bezirzen können, sollten Sie sich das von einem fünfunddreißig Mann starken Orchester bei Kerzenlicht vorgetragene Ständchen für etwas später aufheben. Natürlich planen Sie, Ihren Liebsten nachhaltig zu beeindrucken, aber eine solche Zurschaustellung zu Beginn einer Beziehung birgt die Gefahr, ihn – nachhaltig – zu vertreiben.

Romantische Avancen zu beurteilen ist schwierig. Die Zeit wird es weisen!

Ihr neuer Schwarm verhält sich nicht sehr romantisch. Ist sie schüchtern, scheu oder unsicher über sich und ihre Wirkung auf Sie? Verhalten Sie sich warm und liebevoll gegenüber ihren zögernden Avancen, und Sie werden bald wissen, ob eine große Liebe oder einfach kein Interesse dahinter steckt.

Andererseits kann es vorkommen, daß Sie sich von den überbordenden amourösen Avancen einer brandneuen Bekanntschaft überfordert fühlen. Will sie durch dieses Gehabe ihre Unsicherheit verdecken, oder ist sie wirklich wahnsinnig und erbarmungslos in Sie verknallt? Bewahren Sie einen kühlen Kopf, bis Sie sie lange genug kennen, um ihre wahren Gefühle besser einschätzen zu können.

Wenn Sie kein romantischer Typ sind, Ihr Partner aber schon

Romantik ist nicht Ihr Stil? Probieren Sie einige der kleinen romantischen Gesten aus, mit denen Ihr Partner Sie verwöhnt. Überraschen Sie ihn Ihrerseits mit einem spontanen Geschenk: einer lustigen Karte, einer speziellen Blume, einem Lieblingsjournal … etwas, das ihm sagt, daß Sie an ihn denken und daß Sie ihm das zeigen wollen. Selbst einen Anruf, um ihn einfach zu fragen: »Hallo, wie geht es dir?« wird er zu schätzen wissen. Wenn Sie beginnen, Ihre romantische Seite zum Ausdruck zu bringen, werden Sie beide spüren, wie frische Energie in Ihre Beziehung kommt. Romantische Gesten sind ihre Mühe wert!

Sind Sie ein exzentrischer Liebhaber und hoffnungsloser Romantiker?

Würden Sie so weit gehen, wie, zum Beispiel, Ihre Liebe auf einer Anschlagtafel im Stadtzentrum zu verlautbaren? Oder eine Botschaft in den Himmel schreiben zu lassen? Dann haben Sie wirklich etwas übrig für *große Gesten*! Und warum nicht? Wenn Sie beide Hals über Kopf ineinander verliebt sind, können Sie in den Augen Ihrer Liebe gar nichts falsch machen. Denken Sie an den Spaß, den Sie beim Planen von etwas wirklich Unerhörtem haben werden! In kleinerem Rahmen ist eine einzelne Rose, um Mitternacht bei Vollmond präsentiert, ebenfalls ungemein romantisch – ehe die vier Geiger einen Wiener Walzer anstimmen!

Solange Sie sich über die Gefühle Ihres Schwarms nicht sicher sind, ist Vorsicht geboten

Wenn die andere Person sich ihrer Gefühle für Sie nicht sicher ist, können romantische Avancen Ihrerseits sie kopfscheu machen. Die Konzertkarten für einen gemeinsamen Abend sind wahrscheinlich in Ordnung – solange Sie nicht vorschlagen, zum Heimfahren eine Pferdekutsche zu mieten. Behalten Sie Ihre romantischen Anwandlungen für sich, bis Sie sich über die Gefühle der oder des anderen sicher sind.

Wenn Sie etwas Romantisches tun, sollten Sie nur das Wohl der anderen Person im Sinn haben

Sie haben ein köstliches Abendessen bei Kerzenlicht serviert, doch Ihr Liebster hat von nichts anderem als von seiner Arbeit im Büro gesprochen. Ihre Laune ist so tief gesunken, wie die Kerzen herabgebrannt sind. Entspannen Sie sich! Lächeln Sie, und genießen Sie die Gesellschaft des anderen. Was ist schon dabei, daß er nicht auf

Ihre romantische Geste entsprechend Ihren Erwartungen reagiert hat? Das Planen hat Ihnen doch Freude gemacht. Die Geste war für ihn bestimmt, um ihm zu zeigen, daß Sie ihn lieben. Sie haben Ihren Teil getan – knüpfen Sie bitte keine Verpflichtungen daran! Er hat genug Zeit, Ihren Eifer in Zukunft zu erwidern.

Ihre Beziehung ist kein Finanzreport

Es gibt Leute, die reden über ihre Beziehung, als ob es sich um ein finanzielles Abkommen handeln würde. Sie benutzen Ausdrücke wie »aushandeln«, »investieren«, »Kapital« oder »schuldig sein« und Sätze wie: »Handeln wir aus, wo wir diesen Abend hingehen: Du willst ins Kino und ich in die Oper«; »Deine Liebe ist mein größtes Kapital!« oder »Diese Diskussion bist du mir schuldig!« Wie unpersönlich wollen Sie noch werden? Das soll eine Beziehung sein?

Wenn eine Frau Ihren Partner bittet, romantisch zu sein, erwartet sie nicht, daß er ein Vermögen bei dem Versuch ausgibt, sie zu beeindrucken

Nur keine Panik, wenn Ihre Herzensdame Sie bittet, romantisch zu sein! Sie meint nicht, daß sie mit Diamanten oder Luxusgeschenken überschüttet, in teure Restaurants ausgeführt oder in exotische Länder gebracht werden will. Alles, was sie will, ist ein wenig Aufmerksamkeit mittels kleiner, wohlüberlegter Gesten, wie zum Beispiel einem Kuß, während sie das Abendessen zubereitet, oder einem Kaffee, der ihr zur Entspannung nach der Arbeit liebevoll von Ihnen serviert wird. Schlagen Sie ihr vor, daß Sie das Abendessen machen, wenn sie einen anstrengenden Tag im Büro hatte, oder lassen Sie etwas bringen, wenn Sie nicht kochen können. Auf den anderen Rücksicht zu nehmen ist angewandte Romantik! Achten Sie auf die kleinen Dinge – sie wiegen schwer auf den Waagschalen der Romantik!

**Ihren Liebsten zu kritisieren ist wenig geeignet,
romantische Reaktionen hervorzurufen**

Wenn Sie Ihrem Liebespartner ständig vorwerfen, daß er nicht romantisch ist, werden Sie Ihre Chancen für romantische Momente völlig verwirken. Sie werden *nie* einen warmen, aufmerksamen Partner bekommen, wenn Sie zu ihm Dinge sagen wie: »Du hast nicht einen Funken Romantik in dir!« oder: »Du bist so romantisch wie ein Stück Holz!«

Manche Leute brauchen einen Hinweis, weil sie einfach nicht wissen, wie sie es anstellen sollen, romantisch zu sein. Geben Sie ihnen Tips – natürlich auf romantische Art und Weise: »Weißt du, was ich für romantisch halte? …« Planen Sie kleine Szenarien, um Ihre Botschaft an den Mann zu bringen. Machen Sie zum Beispiel einen Spaziergang, der Sie an einem Blumengeschäft vorbeiführt. Lenken Sie die Aufmerksamkeit Ihres Partners auf das Geschäft, indem Sie sagen: »Schau dir diese prachtvolle Auslage an! Ich liebe Blumen! Jedesmal, wenn ich Blumen bekomme, flippe ich fast aus vor Freude!« Er wird sicher wollen, daß Sie vor Freude ausflippen. Rechnen Sie mindestens mit einem Bouquet – vielleicht mit einem ganzen Haus voller Bouquets!

Wenn Sie im Fernsehen eine romantische Szene sehen, weisen Sie Ihren Liebsten darauf hin: »Schau, *das ist* romantisch!«

Um die Romantik zu wecken, müssen Sie sich selber romantisch verhalten. Flüstern Sie Ihrem Liebsten ins Ohr: »Ist dieser Sternenhimmel nicht romantisch? Fühlst du auch die Romantik, die in der Luft liegt?« und schmiegen Sie sich dabei eng an ihn.

**Rufen Sie als erstes in der Früh gleich Ihre Liebste an, um
ihr das Horoskop vorzulesen**

Welch aufmerksame Geste! Sie besagt, daß Sie gleich beim Aufwachen an sie gedacht haben. Sie haben sich die Mühe genommen, die Zeitung zu holen und ihr Horoskop herauszusuchen. Ist das nicht eine wunderbare Idee, den Tag zu beginnen?

Schreiben Sie Ihrem Liebsten einmal pro Woche

Senden Sie ihm Cartoons, Botschaften, Lotterielose, alles, was ihn an Sie denken läßt, per Post zu. Senden Sie ihm Theaterkarten zusammen mit einer Einladung in gestochen schöner Handschrift. Senden Sie ihm ein Buch mit Liebesgedichten! Mit der Post ein Geschenk zu erhalten ist doch so aufregend. Wie wunderbar selbst der kleinste Schnickschnack ist, wenn wir ihn von dem Menschen bekommen, den wir lieben! Ihm etwas zu schicken, selbst wenn es noch so billig ist, zeigt, daß Sie oft und viel an ihn denken!

Schenken Sie Ihrer Liebsten eine Kassette mit ihrer Lieblingsmusik

Sie haben das Radio laufen und hören, wie der Sprecher das Lieblingslied Ihrer Liebsten ankündigt. Schalten Sie schnell Ihren Kassettenrekorder ein ... das wird Ihrer Liebsten gefallen! Senden Sie ihr die Kassette entweder mit einer kurzen Nachricht per Post zu, oder spielen Sie ihr das Lied am Telefon vor (oder ihrem Anrufbeantworter, falls sie einen hat). Es geht darum, ihr das Gefühl zu geben, daß sie für Sie jemand Besonderes ist, für die Sie sich die Mühe nehmen, etwas Außergewöhnliches zu tun.

Stellen Sie einen Scheck über eine Million Küsse aus, und setzen Sie als Empfänger »*die große Liebe meines Lebens*« ein

Verwenden Sie einen ganz normalen Scheck, und setzen Sie anstelle der Währung ein Herz ein und anstelle des Betrages »eine Million Küsse«. Sie können den Scheck natürlich auch auf »eine Million Küsse und zweihunderttausend Streicheleinheiten« oder »zwei Millionen Jahre Glückseligkeit« ausstellen oder ...? Lassen Sie sich etwas einfallen! Übersenden Sie den Scheck Ihrem Partner mit der Aufforderung: »Nur zum Vergnügen ausgeben!« Sie werden ohne Zweifel Leidenschaft im Wert von Millionen zurückerhalten.

Es gibt großartige »Geschenkurkunden«, die Sie Ihrer großen Liebe überreichen können

Jeder freut sich über aufmerksame Geschenke, und die folgenden »Geschenkurkunden« werden ihren Empfänger sicherlich beglücken. Stellen Sie eine Urkunde aus, gegen Übergabe derselben Sie zu einer bestimmten Aktivität bereit sind, wie zum Beispiel:

- Hausputz
- Auto waschen und wachsen
- Reifen wechseln
- Teilnahme an einem Tanz- oder Hobbykurs
- Ansehen eines Liebesfilms auf Video oder im Kino
- Einkaufsbummel von zwei Stunden – mindestens!
- Rasenmähen
- Drei Wochen lang alles bügeln
- Teilnahme an einem Wochenende, an dem Ihr Partner zum Fischen fährt
- Leibspeise kochen

Lassen Sie Ihre Phantasie spielen: Wählen Sie etwas, das Ihr Schatz zu schätzen weiß! Natürlich gibt es noch viele andere kreative Möglichkeiten.

Versehen Sie Ihre »Geschenkurkunde« mit einer persönlichen Botschaft. Diese persönliche Botschaft ist genauso bedeutsam wie der angebotene »Service«. Seien Sie leidenschaftlich! Sagen Sie nicht etwas wie: »Ich hoffe, du hast Freude damit!« oder: »Ich hoffe, daß es dich glücklich machen wird!« Das klingt, als ob Sie ihm/ihr mit diesem Angebot einen großen Dienst erweisen wollten. Ihre Botschaft sollte zeigen, daß es Ihnen Freude bereitet, etwas für ihn/sie zu tun, weil Sie ihn/sie glücklich sehen wollen.

Seien Sie einfallsreich, amüsant und verführerisch. Sagen Sie: »Ich werde dein Haus von oben bis unten putzen ... dann werde ich mich deiner annehmen!« Oder wie wäre es damit: »Ich biete dir diesen Service aus keinem besonderen Anlaß an, nur um dir zu sagen, daß ich dich liebe, und um dir zu zeigen, wie sehr ich dich schätze.« Das ist das ganze Geheimnis der *Romantik*!

Eine einzelne Rose, an jedem Monatsersten präsentiert, hat mehr Wirkung als ein Dutzend Rosen einmal im Jahr

Das ist eine hübsche romantische Geste, auf die sich Ihre Liebste jeden Monatsersten freuen wird! Eine Rose, frisch und schön, ein Symbol sich stets erneuernder Liebe! Wie romantisch! Erwarten Sie eine Menge Umarmungen und Küsse für diese romantische Geste!

Wenn der Florist fragt, welche Rosen Sie senden wollen, ist es wichtig, sich über deren Farbe Gedanken zu machen

Rote Rosen bedeuten, daß der Spender »leidenschaftlich verliebt« ist. Gelbe Farbe weist auf Eifersucht hin. Weiße Rosen symbolisieren Reinheit, und rosa Rosen ehren Freundschaft. Ein Korallenton ist das Symbol für Ruhe. Warum senden Sie nicht eine verborgene Botschaft mit den von Ihnen gewählten Rosen, zusammen mit ein paar Worten, die Ihre Gefühle spiegeln? Sie könnten zum Beispiel auf Ihrer Karte schreiben: »Du hast heute früh gesagt, daß du einen hektischen Tag haben wirst. Ich hoffe, ich kann dir mit diesen Blumen ein Gefühl des Friedens und der Liebe vermitteln.« Wunderbar! Und was werden Sie zu den roten Rosen dazuschreiben? – Wirklich? *Super!*

Richtige Männer rasieren sich auch am Wochenende

An jedem Werktag setzen Sie Ihr bestes Gesicht auf, und für die große Liebe Ihres Lebens wollen Sie das nicht tun? Gut rasiert zu sein heißt außerdem: »Hier bin ich, immer bereit für einen kleinen *Kuß*!« Das sollte Ihnen das kleine Opfer wert sein!

Dank der Romantik können Sie eine »magische« Beziehung entwickeln

Romantik ist wie Zauberei. Eine langweilige Beziehung kann mit Hilfe von ein wenig romantischer Phantasie zu einer leidenschaftlichen Liebesgeschichte werden. Der französische Philosoph Jean-Paul Sartre sagte: »Der Akt schöpferischer Vorstellung ist ein magischer Akt.« Bezaubern Sie mit Hilfe ihrer romantischen Magie und Vorstellungskraft Ihren Liebsten! Kerzenlicht beim Brunch am Sonntagmorgen ist hinreißend romantisch. Wie wäre es mit einem Picknick bei Kerzenlicht unter den Sternen?

Romantik ist der Ausdruck Ihrer Liebe

Jemand zu zeigen, daß Sie ihm oder ihr zugetan sind, das ist Romantik. Eine romantische Geste ist eine nette Art zu sagen: »Ich denke an dich.« Ein kleines Foto von dem Restaurant, das Sie mit Ihrer schönsten Schrift auf Büttenpapier geschrieben haben – das sind einfache, aber persönliche Gesten, die von Herzen kommen.

Lernen Sie tanzen, um auszugehen und einen romantischen Abend mit Tanz zu verbringen

Tanzen zu lernen ist eine großartige Inspiration für die Romantik. Stellen Sie sich bildhaft vor, wie Sie beide Ihre eigene private Silvesterparty feiern – bei einem Abendessen in einem schicken Restaurant – und wie Sie anschließend eng umschlungen tanzen und sich auf romantische Weise unterhalten. An diesen romantischen Beginn eines neuen Jahres werden Sie sich lange erinnern!

Tanzen ist wie eine Liebeserklärung zu Musik. Sie mögen zwar keine Tanzstunden brauchen, um das Objekt Ihrer Zuneigung im Arm zu halten und sich auf der Tanzfläche im Kreis zu bewegen, aber es ist viel aufregender, wenn Sie beide Tango, Mambo, Samba und Walzer beherrschen – und viel eleganter!

In die Disco zu gehen ist in vielen Teilen der Welt zu einer beliebten Unterhaltung geworden. Der anfeuernde Rhythmus der Musik und die zuckenden und kreisenden Lichtgarben werden Sie beide in pulsierende Erregung versetzen, wenn Sie einander Ihre neuesten Bewegungen vorführen. Atemberaubend!

Wenn Sie zum Tanzen ausgehen, werden Sie den Wunsch haben, sich schön zu machen. Der Glanz und die festliche Atmosphäre großer Bälle üben einen ganz besonderen Zauber aus und werden Ihnen und Ihrer Liebe eine verwunschene Nacht voller Magie bescheren, während Sie im Walzertakt über das Parkett gleiten.

Solche märchenhaften Ereignisse gibt es nicht jede Woche; wo gibt es daher noch Gelegenheiten, an festlichen Tanzveranstaltungen teilzunehmen? Im Anzeigenteil Ihrer lokalen Zeitung werden Sie im allgemeinen Hinweise auf Tanzlokale, Tanzklubs oder Restaurants mit Tanzmöglichkeit finden. Vielleicht haben Sie sogar Lust, Ihren eigenen Tanzklub zu gründen, und mieten zusammen mit einer Gruppe anderer Tanzbegeisterter zu diesem Zweck eine eigene Halle, wo Sie, sooft Sie wollen, einen Tanzabend abhalten können.

Tanzen ist eine romantische Aktivität, an der Sie und Ihr Partner sich viele Jahre lang gemeinsam erfreuen können. Man ist nie zu alt zum Tanzen – noch für die Liebe!

Sammeln Sie Zeitschriften oder Zeitungen aus dem Monat oder dem Jahr, in dem Sie einander kennengelernt haben
Wie romantisch und zugleich durchdacht! Eine Sammlung von Journalen und Zeitungen aus den ersten Tagen Ihrer Bekanntschaft! Welche Überraschung für Ihren Liebespartner, wenn Sie ihm Jahre später Ihre Sammlung zeigen werden! Stellen Sie sich vor, wieviel Spaß Sie haben werden zu sehen, wie die Dinge einmal waren – die Mode, die Autos, die Möbel –, während Sie eine romantische Reise in die Vergangenheit unternehmen. Natürlich sind Sie beide dieselben geblieben: romantisch und verliebt!

Schneiden Sie Artikel aus, die Ihren Partner interessieren
Beim Lesen einer Zeitschrift stoßen Sie auf einen Artikel über Antiquitäten. Da Sie wissen, daß Ihr Partner sich dafür interessiert, schneiden Sie den Artikel aus und heften eine kleine Notiz daran: »Etwas Interessantes über eine deiner Vorlieben ... an eine der meinen!« Ihr Lieblingsmagazin bringt eine Reihe von Artikeln über byzantinische Kunst zusammen mit großartigen Farbfotos. Ihr Schatz hat Sie schon in eine Reihe von Sonderausstellungen zu dem Thema geführt; kaufen Sie daher ein zweites Magazin, schneiden Sie eines der besten Fotos aus, und kleben Sie es auf ein Holzkistchen. Sammeln Sie die Artikelserie, und überreichen Sie das Ganze Ihrem freudig überraschten Kunstliebhaber.

Diese durchdachte Geste zeigt Ihrem Liebespartner, daß Sie an ihn denken und daß sich Ihr Leben um ihn dreht ... und das ist das Wesen der Romantik!

Kehren Sie an den Ort zurück, wo Sie einander kennengelernt oder eine schöne Zeit zusammen verbracht haben
Frischen Sie Ihre gemeinsamen Erinnerungen auf! Lucy und Thomas handelten so, indem sie an den Strand zurückkehrten, wo sie einander kennengelernt und eine Flasche eisgekühlten Champagner zusammen geleert hatten. Natürlich hatten sie wieder dieselbe Marke der sprudelnden Flüssigkeit dabei. Als das schimmernde Getränk in die Gläser floß und sie einander in die Augen blickten, wurden die romantischen Gefühle und Leidenschaften des ersten Rendezvous wieder wach. Sie können sich vorstellen, wie sie seither jeden Jahrestag ihrer ersten Verabredung feiern: am Strand – mit Champagner und *Leidenschaft*!

Auch Sie können die Leidenschaft in Ihrer Beziehung entfachen, indem Sie Ihre teuersten romantischen Erinnerungen wieder erleben, während Sie gleichzeitig eine noch romantischere Erinnerung schaffen.

Stellen Sie Ihr Leben und das Ihres Partners auf einer Karte dar, und heben Sie die wichtigsten Ereignisse vor und nach Ihrer Bekanntschaft besonders hervor

Wann und wo wurde er geboren? Wer von Ihnen verlor seine Milchzähne zuerst? Wann ging sie zum ersten Mal segeln? Wann sagte er sein erstes Wort? Wann machte sie ihren Abschluß am College? Wann wurde er mit dem Studium fertig? Wann verreiste sie zum ersten Mal allein? Wann bekam sie ihr erstes Auto? Wann bekam er seinen ersten Kuß?

Stellen Sie Ihr Leben und das Ihres Partners auf einer Karte dar. Es macht Spaß! Tragen Sie Ihr erstes Rendezvous ein, und skizzieren Sie den weiteren Verlauf Ihrer beider Leben. Durchleben Sie die Stationen Ihrer Liebe noch einmal, und feiern Sie die Tatsache, daß Sie beide noch immer sehr romantisch sind!

Kochen Sie Ihrer Liebsten ihr Leibgericht

Sie wissen, daß sie ein bestimmtes Gericht gern hat. Probieren Sie das Rezept zuerst an einem guten Freund aus, und überraschen Sie dann Ihren Liebling mit einem Abendessen *chez vous*. Ein hübsch gedeckter Tisch mit Blumen und Kerzenlicht und *Sie* in der Küche bei der Zubereitung des Gerichts … welche großartige Methode, um eine romantische Stimmung zu erzeugen!

Erleben Sie von neuem Ihr erstes Rendezvous am Jahrestag dieses denkwürdigen Ereignisses

Erinnern Sie sich an Ihr erstes Rendezvous? Ein oder zwei Jahre – oder vielleicht auch nur ein Monat – sind seither verstrichen; erleben Sie es von neuem! Ziehen Sie die gleichen Kleider wie damals an. Können Sie sich noch erinnern, was Sie zueinander gesagt haben? Durchleben Sie wieder die Aufregung von damals! Falls Sie sich beim ersten Zusammentreffen wenig oder gar nicht leiden konnten, werden Sie wahrscheinlich den Wunsch haben, sich eine andere Episode in Erinnerung zu rufen, wie den Tag oder Abend, an dem Sie erkannten, daß Sie einander *wirklich* lieben.

Üben Sie, bis Ihre Stimme romantisch klingt

Niemand hat Ihnen je gesagt, daß Sie eine verführerisch oder romantisch klingende Stimme haben? Sie können Ihre Stimme verändern, indem Sie sich Tonbandaufnahmen von ihr anhören. Diese Technik macht Spaß und ist sehr wirksam! Wiederholen Sie einige Sätze in unterschiedlicher Stimmlage, bis Sie einen »romantischen Akzent« heraushören: tief, fließend und langsam. Bedenken Sie, wie sehr eine sinnliche Stimmlage Ihre romantische Konversation unterstreichen wird.

Senden Sie Ihrem Liebespartner einen Liebesbrief

Die großen historischen Liebesgeschichten haben eines gemeinsam: Liebesbriefe. Liebesbriefe zu schreiben ist eine Kunst. Ziehen Sie alle Register, und benutzen Sie attraktives Briefpapier mit passenden oder kontrastierenden Briefumschlägen sowie Ihre schönste Handschrift.

Was sollen Sie schreiben? Sie können zum Beispiel etwas erzählen, was sich im Laufe Ihres Tages ereignet hat, und dann Überlegungen anstellen, um wieviel schöner dieses Ereignis hätte sein können, wenn Ihr Liebster auch dabeigewesen wäre. Oder Sie tun so, als ob Sie in einer anderen Epoche leben würden, indem Sie in einem altmodischen Stil schreiben. Probieren Sie etwas Poesie einzuflechten – Ihre eigene oder ein Zitat. Denken Sie daran, daß Sie der Person, die Sie lieben, schreiben – Sie können so leidenschaftlich, melodramatisch oder lyrisch sein, wie Sie wollen! Es muß nur fröhlich und liebevoll klingen. Führen Sie ein Tagebuch über die Zeit, die Sie von Ihrem Liebsten getrennt sind, um es ihm nach seiner Rückkehr von einer Geschäftsreise zu überreichen. Liebesbriefe können viele verschiedene Formen annehmen: kurz und zärtlich, lang und leidenschaftlich, humorvoll und fürsorglich. Solange die Liebe durch Ihre Zeilen hindurchschimmert, werden Ihre Briefe sehr geschätzt werden.

Natürlich können Sie mit Hilfe der heutigen Technologie Ihre Liebesgefühle auch per Fax übermitteln. Welche Überraschung für Ihren Liebsten, Ihre romantischen Gedanken so unerwartet zu erhalten. Die romantische Glut, die Ihre Worte erzeugen, wird den ganzen Tag glimmen, und bis zum Abend werden die Flammen der Leidenschaft lodern.

Gehen Sie mit Ihrer Liebe eine freundschaftliche Wette ein
Wetten Sie mit Ihrem Partner, wer das Fußballmatch oder das Derby gewinnen wird. Der Verlierer muß einen unterhaltsamen Tag – oder eine interessante Nacht – zu Ehren des Gewinners planen.

Lassen Sie sich etwas Amüsantes einfallen, wenn Sie der Verlierer sind. Gehen Sie auf einen Flohmarkt mit der Auflage, einen genau festgelegten Betrag auszugeben, den Sie vorher in einem Kuvert deponiert und der Gewinnerin mit einem Kuß überreicht haben. Oder versuchen Sie, das über einen Meter große Stofftier im Vergnügungspark zu gewinnen. Oder besuchen Sie das Wachsmuseum, und imitieren Sie die ausgestellten Figuren. Es geht darum, irgendwohin zu gehen, wo Sie für gewöhnlich nicht hingehen würden, und somit etwas Besonderes daraus zu machen. Seien Sie anders als sonst – und amüsant! Gemeinsames Gelächter vertieft eine Beziehung. Planen Sie zum Abschluß des Tages etwas unglaublich Romantisches – wie zum Beispiel eine Bootsfahrt im Mondschein. Ob Sie gewinnen oder verlieren: Romantik ist immer ein sicherer Tip!

Seien Sie für die andere Person da
Sie kennen sicher das alte Sprichwort: »Aus den Augen, aus dem Sinn!« Kein Geschenk kann das Zusammensein mit der Person, die Sie lieben, ersetzen. Lange Abwesenheit oder längere Trennungen können Langeweile und Gleichgültigkeit hervorrufen und der Beziehung ernsten Schaden zufügen. Häufiges Beisammensein ist das beste Mittel, die Romantik und Leidenschaft in einer Beziehung lebendig zu erhalten.

Sie müssen eine Woche wegfahren? Erinnern Sie ihn an Ihre Liebe!

Wenn Sie Ihren Liebsten eine Woche oder länger allein lassen müssen, können Sie für jeden Tag, den Sie weg sind, einen Umschlag mit einer Liebesbotschaft für ihn zurücklassen – um ihm zu sagen, daß Sie an ihn denken! Oder seien Sie noch einfallsreicher: Bereiten Sie eine Kassette mit einer Botschaft für jeden Tag Ihrer Abwesenheit vor – zum Abspielen vor dem Einschlafen! Damit er von Ihnen träumt, natürlich! Hinterlegen Sie an ungewöhnlichen Stellen in seiner Wohnung oder in seinem Haus Liebesbriefe, oder treffen Sie eine Abmachung mit einem Blumengeschäft, jeden Tag eine Blume zu liefern. Diese Strategien sagen: »Mein Herz ist immer bei dir.« Sie werden bei Ihrer Rückkehr liebevoll erwartet werden!

Ihre Liebe macht eine Reise? Schmuggeln Sie ihr Liebesbriefchen und nützliche Kleinigkeiten ins Gepäck!

Bereiten Sie kleine Überraschungen vor, die Sie Ihrer Liebsten ins Gepäck schmuggeln, wie zum Beispiel phantasievolle Karten oder Liebesbriefchen oder ein Foto von Ihnen beiden mit folgender Bemerkung: »Da ich nicht als blinder Passagier mitkommen konnte, sende ich dieses Foto mit auf die Reise!« Es gibt alle möglichen Kleinigkeiten für die Reise: eine spezielle Seife, Reisehausschuhe, einen Seidenkimono, eine Handlotion – alles, was Ihr Liebling schätzen würde. Diese kleinen Andenken an Ihre Zuneigung werden Ihre Liebste an Sie erinnern!

Eine gute Methode, sie darauf hinzuweisen, daß Sie gerne von ihr hören würden, ist das Mitgeben von – natürlich an Sie – adressierten und frankierten Briefumschlägen. Falls Ihre Liebste ins Ausland verreist, können Sie statt der Briefmarken internationale Antwortscheine hinzufügen.

Packen Sie ein wenig Romantik in ihr Gepäck, und Ihr reisefreudiger Liebling wird *bald* den Wunsch verspüren, wieder einzupacken und zu Ihnen zurückzukehren.

Tischen Sie etwas Besonderes auf

Wollen Sie einen gemeinsamen Abend mit einer Überraschung beenden – oder beginnen? Schreiben Sie einen besonders romantischen Gedanken auf eine schöne Karte, und präsentieren Sie diese Ihrem Liebespartner auf einem silbernen Tablett! Wenn der Gedanke leidenschaftlich genug ist, haben Sie soeben ein süßes Dessert serviert!

Machen Sie aus Ihren Souvenirs eine Collage

Sammeln Sie Souvenirs von Ihren gemeinsamen Unternehmungen, wie zum Beispiel Theaterkarten, Poster, Streichholzschachteln, Prospekte, Fotos, aber auch die Etikette einer Flasche Champagner, die Sie zur Feier Ihrer Liebe geöffnet haben. Bewahren Sie diese Souvenirs in einer speziellen Schachtel auf, und machen Sie einmal im Jahr daraus eine Collage. Werden Sie zur Künstlerin, und lassen Sie Ihre Phantasie spielen: Umrahmen Sie die Tickets von Ihrer fabelhaften Kreuzfahrt mit den Fotos, die Sie geschossen haben. Fügen Sie die Theaterkarten von Ihrer Geburtstagsfeier und die Etikette der Weinflasche, die Sie in dieser Nacht geleert haben, hinzu. Je mehr Souvenirs, um so besser! Sie können Ihre »Liebescollagen« in einem großen Album aufheben und jedes Jahr ein oder zwei Seiten hinzufügen oder Ihre Kunstwerke rahmen lassen und als Erinnerung an die glücklichen Stunden, die Sie miteinander verbracht haben, an die Wand hängen. Sie haben hoffentlich nicht das »Do not disturb«-Schild vergessen, das Sie aus dem romantischen kleinen Hotel mitgenommen haben, in dem Sie am letzten Valentinstag waren?

Senden Sie jeden Tag eine Karte

Senden Sie Ihrem Partner eine Woche lang jeden Tag eine Liebesbotschaft auf einer schönen – oder humorvollen – Karte. Seien Sie kreativ und geheimnisvoll: Senden Sie immer nur einen Teil der Botschaft auf jeder Karte. Die Spannung und die romantische Leidenschaft wird mit jeder Karte steigen und am Sonntag den Höhepunkt erreichen!

Bereiten Sie ein Milchbad für Ihren Liebespartner vor

Sie haben ohne Zweifel schon von der schönheitsfördernden Wirkung eines Milchbades gehört; was würden Sie zu einem parfümierten Milchbad als Einstimmung für eine Liebesnacht sagen? Füllen Sie die Badewanne mit heißem Wasser, fügen Sie einige Liter Milch hinzu, und streuen Sie frische Rosenblätter auf die Oberfläche. Geben Sie noch einige Tropfen ätherisches Öl hinein – vielleicht Lavendel oder Sandelholz –, und rufen Sie dann mit süßer Stimme Ihren Glückspilz!

Natürlich haben Sie vorher alle gewöhnlichen Badezimmerutensilien wie Deodorant, Zahnpaste, Haarfön und dergleichen mehr entfernt und durch erlesene Ziergegenstände aus Ihrem Fundus ersetzt. Schaffen Sie eine traumhafte Atmosphäre, indem Sie einige Kerzen anzünden. Vergewissern Sie sich, daß Sie frische, weiche Badetücher zur Hand haben.

Lassen Sie Ihren Liebespartner in dem warmen, parfümierten Wasser und dem zauberhaften Frieden der schimmernden Kerzen baden … und machen Sie sich eventuell erbötig, ihm den Rücken zu schrubben!

Sind Sie es müde, immer dieselben Leute und dieselben Plätze zu sehen? Besorgen Sie sich einige Videos für eine ruhige Zeit zu Hause!

Wenn die Wettervorhersage wenig erfreulich ist oder wenn Sie müde sind, ist ein ruhiges Wochenende zu Hause das richtige. Lassen Sie die Romantik nicht zu kurz kommen! Besorgen Sie sich einige Videos, die Sie sich beim Kuscheln ansehen können. Und vergessen Sie nicht das Popcorn! Kaufen oder machen Sie verschiedene Sorten: süß, salzig, karamelisiert oder mit Schokolade überzogen – kosten Sie es zur Probe!

Lassen Sie die Welt draußen ruhig eine Weile ohne Sie auskommen!

Stellen Sie Ihren festlichen Abend unter ein bestimmtes Thema

Halten Sie den Film *Doktor Schiwago* für romantisch? Warum verwenden Sie nicht das Video, um einen festlichen Abend unter diesem Thema zu organisieren? Planen Sie ein typisch russisches Fest! Vergessen Sie nicht, den Wodka kalt zu stellen! Nehmen Sie, was die Kleidung betrifft, Anleihe bei der russischen Folklore. Warum übernehmen Sie nicht Ihren Lieblingspart aus dem Film – natürlich auf Ihre eigene Art?!

Es gibt jede Menge Themen, die Sie für eine solche denkwürdige Nacht verwenden können. Holen Sie sich Ideen aus den alten Liebesromanen und Liebesfilmen der vierziger und fünfziger Jahre, als die Romantik noch eine Art zu leben war. Ihr Liebespartner wird dort, wo der Film aufhört, den Faden aufnehmen.

Ihr romantisches Inventar

Die Romantik hat eine zentrale Funktion in Ihrer Beziehung. Ihren Schein auch im Alltag nicht ausgehen zu lassen muß daher Ihr Ziel sein, und bestimmte Dinge, die Sie zur Hand haben sollten, können Ihnen helfen, romantische Gefühle zu fördern. Sie könnten diese Sammlung von Gegenständen Ihr »romantisches Inventar« nennen. Es macht Spaß, sich einen Vorrat von diesen Dingen anzulegen, und das Ergänzen oder Einkaufen neuer Vorräte wird Ihnen einen »Liebesimpuls« versetzen. Nehmen Sie also Block und Bleistift zur Hand, und legen Sie eine Inventarliste an. Haben Sie folgende Dinge auf Lager?

- Kerzen – nicht bloß plumpe weiße Dinger für Stromausfälle, sondern schöne, sich nach oben hin verjüngende Kerzen in verschiedenen Größen und Farben.
- Exquisite Handseifen, gut duftend und in hübschen Formen. Eine Freude für die Augen und für die Nase. Duftende Gesichtscremen und Massageöle. Fuß- und Nagelcremen, um ihre Hände und Füße zu verwöhnen.
- Wolkenweiche Decken für Sie und Ihre Liebe, um sich an einem kühlen Abend darunter zu kuscheln, während Sie fernsehen oder Musik hören.
- Romantische Naschereien wie köstliche Schokoladebonbons.
- Eiswürfel für exotische Drinks (wenn keiner von Ihnen beiden nach Hause fahren muß).
- Interessante Brettspiele oder Kreuzworträtsel, die Sie miteinander spielen oder auflösen können. Hübsche Spielkarten zum Wahrsagen oder für ein kleines Spiel der Herzen.
- Konfetti, Schleifen, Bänder, Spitzenservietten und Wunderkerzen für besondere Gelegenheiten wie Geburtstage und diverse Jubiläen. Hübsches Porzellan und schöne Gläser nur für Sie beide.

Machen Sie es sich zur Gewohnheit, Dinge zu kaufen, die Ihre romantische Seite ansprechen, damit Sie für jedes romantische Intermezzo gerüstet sind. Über ein romantisches Inventar zu verfügen wird Ihnen helfen, auch im Alltag romantisch zu sein. Mit einer romantischen »Vorratskammer« werden Sie immer in der Lage sein, eine romantische Stimmung zu schaffen!

Gute Weine, Champagner und Liköre sollten in einem romantischen Inventar nicht fehlen, außer Sie und Ihr Liebespartner trinken keinen Alkohol.

Süßigkeiten wie Pralinen sind ein *Muß*! Schon Casanova hat seine Eroberungen mit Schokolade verwöhnt. Warum versuchen Sie nicht, Ihren Liebespartner mit einem Schokoladedessert zu beleben? Heute bieten die Schokoladehersteller auf der ganzen Welt exquisites Konfekt, Desserts und Geschenke an. Allein die Verpackung erweckt bereits romantische Gefühle! Eine einzige belgische

Kreation, verpackt in eine winzige von einem Designer entworfene Schachtel, ist eine bezaubernde Art und Weise »Ich liebe dich!« zu sagen. Koch- und Fondueschokolade sollten Sie immer zu Hause haben, um so köstliche Desserts wie Mousse au chocolat oder Schokoladefondue, in das saftige Früchte getunkt werden, machen zu können.

Ein weiteres *Muß* auf Ihrer Inventarliste ist Parfum! Nicht nur um sich selbst zu parfümieren, sondern auch die Luft in Ihrem Heim. Zerstäuben Sie Parfum in der Diele, kurz bevor Ihr Gast kommt. Duft gehört zu Ihrer persönlichen Note, und jedesmal, wenn Ihr Liebster Ihr Parfum riecht – egal, wo er sich befindet –, werden süße Bilder von Ihnen in ihm aufsteigen. Hat er einen Lieblingsmantel oder -rock? Tupfen Sie ein wenig Parfum auf die Unterseite der Aufschläge – nur einen Hauch, damit Sie bei ihm sind, wenn er ihn trägt.

Wie kommen Sie mit dieser Liste zurecht? Ist Ihr romantisches Inventar umfassend genug? Müssen Sie Ihre Lieblingsartikel zur Romantikförderung wieder aufstocken? Stellen Sie eine Liste auf, und gehen Sie einkaufen! Die Romantik wartet!

Versprühen Sie Ihr persönliches Eau de toilette in Ihrem Haus und in Ihrem Auto

Haben Sie einen Lieblingsduft, der »Sie« signalisiert, wenn Sie in einem Raum sind? Für jemanden, der Sie liebt, ist es aufregend, Ihre Gegenwart durch Ihren speziellen Duft zu spüren. Durch das Versprühen von Ihrem Eau de toilette in Ihrem Heim – und in Ihrem Auto – wird Ihr Liebespartner an Sie erinnert, selbst wenn Sie körperlich nicht anwesend sind. Duft ist ein starkes Suggestionsmittel: Er ist wie eine sanfte Liebkosung, die das Herz mit einer Liebeserinnerung berührt. Benützen Sie Ihr Parfum, um einen romantischen Zauber zu schaffen. Sie werden eine »Duftsensation« sein!

Begeben Sie sich gemeinsam auf die Suche nach einem Pfand Ihrer gegenseitigen Zuneigung

Machen Sie einen Einkaufsbummel, um ein lustiges Mitbringsel zu finden, das Sie einander schenken. Setzen Sie den Betrag, den Sie dafür ausgeben wollen, sehr niedrig an. Ein Geschenk braucht nicht teuer zu sein, um sinnlich zu sein. Herzförmige Süßigkeiten haben oft kleine Sprüche dabei, die ziemlich vielsagend sind. Vielleicht haben Sie Glück, und es gibt in Ihrer Nähe ein Geschäft, in dem Sie Süßigkeiten und Bonbons in exotischen oder erotischen Formen kaufen können.

Bunte Körperfarben zu benutzen macht Spaß! Einander mit Herzen, Blumen oder Liebesworten zu bemalen kann zu aufregenden – und *liebe*vollen – Momenten führen!

Geben Sie Ihrem Liebling einen besonderen Kosenamen, den Sie nur benutzen, wenn Sie miteinander allein sind

Kosenamen sind eine charmante Bereicherung Ihrer trauten Zweisamkeit oder für Gelegenheiten *en famille*. Erfinden Sie einen Kosenamen mit einer ganz speziellen Bedeutung. Probieren Sie ihn aus, um zu sehen, wie Ihr Liebespartner darauf reagiert. Wenn er ihm offensichtlich nicht gefällt, sollten Sie besser einen anderen Kosenamen wählen!

Unerwartetes Treffen mit Ihrem Liebsten? Bewahren Sie eine Zahnbürste, Eau de toilette und andere Pflegeartikel in Ihrem Büro und im Auto auf

Es ist besser, vorbereitet zu sein, als in Verlegenheit zu geraten! Bewahren Sie die nötigsten Pflegeartikel im Handschuhfach Ihres Autos oder in einer Lade Ihres Schreibtisches auf für den Fall, daß Sie sich vor einem unvorhergesehenen Rendezvous noch etwas frisch machen wollen. Warum wollen Sie riskieren, eine Gelegenheit zu einem romantischen Rendezvous zu versäumen?

Bereiten Sie romantische Musik vor

Sie haben ein phantastisches Abendessen vorbereitet. Die Kerzen sind angezündet, der Tisch ist exquisit gedeckt, alles, was Sie noch brauchen, um das Szenario zu vervollständigen, ist etwas romantische Musik. Sie schalten das Radio ein und wählen Ihren Lieblingssender. *O nein!* Diese Fußballmatchübertragung wird noch Stunden dauern. Frenetisch schalten Sie von Sender zu Sender, aber nirgendwo gibt es romantische Musik, nur Hardrock oder Jazz! Jetzt wissen Sie, warum Sie schon längst einen verregneten Sonntag hätten nutzen sollen, um eine Kassette mit Ihren Lieblingsmelodien aufzunehmen.

Ein anderes Mal fahren Sie zum Beispiel im Auto und genießen mit Ihrem Liebsten die Landschaft. Sie stellen das Radio an, und aus allen Sendern dringt langweiliges Gerede. Kein Problem, denn Sie haben eine Kassette mit einem schönen Konzert bereit, um Ihr Beisammensein romantisch zu untermalen!

Sammeln Sie romantische Aussprüche und kurze Liebesgedichte

Halten Sie romantische Aussprüche, die Sie hören oder lesen, in einem Heft fest – Sie werden sie für Ihre eigenen romantischen Botschaften brauchen. Schöne Gedanken werden gerne empfangen. Ellen war sehr beeindruckt, als sie folgende liebevolle und nachdenkliche Botschaft erhielt: »Ein Tag ohne Sonnenschein ist ein trauriger Tag. Ein trauriger Tag ist ein schwarzer Tag. Aber ein schwarzer Tag mit dir ist ein Tag erfüllt von Sonnenschein!«

Entfachen Sie sein Feuer mit inspirierenden Liebesworten wie: »Liebe und Leidenschaft wurden füreinander geschaffen – so wie wir beide!«

Wenn Sie glauben, daß Poesie Ihre Liebste beeindrucken würde, Sie aber bei dem Gedanken, selbst ein Gedicht schreiben zu müssen, von einem Schauder erfaßt werden, so können Sie eine schöne Karte mit einer speziellen Liebesbotschaft auswählen. Lassen Sie die Karte für Sie sprechen und Ihre Gefühle zum Ausdruck bringen! Selbst eine schöne leere Karte kann benutzt werden, wenn Sie eine kleine handgeschriebene Notiz beifügen mit den Worten: »Mein Leben war ein leeres Blatt, bevor du erschienst ...«

Romantische Worte sind immer willkommen!

Halten Sie kleine wohlfeile Geschenke, Geschenkpapier und Karten für jede Gelegenheit bereit

Treffen Sie Vorbereitungen für jene Gelegenheiten, wenn Ihnen plötzlich ein Jahrestag oder Geburtstag einfällt und Sie keine Zeit mehr haben, eine passende Karte oder ein kleines Geschenk zu kaufen. Bewahren Sie Geschenkpapier zu Hause und im Büro auf. Man wird es zu schätzen wissen, und die Leute werden sagen: »Sie denken wirklich an alles!«

Werden Sie Mitglied einer Gartenbaugesellschaft

Macht Ihnen Gartenarbeit zusammen mit Ihrem Liebespartner Spaß? Können Sie Stunden mit der Pflege blühender Gewächse verbringen, die Sie beide bewundern? Sind Sie ständig auf der Suche nach neuen Arten und Farbschattierungen, um hübsche Blumenbeete anzulegen? Warum treten Sie nicht einer Gartenbaugesellschaft bei? Auf diese Weise können Sie beide Ihre Leidenschaft für die Gärtnerei ausleben und andere Leute mit denselben Interessen kennenlernen.

Die Tatsache, daß Sie ein gemeinsames Hobby haben, ist ein wundervolles Mittel zur Vertiefung Ihrer Beziehung. Schneiden, stutzen und düngen Sie Ihre Pflanzen, und Sie werden einen romantischen Garten haben, der Ihre Liebe zueinander spiegelt!

Haben Sie ein Faible für Narzissen? Lieben Sie Dahlien, oder sind Sie einfach verrückt nach Gardenien? Dann lassen Sie Ihren Liebling in Ihrer Leidenschaft für Blumen teilhaben, und machen Sie einen romantischen Ausflug in den botanischen Garten. Während Sie die exotischen Gewächse aus fernen Ländern bewundern, werden deren ungewöhnliche Farben und Düfte Ihre Herzen berühren und romantische Phantasien in Ihnen erwecken.

Blumen sprechen die Sprache der Romantik, lassen Sie daher Blumensträuße zu Ihrer Liebe »sprechen«!

Exzentrisches Benehmen ist ansteckend

Das Leben ist hart genug, selbst wenn Sie die Dinge nicht so ernst nehmen. Machen Sie zusammen etwas ganz Unerhörtes! Georg und Bonnie gehen mitten in der Nacht spazieren – oder während eines Schneesturms –, und zu Weihnachten campieren sie die ganze Nacht unter dem Christbaum!

Durchbrechen Sie das monotone Alltagsleben! Bringen Sie Ihren Liebespartner aus der Fassung! Werden Sie kindisch vor Freude, und inspirieren Sie einander mit Ihrem Lachen! Entdecken Sie, welchen Sinn für Humor der andere hat!

Linda gibt zu, reizbar, aufbrausend und launenhaft gewesen zu sein, aber Geralds komisches Naturell veränderte sie. Sobald Linda wieder einmal schlechte Laune hatte, begann Gerald Grimassen zu schneiden oder sich Groucho-Marx-Gläser (komplett mit großer Nase) aufzusetzen, bis Linda lächelte. »Früher brauchte ich einen ganzen Nachmittag, um mit meinen Späßen ihre schlechte Laune zu vertreiben«, sagt Gerald, »heute, nach sechs Monaten, dauert es eine halbe Stunde ... und es ist nicht mehr nötig, daß ich mein Entenkostüm anziehe und auf dem Kopf stehe!«

Linda, die alles viel leichter zu nehmen begonnen hat, leistet sich jetzt ab und zu selbst gern einen Spaß. Neulich erschien sie zu einem Rendezvous mit Gerald in Lumpen. Sie begrüßte Gerald, der in einem eleganten Restaurant auf sie wartete, mit einem leidenschaftlichen Kuß auf die Lippen und begann dann vor allen anderen Gästen sich ihrer Lumpen zu entledigen, die sie über ihrem eleganten Kleid trug. Geralds Kommentar? »You've come a long way, baby!« (Du bist von weither gekommen, Liebling!)

Wenn Sie und Ihr Partner einmal etwas anderes tun wollen, wie wäre es dann mit einem mitternächtlichen Champagnerpicknick zu zweit am Strand? Ganz eindeutig eine romantische Sache!

Unterstützen Sie Ihren Liebsten, wenn er Probleme hat
Werden Sie nicht ärgerlich, wenn es in Ihrer Beziehung zu Spannungen kommt. Holen Sie tief Atem, und helfen Sie Ihrem Partner durch die rauhen Zeiten. Er *ist* Ihre besondere Liebe, die Person, der Sie die Welt auf einem silbernen Tablett darbringen würden. Aus welchem Grund wären Sie sonst zusammen? Seien Sie nicht bitter, wenn es Streitigkeiten gibt oder Probleme oder Mißgeschikke. Stehen Sie ihm hilfreich zur Seite, und beruhigen Sie ihn, dann wird Ihre Beziehung alle Probleme überleben und in Liebe wachsen.

Unterstützen Sie Ihren Liebespartner bei allen seinen Unternehmungen. Ermutigen Sie ihn, wenn er das nächste Mal den Entschluß faßt, Karatelektionen zu nehmen oder einen Lastwagen fahren zu lernen. Erwarten Sie nicht dieselbe Ermutigung von ihm, wenn Sie etwas Neues ausprobieren wollen?

Behandeln Sie die große Liebe Ihres Lebens so, wie Sie einen guten Freund behandeln würden
Seien Sie zuerst einmal gute Freunde! Sie wissen selbst, wie rücksichtsvoll und verständnisvoll Sie gegenüber Ihren Freunden sein können. Verhalten Sie sich genauso höflich zu Ihrem Liebespartner. Betrachten Sie Ihre Beziehung nie als etwas Selbstverständliches. Um einen Freund zu haben, müssen Sie selbst einer sein, und könnten Sie sich jemanden besseren zum Freund nehmen als die Liebe Ihres Lebens? Teilen Sie Ihre Gefühle, Geheimnisse, Wünsche und Probleme – genauso, wie richtige Freunde dies tun!

Kompromisse sind notwendig
In jeder Gesellschaft sind Kompromisse für ein friedliches Zusammenleben notwendig; um so mehr also in einer so engen »Gesellschaft« von zwei Menschen. Von keiner Beziehung kann man erwarten, daß sie vierundzwanzig Stunden täglich völlig reibungslos abläuft. Mit Sicherheit treten von Zeit zu Zeit Mißverständnisse oder Unstimmigkeiten auf. Doch wenn sich plötzlich ein riesiges

Problem vor Ihnen auftürmt, wird einer der Partner sich zu einem Kompromiß entschließen müssen. Jeder Kompromiß hat zwei Seiten, und beide Partner sollten sich bewußt sein, was die Lösung für den anderen bedeutet. Die folgende Geschichte verdeutlicht diesen Punkt.

Anni fährt gern Ski. Ihr Freund Bob nützt jede Gelegenheit zum Surfen. Um Bob begleiten zu können, erlernte Anni das Surfen. Sie hatten viel Spaß zusammen. Aber als Bob sich weigerte, mit ihr Ski fahren zu gehen, war Anni gekränkt und verärgert. Das zentrale Problem war, daß Anni nie erwähnt hatte, daß sie das Surfen nur aus Kompromißgründen erlernt und erwartet hatte, Bob würde ihr zuliebe Ski fahren lernen. Bob nahm an, daß Anni surfen ging, weil es ihr wirklich Spaß machte.

Verletzte Gefühle und Mißverständnisse lassen sich häufig vermeiden, wenn Sie Ihrem Partner einfach sagen, was Sie von ihm wollen. Ihrem Partner ist es vielleicht gar nicht bewußt, daß es sich um ein Abkommen handelt und Sie von ihm erwarten, daß er sich bis zu einem gewissen Grad für Ihr Entgegenkommen erkenntlich zeigt. Einen Kompromiß einzugehen, ohne es Ihrem Partner zu sagen, kann bei ihm einen falschen Eindruck hervorrufen. Andererseits muß derjenige, zu dessen Gunsten der Kompromiß eingegangen wurde, seiner Partnerin zeigen, daß er sich dessen bewußt ist und sich geschmeichelt, erfreut und im *romantischen* Sinn als etwas Besonderes fühlt!

Frühling und Romantik

Im Frühling wird unser Herz von einer Rastlosigkeit erfaßt, und unsere Gedanken wandern weit weg vom grauen Arbeitsalltag und dem täglichen Trott. Es ist eine Zeit, um die Erneuerung unserer Gefühle füreinander zu feiern. Machen Sie einen Frühlingsspaziergang – Hand in Hand natürlich! Veranstalten Sie ein Picknick! Unternehmen Sie eine Ausfahrt mit dem Fahrrad, und krönen Sie diese mit einem Cappuccino in einem Straßencafé. Füttern Sie die Vögel im Park, und unterhalten Sie sich in zärtlichem Flüsterton, während Sie umherschlendern.

Gehen Sie mit Ihrem Liebsten in den Zoo, um sich die vielen neugeborenen Tierbabys anzusehen. Ihre tollpatschigen Streiche erwecken in jedem Gefühle der Zuneigung.

Den Zauber des Frühlings gemeinsam zu erleben kann für ein Paar herzerfrischend sein. Die Frühlingszeit erweckt auf geheimnisvolle Weise die Romantik und ruft überall auf der Welt ein überschäumendes Lebensgefühl hervor. Genießen Sie in tiefen Zügen die frische Frühlingsluft, und hauchen Sie dem Frühling Ihrer Liebe neue Romantik ein!

Organisieren Sie eine Liebesschatzsuche

Haben Sie keine Lust, ins Restaurant oder ins Kino zu gehen? Dann machen Sie etwas Originelles und Verrücktes! Erinnern Sie sich an die Schatzsuche, die Sie als Kind zu veranstalten pflegten! Wie wäre es denn mit einer Erwachsenenversion?

Laden Sie Ihren Lieblingspartner zu einem selbstgemachten Abendessen ein – vielleicht unter einem bestimmten Thema: italienisch, russisch oder arabisch? Verstecken Sie in der ganzen Wohnung kleine Geschenke – Parfumproben, Gesichtsmasken, Bonbons, Blumen, Stofftiere oder Dinge, die zum Stil Ihres Abendessens passen: russischen Kaviar, Schweizer Schokolade, deutschen Sekt, französisches Parfum!

Die Preise können kostspielig sein oder nicht. Warum versuchen Sie es nicht mit hausgemachten Schokoladekeksen oder einem Glas Ihrer berühmten Bolognese-Sauce? Stecken Sie in die Serviette Ihres Partners eine zusammengefaltete »Liebeskarte«, auf der er mehr oder weniger verschlüsselte Hinweise für die Schatzsuche findet.

Sie können raffiniert sein und verlangen, daß der »Schatzsucher« in bestimmte Geschäfte geht, um eine Flasche Champagner oder ein Bouquet roter Rosen zu holen, die Sie vorher bestellt haben … Dinge, die einen romantischen Zauber ausstrahlen.

Ihre »Liebeskarte« kann natürlich auch Preise in Form von Gutscheinen enthalten, zum Beispiel für einen Kuß, eine Umarmung oder eine Fußmassage. Es bleibt ganz Ihnen überlassen, sie interessant und außergewöhnlich zu gestalten. Viel Glück bei der Schatzsuche!

Werden Sie zur persönlichen Stilistin Ihres Liebespartners
Machen Sie Ihrem Liebespartner eine Maniküre, Pediküre oder Gesichtspackung – oder waschen Sie ihm einfach das Haar, und fönen Sie es anschließend trocken – vielleicht verpassen Sie ihm sogar einen neuen Haarschnitt. Sollten Sie im Umgang mit Schere, Kamm und Bürste sehr geschickt sein, dann kürzen und façonnieren Sie sein Haar, bis er wie ein Star aussieht!

Verwöhnen Sie Ihren Liebling wie bei einem wirklichen Friseurbesuch. Bringen Sie ihm Journale, bieten Sie ihm Kaffee an – und vergessen Sie nicht, seine Kleider abzubürsten, um die abgeschnittenen Haare zu entfernen. Bei diesem aufmerksamen Service werden Sie sicherlich ein großzügiges Trinkgeld erhalten – in romantischer Münze natürlich!

Sagen Sie »Ich liebe dich« mit Musik
Senden Sie Ihrer Liebsten ein »singendes« Telegramm, und verfassen Sie selbst den Text! Viele Agenturen bieten diesen Service an. Entscheiden Sie, ob die Botschaft von einem Gorilla, Clown, Tänzer oder Bär vorgetragen werden soll, und senden Sie diesen an ihren Arbeitsplatz! Wenn das keine Liebeserklärung ist! Wenn es dort, wo Sie zu Hause sind, keinen derartigen Service gibt, dann verkleiden Sie sich, und machen Sie es selbst!

Verkleiden Sie sich als Osterhase, Weihnachtsmann …
Warum sollen Sie bis Weihnachten warten? Seien Sie impulsiv! Der Weihnachtsmann im Juli kann sehr spaßig sein! Vergessen Sie nicht, Ihren Liebsten zu fragen, ob er schlimm oder brav war, ehe Sie ihm sein »Geschenk« geben!

Ein »Osterhäschen« im Dezember kann schlimm *und* artig sein!

Planen Sie einen theatralischen Abend
Finden Sie die Geschichte von Robin Hood romantisch? Oder ziehen Sie die Liebesgeschichte von Napoleon und Joséphine vor? Wählen Sie eine Geschichte, einen Film oder ein Theaterstück, das Ihnen und Ihrem Partner gefällt, und überlegen Sie sich, wie Sie die Hauptrollen spielen werden. Gehen Sie auf Kostümsuche, oder entwerfen Sie Ihre eigenen Kostüme. Schauen Sie sich nach entsprechenden Requisiten um. Ihrer Raffinesse sind keine Grenzen gesetzt, und Sie können das Projekt – und die Romanze – über Wochen ausdehnen, während Sie sich auf die Premiere vorbereiten.

Schmeicheln Sie Ihrer Partnerin, indem Sie sie um Rat bitten
Ist Ihre Liebe ein Golfprofi? Ein Racketballchampion? Bitten Sie Ihre Partnerin, Ihnen Stunden zu geben! Sie werden nicht nur Ihre Spielweise verbessern, sondern auch Gelegenheit haben, Ihrer Sportsfrau den Hof zu machen. Schwingen Sie den Schläger – und flirten Sie aufs beste! Körperberührung steht in der Romantik nicht unter Strafe, flirten oder schmeicheln auch nicht!

Bilden Sie eine verschwörerische Gemeinschaft
Es ist so, als ob Sie ein Geheimnis hätten, das niemand auf der ganzen Welt kennt außer Ihnen und Ihrem Partner. Verschwörerische Bemerkungen über andere Leute oder Modeerscheinungen auszutauschen, wie zum Beispiel: »Sieht unser Kellner nicht ein bißchen wie John Wayne aus?« oder: »Hast du das Kleid gesehen, das sie trägt? Es könnte von Chanel sein!«, läßt eine Vertraulichkeit zwischen Ihnen entstehen, die auf Ihren gemeinsamen Ansichten beruht.

Die anderen Leute zu beobachten und über Ihre gemeinsamen Eindrücke zu sprechen wird Sie einander näher bringen. Blättern Sie zu Hause gemeinsam in einem Modejournal, und unterhalten Sie sich mit Ihrem Partner über die neue Bademode oder die Rückkehr des Minirocks. Wenn einige von den Fotos sein besonderes Interesse erwecken, werden Sie vielleicht den Wunsch verspüren, einkaufen zu gehen und das Interesse auf sich zu lenken.

Wenn Sie sich im Kino oder auf Video einen Film angesehen haben, besprechen Sie ihn anschließend bei Kaffee und Kuchen. Machen Sie es sich zur Gewohnheit, gefühlvolle oder intime Szenen besonders hervorzuheben. Vielleicht spielen Sie diese sogar nach!

Sie haben letzte Nacht von Ihrem Partner geträumt? Erzählen Sie ihm Ihren Traum: »Rate, von wem ich letzte Nacht geträumt habe! Von *dir*! Du warst Superman und flogst mit mir durch die Luft auf die Bahamas. Auf einem wunderschönen einsamen Strand tranken wir Banana-Daiquiris, tanzten Limbo, und dann flogen wir wieder nach Hause!«

Die Hauptsache ist, seine Aufmerksamkeit zu erregen, indem Sie ihm Ihre Träume anvertrauen, besonders wenn er der Held ist. Aber selbst wenn Sie nicht von Ihrem Liebespartner geträumt haben, enthüllen Sie damit Ihre unterbewußten Sehnsüchte, und wer weiß, vielleicht beginnen Sie jene nächtlichen Visionen gemeinsam zu entziffern?

Schauen Sie sich einen Horrorfilm an

Halten Sie ihre Hände fest, schmiegen Sie sich an sie, und lassen Sie nicht mehr los, selbst wenn Sie sich gar nicht fürchten sollten. Diese Strategie mag zwar schon uralt sein, aber ihr Zauber wirkt noch immer!

Lernen Sie eine Fremdsprache – oder zumindest ein paar Phrasen

Wie oft waren Sie schon von Leuten fasziniert, die andere Sprachen beherrschen? Hat Ihnen je der charmante Akzent eines Ausländers den Kopf verdreht? Eine fremde Sprache wirkt geheimnisvoll und rätselhaft und scheint auf versteckte Leidenschaften hinzuweisen.

Lassen Sie diese Leidenschaften anklingen, indem Sie zu Ihrem Liebespartner »Ich liebe dich!« auf spanisch sagen: »Yo t'amo.« Oder erinnern Sie Ihre Freundin, wie schön sie ist, auf französisch: »T'es belle.« Lernen Sie die Sprache, die Sie immer fasziniert hat, und überraschen Sie Ihre Liebe durch das Einflechten charmanter Phrasen in Ihre Unterhaltung.

Stellen Sie sich die Faszination vor: Sie essen in einem französischen Restaurant zu Abend und bestellen auf französisch! Dann überraschen Sie Ihren Liebsten noch mit französischer Poesie, und er wird dem romantischen »fremden Zauber« völlig verfallen!

»Läßt du mich kosten?« und andere Vertraulichkeiten

Vom Maracuja-Sorbet Ihres Liebespartners zu kosten ist eine sehr vertrauliche Handlung. Es ist ein Privileg, dieselbe Nahrung miteinander zu teilen, und es ist romantisch.

Einander zu füttern – besonders mit den Fingern – erweckt gleichfalls leidenschaftliche Gefühle. Es macht Spaß – außer Sie fangen an, mit Torten zu werfen!

Helfen Sie Ihrem Liebespartner in der Küche

Es hat etwas Sinnliches an sich, wenn eine Frau ihre Hände im Mehl hat … und es ist etwas Unwiderstehliches an einem Mann, der kochen kann. Wenn Sie also das nächste Mal Ihre Liebste zu sich zum Abendessen einladen, so lassen Sie sich von ihr in der Küche helfen – selbst wenn sie Ihnen nur beim Rühren der Mayonnaise zusehen darf, während Sie beide an dem Sherry nippen, der eigentlich zum Kochen bestimmt ist.

Sagen Sie Ihrem Partner die Zukunft voraus

Die Zukunft interessiert jeden. Kaufen Sie sich ein Buch über die Kunst des Handlesens oder Wahrsagens mit Hilfe von Tarotkarten oder einer Kristallkugel, und machen Sie sich mit den wichtigsten Punkten vertraut. Laden Sie Ihren Partner zu einem magischen Abend ein. Dekorieren Sie Ihre Wohnung wie das Wahrsagekabinett von Madame X, komplett mit Kerzen und Weihrauch. Verkleiden Sie sich als Zigeunerin, und sagen Sie Ihrem Liebsten die Zukunft voraus. Da Sie die Wahrsagerin sind, können Sie das prophezeien, was Sie gerne hätten ... und enden mit: »Ich sehe eine große Liebe in naher Zukunft ... im nächsten Augenblick schon!« Ein Kuß an diesem Punkt wird ihm beweisen, daß alle Ihre Voraussagen wahr sind!

Romantik ist Magie! Sie bringt einen Hauch von Leidenschaft in alles, was Sie und Ihr Liebespartner zusammen tun.

Poesie im Mondschein

Nehmen Sie beim nächsten Vollmond ein Buch mit Liebesgedichten zur Hand, und bezaubern Sie Ihren Liebsten, indem Sie ihm laut daraus vorlesen. Schaffen Sie mit Hilfe von Kerzen und Blumen eine stimmungsvolle Atmosphäre. Nun ist die Zeit für die hübschen Kristallgläser gekommen, die Ihnen Ihre Tante geschenkt hat. Genießen Sie eine Flasche Wein oder Champagner, während Sie sich an den Liebesversen berauschen.

Sie beide können Gedichte nicht leiden? Dann lesen Sie aus Ihrem Lieblingsroman vor, oder kaufen Sie einen Liebesroman von Barbara Cartland, um ihn gemeinsam zu lesen. Adaptieren Sie einen Klassiker für Ihren romantischen Vortrag, oder rezitieren Sie ein von Ihnen beiden geliebtes Theaterstück. Welche Art von Buch Sie wählen, bleibt Ihnen überlassen: erotisch, lustig, phantastisch ... finden Sie einfach eines, das Ihnen beiden gefällt und Sie beide anregt.

Michaela und Jason verbringen mindestens zwei Abende im Monat mit dem Lesen von Kochrezepten aus Gourmetmagazinen und Kochbüchern. Die exquisiten Fotos der üppigen Gerichte schlagen sie dermaßen in ihren Bann, daß ihre kreativen Säfte – und andere auch – zu fließen beginnen. Auf dem Höhepunkt des Abends eilen sie in die Küche und beginnen zu kochen. Sie behaupten, daß diese Aktivität sie wirklich einander näher bringt, weil sie beide gerne kochen und essen. Oft müssen sie, wenn sie sich für bestimmte Rezepte entschieden haben, noch ausgehen, um bestimmte Zutaten zu besorgen, was ihr Vergnügen verlängert.

Bereiten Sie ein Aphrodisiakum zu

Gewisse Nahrungsmittel haben den Ruf, Aphrodisiaka (= die Erregung steigernde Mittel) zu sein. Allgemein bekannt dafür sind zum Beispiel die Austern, aber wußten Sie, daß unter der baskischen Bevölkerung im nördlichen Spanien und im südlichen Frankreich leicht geröstete Paprikaschoten, serviert in kaltgepreßtem Olivenöl, als sinnlich anregend gelten, besonders für ältere Leute? Franzosen und Engländer gingen auf die Suche nach Trüffeln, von denen es heißt, daß sie eine dem männlichen Hormon verwandte flüchtige Substanz enthalten. In ganz Asien werden dem Ingwer stimulierende Kräfte nachgesagt.

Ob Aphrodisiaka tatsächlich wirken, muß erst bewiesen werden, aber allein schon der Gedanke, für jemanden ein Aphrodisiakum zuzubereiten, ist ziemlich stimulierend – und umgekehrt natürlich auch!

Romantische Menüs erfreuen die Sinne

Selbst wenn Sie etwas zubereiten, was als Aphrodisiakum gilt, ist es wichtig, eine romantische, stimulierende Atmosphäre zu schaffen. Erwecken Sie mit Farben und Formen den romantischen Appetit Ihres Partners, und regen Sie seine Geruchs- und Geschmacksnerven an!

Das Aroma Ihrer Speisen sollte sich nicht mit Ihrem persönlichen Parfum kreuzen. Würzige Gerichte mit ihrem exotischen Bouquet vertragen sich gut mit »würzigen« Parfums. Wenn Sie sich für ein ausgefallenes Kostüm und Parfum entscheiden, können Sie dazu ein elegantes Abendessen servieren, wie zum Beispiel »Huhn à la Kiew«, Reis, junges Gemüse und Weißwein. Kerzen, Blumenarrangements, Ihr schönstes Porzellan, Silber und Kristall ergeben einen attraktiven Schmuck für Ihre Tafel.

Widmen Sie Ihre Aufmerksamkeit nicht nur dem Menü und dem Tafelschmuck, sondern beziehen Sie Ihre ganze Wohnung mit ein. Sie könnten beispielsweise einen mexikanischen Sombrero an die Türe hängen, wenn Sie ein mexikanisches Gericht servieren. Oder breiten Sie ein altes Fell als Teppich unter den Tisch, wenn Sie russischen Borschtsch und Blinis machen. Sie werden bei den Vorbereitungen für dieses spezielle Abendessen mit Ihrem liebsten Gast sicherlich sehr viel Spaß haben.

Die Art der Präsentation ist zu 90 % dafür verantwortlich, ob ein Essen unseren Appetit weckt oder nicht. Sie brauchen kein Meisterkoch zu sein, um eine fabelhafte Mahlzeit zu servieren – selbst einfache Gerichte können auf kreative Weise ein besonderes Flair bekommen. Kunstvolle Garnierungen, zusammen mit hübsch gefalteten Servietten und einfallsreichen Tischkarten, werden Ihre Tafel zu einer Augenweide machen.

Ein nettes Abendessen, gut zubereitet und schön präsentiert, ist ein echtes sinnliches Vergnügen.

Gute Tischmanieren sind ebenfalls wichtig

Gute Tischmanieren sind genauso ein Teil der romantischen Atmosphäre wie das Essen und der Wein, den Sie servieren.

Zeigen Sie sich von Ihrer besten Seite, kultiviert und anmutig, während Sie mit leiser, angenehmer Stimme ein höfliches Tischgespräch führen. Ihr feines Benehmen und Ihre untadeligen Manieren werden die wundervolle Person auf der anderen Seite des Tisches im Sturm erobern.

Gehen Sie zusammen mit Ihrem Liebespartner in eine sinnliche Show

Traditionelle spanische Tanzgruppen bieten eine Show, die sehr provokativ ist. Die abwechslungsweise langsamen, schmachtenden und die scharfen, dominierenden Bewegungen ergeben einen leidenschaftlichen Tanz, der einzigartig ist und Sie und Ihren Partner einen Abend lang in Entzücken versetzen wird.

Es gibt viele aufregende Shows, die romantische Sehnsüchte erwecken. Ein Sänger kann Ihnen Leidenschaft einflößen, aber auch eine farbenprächtige Revue à la Moulin Rouge mit ihrem atemberaubenden Tempo und ihren spektakulären Kostümen wird Ihre Herzen höher schlagen lassen und Ihre Sinne beflügeln!

Planen Sie den Besuch einer Liveshow, die Ihnen beiden gefallen wird. Lassen Sie sich von der Energie beleben, und flößen Sie Ihrer Liebe neue Kraft ein.

Machen Sie sich die Hitze einer Sommernacht zunutze

Gehen Sie zu einem Konzert im Freien. Schlendern Sie durch das Stadtzentrum in Ihrer leichtesten Kleidung. Suchen Sie einen Eissalon oder ein Straßencafé auf, wo Sie eine Sangria oder etwas anderes Kaltes und Erfrischendes trinken und die Passanten beobachten können. Hören Sie der Jazzband im Park zu! Fühlen Sie, wie die warme Luft Ihren Körper liebkost und wie die Stimmung der heißen Sommernacht Sie gefangennimmt.

Eine Umarmung pro Tag hält die Sorgen fern und Ihre Liebe so frisch wie ein Gänseblümchen

Die Wissenschaft hat entdeckt, daß durch eine bloße Umarmung ein Hormon ausgeschüttet wird, das bewirkt, daß Sie sich großartig fühlen. Aber das wußten Sie doch schon? Und einmal kuscheln bewirkt dasselbe!

Die Kraft der Berührung ist eines der großen Mysterien der Welt: Sie ist ein fundamentaler Teil der menschlichen Kommunikation. Eine einfache Berührung kann Streß auflösen, Beziehungen reparieren oder einen Vertrag besiegeln. Sie können jemand loben, indem Sie ihm einfach auf die Schulter klopfen. Wenn Sie einen Freund, der traurig ist, umarmen, geben Sie ihm damit zu verstehen: »Ich werde mich um dich kümmern.«

In einer Liebesbeziehung verwenden Sie natürlich die freundlichsten Gesten: Einen Arm um die Schulter zu legen oder Händchen zu halten, herzhafte Umarmungen zur Begrüßung – das sind Gesten, die zu innigeren Berührungen führen wie Küssen, Streicheln, Liebkosen usw., die Zuneigung zueinander ausdrücken.

Berühren und Küssen sollte nicht mit sexuellem Verhalten verwechselt werden. Wenn Sie das erotische Element gänzlich entfernen, haben Sie den perfekten Mechanismus, um auf romantische Weise miteinander »in Berührung zu kommen«. Die Psychologen sagen, daß Berührung unser grundlegendes Bedürfnis nach Trost und Akzeptanz ist sowie unser Selbstwertgefühl befriedigt und daß durch Berührung Heilungsenergie übertragen wird. Erforschen Sie die Kraft der Berührung in allen Ihren Beziehungen: Sie und Ihr engster Freundes- und Familienkreis werden dadurch glücklicher und emotional gesünder sein.

♥ ♥ ♥

Berührung spielt in jeder menschlichen Beziehung eine große Rolle

Jemand zu berühren ist eine Art zu sagen: »Ich mag dich wirklich gern, ich schätze deine Gesellschaft, und ich möchte, daß du dich wohl fühlst!«

Wir trösten Babys und geliebte Verwandte mit sanftem Streicheln, Küssen und zärtlichen Lauten: warum sollten wir dies nicht auch bei unserem Liebespartner tun?

Versuchen Sie jeden Tag eine Stunde nebeneinanderzusitzen, einfach nur, um einander zärtlich zu liebkosen oder an den Händen zu halten. Schauen Sie einander tief in die Augen! Lassen Sie Ihre Hände langsam über die Arme und Schultern Ihrer Liebsten gleiten, und reiben Sie ihr zärtlich den Rücken. Streicheln Sie sanft ihr Haar. Küssen Sie leicht ihre Wange, Hand, Schulter – und schließlich ihre Lippen.

Angela und Peter haben Kuscheln zu einer Kunstform erhoben. Sie pflegen nie auszugehen, egal ob zusammen oder allein, ohne sich vorher zu küssen. Sie verbringen ganze Abende vor dem Fernseher, aber nicht mit Fernsehen, sondern mit Küssen und Herzen. »Es ist die reinste Wonne!« seufzt Angela. »Wenn sich einer von uns elend und verletzt fühlt, weil während des Tages irgend etwas Schlimmes vorgefallen ist, nehmen wir einander einige Minuten lang fest in die Arme und tauchen aus der Umarmung mit frischer Energie und entspannt wieder auf … es ist ein großartiges Gefühl!«

Sind Sie eine geborene Schmusekatze? Oder knirschen Sie bei dem Gedanken an eine Kuschelei mit den Zähnen?
Manche Leute sind von Natur aus berührungsfreundlicher als andere, aber eine Abneigung gegen jegliche Berührung kann eine emotionale Störung sein, die in ernsten Fällen eine professionelle Behandlung erforderlich macht. Doch wenn Sie zu den Leuten gehören, die Berührung einfach nicht gewohnt sind, haben Sie die Möglichkeit, sie zu lernen. Berührung ist gleich Kraft. Widerwillen gegen eine Berührung oder gegen die Erwiderung einer Umarmung heißt: »Ich bin völlig unabhängig. Ich brauche dich nicht – rühr mich nicht an!« Andererseits kann es auch ein Anzeichen für Minderwertigkeitsgefühle sein, verbunden mit dem Glauben, die von einem Kuß, einer Umarmung und dergleichen ausgehende Zuneigung nicht zu verdienen.

Dies ist kein Grund zur Verzweiflung. Berührungsspezialisten sagen, daß man »berühren« lernen kann, daß man jedoch zuerst ein Gefühl dafür entwickeln muß. Wenn Sie auf Berührung zwar reagieren, sich aber unbehaglich und ihrer unwürdig fühlen, dann wird Ihre Reaktion ohne Zweifel sehr mechanisch und formell ausfallen. Doch mit einem ermutigenden Partner, der Sie in die Freuden des Berührens und Küssens einführt, werden Sie bald Ihre eigene Symphonie von Liebesberührungen dirigieren.

Küssen ist ein Teil des Berührens

Machen Sie es sich zum Prinzip, einander mit einem warmen Händedruck und einer Umarmung zu begrüßen. Es ist so liebevoll, wenn Sie einander sehen, gleich innerhalb der ersten zehn Sekunden physischen Kontakt herzustellen. Sie können noch einen Kuß hinzufügen, wenn Sie sich im privaten Kreis treffen. Dieser kurze Kontakt wird die Atmosphäre bis ans Ende der Verabredung mit Zuneigung aufladen.

Es heißt, daß Küssen ein Teil der ältesten Menschheitsgeschichte ist. Der erste Kuß war ein Begrüßungskuß und ein Zeichen großen Vertrauens in die andere Person. Indem man dem anderen erlaubte, einem so nahe zu kommen, daß er leicht hätte zubeißen können, zeigte man, daß man keine Angst vor ihm hatte. In Indien wurde der »romantische Kuß« geboren, der bis zum heutigen Tag in vielen Teilen der Welt ein Symbol der Zuneigung ist und bleibt.

Sollen Sie in der Öffentlichkeit küssen, wenn Ihre Kultur und Religion es erlauben?

Obwohl manche Gesellschaften sehr tolerant sind, was das Küssen in der Öffentlichkeit betrifft, gilt es in vielen Teilen der Welt nicht nur als geschmacklos, sondern auch als Verstoß gegen das Gesetz und steht unter Strafe. In alten Zeiten mußte selbst der König eine gute Ausrede haben: Louis XII. von Frankreich küßte jede Frau in der Normandie unter dem Vorwand, ihr seinen königlichen Segen zu erteilen. Obwohl ein zarter Kuß unschuldig genug ist und nicht bedeutet, daß ein Paar eine sexuelle Beziehung hat, ist es das Beste, offensichtliche Liebesbezeugungen privaten Momenten vorzubehalten. Warum wollen Sie riskieren, in eine peinliche Situation zu kommen?

Was ist die richtige Technik beim Küssen?

Für diejenigen, die sich noch immer über diverse Kußtechniken den Kopf zerbrechen, gilt: weniger Theorie, mehr Praxis! Es gibt vielerlei Arten zu küssen, und Sie können bei der Entwicklung Ihrer persönlichen Lieblingstechniken zusammen mit Ihrem Liebespartner viel Freude haben. Hier ein guter Rat von der Expertin Mae West: »Ich hatte immer das Gefühl, daß der Blick *vor* dem Kuß wichtiger ist als der Kuß selbst.« Übernehmen Sie diese Spezialtechnik: »Ich werde dich gleich küssen, du anbetungswürdiges Wesen!« – Blicken Sie Ihrem Partner tief in die Augen, und machen Sie sich darauf gefaßt, herzhaft geküßt zu werden!

Senden Sie Ihrem Partner »Liebesschwingungen«!

Ist es Ihnen je passiert, daß Sie in der Arbeit oder mit Ihren täglichen Aufgaben beschäftigt waren und plötzlich an Ihre Liebste denken mußten, und sie schien so nahe zu sein, daß ein Strom warmer Energie durch Ihren Körper floß? Warum benützen Sie nicht Ihre suggestiven Kräfte, um diese romantischen Gefühle und Ihre Liebesbeziehung zu stärken?

Visualisieren Sie Ihre »Liebesenergie« mit einem Bild. Setzen Sie sich ruhig hin, und lassen Sie vor Ihrem geistigen Auge das Bild entstehen, wie diese Energie Ihre Partnerin einhüllt. Stellen Sie sich vor, daß sie vor Entzücken über Ihre Liebesenergie zu strahlen beginnt. Beobachten Sie, wie diese Energie gleich einem goldenen Band zwischen Ihnen beiden hin- und herfließt. Halten Sie diesen Gedanken etwa eine Minute lang fest, kommen Sie dann aus Ihrer Liebestrance zurück, und fassen Sie zusammen, was Sie getan haben!

Sie können diese Übung auch gemeinsam mit Ihrem Partner machen und ihn dabei berühren. Setzen Sie sich mit dem Gesicht zueinander hin. Halten Sie einander bei den Händen, oder legen Sie die Hände auf die Knie des anderen, oder lassen Sie einfach nur Ihre Fingerspitzen einander leicht berühren. Bleiben Sie etwa drei Minuten schweigend in dieser Position, und spüren Sie den Energieaustausch, als ob Sie mit Liebe vollgepumpt würden.

Sprechen Sie dieselbe Sprache, wenn Sie romantisch sein wollen

Was für den einen romantisch ist, muß es nicht unbedingt auch für den anderen sein. Julia und Maurice hatten damit ein echtes Problem, weil sie zu den Paaren gehören, von denen man sagt: »Gegensätze ziehen sich an!« Julias Vorstellungen von Romantik bezogen sich auf lange Wanderungen und Camping unter den Sternen. Sie fand das atemberaubend! Maurice dagegen verstand unter Romantik eine luxuriöse Umgebung, Blumen, gutes Essen und Wein ... und nicht »Käfer und Schmutz im Freien«! Ihre Beziehung verschlechterte sich schnell und erreichte schließlich einen Punkt, wo sie mehr höflich als zärtlich zueinander waren. Dann hatte Julia eine brillante Idee. Eines Abends, als sie allein zu Hause saß – was leider immer häufiger vorkam –, beschloß sie, eine Liste von all jenen Dingen zu machen, die ihrer Meinung nach romantische Gefühle hervorriefen. Dann rief sie Maurice an und bat ihn, dasselbe zu tun. Am nächsten Tag kam das Paar mit einem neuen Funken Hoffnung zusammen. Sie verglichen ihre Listen und fanden heraus, daß es viel mehr Gemeinsamkeiten zwischen ihnen gab, als sie geglaubt hatten.

Während der vorhergegangenen vier Monate hatten Julia und Maurice sich nicht gestattet, die Gedanken und Träume des Partners zu erforschen. Die Listen bewiesen, daß sie einander näher standen, als sie sich je hätten träumen lassen. In 7 von insgesamt 25 Punkten hinsichtlich romantischer Unternehmungen stimmten sie überein. Ein Spaziergang unter einem funkelnden Sternenhimmel nahm auf beiden Listen Nummer eins ein! Ein mit viel Überlegung ausgesuchtes Geschenk zu erhalten stand an zweiter Stelle, und gemeinsam Musik zu hören erschien ebenfalls auf beiden Listen.

Wenn Sie bei der verbalen Kommunikation über Romantik mit Ihrem Liebespartner Probleme haben, sollte jeder von Ihnen eine Liste über das, was er für romantisch hält, anfertigen. Machen Sie aus dem Vergleichen der Listen ein Spiel – ein Rendezvous! Und ehe Sie sich's versehen, werden Sie in ein romantisches, leidenschaftliches Gespräch vertieft sein!

Der romantische Terminkalender: Schaffen Sie in Ihrem Leben Raum für Romantik!

In unserem Alltag fehlt die Romantik, weil wir so viele dringende Verpflichtungen haben, die uns anderweitig beschäftigt halten. Darum müssen Sie es sich zum Prinzip machen, die Romantik in Ihren Terminkalender aufzunehmen. Selbst so prosaische Aufgaben wie das Einkaufen von Lebensmitteln können ihren Anteil an Romantik abbekommen. Nehmen Sie sich ein oder zwei Minuten Zeit, während Sie im Supermarkt im Eilschritt Ihren Wochenproviant zusammensuchen, um zumindest einen romantischen Behelf auszuwählen: ausgefallene Kerzen, ungewöhnliche Früchte oder geräucherte Austern. Es geht um das Prinzip, sich *jeden* Tag bewußt zu bemühen, Romantik zu denken, zu leben und zu atmen. So wie Sie jeden Tag Ihre Vitamintabletten einnehmen, so holen Sie sich täglich Ihre »Dosis« Romantik. Ihre leidenschaftliche Natur zu trainieren ist genauso wichtig wie das Training für Ihren Körper. Ihre romantische Natur im Stich zu lassen heißt, Ihre Beziehung aufzugeben.

Wenn Sie soviel zu tun haben, daß Sie ständig vergessen, etwas Romantik in Ihr Leben zu bringen, ist ein Terminkalender nützlich. Sie notieren sich doch, was Sie alles zu erledigen haben, wen Sie treffen oder anrufen müssen; warum wollen Sie einen so wichtigen Punkt wie die Romantik vernachlässigen? Machen Sie sich in Ihrem Kalender zum Beispiel folgende Notizen: »Heute werde ich ein lustiges kleines Geschenk für meine Liebe kaufen.« – »Heute werde ich einen Liebesroman lesen.« – »Heute nicht vergessen, eine Flasche Champagner zu besorgen, um unsere Liebe zu feiern!«

Wenn Sie die Romantik in Ihren Alltag integrieren, wird Ihr Leben zu einem spannenden Liebesabenteuer werden, von dem Sie *beide* – leidenschaftlich – profitieren werden.

Verwandeln Sie langweilige, lästige Besorgungen in romantische Intermezzi

Sie haben einiges zu erledigen – Lebensmittel einkaufen, Wäsche waschen, Kleider aus der Reinigung holen –, und schon ist der ganze Samstag im Eimer. Was für eine Zeitverschwendung, besonders wenn Sie den Samstag lieber mit Ihrem Partner verbringen würden! Und warum tun Sie das nicht?! Betrachten Sie die Angelegenheit einfach aus einer anderen Perspektive. Sie haben beide lästige Besorgungen zu erledigen, also machen Sie daraus ein romantisches Intermezzo, indem Sie Ihren Verpflichtungen gemeinsam nachkommen.

Stellen Sie bereits unter der Woche einen Aktionsplan für den Samstag auf. »Zuerst werden wir bei der Kleiderreinigung vorbeifahren, dann die Lebensmittel einkaufen, und nach dem Mittagessen werden wir das Geburtstagsgeschenk für Mutter besorgen.«

Sie sind zusammen, also besteht kein Grund zur Hektik. Verbringen Sie den Tag so, als ob Sie ein Rendezvous miteinander hätten. Treffen Sie sich Samstag früh zu einem gemütlichen Frühstück … lesen Sie die Zeitung. Selbst wenn Sie das Auto für Ihre Besorgungen benutzen, sollten Sie soviel wie möglich zu Fuß gehen – Hand in Hand, wenn es Ihnen Spaß macht! Legen Sie öfters eine Pause für einen diskreten Kuß oder eine schnelle Umarmung ein.

Verweilen Sie vor Auslagen mit romantischen Artikeln wie Bildern, hübscher Tisch- oder Unterwäsche – für sie *und* für ihn. Machen Sie in der Parfümerie kurz halt, um an einem oder zwei Düften zu schnuppern und geistig zu notieren, welcher Ihrem Partner zusagt. Wenn Sie Bücher und Zeitschriften mögen, nehmen Sie sich die Zeit, um die letzten Ausgaben durchzublättern und vielleicht das eine oder andere Journal mitzunehmen. Legen Sie eine Mittagspause ein, um in einem schicken Restaurant zu essen … oder sich bei einem Schnellimbißstand zu erfrischen.

Es geht darum, Ihre Besorgungen gemeinsam zu erledigen und sich gleichzeitig einen schönen Tag zu machen. Wenn Sie das tun, werden Sie viel Freude haben und romantische Erinnerungen sammeln. Ist es Ihnen nicht lieber, das Einkaufen gemeinsam zu besorgen, um dann am Abend zusammen auszugehen, als sich den ganzen Tag allein abzuhetzen, um dann schlecht gelaunt beim Rendezvous zu erscheinen? Durch liebevolle Zusammenarbeit lassen sich Quantität und Qualität unter einen Hut bringen!

Revitalisieren Sie die Romantik in Ihrer Beziehung durch die »Reromantisierungsübung«

Während der ersten drei Monate Ihrer Beziehung schwebten Sie auf einer Wolke von Romantik. Die Gefühle der Leidenschaft flossen mühelos, weil die Neuheit Ihrer Beziehung auch ohne Ihr Zutun dafür sorgte. Doch in letzter Zeit haben Sie die Begeisterung schwinden gespürt, und Ihr himmelhohes Entzücken ist zu Boden gesunken. Eine einfache, aber wirksame »Reromantisierungsübung« kann Abhilfe schaffen.

Zählen Sie zuerst die Dinge auf, die Ihr Partner tut und die Ihnen gefallen, indem Sie den folgenden Satz sinngemäß ergänzen: »Ich fühle mich geliebt und romantisch, wenn du …«

Seien Sie positiv, machen Sie präzise Angaben, und führen Sie nur regelmäßig vorkommende Gesten an wie zum Beispiel:

- die Kaffeetasse nachfüllst;
- den Sportteil der Zeitung reichst;
- mein Horoskop vorliest;
- anrufst, um mir zu sagen: »Hallo, ich liebe dich!«;
- Füße massierst;
- dich vor dem Einkaufen nach meinen Wünschen erkundigst;
- ein spezielles Abendessen zubereitest;
- Komplimente machst.

Zählen Sie nun die romantischen Dinge auf, die Ihr Liebespartner am Anfang Ihrer Beziehung zu tun pflegte – als Sie noch ineinander vernarrt waren. Ergänzen Sie den folgenden Satz: »Ich fühlte mich geliebt und umhegt, als du noch …«, beispielsweise so:

- Liebesbriefe zu schreiben pflegtest;
- Blumen für mich gekauft hast;
- oft die ganze Nacht mit mir geredet hast;

– im Kino immer meine Hand gehalten hast;
– meinen Nacken zu liebkosen pflegtest, während ich kochte.

Seien Sie ehrlich, und führen Sie nur Tatsachen und nicht Ihre Wunschvorstellungen an!

Stellen Sie eine dritte Liste über liebevolle Verhaltensweisen auf, die Sie sich immer gewünscht, aber nie bekommen – oder verlangt haben. Ergänzen Sie den folgenden Satz: »Ich hätte gern, daß du …«

Vermeiden Sie das Aufzählen von Tätigkeiten, die eine aktuelle Konfliktquelle darstellen, wie zum Beispiel gemeinsames Einkaufen – besonders wenn Sie erst kürzlich mit Ihrer Liebe eine Auseinandersetzung hatten, weil sie nie mit Ihnen Kleider kaufen geht. Sie könnten angeben, wie gerne Sie es hätten, daß Ihr Partner Ihnen zehn Minuten lang den Rücken reibt oder einmal im Monat unter der Woche mit Ihnen zum Mittagessen geht, oder Ihnen laut vorliest, statt fernzusehen.

Benoten Sie auf allen drei Listen jedes liebevolle Verhalten je nach seiner Wichtigkeit für Sie. Tauschen Sie dann die Listen mit Ihrem Partner aus, und bitten Sie ihn, neben jeden Punkt ein X zu machen, der für ihn überhaupt nicht in Betracht kommt.

Nun kommt der lustige Teil! Führen Sie zwei Monate lang jeden Tag eine der Tätigkeiten aus, die von Ihrem Partner als liebevolles Verhalten eingestuft werden. Beginnen Sie mit den leichteren, und fügen Sie im Laufe der Zeit neue hinzu. Nehmen Sie sich für Ihre romantische Aufgabe jeden Tag Zeit, egal welche Gefühle Sie gegenüber Ihrem Partner hegen. Es geht darum herauszufinden, ob Sie noch immer verliebt und fähig sind, eine dauerhafte romantische Beziehung aufrechtzuerhalten.

Sprechen Sie Ihrem Partner für jedes liebevolle Verhalten Ihre Anerkennung aus, um ihm zu zeigen, wie sehr Sie es zu schätzen wissen. Das ist sehr wichtig – schließlich haben Sie soeben ein Geschenk erhalten!

Wenn Sie mit dieser Übung auf Widerstand stoßen, so fahren Sie dennoch damit fort – Sie werden den Widerstand bald überwinden!

Erhöhen Sie Ihr romantisches Potential mit einer Liste von vergnüglichen Überraschungen!

Die unerwarteten Freuden, mit denen Sie Ihren Liebespartner bedenken, sind für die Romantik sehr wesentlich. Sie erhöhen Ihre liebevolle Einstellung und seine liebevollen Reaktionen, wodurch das Band Ihrer Beziehung gestärkt wird.

Führen Sie über Ihre Überraschungen Buch. Notieren Sie zuerst alles, was Sie für Ihren Liebespartner getan haben oder tun und was er besonders gern hat. Als nächstes gilt es, die geheimen Wünsche Ihres Liebespartners in Erfahrung zu bringen. Sie können diese herausfinden, indem Sie Hinweise fallen lassen und seine Reaktionen beobachten. Ruth ließ zum Beispiel ein Magazin, in dem sinnliche Freuden beschrieben wurden, mit der Seite aufgeschlagen liegen, auf der Fotos von einer entspannenden Rückenmassage gezeigt wurden. Ihr Liebespartner stellte sofort fest: »Ich hätte liebend gern eine professionelle Massage!« Ruth verwöhnte ihren Partner noch am selben Tag!

Nehmen Sie sich vor, einmal pro Woche etwas besonders Nettes als Überraschung für Ihren Partner zu tun. Notieren Sie das Datum und die Reaktion Ihres Partners auf Ihren Liebesdienst. Halten Sie Ihre Liste geheim, damit Ihr Partner nicht weiß, wann eine Überraschung auf ihn zukommt.

Liebe ruft Liebe hervor, und romantische Aktionen erzeugen leidenschaftliche Gefühle, die wiederum zu romantischen Handlungen führen. Halten Sie die Liebesbezeugungen und romantischen Avancen in Ihrer Beziehung im Fluß, und Sie werden ein dauerhaftes Liebesband zwischen Ihnen und Ihrem Partner knüpfen.

Lassen Sie nicht die Angst vor Zurückweisung Ihrer Liebe in die Quere kommen

Der Beginn der Beziehung war zauberhaft! Die Zeit der Liebeswerbung war berauschend und atemberaubend! Aber jetzt sind Sie in Tränen aufgelöst und stehen knapp vor der Trennung. Was ist geschehen? Bei vielen Leuten ist es die alte Angst vor Zurückweisung: »Wenn ich so glücklich bin, muß etwas falsch sein!« oder: »Welchen Sinn hat es, verliebt zu sein, wenn ich mir später doch wieder eine Abfuhr hole?« Das ist keine positive Haltung.

Eine starke, dauerhafte Beziehung erfordert Arbeit! Ein Teil dieser Arbeit besteht darin, sich romantische Vergnügungen und Aktivitäten auszudenken, die Interesse und Liebe fördern. Wenn Sie befürchten, zurückgewiesen zu werden, schaden Sie damit unbewußt Ihrer Fähigkeit, den Faden der Romantik in den Stoff Ihrer Liebe hineinzuweben ... Sie werden seine Magie nicht bemerken, weil Sie zu sehr von Ihrer Furcht vor Zurückweisung in Anspruch genommen sind.

Sie müssen Ihre Furcht vor Zurückweisung besiegen, wenn sie aufgrund früherer Erfahrungen aufzutauchen sucht. Es ist eine Furcht, die wirklich nur in Ihrem Kopf ist! Wollen Sie dieser destruktiven Kraft so viel Aufmerksamkeit schenken? Wenn damals eine nein gesagt hat zu Ihren Avancen, so ist das noch lange kein Grund, jetzt die Liebe zu verneinen! Sehen Sie in der Zurückweisung von damals ein verspätetes Ja – von der Person, mit der Sie jetzt zusammen sind.

Nehmen Sie sich frühere Zurückweisungen nicht zu Herzen! Sie können sich über die Gründe für eine Zurückweisung nie hundertprozentig sicher sein. In den meisten Fällen hatten sie wahrscheinlich sehr wenig mit Ihnen, aber um so mehr mit der anderen Person zu tun. Warum wollen Sie von solchen Zwischenfällen Ihr Leben zerstören lassen? Halten Sie sich vor Augen, daß auch Sie manchmal in Ihrem Leben jemand abgewiesen haben. Und Sie hatten doch sicherlich Ihre Gründe dafür? Warum wollen Sie eine Chance verpassen, ein erfülltes Leben, reich an Leidenschaft und Romantik, mit Ihrem jetzigen Partner zu führen? Werfen Sie Ihre Angst vor Zurückweisung aus dem Fenster! Buchstäblich! Schreiben Sie Ihre Ängste auf ein Stück Papier, reißen Sie es in Stücke, und werfen Sie diese aus dem Fenster! Und lassen Sie sie draußen!

Sie brauchen sich nicht jedes Mal vor sich selbst zu rechtfertigen, wenn jemand nein zu Ihnen sagt. Fassen Sie es nicht als Beleidigung auf, wenn Ihr Partner eine andere Vorstellung von Romantik hat als Sie. Sie können an diesen Dingen durch ein wenig Geben und Nehmen und viel Liebe arbeiten!

Romantische Tips mittlerer Preislage

**Warum wollen Sie auf eine besondere Gelegenheit
warten, um eine Flasche Champagner aufzumachen?**
Das perlende Getränk wurde schon immer mit dem herrlich leichten Gefühl in Verbindung gebracht, daß einem die ganze Welt zu Füßen liegt, weil man verliebt ist! Feiern Sie Ihre Liebesbeziehung mit einer Flasche Champagner als Überraschung!

Leben Sie mit Ihrem Liebespartner jeden Tag so, als ob Sie auf einer Party wären und die Korken knallen würden, und Ihr Liebesleben wird vor lauter Romantik überschäumen!

**Packen Sie alles ein, was man für ein Wochenende
braucht, und entführen Sie Ihre Liebste!**
Wählen Sie ein Reiseziel, das Ihr Liebespartner zu schätzen weiß: das bezaubernde Gasthaus, von dem sie ständig erzählt, oder das Feriendorf am Meer, von dem er immer zu schwärmen pflegt. Senden Sie Ihrer Liebsten eine Karte, auf der nur das Datum und die Uhrzeit angegeben sind, wann sie von Ihnen abgeholt wird. Die Überraschung wird groß sein, wenn sie feststellt, daß Sie alles vorbereitet haben: das Packen, die Reservierungen, das perfekte romantische Abenteuer! Halten Sie sich Ihre Wochenendagenda offen für Impulse, Spontaneität, Romantik und eine wunderschöne Zeit!

Überraschen Sie Ihre Liebe mit einem praktischen Geschenk, wenn sie eine praktische Person ist

Ihr praktisch veranlagter Partner würde wahrscheinlich einen blühenden Strauch für seinen Garten mehr schätzen als ein riesiges Bouquet aus Schnittblumen. Und Ihr Geschenk wird um so mehr Anklang finden, weil Sie seine Vorlieben berücksichtigt haben. Rechnen Sie mit einem breiten Lächeln und einer herzlichen Umarmung – für Sie und Ihre Bedachtsamkeit!

Tun Sie etwas Verrücktes, um Ihren Liebling zu amüsieren

Ist Ihr Liebling verrückt nach türkischem Honig oder anderen Süßigkeiten? Warum senden Sie ihr nicht einen *riesigen* Topf voll mit ihren Lieblingssüßigkeiten? Eine einfache, aber wirksame Methode, um sich von Ihrer »süßen« Seite zu zeigen!

Lara war vernarrt in Drachen. Eines Abends, als sie nach Hause kam, hingen auf dem Baum in ihrem Vorgarten lauter bunte Drachen in allen Formen und Größen. Sie und Walter – ihr Drachenmann – verbrachten einen wundervollen Sonntag, als die Drachen und ihre Liebe zu einem Höhenflug ansetzten.

Ist Ihre große Liebe eine Karrierefrau? Schenken Sie ihr einen Korb voller Kosmetika, um sie zu verwöhnen!

Viele Frauen in den neunziger Jahren sind mit ihrer Karriere beschäftigt, und Ihre Traumfrau gehört auch dazu. Sie hat nicht viel Zeit für einen Einkaufsbummel – also bereiten Sie ihr eine Überraschung mit einem Korb voller Kosmetika! Sie wird erkennen, wie sehr sie von Ihnen geliebt wird, wenn sie die Flaschen und Töpfchen mit den duftenden Badeölen, Körperlotions und Cremen öffnet. Lassen Sie ihr den schön verpackten Kosmetikakorb ins Büro zustellen, um die Überraschung noch größer zu machen! Bereiten Sie sich darauf vor, sie noch mehr zu verwöhnen, wenn sie abends nach Hause kommt!

Senden Sie Ihrem Mann einen »Freßkorb« – für zwei!

Viele Feinkostläden, Supermärkte, aber auch die Delikatessenabteilungen großer Kaufhäuser sind spezialisiert auf »Freßkörbe«. Probieren Sie eine Zusammenstellung von französischen Weinen und Käsesorten aus ... oder vielleicht einen ungarischen Picknickkorb mit mehreren Salamisorten und herbem Rotwein! Lassen Sie einen Korb ganz nach Ihrem Geschmack zusammenstellen! Führen Sie seine Geschmacksnerven mit exotischen Genüssen – und mit Ihrem Einfallsreichtum – in Versuchung!

Fügen Sie eine romantische Karte mit einem Vorschlag hinzu, wo Sie diese Leckerbissen zusammen mit ihm zu verzehren gedenken: im Park – am Strand bei Sonnenuntergang – auf der Yacht eines Freundes – auf einem Aussichtspunkt hoch über der Stadt – an einem lauschigen Platz, den nur Sie beide kennen!

Überraschen Sie Ihren Liebespartner mit einer Kiste voller Scherzartikel

Senden Sie Ihrem Traummann eine Kiste voller Scherzartikel wie zum Beispiel einer leuchtend orangen Haarbürste, roten Hosenträgern mit drolligen Zeichnungen, einer getupften Fliege, einer Miniflasche seines Eau de Cologne oder seiner Lieblingsweinmarke. Wickeln Sie jeden Gegenstand in mehrere Lagen Papier, und geben Sie ihn dann in eine separate kleine Schachtel. Der halbe Spaß besteht darin, zu dem Objekt zu gelangen! Packen Sie alles zusammen in eine große Kiste, die Sie in lustig gestreiftes Geschenkpapier einschlagen und durch einen Botendienst – vielleicht durch einen Clown – zustellen lassen.

Senden Sie Ihrer Traumfrau lila Badesalz, eine Bonbonniere mit Schweizer Minipralinen, verführerische schwarze Spitzenstrümpfe, einen bunt gemusterten Schal, ein besticktes Taschentuch, die letzte Nummer ihres Lieblingsjournals und andere Kleinigkeiten, von denen Sie glauben, daß sie ihr Spaß machen werden.

Verwenden Sie viele Lagen Seidenpapier oder merkwürdig geformte Schachteln zum Einpacken der einzelnen Dinge, und geben

Sie alles in eine dekorative Schachtel mit vielen bunten Bändern. Sorgen Sie dafür, daß diese Schachtel in der Früh als erstes auf dem Schreibtisch Ihrer Liebsten landet. Stellen Sie sich ihre Überraschung und Freude vor, wenn sie einen Karton voller Geschenke statt einem Korb voller Arbeit vorfindet.

Natürlich beginnt der *wirkliche* Spaß dann, wenn Ihr Liebespartner sich *persönlich* bei Ihnen bedankt!

Schenken Sie Ihrer Liebsten feine Unterwäsche oder Hauskleidung

Wenn Sie Ihre Herzdame gerne in einem eleganten Negligé oder in reizvoller Unterwäsche sähen, aber zu schüchtern sind, selber welche zu kaufen, können Sie ihr Gutscheine von einem feinen Wäschegeschäft überreichen. Geben Sie alles in eine kleine Karte, auf die Sie geschrieben haben: »Für dich, damit du dich selber ein wenig verwöhnst … für mich, weil ich glaube, daß du großartig darin aussehen wirst!« Wenn Sie nicht genau wissen, ob sie sexy Wäsche tragen wird, können Sie eine indirekte Frage stellen, wie zum Beispiel: »Würdest du gerne Wäsche von Dior tragen, wenn du es dir leisten könntest?« Oder blättern Sie gemeinsam einen Versandkatalog durch, um zu sehen, was ihr gefällt.

Es gibt auch alle Arten von Sexwäsche für Männer, wie zum Beispiel Seidenunterhosen oder lustige Boxershorts. Wenn Sie schüchtern sind, könnten Sie vielleicht sagen: »Für deine Gesundheit! Pure Seide läßt die Haut besser atmen!« Finden Sie etwas Ungewöhnliches: vielleicht einen Slip mit kühnem Dschungel- oder Leopardenmuster.

Eines der ausgefallensten Geschenke, die Sie sich für Ihren Liebsten ausdenken können, ist, einen Stern nach ihm benennen zu lassen

Ist Ihr Liebespartner der »Stern« Ihres Lebens? Dann benennen Sie einen Stern nach ihm – offiziell! Alles, was Sie tun müssen, ist, das »International Star Registry«-Bestellformular auszufüllen und den Namen und die Adresse Ihrer oder Ihres Liebsten anzugeben. (Bestellformular siehe Seite 405)

Ihr Liebstes wird ein kalligraphisch wunderschön ausgeführtes Zertifikat bekommen, in dem ein spezieller Stern angeführt wird, der nach ihr oder ihm benannt und mit seinem Namen in »The International Star Registry«, Deutschland, eingetragen wurde.

Außerdem wird der neue Name des Sterns in ein Buch eingetragen, und das Copyright wird bei der »Library of Congress« in den Vereinigten Staaten angemeldet.

Eine Sternenkarte, in der die genaue Position des Sterns eingezeichnet ist, gehört ebenfalls zu dem »Sternenpaket«, das Sie erhalten werden. Sie werden beide viel Freude haben, wenn Sie in einer sternklaren Nacht versuchen werden, diesen Stern zu finden!

Eine Fahrt in einer Pferdekutsche ist ein romantisches Erlebnis

Man nehme eine klare, mondhelle Nacht, ein verliebtes Paar und füge eine Fahrt in einer altmodischen Pferdekutsche hinzu, sei es durch die ruhigen Straßen einer Stadt oder durch einen Park mit vielen alten Bäumen, und der romantische Erfolg wird nicht ausbleiben! Selbst an einem sonnigen Tag gibt es nichts Romantischeres als eine Fahrt in einer von Pferden gezogenen Kutsche! Stellen Sie sich vor, wie Sie in einer mit Vorhängen ausgestatteten Droschke Ihrer Liebsten zärtlich den Arm um die Schultern legen und ihr süße Dinge ins Ohr flüstern, während Sie langsam durch die Straßen der Stadt fahren. Das ist Romantik!

Haben Sie je ein Dutzend langstieliger Kekse gesehen?

Kekse und Blumen lieben alle. Verheiraten Sie die beiden in einem Keksbouquet! Kaufen Sie statt einer Schachtel Kekse einen Strauß Kekse! Ist es nicht viel origineller – und romantischer –, Ihrem Liebespartner ein Dutzend langstieliger Kekse zu überreichen?

Wenn Sie keinen Konditor finden, der Ihnen einen solchen Strauß macht, können Sie beim Floristen künstliche Blumenstiele kaufen und ihn selber backen!

Hänsel und Gretel und das Lebkuchenhaus: eine Liebesgeschichte!

Haben Sie als Kind von einem Lebkuchenhaus geträumt? Erfüllen Sie sich diesen Traum, und kaufen oder machen Sie eines zusammen mit Ihrem Liebespartner. Kochbücher und Journale geben oft detaillierte Anweisungen für das Anfertigen eines Lebkuchenhauses. Welcher Spaß, an Ihrem »Haus« zu knabbern, während Sie Pläne für Ihr zukünftiges Heim schmieden!

Verehren Sie Ihrem Liebespartner eine numerologische oder astrologische Deutung seines Namens

Ein schönes und aufmerksames Geschenk für Ihren Liebespartner ist eine numerologische oder astrologische Deutung seines Taufnamens in Kalligraphie auf teurem Papier.

Herauszufinden, welches Tier er im chinesischen Horoskop ist, wäre ebenfalls eine gute Idee. Lassen Sie für sich und Ihren Partner ein chinesisches Horoskop erstellen, dann können Sie die charakteristischen Eigenschaften Ihrer Tierzeichen vergleichen. Streicheln Sie Ihren Hasen, jagen Sie Ihren Affen, küssen Sie Ihren Tiger – es wird Ihnen sicherlich viel Interessantes einfallen, um Ihrem kleinen »Tier« zu gefallen.

Weiche, zum Streicheln einladende Seide ist immer ein romantisches Geschenk

Sinnliche Seide in prächtigen Farben bietet sich für eine Reihe von romantischen Geschenken an, die von einem Hauch von Schal bis zum eleganten Abendkleid reichen. Seide fühlt sich weich und leicht an, wie der erste Kuß zwischen Liebenden … Seide ist eindeutig dafür geschaffen, eine *romantische Stimmung* zu erzeugen.

Für den Mann Ihres Lebens werden Sie vielleicht einen seidenen Schlafrock oder Pyjama wählen … mit einer vielsagenden Schlangenstickerei!

Frönen Sie dem Luxus, gemeinsam einen Tag in einem Kurbad zu verbringen

Entspannen Sie sich zusammen mit Ihrem Liebespartner im warmen Thermalwasser oder im Whirlpool! Gleichzeitig ist das die beste Gelegenheit, Ihren neuen, atemberaubenden Badeanzug, den Sie erst letzte Woche gekauft haben, vorzuführen. Gleiten Sie in einen träumerischen Halbschlaf, während Sie mit Kräuterwickeln, Gesichtspackungen und sanften Massagen verwöhnt werden. Eine wunderbare Einstimmung für einen sinnlichen Abend!

♥ ♥ ♥

Vereinbaren Sie einen Termin in einem Fotostudio, um sich zusammen mit Ihrem Liebespartner fotografieren zu lassen

Sie und Ihr Liebespartner können zu einem »Cover-Paar« werden! Viele Fotografen haben sich heute schon auf romantische Fotositzungen spezialisiert – oder bieten zumindest welche an.

Spezialeinrichtungen ermöglichen es, den Hintergrund Ihrer Wahl für diesen »speziellen Schnappschuß« zu schaffen. Manfred und Sabine nippten zum Beispiel vor einem grandiosen Alpenpanorama an einem Glas Sekt. Laura und Raoul zogen dagegen provokative Aufnahmen unter einem Vollmondhimmel vor!

In vielen Studios gibt es professionelle Haar- und Make-up-Spezialisten, die Ihnen helfen werden, das gewünschte Aussehen zu erzielen. Falls nicht, müssen Sie selbst jemand mitbringen, der Ihnen bei Kostüm, Frisur und Make-up behilflich sein kann. Erkundigen Sie sich, was an romantischen Accessoires im Studio vorhanden ist, um nötigenfalls selbst Wäsche, Blumen, Spitzen, Bänder, Fächer etc. mitzunehmen und das Ambiente zu schaffen, von dem Sie glauben, daß es den idealen Hintergrund für Ihre Liebesromanze bilden würde.

Eine romantische Fotositzung ist aufregend und gleicht ein wenig einem Hochzeitstag, wenn beide Partner festliche Kleidung tragen, um sich auf den »glücklichsten Moment« Ihres Lebens vorzubereiten. Sie sind tatsächlich Stars für einen Tag. Diese Aufregung kann eine »müde« Beziehung mit neuer Energie aufladen. Während der Sitzung selbst werden Sie in einem romantischen Dekor die Posen zweier Liebender einnehmen, was die Funken der Leidenschaft für den Rest des Tages – und wahrscheinlich auch der kommenden Wochen – zum Sprühen bringen wird.

Fächeln Sie dem erneut lodernden Feuer jeden Tag liebevolle Aufmerksamkeit zu. Wenn Sie Ihre Bilder in Empfang nehmen, haben Sie eine hübsche Dokumentation über Ihre romantische Episode. Bewahren Sie die Fotos in einem eigenen Album auf, und lassen Sie Ihr Lieblingsfoto vergrößern und rahmen. Hängen oder stellen Sie das Bild auf einen Platz, wo es ins Auge fällt und sie inspiriert, die romantische Atmosphäre Ihrer Fotositzung immer wieder von neuem zu erschaffen.

Lassen Sie Ihre Träume wahr werden

Sie sind ein hoffnungsloser Romantiker, aber Ihre Partnerin ist es nicht. Sie träumen davon, in Kostümen des achtzehnten Jahrhunderts aufzutreten und Ihre Partnerin vor Entzücken in Ohnmacht fallen zu sehen. Doch Ihr Gefühl sagt Ihnen, daß dieses Szenario sie nur zum Lachen reizen würde, und Sie trauen sich solche Dinge gar nicht zu erwähnen. Vielleicht irren Sie sich. Folgen Sie Ihren Träumen, und inszenieren Sie einen phantastischen Abend.

Wenn Sie die noblen Gewänder eines Ritters anziehen wollen, um Ihre Herzenskönigin zu bezaubern, hindert Sie keiner daran – außer Sie selbst! Jede aufmerksame Geste verdient gewürdigt zu werden, und sich die Mühe zu machen, Ihre Liebe auf eine phantasievolle Weise zu demonstrieren, zeugt von echter Bewunderung.

Nehmen Sie ein spezifisches geschichtliches oder für Sie beide bedeutsames Datum zum Anlaß für Ihr romantisches Fest. Senden Sie Ihrer Liebe eine mit Blumen geschmückte Karte, um sie zu einem Renaissanceliebesabend einzuladen. Kerzenlicht ist natürlich ein Muß. Können Sie sich ihre Überraschung und ihr Entzükken vorstellen, wenn sie in einer von Pferden gezogenen Kutsche eintrifft? Wer überrascht wen?

Karl hatte keine Skrupel, seine Herzensdame mit ein bißchen Phantasie in Erstaunen zu versetzen. Eines Nachmittags zog er eine Ritterrüstung an und parkte – auf seinem Pferd – vor dem Haus seiner Liebsten. Als Vanessa von der Arbeit nach Hause kam, war sie überwältigt. Ihr Ritter in seiner schimmernden Rüstung war gekommen, um sie um ihre Hand zu bitten! Welches Mädchen könnte einem solchen Heiratsantrag widerstehen? Hätten Sie nicht auch ja gesagt?

Wenn Sie einen Traum haben, der Sie glücklich machen würde, dann inszenieren Sie ihn ruhig mit sämtlichen romantischen Requisiten, die dazu erforderlich sind! Ihre Liebste wird ohne Zweifel entzückt sein, bei Ihrer Theatralik mitzumachen.

Veranstalten Sie eine Überraschungsparty, um den »Halbjahresgeburtstag« Ihres Liebespartners zu feiern

Malen Sie sich das Erstaunen auf dem Gesicht Ihres Liebespartners aus, wenn er die Tür aufsperrt und ein Zimmer voller Leute vorfindet, die ihn hochleben lassen. Was wird gefeiert? Sein »Halbjahresgeburtstag«! Und warum nicht? Ein guter Grund, einen vergnügten Abend mit einer Gruppe von Freunden zu verbringen – und als Draufgabe ein romantisches Intermezzo mit der Veranstalterin der Party!

Geben Sie eine romantische Anzeige in Ihrem Lokalblatt auf

Machen Sie etwas Ungewöhnliches! Anstatt eine Anzeige in Ihrem Lokalblatt aufzugeben, um Ihrem Liebling zum Geburtstag zu gratulieren oder Karten für das Fußballmatch anzubieten, drücken Sie per Inserat Ihre Liebe zu ihr aus. Zählen Sie ihre hervorstechendsten Eigenschaften auf, um sie damit ein wenig zu necken. Sie könnten zum Beispiel folgendes schreiben: »An meine liebe Anita, deren sonniges Lächeln mir meine dunkelsten Regentage erhellt. Ich will dir einfach nur sagen, wie sehr ich dich liebe. Dein Klaus.« Gut für eine Umarmung und mehrere Küsse – mindestens!

Blumen sind für Ihren außergewöhnlichen Schatz zu konventionell? Senden Sie ihm einen Strauß bunter Luftballons!
Luftballons gibt es in allen Formen und Größen: herzförmige, glänzende, getupfte usw.! Stellen Sie ein Bouquet in den Lieblings-farben Ihres Liebespartners zusammen, und überraschen Sie ihn damit nach einem langen Arbeitstag. Ober füllen Sie sein Auto voll mit Ballons! Machen Sie die luftigen Dinger noch interessanter, indem Sie in jeden Ballon ein Liebesbriefchen hineingeben, bevor Sie ihn aufblasen. Binden Sie ein Kuvert mit den entsprechenden Instruktionen und einer Nadel an das »Bouquet«, und bereiten Sie sich auf einen großen *Liebesknall* vor!

Spielen Sie ein Karten- oder ein Brettspiel, das nur für zwei Spieler bestimmt ist
Sehen Sie sich nach Spielen um, die nur für zwei Spieler bestimmt sind. Vielleicht finden Sie ein Geschäft, das sich auf amüsante Din-ge für Paare, einschließlich Spielen für Erwachsene, spezialisiert hat. Es gibt auch vergnügliche »Tests«, mit denen Sie Ihre Bezie-hung hinterfragen können. Wenn Ihr Liebling »künstlerische« Spiele den regulären vorzieht, probieren Sie am besten den Mal-kasten mit den Körperfarben aus!

Absolvieren Sie einen Kurs über Weine, und lernen Sie eine interessante neue Sprache!
Der in Weinkreisen übliche Fachjargon ist ziemlich vielsagend – besonders wenn es auch um französische Weine geht. Sie werden lernen, von der »Blume« oder dem »Bouquet« eines Weines zu

sprechen oder von seinem »Feuer«. Außerdem werden Sie lernen, wie Sie den Wein in Ihrem Glas »schwenken« müssen und wie Sie feststellen können, ob er »Körper« hat. Beeindrucken Sie Ihre Gäste durch Ihre Kenntnis der verschiedenen Weinsorten und der feinen Unterschiede zwischen denselben, wenn Sie in einem Restaurant die Weinkarte begutachten und zeigen, daß Sie von Wein nicht nur etwas verstehen, sondern auch wissen, wie man ihn fachgerecht »verkostet«!

Wenn Sie für ein Abendessen zu zweit einen Wein auswählen, könnten Sie versuchen, eine Marke mit romantisch klingendem Namen oder mit einer Etikette, auf dem eine Liebesszene dargestellt ist, zu finden. Ihre Bemühungen, den Anlaß auch »visuell« romantisch zu gestalten, werden sicher geschätzt werden.

Wählen Sie Spirituosen mit romantischen Namen
Gehen Sie bei der Auswahl von Cognac, Weinbrand und anderen geistigen Getränken, die nach dem Abendessen oder am späten Abend gereicht werden, anders als sonst vor. Amaretto ist wegen seiner Süße und seines intensiven Mandelaromas als »Likör der Liebenden« bekannt. »Napoléon«-Weinbrand läßt an romantische Eroberungen denken. Vielleicht entdecken Sie sogar Spirituosen mit romantischen Namen wie »Le Parfait Amour« – »Die vollkommene Liebe«!

Ein romantisches Vorspiel für ein Liebesintermezzo!

Ein amüsantes oder romantisches Telefon »spricht« von Liebe
Es ist amüsant, ein Telefon zu sehen, das die Form von einem Herz hat oder von Lippen oder von einem Golfsack oder sogar von einem Stöckelschuh! Heute sind solche Telefone fast überall erhältlich. Sie geben nicht nur einen guten Gesprächsstoff ab, sondern erinnern Ihren Liebsten auch daran, Sie öfters anzurufen.

Muß Ihre Traumfrau Überstunden machen? Bringen Sie ihr das Nachtessen ins Büro!

Bringen Sie Ihrem schwer arbeitenden Liebling das Nachtessen ins Büro! Halten Sie das Menü einfach und so, daß die Gefahr zu kleckern gering ist: keinen Aal in Aspik, der auf dem Bericht, an dem sie gerade arbeitet, zerschmilzt. Treiben Sie einen verschwenderischen Aufwand beim Tischgedeck: eine Spitzenserviette als Unterlage, hübsche Teller und Silberbesteck sowie ein schöner Trinkbecher für Saft oder Wasser. Vielleicht bringen Sie sogar ein paar Blumen mit. Wenn es die Umstände erlauben, nehmen Sie auch für sich einen Bissen mit und essen gemeinsam. Dann verschwinden Sie wieder blitzartig, damit sie weiterarbeiten kann. Eine solche Unterbrechung wird nicht nur sehr willkommen sein, sondern auch ein Ansporn, zu Ihnen nach Hause zu eilen!

Schenken Sie Ihrem Liebespartner etwas Mystisches

Selbst Leute, die nicht an Astrologie oder Wahrsagerei glauben, haben Spaß daran, etwas über ihre Zukunft zu erfahren. Wir möchten alle gerne wissen, was sie für uns bereithält. Empfehlen Sie Ihren Liebespartner an eine angesehene Wahrsagerin: Vielleicht erzählt sie ihm, daß er die große Liebe seines Lebens getroffen hat. Oder der Astrologe sieht im Horoskop Ihrer Liebe einen dunkelhaarigen Verehrer, der für immer in ihrem Leben bleiben wird. Die meisten Leute hören besonders gern etwas über ihre Zukunft zu Beginn eines Jahres oder zu ihrem Geburtstag. Wagen Sie es, und lassen Sie Ihre Liebste einen Blick in die Zukunft werfen – in Ihre gemeinsame Zukunft!

Ein Gutschein für eine Massage ist eine Liebesbotschaft, die sagt: »Dein Wohl liegt mir am Herzen!«

Überreichen Sie Ihrem Liebespartner eine Liebesbotschaft zusammen mit einem Gutschein für eine Massage bei einem professionellen Masseur. Vielleicht finden Sie sogar jemand, der zu Ihnen nach Hause kommt und Sie beide massiert.

Sie sind verlobt – und Ihr Ring ist wunderschön! Warum kaufen Sie nicht einen Verlobungsring für *ihn*?!

Die Frau der neunziger Jahre kann auch romantisch sein! Warum sollte das Privileg, einen Verlobungsring zu tragen, nur den Frauen vorbehalten bleiben? Ein extravaganter, mit Juwelen besetzter Ring ist nicht erforderlich, doch ein geschmackvoller, schlichter Reif, in den das Datum und Ihre Initialen oder ein Zitat eingraviert wurden, würde sicherlich voller Stolz getragen werden.

Nehmen Sie Ihren Liebespartner in eine unbekannte Welt mit

Machen Sie Ihr nächstes Rendezvous zu einem exotischen Abenteuer. Nichts erfrischt die trübe Eintönigkeit des Alltagslebens mehr als ein Tapetenwechsel! Sie brauchen gar kein Flugzeug zu chartern, gehen Sie einfach in ein fremdländisches Restaurant! Kosten Sie die scharfen spanischen Tapas oder eine Paella, erforschen Sie die pikanten Genüsse der Küche des Vorderen Orients. Wählen Sie ein Restaurant mit stilechter Atmosphäre: Ledersofas und luxuriöse Kissen, mit provokativen Fransen verziert, vielleicht sogar mit einer Bauchtänzerin, die Sie während des Abendessens unterhält. Tauchen Sie vollkommen in das Abenteuer ein, »in einem fremden Land« zu Abend zu speisen. Stellen Sie sich vor, Sie seien James Bond und seine schöne Begleiterin; lassen Sie die Atmosphäre in sich einströmen – und treten Sie am Ende des Abends in die Sternennacht eines fernen, fremden Landes hinaus, erfüllt von Romantik und Leidenschaft.

Aufwendige und kostspielige romantische Tips

Die folgenden Vorschläge dürften vor allem Gewinner im Lotto oder Leute mit sehr hohem Einkommen interessieren, denn einige dieser romantischen Phantasien sind unerhört kostspielig. Vielleicht gelingt es Ihnen, einmal im Leben in einem solchen Traum zu schwelgen – außer Sie und Ihr Liebespartner verfügen über die nötigen Ressourcen, um sich jeden Wunsch erfüllen zu können. Aber selbst wenn Sie diese Dinge nie tun werden, ist es schön, von märchenhaften Szenarien und großartigen Gesten der Liebe zu träumen.

Schenken Sie Ihrer Liebsten ein Flugticket erster Klasse
Ihre Mutter – oder ihre Schwester – leben in Übersee? Wäre ein Flugticket erster Klasse nicht eine überaus großzügige Geste Ihrerseits? Seien Sie einfallsreich, und senden Sie ihr das Ticket, festgebunden an einem Strauß Luftballons, an einem Mittwoch für den Abflug am darauffolgenden Freitag, so daß sie zumindest das ganze Wochenende mit ihrer Familie verbringen kann. Buchen Sie auf der Concorde, und sie wird noch mehr Zeit für ihre Lieben haben. Natürlich werden Sie ihr versichern, daß Sie ihre Blumen gießen und ihre Katze füttern werden ... und sie außerdem sehr vermissen werden! Ihre Großzügigkeit grenzt schon fast an Leichtsinn, denn Sie haben sogar Reiseschecks für einen Einkaufsbummel in der Stadt ihrer Wahl beigelegt.

Chartern Sie ein Flugzeug für ein ungewöhnliches Abenteuer

Dies ist ein Weg, um in den siebenten Himmel aufzusteigen! Bestellen Sie bei einem Partyservice ein gediegenes kaltes Buffet: Cocktailhäppchen, Kaviar, Erdbeeren mit einem Hauch Pfeffer und eine eisgekühlte Flasche besten Champagners. Fügen Sie eine exquisite Bonbonniere hinzu, und lassen Sie alles zum Flughafen liefern, wo Sie eine Maschine samt Piloten gechartert haben. Natürlich haben Sie Ihrem Liebling kein Wort davon gesagt! Lassen Sie Ihren Liebsten von einer Limousine auf die Rollbahn und zu dem wartenden Flugzeug chauffieren, und geleiten Sie ihn die Stufen hinauf in das luxuriöse Innere.

Sobald Sie in der Luft sind, händigen Sie ihm einen Umschlag mit einem Kärtchen und einer hübschen Geldsumme aus. Auf dem Kärtchen ist Ihr Reiseziel angegeben, und das Geld ist für den Kauf von passender Kleidung für dieses spektakuläre Abenteuer vorgesehen. Das Reiseziel könnte ein exklusives Domizil auf einer Insel sein, eine pulsierende Stadt oder Ihr Chalet in den Schweizer Alpen. Natürlich haben Sie bereits alle Reiseformalitäten geregelt. Während des Fluges werden Sie genug Zeit haben, um ungestört zu sein – und wahrhaftig »in den Wolken« zu schweben.

Ist die Angst vor dem Fliegen ein Problem? Dann chartern Sie eine Luxusyacht und segeln über stille tiefblaue Wasser unter sternenklaren Nächten und sonnigen Tagen, von Zeit zu Zeit in exotischen Häfen anlegend, die auf Ihrer Reiseroute liegen. Die Idee ist, etwas Luxuriöses und Romantisches zu tun – ein stimulierendes Abenteuer für Sie beide!

Ein erinnerungswürdiges Wochenende

Senden Sie Ihrer Liebe einige Tage vor dem von Ihnen geplanten Abenteuer eine Karte. Geben Sie nur den Tag und die Uhrzeit an, zu der sie sich für einen Wochenendausflug bereit halten soll. Lassen Sie zu der vereinbarten Stunde eine Limousine vorfahren. Die Aufregung wird während der Fahrt zu dem eleganten Hotel oder

der märchenhaften Villa steigen, die Sie komplett mit Personal und zweiplätziger Badewanne für Sie beide gemietet haben. Lassen Sie bei der Ankunft der Limousine von einem Kammerorchester die Lieblingsmusik Ihrer Liebsten spielen. Sie selbst sind aber immer noch nicht in Erscheinung getreten. Vereinbaren Sie mit dem Hotelmanager, daß der »Star der Show« in ein schön dekoriertes Zimmer geleitet wird, in dem ein ganzes Sortiment von Kleidern in den großen Schränken wartet. Die für die nächste Lokalität in Ihrem Plan passende Ausstattung befindet sich an einem besonders ins Auge fallenden Platz.

Sobald Ihr verblüffter Schatz diese Kleider angezogen hat, wird sie von einer Eskorte zu einer ausgewählten Stelle am Strand geleitet oder zu einem Aussichtspunkt oder auf eine Yacht – je nach dem von Ihnen gewählten Aufenthaltsort. An einem dieser Orte haben Sie einen Tisch mit schimmerndem Leinen, Porzellan und Kristall, Blumen und Kerzen decken lassen. Zwei bequeme Sessel, drapiert mit Seide, stehen bereit. Hunderte brennender Kerzen in allen Größen und Farben sind ringsum verteilt. Sobald Ihre Liebste eintrifft, treten Sie endlich in Erscheinung – so elegant gekleidet, wie es der Anlaß erfordert.

Nach einem köstlichen Mahl, wenn die letzte Kerze verlöscht ist, steigt ein prächtiges Feuerwerk in den Himmel. Den Abschluß bildet ein mit feurigen Buchstaben geschriebenes »Ich liebe dich«, während das Orchester »Moonlight and Roses« oder »Starlightserenade« spielt. Sobald der letzte Ton verklungen ist, wird ein weißes Pferd mit schön verziertem Sattel und Zaumzeug herbeigeführt. Sie helfen Ihrer Liebsten in den Sattel und reiten mit ihr zum Hotel zurück, in dem Ihre Suite auf Sie wartet.

Es bleibt Ihnen überlassen, das restliche Wochenende ganz nach Ihrem Belieben und Ihren Einfällen zu gestalten.

Haben Sie wenig Zeit? Chartern Sie eine Luxusyacht für ein Wochenende

Sie haben keine Ahnung vom Segeln? Kein Grund zur Sorge: Kapitän, Mannschaft, französischer Küchenchef und jede nur erdenkliche Bequemlichkeit sind inbegriffen! Sie und Ihre Liebe treffen an einem Donnerstag oder Freitag abend ein – bequeme Kleidung und flache Schuhe mit weichen Sohlen sind zu empfehlen – und beginnen das Wochenende mit einem köstlichen Hummer-und-Champagner-Mahl. So es das Wetter erlaubt, segeln Sie – oder besser gesagt, fahren Sie, angetrieben vom Schiffsmotor – durch lange verzauberte Tage, in denen eine sanfte Brise Ihre sonnenwarme Haut streichelt, während Sie in den sternenhellen Nächten in stillen Buchten, umgeben von duftenden Gewächsen und leise raschelnden Palmen, vor Anker gehen. Vielleicht haben Sie beide Lust, um Mitternacht schwimmen zu gehen!

Lassen Sie Ihre Liebeserklärung in den Himmel schreiben

Lassen Sie von einem Flugzeug ein Band mit der Aufschrift »Ich liebe dich« nachziehen, oder lassen Sie diese Worte in den Himmel schreiben!

Viele kleine Flughäfen bieten diesen Service an, also lassen Sie Ihrer Phantasie freien Lauf, und seien Sie rückhaltlos romantisch! Der Himmel kennt keine Grenzen!

Mieten Sie für Ihre Liebeserklärung eine Werbefläche in einem Bus oder in der U-Bahn, oder annoncieren Sie in der Zeitung

Ein Mann, dessen Partnerin erklärt hatte, sie wünsche einen formellen Heiratsantrag, ging auf folgende Weise vor: Er gab eine ganzseitige Annonce in der lokalen Tageszeitung auf, um seine Absichten zu erklären. Natürlich bemerkte seine Angebetete die riesige Anzeige, die mit der Frage: »Ist das offiziell genug?« schloß.

Unnötig zu sagen, daß sie seinen Heiratsantrag leidenschaftlich akzeptierte. In der darauffolgenden Woche brachte das Blatt, in dem die Anzeige erschienen war, einen Artikel über das Paar und seinen amüsanten Liebesbehelf!

Eine vor dem Haus Ihrer Liebsten aufgestellte Plakatwand ist eine ständige Erinnerung an Ihre Liebe

Aus Paris stammt die Geschichte von einem liebeskranken Mann, dem es nicht zu gelingen schien, das Herz seiner Angebeteten zu gewinnen. Um seinen Namen und seine Botschaft ihrem Gedächtnis einzuprägen, ließ Pierre genau gegenüber von ihrem Hauseingang auf der anderen Straßenseite eine Plakatwand aufstellen, auf die er schreiben ließ: *Je t'aime, Marie!* Es funktionierte! Eine Woche nach Errichtung dieses Monuments trat Marie aus dem Haus, ging über die Straße und hinterließ einen großen roten Lippenabdruck auf der Plakatwand.

Erzählen Sie der ganzen Stadt von Ihrer Liebe: Lassen Sie einen Bus mit Ihren Liebeserklärungen bemalen!

Natürlich sind die Kosten, einen Bus mit Liebeserklärungen bemalen zu lassen, von Stadt zu Stadt verschieden. Der Text bleibt Ihnen überlassen.

Laden Sie Ihre Liebe zu einer Fahrt in einer Limousine ein, und halten Sie vor den feinsten Restaurants, um sich jedesmal einen anderen Gang servieren zu lassen

Erkundigen Sie sich nach einem Service, der Luxuslimousinen und Luxusrestaurants vereint. Manchmal wird eine Limousine samt Chauffeur, Blumen, Musik und Videos mit Shows vom »Moulin Rouge« und dem »Crazy Horse Saloon« in Paris angeboten. Ihre Limousine wird eine Stadtrundfahrt machen und bei den besten Restaurants anhalten, damit Sie sich jedesmal einen anderen Gang servieren lassen können – selbstverständlich alle schon im voraus bestellt. Die besten Weine und Champagner sind eine Selbstverständlichkeit.

Wenn es in der Stadt, in der Sie leben, keinen derartigen Service gibt, können Sie einfach improvisieren, indem Sie eine Limousine – oder einen Rolls-Royce – mit Chauffeur mieten und die »Proviantstops« bei den diversen Restaurants selber organisieren. Eine großartige Idee für ein Rendezvous unter der Woche oder als romantische Einstimmung für ein zauberhaftes Wochenende.

Lassen Sie zur Erinnerung an jedes besondere Ereignis in Ihrer beider Leben einen goldenen Anhänger für das »Bettelarmband« Ihrer Liebsten anfertigen

Ein goldenes »Bettelarmband« kann bezaubernd sein – besonders wenn Sie jeden Anhänger zur Erinnerung an ein besonderes Erlebnis, das nur Sie beide betrifft, anfertigen lassen: das Wahrzeichen der Stadt, in der Sie einander kennengelernt haben, einen winzigen Kerzenleuchter zur Erinnerung an das Abendessen, bei dem Sie ihr Ihre Liebe gestanden haben, ein tanzendes Paar – alles, was für Sie ein wichtiges gemeinsames Erlebnis symbolisiert. Ihr Geschenk wird hoch in Ehren gehalten werden, und Sie können im Laufe der Monate oder Jahre immer wieder neue Anhänger hinzufügen.

Erschaffen Sie mitten im Nirgendwo ein Paradies

Es gibt immer noch viele verlassene Gegenden in der Welt, wohin Sie sich flüchten können – Sie brauchen bloß Ihre Wahl zu treffen und sich mit Ihrer Liebe in einem Heißluftballon zu Ihrem Ziel bringen zu lassen. Natürlich haben Sie für den großen Tag Ihre Vorbereitungen getroffen und ein riesiges Zelt aufstellen lassen, dessen traumhafte Innenausstattung ein Dekorateur unter dem Motto »Arabische Nächte« besorgt hat – ausladende Perserteppiche, Kissen, seidene Draperien und feine, niedrige Tische, auf denen Körbe mit Obst und Vasen voller Blumen stehen. Wahrscheinlich werden Sie einen Generator für die Stromversorgung brauchen, aber Sie könnten auch eine Unzahl von Öllampen oder Kerzen aufstellen. Lassen Sie ein Bankett vorbereiten und auf einem eigens dafür vorgesehenen Tisch auftragen. Die Wildnis der Landschaft wird einen reizvollen Kontrast zum Luxus in Ihrem Zelt bilden. Erschaffen Sie für die Liebe Ihres Lebens eine romantische Welt voll von leidenschaftlichem Entzücken, und laden Sie ihn ein, einzutreten …

Sie brauchen nicht Ihre gesamten Ersparnisse auszugeben, um Ihre Liebe zu demonstrieren

Carlos Eduardo, ein Mann aus São Paulo in Brasilien, war seit vier Jahren verrückt nach seiner schönen Nachbarin. Doch er wagte es nicht, ihr seine Liebe zu gestehen. Als er herausfand, daß sie sich von ihrem Freund getrennt hatte, beschloß er, Helena seine Liebe zu zeigen. Obwohl Carlos weder reich war noch viel verdiente, nahm er seine gesamten Ersparnisse und kaufte 100 Kilogramm Rosen und wilde Blumen, um sie von einem Hubschrauber über Helenas Haus abwerfen zu lassen. Im Blumenregen fiel der entzückten Helena ein, daß sie bei einem Fest in der Nachbarschaft einmal mit Carlos getanzt hatte. Sie willigte in eine Verabredung mit ihrem jungen Verehrer ein, und so beginnt ihre romantische Geschichte!

Eine romantische Geste muß nicht so extravagant sein, daß Sie dadurch im Armenhaus landen! Benutzen Sie Ihre Vorstellungskraft, um sich und Ihrer Liebe ein unvergeßliches Erlebnis zu bescheren. Das verrückte Abenteuer, das den Rahmen des Alltäglichen sprengt, ist es, was Sie einander teuer macht und Ihnen Erinnerungen schenkt, die das Band Ihrer romantischen Liebe stärken werden!

Benennen Sie einen Stern für Ihre Liebste bzw. Ihren Liebsten

International Star Registry
Bestellformular

Preise

_____ Zertifikat ungerahmt: DM 265,05

_____ Zertifikat gerahmt: DM 370,50

inkl. Inlandversand, Verpackung, MwSt.

Name für den Stern (max. 35 Zeichen)

1. _____

Registrierungsdatum   Sternzeichen

_____   _____

Bestelleranschrift   Lieferanschrift

_____   _____

_____   _____

_____   _____

Tel. _____   tagsüber

Zahlungsweise

☐ Euro-Card   ☐ Visa-Card   ☐ American Express

Kartennummer: _____

Gültig bis: ___ / ___ Monat/Jahr

☐ per Nachnahme (+ DM 5,25)

Bestellungen per Post, Telefon oder Fax an:

International Star Registry
Department 1001
Peutestraße 53 c
D-20539 Hamburg, Deutschland
Tel. 040/78 25 96, Fax 040/789 30 23